KIEN NGHI HA

ETHNIZITÄT UND MIGRATION RELOADED

Kulturelle Identität, Differenz und Hybridität im postkolonialen Diskurs

Wie können die kulturellen Identitäten von MigrantInnen überhaupt vorgestellt werden? In welchem Verhältnis stehen marginalisierte Gruppen zur Geschichte, zu Kollektiverfahrungen und zur gemeinsamen Kultur? In welche Richtung müssen diese zuvor als historisch wahr verbürgten Begriffe angesichts der postmodernen Postulierung von Differenz und Dekonstruktion erneuert werden? Ist es überhaupt möglich, individuell zu denken, unterschiedliche Kontexte zu beachten und trotzdem eine gemeinsame politische Praxis zu entwickeln, die die realen Differenzen nicht durch ideologische Manipulation aufhebt? Wie ist es möglich, die viel beschworene Solidarität in der Vielfalt und nicht in einer erzwungenen Einheit zu finden? Welche Erkenntnisgewinne lassen sich aus dem postkolonialen Diskurs und den benachbarten anglo-amerikanischen Cultural Studies für den deutschen Migrationskontext ableiten? Wie können die neuen Formen der Repräsentation von kulturellen Identitäten in den hybriden Kulturen vorgestellt werden? Welche Ansätze für eine subversive Alltagskultur lassen sich ausmachen? Auf diese Leitfragen versucht dieses Buch Antworten zu finden, in dem Kien Nghi Ha ungewohnte Perspektiven eröffnet.

**Kien Nghi Ha**, geboren 1972 in Hanoi (Vietnam), ist Politikwissenschaftler und promoviert zum Thema „Hybridität und kulturelle Selbstrepräsentationen von MigrantInnen" am Otto-Suhr-Institut der Freien Universität Berlin. Er ist Autor des viel beachteten Buches *Ethnizität und Migration* (Westfälisches Dampfboot, 1999). Gegenwärtig arbeitet er an seinem neuen Buch *Hype um Hybridität. Kultureller Differenzkonsum und postmoderne Verwertungstechniken im Spätkapitalismus* (transcript-Verlag, Frühjahr 2005). Im Wissenschaftlichen Verlag Berlin erscheint Ende 2004 *Vietnam in den 1990er Jahren: Demokratisierung, nationale Identität und adoleszente Arbeitsmigration.*
Arbeitsschwerpunkte: Postkoloniale Kritik, Migration, Rassismus und Cultural Studies.
Stipendien: ASA-Programm der Carl-Duisberg-Gesellschaft (1995), EURO Summer School 2001 (Università degli Studi di Firenze / European Research Forum on Migration and Ethnic Relations / EU – Human Potential Programme), Promotionsförderung der Heinrich-Böll-Stiftung (2001-2004).
Kontakt: nghiha@web.de / kiennghi.ha@epost.de
Homepage: www.ethnicity.de.vu

**KIEN NGHI HA**

# *ETHNIZITÄT UND MIGRATION RELOADED*

## Kulturelle Identität, Differenz und Hybridität im postkolonialen Diskurs

Wissenschaftlicher Verlag ▌Berlin

wvb

Bibliografische Informationen der *Deutschen Bibliothek*

Die Deutsche Bibliothek verzeichnet diese Publikation in der Deutschen Nationalbibliografie; detaillierte bibliografische Daten sind im Internet über *http://dnb.ddb.de* abrufbar

Cover Art: Kien Nghi Ha

ISBN 3-86573-009-4

Überarbeitete und erweiterte Neuausgabe

© 2004 Wissenschaftlicher Verlag Berlin
Olaf Gaudig & Peter Veit GbR
www.wvberlin.de

Druck und Bindung: Schaltungsdienst Lange o.H.G., Berlin
Printed in Germany
€ 24,90

*FÜR MEINE FAMILIE*

郭 賀 珠

*Hà Diệu Tây*

*Le Vi Ha*


*und für ihre liebevolle Unterstützung*

*Myriam Hinkelammert*

# Prolog

*"With the magic of art, this freshly beautiful, new young writer has taken strands of lives and experiences central to our under-standings of our country, our time – for many of us, ourselves – and out of passionate caring, astonishing mature comprehension, has interwoven them into this one seamless, luminous book."*
— Tillie Olsen, author of "Tell Me a Riddle" and "Silences"

Diebische Übersetzungen und ihr ketzerisches Prinzip: „Und sie bewegt sich doch" (Galileo Galilei)

„Leon hatte einmal zu mir gesagt, es komme nur auf das an,   LEON once told me that what we hold in

was wir in unseren Herzen tragen.   our hearts is what matters.

**Das Herz reist nie.  The heart never travels.**

Ich glaube ans Stillhalten. Ich glaube daran, daß die   I believe in holding still. I believe that the secrets

Geheimnisse, die wir in unseren Herzen bewahren,   we hold in our hearts are our anchors, that even

unsere Anker sind, daß sogar das Ungesagte   the unspoken between us is a measure of our every

zwischen uns ein Ausdruck all unserer Versprechen   promise to the living and to the dead. And all our

an die Lebenden und an die Toten ist. Und daß all   promises, like all our hopes, move us through life

unsere Versprechen, wie all unsere Hoffnungen, uns durchs   with the power of an ocean liner pushing

Leben bringen mit der Kraft eines Ozeandampfers, der die See durchquert.   through the sea."

**Fae Myenne Ng: Der Tag der Diebe, S. 223   Fae Myenne Ng: Bone, S. 193**

PROLOG

# Vorwort

Bei einem Einstieg – wie er hier verstanden wird – geht es nicht um eine allgemeine Übersicht der verfügbaren Fachliteratur, sondern um die konkrete Hinführung zu einer aktuellen Debatte. Diese Arbeit will Zugänge zu einer spannenden und gesellschaftlich brisanten Diskussion ermöglichen, die aus einer *postkolonialen Perspektive* die großen zeitgenössischen Themen Ethnizität und Migration beleuchtet. Postkoloniale Ansätze haben in den letzten zwei Jahrzehnten die anglo-amerikanische Diskussion mit ihrer grundsätzlichen Kritik des Multikulturalismus stark beeinflußt. Statt dessen fragt postkoloniale Theorie, wie kulturelle Identitäten durch äußere und innere Differenzierungen hergestellt werden und den umkämpften Artikulationsraum für dominante Macht- wie widerständige Selbstermächtigungsprozesse bilden. Diese Perspektiven auf moderne Einwanderungsgesellschaften werden auch für die bundesrepublikanischen Verhältnisse immer wichtiger. In der Migrationsgesellschaft, deren Grenzen in einer globalisierten Welt paradoxerweise stärker und schwächer zugleich werden, tauchen für die meisten unvermittelt die ImmigrantInnen und die ihnen Nachfolgenden aus dem gesellschaftlichen Off mitten im Zentrum auf. War es früher noch einfach von *Wir* und *Sie*, von „uns Deutschen" und „den Ausländern" zu reden, ohne gleich auf einen Widerspruch zu stoßen, so wird diese Selbstverständlichkeit, die nie evident war, heute immer stärker durch die Präsenz der Neudeutschen bzw. der anderen Deutschen in Frage gestellt. Wie es scheint, ist ein Prozeß der kulturellen Hybridisierung im Gange, der es zunehmend unmöglich macht, deutsche Identität wie bisher widerspruchslos zu denken. Wer angesichts der gesellschaftlichen Ankunft des vermeintlichen *Anderen*, der People of Color(s), noch den Mut aufbringt, nicht in nationale Töne zu fallen und sich in Frage zu stellen, ist hier mit von der Partie.

Wie so vieles im Leben hat auch dieses Buch eine Vorgeschichte. Es erschien erstmals Oktober 1999 unter dem Titel „Ethnizität und Migration" in der Reihe „EINSTIEGE: Grundbegriffe der Sozialphilosophie und Gesellschaftstheorie" beim Verlag Westfälisches Dampfboot. Seitdem führt dieses Buch ein beachtliches Eigenleben. Auf seiner Leserreise wurde es in wissenschaftlichen und kulturpolitischen Diskursen, aber auch in der politischen Bildungsarbeit aufgegriffen. Nachdem dieser Titel 2003 vergriffen war und divergierende Vorstellungen über die geplante Folgeauflage fortbestanden, erfolgte ein Verlagswechsel. Zum einen wird damit die weitere Verfügbarkeit sichergestellt. Zum anderen verbindet sich mit diesem Schritt auch die Hoffnung, durch Überarbeitung und Erweiterung einen inhaltlichen Mehrwert zu erzielen. Wie „Ethnizität und Migration" basiert auch diese Reloaded-Version auf meiner Diplomarbeit „Kulturelle Identitäten von MigrantInnen und die Multikulturalismus-Debatte. Ethnizität und Differenz im postkolonialen Diskurs" (1998). Diese Abschlußarbeit wurde am Otto-Suhr-Institut der Freien Universität Berlin angenommen. Für die damalige Betreuung durch die Professoren Friedemann Büttner und Hajo Funke bedanke ich mich ebenso wie für die praktische Unterstützung durch Elisabeth Mock-Bieber und Sigrid Neetzel vom ASA-Programm der Carl-Duisberg-Gesellschaft. Prof. Dr. Hans-Günter Thien und dem Westfälischen Dampfboot gilt mein Respekt für verlegerischen Weitblick und erfolgreiche Zusammenarbeit. Dr. Olaf Gaudig und Dr. Peter Veit (very special thanx!) vom Wissenschaftlichen Verlag Berlin danke ich für ihre professionelle Arbeit, aber besonders für Vertrauen und Offenheit. Iris Hopf hat frühe Abschnitte dieser Arbeit durch ihre Korrekturvorschläge verbessert. Ohne die umfangreiche Unterstützung von Myriam Hinkelammert wäre die Abfassung dieser Arbeit nicht in dieser Form möglich gewesen. Sehr herzlich danke ich auch Grada Kilomba Ferreira, Nicola Lauré al-Samarai, Burkhard Schröder, Makoto Takeda sowie nicht zuletzt Hito Steyerl und Gini Göckede & Markus Schmitz für ihre Einsichten und Impulse. Ihre intellektuelle wie freundschaftliche Begleitung hat mir in den letzten Jahren mehr geholfen, als sie ahnen. Natürlich kann mich niemand von eventuellen Fehlern und Irrtümern entlasten, für die ich allein die Verantwortung trage.

Berlin, den 1. Mai 2004
Kien Nghi Ha – Hà Kiên Nghị – 何堅毅

Post Scriptum
Ich wurde in Hanoi als Mitglied der kantonesisch-chinesischen Minderheit in Vietnam geboren und kam bereits als Kleinkind während des US-amerikanischen Vietnamkrieges mit der westlichen Präsenz in Berührung. Zusammen mit meiner Familie flüchtete ich beim Ausbruch des chinesisch-vietnamesischen Grenzkrieges als sog. „Boat-People" nach Hongkong. 1979 kamen wir in Berlin (West) schließlich als Kontingentflüchtlinge an und erhielten Asyl. 1988 ließ ich mich einbürgern und praktiziere seit meinem Studium Politische Wissenschaft.

Lange Zeit habe ich mich gefragt, ob ich meine persönlichen Hintergründe aufzeigen sollte oder nicht. Der Konflikt ist keiner, der sich auf den Gegensatz öffentlich/privat bezieht. Vielmehr zielt er auf den Widerspruch, der sich aus der gleichzeitigen Infragestellung einer neutralen Objektivität und der Ablehnung von Authentizität ergibt. Wie andere AutorInnen, die aus einer marginalisierten Position schreiben, möchte auch ich, daß meine Arbeit *nicht* auf eine Flüchtlingsgeschichte oder -biographie reduziert wird. Eine Begegnung auf Augenhöhe setzt voraus, daß diese Arbeit mit der gleichen Ernsthaftigkeit wie jede andere wissenschaftliche Publikation gelesen und in ihrer Eigenständigkeit unabhängig vom Autor anerkannt wird. Diese Selbstverständlichkeit einfordern zu müssen, sagt etwas über den Zustand der Repräsentationsbetriebe in der BRD aus, in der MigrantInnen so gut wie nie als kompetente GesprächspartnerInnen auftreten. Bis auf nahezu alibihafte Ausnahmen werden farbige MigrantInnen nicht als Intellektuelle, PolitikerInnen oder WissenschaftlerInnen anerkannt. Wir erscheinen – wenn überhaupt – zumeist als stumme Zeugen, als passive Opfer, als *zurechtgeschnittenes* Bildmaterial.

Es gibt jedoch keinen Text, der unabhängig von der Geschichte des Autors geschrieben wurde, ebensowenig wie es möglich ist, eine Arbeit unter Absehung dieser Geschichte zu lesen. Diese Fiktion aufzugeben, bedeutet zu verstehen, daß keine Auffassung oder Wahrnehmung frei von der Positionierung des Subjektes ist. Den Mut, das Eigene und Persönliche offenzulegen, habe ich in den Arbeiten von Anja Meulenbelt, bell hooks und Stuart Hall gefunden. Ihr beispielgebendes Vorgehen halfen mir dabei, mich zur eigenen Geschichte zu bekennen.

# Einleitung

*Minima Moralia – Reflexionen aus dem beschädigten Leben*
„Melange. – Das geläufige Argument der Toleranz, alle Menschen, alle Rassen seien gleich, ist ein Bumerang ... Der Rassenunterschied wird zum absoluten erhoben, damit man ihn absolut abschaffen kann, wäre es selbst, indem nichts Verschiedenes überlebt. Eine emanzipierte Gesellschaft jedoch wäre kein Einheitsstaat, sondern die Verwirklichung des Allgemeinen in der Versöhnung der Differenzen. Politik, der es darum im Ernst noch ginge, sollte deswegen die abstrakte Gleichheit der Menschen nicht einmal als Idee propagieren. Sie sollte stattdessen auf die schlechte Gleichheit heute, die Identität der Film- mit den Waffeninteressenten deuten, den besseren Zustand aber denken als den, in dem man ohne Angst verschieden sein kann" (Adorno 1951: 114).

Das schwierige Verhältnis von Gleichheit und Differenz durchzieht kontinuierlich die alten und aktuellen Debatten um Wir-Gruppen in den rassistischen wie antirassistischen Diskursen. Diese Begriffe sind nicht per se schuldig oder unschuldig, unterdrückend oder emanzipatorisch, sondern unterliegen einem fließenden Bedeutungswandel. Ihre sozialen Wirkungen und semantischen Bedeutungen entfalten sich erst im Kontext der jeweiligen Artikulation. Daher gibt es keine sichere und unveränderliche Position in diesem Diskurs. Es ist diese relative Unbestimmtheit und intellektuelle Flüchtigkeit, die eine Auseinandersetzung mit den Fragen nach Einheit und Diversität, Gleichheit und Differenz, Kollektiv und Individuum, Universalismus und Partikularismus so außerordentlich spannend, aber auch schwierig macht. Einerseits kommt es nicht darauf an, sich für das eine oder das andere zu entscheiden. Statt sich festzulegen, kommt es vielmehr darauf an, die dahinterstehenden Begriffe von *Kultur* und *Identität* immer situativ aufeinander zu beziehen. Andererseits ist es auch notwendig, diese Begriffe durch die Brille der geschichtlichen Erfahrungen zu betrachten. Dann wird offensichtlich, daß sie die handelnden Subjekte als normative Instanzen und soziale Filter überallhin begleiten. Im Fall der EinwanderInnen[1] wird durch diesen Zusammenhang deutlich, daß ihre zurückliegenden wie auch aktuellen Erfahrungen in ihren jeweiligen Lebenswelten durch die vielfältigen Auseinandersetzungen mit Rassismus und den unterschiedlichen Facetten gesellschaftlicher Benachteiligung in den westlichen Nationalstaaten grundlegend geprägt wurden. Angesichts der fortgeschrittenen wissenschaftlichen Aufarbeitung der Phänomene *Nation* und *Rassismus*[2] werde ich meine Blickrichtung auf die bisher übergangenen Schattenseiten dieser modernen Erschei-

---

1 Mit diesem Begriff bezeichne ich im lokalen Zusammenhang der westdeutschen Einwanderungsrealität vor allem die „Gastarbeiter" und ihre Familien bzw. im theoretischen Kontext die postkoloniale Nachkriegsmigration aus der Peripherie in westliche Industrienationen. Auf die Migration in die DDR werde ich nicht eingehen können.
2 Schriften zu diesen beiden Megaprojekten der Moderne füllen inzwischen halbe Bibliotheken. Besonders hervorzuheben sind die grundlegenden Erkenntnisse bei Benedict Anderson (1988), Ernest Gellner (1991) und Eric Hobsbawm (1991) für die Dekonstruktion der Nation. Die Beiträge von Etienne Balibar (1990), Stuart Hall (1989) und Robert Miles (1991) zum gegenwärtigen Verständnis des Rassismus zeigen die strukturellen Analogien und Differenzen mit ihren sich daraus ergebenden dialektischen wie ambivalenten Verhältnissen auf.

nungen konzentrieren. Mit diesem Schritt möchte ich das vernachlässigte Recht auf kulturelle Selbstkonstruktion in den Vordergrund stellen, anstatt der rassistischen Fremdbestimmung erneut Tribut zu zollen. Mein Interesse richtet sich daher auf die Geschichten, Lebenswelten und Wahrnehmungen der MigrantInnen selbst, weil ihre Perspektiven in der bundesrepublikanischen Diskussion nach wie vor marginalisiert werden.

## Ausgangslage und Thematik

Meiner Ansicht nach können relevante Lösungen für die fundamentalen Gesellschaftskonflikte um Zugehörigkeit zum politischen Gemeinwesen und Verteilung gesellschaftlichen Reichtums durch die Auseinandersetzung mit den drängenden Fragen um kulturelle Identitäten und Multikulturalismus gewonnen werden. Um im Hinblick darauf kritische Impulse zu erhalten, besteht jedoch die Notwendigkeit, nicht nur die Themen neu zu bestimmen, sondern auch den theoretischen Blickwinkel, statt auf den Anderen[3] zu richten, so umzukehren, daß wir von ihm ausgehen. Es geht mir also darum, die bisherige hegemoniale Setzung von Differenz durch Nation und Rassismus zu hinterfragen. Daher besteht mein Ansatz darin, die Differenz aus der Position des Subalternen und zum Schweigen Gebrachten neu zu definieren. Indem die Rekonstruktion der Einwanderungsgeschichten, die Alltagspraxen der kulturellen Transformation und die subjektiven Wahrnehmungen der gesellschaftlichen Verhältnisse durch die MigrantInnen selbst in den Vordergrund gestellt werden, kommt es zu einer Verschiebung der Perspektive. Diese *doppelte Umkehrung* der Sichtweise durch das Aufbrechen der Fixierungen im Diskurs ist wichtig. Aus diesem Schritt ergibt sich die weitreichende Konsequenz, die Dichotomien von außen und innen, aktiv und passiv neu zu lesen. Durch diese zur gesellschaftlichen Rollenfestschreibung ins Gegenteil gekehrte Positionierung wird es möglich, daß MigrantInnen sich von ihrem Status als *Objekte* verabschieden und die Anerkennung ihrer Subjekthaftigkeit fordern können.[4] Wie wichtig dieser Bewußtwerdungsprozeß ist, läßt sich abschätzen, wenn in Erinnerung gerufen wird, daß MigrantInnen meist als Opfer oder Projekte der sogenannten Ausländerarbeit und sozialwissenschaftlichen Forschung präsentiert wurden.[5] Unter dem gesell-

---

3  Analog zur englischen Diskussion um Othering/Otherness werden das „Eigene" und das „Andere" hier nicht als anthropologische Polaritäten begriffen. Sie sind wie die „Fremden" vielmehr aus historisch-gesellschaftlichen Konstruktionsprozessen der „Veranderung" hervorgegangen. Diese Benennungspraxis sagt weniger etwas über die Betroffenen aus, als sie Auskunft über die in ihr eingeschriebenen Ausschlüsse und Dominanzperspektive gibt.

4  Vergleiche hierzu die Neuorientierung von migrantischen und schwarzen Frauengruppen in ihrer politischen Arbeit, in der die permanente Abwehr rassistischer Formierungsprozesse und Angriffe zunehmend als frustrierend und perspektivlos empfunden wird (Baaba-Folson 1994: 37). Solange Reaktionen auf gesellschaftliche Diskriminierungsstrukturen und ihrer tagespolitischen Reformulierung von außen aufgezwungen werden und sie sich in Viktimisierung und defensive Negationen erschöpfen, solange stellen diese Notgemeinschaften kein selbstbestimmtes Projekt dar. Eine emanzipative Praxis müßte aus sich selbst heraus eine positive und konstruktive Identifikation erlauben.

5  Vgl. Labek 1994: 177f. und Geiger 1991a: 138ff.

schaftlichen Druck aus Wissen und Macht entwickelten sich viele Migrierte regressiv und suchten nach Fundamenten ihrer Selbst: „Das Gefühl, Objekt, Opfer sozialer Veränderungen zu sein, kann zu dem Bedürfnis führen, wenigstens im begrenzten Raum des Privaten die Lebensbedingungen zu kontrollieren. Diese Art von Rückzug kann eine mögliche Quelle von Vereinseitigungen, von Idealisierung und Dämonisierung sein" (Räthzel 1994: 73).

Rassistische und nationalistische Ideologien neigen zur Rechtfertigung soziokultureller Abwertung und politischer Ausschließung immer wieder dann durch den Hintereingang der Geschichte zu schleichen, wenn ihre ideologische Dominanz gefährdet zu sein scheint. In einer listigen Ironie des Verdrängten, das niemals abwesend ist, sehen sie sich dann genötigt, offen ihre durchdringende Macht bei der Konstruktion gesellschaftlicher Bedeutungen und der Erzwingung sozialer Realität einzusetzen. Schließlich wollen sie ihren bedrohten Anspruch auf einen Platz in der Mitte des Zentrums mit aller Macht „verteidigen". Und so entfachen sie eine Hetzjagd, die der Agonie eines Paranoiden gleicht. Gesellschaftliche Zivilisierung stellt sich daher niemals durch Fortschrittsglauben oder geschichtliche Vernunft von alleine ein, sondern muß jeweils erkämpft werden. Die Nation wie auch der Rassismus bedürfen zur eigenen Konstitution den Ausschluß des Anderen, dem die Funktion des Feindes und des Opfers zukommt. Ihr existentielles Bedürfnis nach Totalität hat sie nicht nur unvermeidlich in die Lebenswelten, Handlungspraktiken und Erinnerungen der rassistischen Subjekte und Institutionen eingeschrieben. Sie konnten darüber hinaus durch biologistische und kulturelle „Rassenkonstruktionen" (Miles 1991) auch den Kolonisierten und Marginalisierten ihren rassifizierenden Stempel aufdrücken. Durch diesen dialektischen Prozeß wurden Täter und Opfer, Herrschende und Beherrschte, Privilegierte und Enteignete zugleich miteinander verbunden wie voneinander getrennt. Da sich auch die exklusive Zugehörigkeit und der interne Universalismus innerhalb der imaginierten nationalen Gemeinschaft jeweils nur über aktualisierte historische und soziale Ausschließungskriterien des zuvor fremd gemachten Anderen definieren können, stehen diese *disjunktiven* Kollektive trotz ungleicher Machtverteilung auf der Ebene von Gruppenidentität und symbolischer Praxis in einem wechselseitigen „Abhängigkeitsverhältnis" zueinander. Aus diesem Grunde wird in dieser Erörterung versucht, immer dann den Zusammenhang zu Nation und Rassismus aufzugreifen, wenn sich die diskursiven Effekte in Form eines *internalisierten* Rassismus überlappen und überlagern.

Daraus ergibt sich auch, daß im Rahmen dieser Arbeit weder eine allgemeine Analyse der Geschichte, Ideologie und Praxis eines institutionalisierten Rassismus noch seiner anderen Formen geleistet wird. Ebensowenig werde ich auf das eingehen, was normalerweise mit der Debatte um die politisch-rechtliche Ausgestaltung einer multikulturellen Gesellschaft gemeint ist. In Deutschland wäre es vor allem die langjährige, aber bisher folgenlose Diskussion um die grundlegende, d.h. radikal-republikanische Wendung des geltenden Staatsangehörigkeitsrechts von 1913 und die Option auf multinationale Staatsbürgerschaften. Eng damit verbunden ist die dahinter stehende Frage nach Entwicklungszielen für den gegenwärtigen Nationalstaat von der völkischen „Kulturnation" zur republikanischen „Staatsnation" oder noch konsequenter: zur postnationalen Gesellschaft. Ausgeklammert werden außerdem folgende Fragen und Probleme: Integration und Assimilation, Einwanderung und Flucht bzw. „Festung Europa" und Massenabschiebung, Niederlassungsrecht, kommunales Ausländerwahlrecht und Anti-Diskriminierungsgesetz, interkulturelles Lernen sowie die diskriminierende Struktur der politischen Vertretung von EinwanderInnen über sogenannte Ausländerbeiräte und -beauftragte. Im internationalen – genauer gesagt westeuropäisch-nordamerikanisch-australischen – Kontext sind Fragen von zunehmender Bedeutung, die den gesellschaftlichen Umgang miteinander betreffen. Es geht hierbei um das Verhältnis von Individual- und Gruppenrechten, um Quotenregelungen und Vetorechte für „Minderheiten"[6] bzw. strukturell benachteiligte Gruppen sowie um „politische Korrektheit" als Politik der gegenseitigen Anerkennung. Auf diese Themen wird hier ebensowenig eingegangen wie auf frühere Diskussionen über „kulturelle Distanz" und „kulturelle Verträglichkeit". Selbst die neueste Version dieser alten Kulturkonfliktthese in Samuel Huntingtons Bild von einem „Kampf der Kulturen" (1996) mit seinem strategischen Feindbild Islam werde ich nicht explizit problematisieren (Çağlar 2002). Nichtsdestotrotz kann diese Arbeit in ihrer Gesamtheit als eine Widerlegung und als *Gegenentwurf* zu Huntington in diesem diskursiv geführten Kampf um Bedeutungen und Selbstbilder gelesen werden.

Statt dessen richtet sich meine Aufmerksamkeit auf die Grundlage, auf der die gesellschaftlichen Bedingungen von Multikulturalismus verhandelt werden. Es ist die zugrundeliegende Frage nach der Wahrnehmung und dem Gebrauch von Kultur im Zusammenhang mit Fragen der Identität und ihrer komplexen Konstruktion. Als Schlüsselbegriffe, die jedem weiteren Sprechen vorausgehen, spielen sie bei jeder Erörterung über die multikulturelle Gesellschaft eine fundamentale Rolle, da sie nicht nur über kulturelle, sondern auch über politisch-rechtliche Zugehörigkeit und Ausschluß entscheiden. Natürlich ist es hier nicht möglich und nötig, Kultur als universale Zivilisationsgeschichte abzuhandeln oder einen kultursoziologischen Überblick zu geben. Vielmehr richtet sich das Interesse darauf, das bisherige Verständnis von Kultur in der bundesrepublikanischen Multikulturalismus-Debatte als ein vergemeinschaftetes Gut zu hinterfragen, das einheitlich und starr in uns als *unsere* Identität ruht. Dahinter steht eine determinierte binäre Vorstellung von kultureller Identität, die das *Wir* von dem *Anderen*, das *Eigene* von dem *Fremden* trennt und sich dabei in eine privilegierte Position setzt. Nur durch diese totalitäre Vereinnahmung von Kultur war es möglich, essentialistische Ethnien und Nationen zu denken. Als Grundlage des Multikulturalismus können Essentialismen keine befriedigenden Antworten und fruchtbaren Ideen für die Beantwortung der oben aufgeworfenen Themen hervorbringen.

Von dieser Prämisse ausgehend, ergibt sich die Dringlichkeit, nach Alternativen zu suchen, die das totalitäre System der binären Grenzziehung unterwandern, ohne

---

6 Ich setze diesen Terminus in Anführungszeichen, um anzuzeigen, daß sein Gebrauch, wo es keine begriffliche Alternative gibt, nicht von einer kritischen Hinterfragung abhalten sollte. „Minderheiten" werden durch gesellschaftliche Hierarchien erzeugt und von der selbsternannten „Mehrheit" als solche bezeichnet. Oft werden „Minderheiten" mit Begriffen wie „minderwertig" und „minderjährig" konnotiert, um sie abzuqualifizieren und entmündigen zu können.

durch einfache Umkehrung der Wertvorzeichen erneut auf dieses Prinzip angewiesen zu sein. Da, wie bereits erwähnt, eine Vertauschung der Perspektiven vorgenommen wird, konzentriert sich das Anliegen dieser Arbeit darauf, dieses *Wir*
auf der Seite der MigrantInnen zu dekonstruieren. Meines Erachtens ist es dabei
nötig, dieses als unveränderlich und homogen angesehene Wir-Kollektiv in einem
zeitlichen Rahmen durch die Aufarbeitung von geschichtlichen Erfahrungen in
Bewegung zu setzen und als ideologisches Naturkonstrukt mit dem heilsamen Gift
der kulturellen Differenz aufzulösen. Damit ist eine Wahrnehmung gemeint, in der
Ethnizität und Differenz zusammen gedacht werden können, anstatt sich wie im
Nationalismus auszuschließen. Ihre Bedeutungen sind wandelbar, weil sie erst aus
dem jeweiligen Kontext hervorgehen. Der Bezug zum postkolonialen Diskurs
ergibt sich unmittelbar aus dieser Denkrichtung. In diesem Diskurs werden aus den
Perspektiven der Marginalisierten in den Zentren *und* den Kolonisierten in den
Peripherien Geschichten, Kulturen und Identitäten rekonstruiert und für die Vision
der Grenzüberschreitung und Hybridisierung geöffnet. Diese kulturellen Repräsen-
tationen der Differenz und ihre wandelbaren Identitäten können für eine *Kultur des
Widerstandes* im Diskurs und im Alltag bedeutsam werden. Als eine politische Pra-
xis, die die Eindeutigkeit von sozialen, kulturellen, politischen und geographischen
Grenzen verwirrt, kann sie die Grundlage des Freund-Feind-Schemas, auf die jeder
Rassismus und Nationalismus angewiesen ist, in die Irre führen.

## Leitfragen und methodischer Aufbau der Arbeit

Diese komplexe Ausgangslage, in der die großen Meta-Erzählungen der Moderne
nie wirklich ausgeschlossen werden können, ist, wie ich soeben zu begründen
versucht habe, sehr uneinheitlich und widersprüchlich. Wie können die kulturellen
Identitäten von MigrantInnen überhaupt vorgestellt werden, wenn das Verhältnis
von Rassismus zu den daran Leidenden und die Zugehörigkeit zur Nation zu den
davon Ausgeschlossenen selten als eindeutig konträre und ausschließlich binäre
Beziehung zu beschreiben ist? Wenn vormals klare Abgrenzungen verschwimmen,
wie sind dann die neu lokalisierbaren *unreinen* Verhältnisse zu charakterisieren? In
welchem Verhältnis stehen marginalisierte Gruppen zur Geschichte, zu Kollektiverfahrungen und zur gemeinsamen Kultur? In welche Richtung müssen diese zuvor
als historisch wahr verbürgten Begriffe angesichts der postmodernen Postulierung
von Differenz und Dekonstruktion erneuert werden? Ist es überhaupt möglich,
*individuell* zu denken, *unterschiedliche* Kontexte zu beachten und trotzdem eine
*gemeinsame* politische Praxis zu entwickeln, die die realen Differenzen nicht durch
ideologische Manipulation aufhebt? Wie ist es möglich, die vielbeschworene Solidarität in der Vielfalt und nicht in einer erzwungenen Einheit zu finden? Welche Erkenntnisgewinne lassen sich aus dem postkolonialen Diskurs und den benachbarten
anglo-amerikanischen Cultural Studies ableiten? Wie können die neuen Formen der
Repräsentation von kulturellen Identitäten in den hybriden Kulturen vorgestellt
werden? Welche Ansätze für eine subversive Alltagskultur lassen sich ausmachen?
Das sind die Leitfragen dieser Arbeit. Zunächst wird jedoch eine Übersetzung anhand einer Problemskizze der lokalen Geschichte vorgenommen, die den postkolonialen Blick, wie ich ihn verstehe, am Beispiel Deutschland verdeutlicht.

Die postkoloniale Migration ist als ein historischer Prozeß zu verstehen, der Menschen aus der Peripherie an den Rand der westlichen Gesellschaften geworfen hat. Die dadurch in Gang gesetzten sozio-kulturellen Bewegungen haben durch die Widersprüche von Gemeinsamkeiten und Differenzen gekennzeichnete Positionen geschaffen, die die Migrierten über ihre ethnischen Identitäten, sozialen Klassenstellungen und geschlechtlichen Zugehörigkeiten hinaus miteinander teilen. Hierin folge ich einem Gedanken von Salman Rushdie, der in einem Essay erklärte:

> „Wenn ‚Die Satanischen Verse' überhaupt etwas sind, dann eine Betrachtung der Welt aus der Perspektive des Migranten. Sie entstanden aus eben der Erfahrung von Entwurzelung, von Trennung und Metamorphose (langsam oder schnell, schmerzlich oder freudig), die allen gemeinsam ist, und aus der, davon bin ich überzeugt, eine Metapher für die gesamte Menschheit abgeleitet werden kann" (Rushdie 1992: 457).

Obwohl es genau genommen weder eine gemeinsame, d.h. übereinstimmende, noch eine einzige Migrationserfahrung und -geschichte gibt, wird zunächst der Erkennung der *wesentlichen Unterschiede* wegen doch darauf insistiert, daß ein Kernbestand an grundlegenden Erfahrungen, wenn auch in individuell variablen Versionen, existiert, den die allermeisten ArbeitsmigrantInnen als biographische Signatur miteinander teilen und der sie von anderen gesellschaftlichen Gruppen unterscheidet: „Die Gemeinsamkeiten der Geschichte(n) und der Situation der Arbeitsimmigrantenfamilien sind über die Herkunftsnationen und die unterschiedlichen ethnischen Gruppen hinweg größer, als oft vermutet oder unterstellt wird" (Pfleghar 1993: 7).[7] Auch wenn sich meine Argumentation aus methodischen Gründen der Stringenz und Übersichtlichkeit weitgehend auf die Migrationserfahrungen der „türkischen"[8] MigrantInnen beschränkt, wird der Zusammenhang dieser Einwanderungsgeschichten untereinander betont.[9] Deswegen nimmt die türkisch-deutsche Migrationsgeschichte eine exemplarische Funktion ein, um die generellen theoretischen Gedanken zu veranschaulichen. Die deutsch-türkischen Migrationserfahrungen sind zum einen aufgrund ihres quantitativen Anteils an der Gesamteinwande-

---

7   Diese Sichtweise einer kulturellen Identität, die die spezifische Aushandlung der historisch-kulturellen Kontexte einer in diesem Sinne universell-postkolonialen Migrationserfahrung artikuliert, ließe sich bspw. auch aus den biographischen Interviews zur südkoreanischen Einwanderung in die BRD bei graduellen Unterschieden in der jeweiligen verschiedengestaltigen Alltagspraxis herausarbeiten: „Eigentlich gibt es nicht so große Unterschiede zwischen türkischen Arbeitsmigranten und Koreanern. Die Deutschen möchten am liebsten mit uns, mit allen Ausländern, nichts zu tun haben" (Südkoreanische Krankenschwester, seit 23 Jahren in der BRD, zit. nach Stolle 1990: 120). Siehe ebenfalls Lee (1991) und Allinger/Kim-Morris (1993), um ähnliche Erzählungen von deutsch-südkoreanischen Krankenschwestern und Bergmännern zu vergleichen.

8   Wie im zweiten Kapitel ausführlich dargelegt, bezeichnet das Türkische wie alle anderen nationalen Bedeutungsträger nur eine Machtkonfiguration, die einen Mikrokosmos aus anderen Identifikationen überlagert und unsichtbar macht. Um die Lesbarkeit und Übersicht nicht zu stark zu beeinträchtigen, werden nationale und ethnische Kennzeichnungen auch ohne entsprechende Markierungen im gesamten Text in Anführungszeichen gedacht.

9   Vgl. die kritischen Arbeiten von Grada Kilomba Ferreira (2002), Nicola Lauré al-Samarai (2004b) und Fatima El-Tayeb (2003), die differente Geschichten/Identitäten verknüpfen.

rung besonders relevant und daher ausführlicher als bei anderen Einwanderungs-gruppen dokumentiert und kommentiert worden. Zum anderen haben die ideologi-schen Kontroversen in der deutschen Öffentlichkeit gerade die türkische Einwan-derung in den vergangenen Jahrzehnten zu einem brisanten gesellschaftspolitischen Symbol hochstilisiert, das sie als einen umkämpften Schauplatz der Diskurse offen-legt. Meine These ist, daß diese deutsch-türkischen Erfahrungen in der Migration nicht alleine für sich stehen. Sie können vielmehr im Kontext einer allgemeineren postkolonialen Migrationsgeschichte begriffen werden, die Teile der südlichen Peri-pherie in die westlichen Metropolen verpflanzt hat. Jedoch wird im Verlauf der Ausführungen deutlich, daß das Spannungsverhältnis von Gemeinsamkeiten und Differenzen sowohl innerhalb der MigrantInnengemeinschaft als auch innerhalb der „ethnischen Gruppe" nicht einheitlich und determiniert, sondern von Anfang an komplex, zwiespältig und dynamisch ist.

Die hier aufgegriffenen, zumeist deutsch-türkischen Alltagserzählungen sind oft-mals Passagen aus persönlichen Selbstdarstellungen und narrativen Interviews. Als qualitative Studien erheben sie nicht den Anspruch auf Vollständigkeit, ausgewo-gene Auswahl und umfassende Repräsentativität. Ebensowenig sind sie als empi-rische Bestandsaufnahmen einzustufen. Ihr soziologischer Wert ergibt sich viel-mehr aus der Subjektivität, Spontaneität und Unmittelbarkeit einer an „oral history" orientierten *parteilichen Erzählweise*:

„Diejenigen, die marginalisiert werden und im herrschenden Diskurs lediglich existieren, um gesehen und als defizitär vorgeführt, aber nicht um gehört zu werden, die erleben müs-sen, wie ihre sichtbaren Charakteristika dazu dienen, sie zum Schweigen zu bringen und auszubeuten, können ihre Stimme nur finden, indem sie lautstark das Recht einklagen, für sich selbst zu sprechen, und zwar in ihren eigenen Worten und im Namen ihrer eigenen Körper" (Cohen 1991: 330).

Indem einzelne Erfahrungen von MigrantInnen komprimiert aufbereitet und dabei zwangsläufig selektiv hervorgehoben werden, können sie als verdichtete Aussagen bewußt gelesen werden. Dieses Konzentrat werde ich als Ausgangspunkte für eine auf allgemeinerer Grundlage operierende politische Theoriebildung nutzen.

Nach der Einleitung wird mit dem empirisch orientierten Teil im Kapitel 2 der Versuch gewagt, postkoloniale Theorie und die Alltagspraxis ihrer Subjekte zusam-menzuführen und in den „deutschen" Kontext zu übersetzen. Dazu sind drei ver-schiedene Schritte vonnöten: Zuerst wird die lokale Migrationsgeschichte durch historische Rekonstruktion erschlossen, dann anhand der Differenz sozial dekon-struiert, um schließlich durch den Aspekt der kulturellen Selbstkonstruktion am Beispiel der nachfolgenden Generationen in die Auseinandersetzung mit post-modernen und postkolonialen Theorieansätzen überführt zu werden.

„Hier liegen vor allem auch die Schaltstellen, an denen globale Multikultur in kulturelle, historische Lokalität, in konkrete Örtlichkeit, ins Spezifische (rück)übersetzt werden kann … Postkoloniale Übersetzung fordert eine Dezentrierung und Lokalisierung von (ge-mischten) Kulturen heraus … Lokalisierung von Kulturen meint dabei mehr als nur kom-plexe räumliche Zuordnung. Vielmehr geht es um Verortung im Feld der (Selbst-)Arti-kulation, d.h. der konfliktreichen Verhandlung zwischen unterschiedlichen Stimmen der Einmischung" (Bachmann-Medick 1994: 608f.).

Im Theorieteil geht es dann um die Einbindung des empirisch-exemplarisch erarbeiteten Differenzbegriffs in einen kulturphilosophischen Rahmen und um die Ausweitung der Diskussion auf den postkolonialen Theoriediskurs. Allerdings werden postmoderne Thesen nur soweit verhandelt, wie sie für das Verständnis der dekonstruktivistischen Kultur- und Identitätsbegriffe im postkolonialen Diskurs von Bedeutung sind. Dementsprechend will diese selektive Vorgehensweise keine Einführung oder Überblicksdarstellung über postmodernes Denken leisten. Im Kapitel 3 wird die theoretische Erörterung daher mit einer Diskussion der postmodernen Thesen der Globalisierung und Dezentrierung als begriffliche Hinführung zu zentralen Aspekten postkolonialen Denkens aufgenommen. Beide Begriffe sind wichtig und zentral für die Aufwertung von Differenz, Ambivalenz und Unabgeschlossenheit in der Postmoderne. Sie legen einerseits eine Schwächung staatlicher und kultureller Einheit durch das Aufkommen globaler Interdependenzen und transkultureller Phänomene nahe. Andererseits weisen sie die Dominanz des Hegemonialen zurück und nehmen das Andere grundsätzlich und grundlos, d.h. ohne Voraussetzungen an. Obwohl diese Gedanken weiterführend sind, vielfach den Rahmen des Konventionellen sprengen und vernachlässigte Aspekte zu Recht hervorheben, bedürfen sie immer auch einer kritischen Betrachtung. Dabei kann es nicht darum gehen, den postmodernen Diskurs gänzlich abzulehnen, sondern seine Bedeutungen durch partielle Einschränkungen zu präzisieren, um durch Klärungen zu einem differenzierteren Verständnis zu gelangen. Die Postmoderne ist als Gedankengebäude für den postkolonialen Diskurs insoweit wichtig, als daß sich beide trotz der vorhandenen Unterschiede auch auf einige gemeinsame Grundannahmen beim Entwurf einer zukunftsweisenden Kulturgeographie verständigen können. Im Rahmen meiner Argumentation wird die Differenz zwischen diesen beiden Diskursen stärker betont, um das theoretische Profil des Postkolonialen deutlicher hervorzuheben. Eine der wesentlichen Streitpunkte in dieser Auseinandersetzung geht der Frage nach, wie Differenz und Identität bei dieser Gratwanderung zu setzen sind, so daß sie einerseits ihre dekonstruktivistische Perspektive behalten und andererseits für die Subjekte eine *politisch relevante Bedeutung* aufnehmen.

Im Kapitel 4 wird zur weiteren Erörterung der zuletzt aufgeworfenen Frage zuerst auf die neuere Geschichte des Widerstands gegen rassistische Ausgrenzung in Form eines schwarzen Nationalismus in den 1960er Jahren Bezug genommen. Auch wenn dieses ethnische Identifikationsmodell in den damaligen Kämpfen in den USA *unverzichtbar* war, politische Reformen und für viele auch das Überleben überhaupt erst ermöglicht hat, bildet die Erkenntnis über sein heutiges Scheitern den Hintergrund der gegenwärtigen Debatte unter postkolonialen KulturkritikerInnen und Intellektuellen. Um über neue Sichtweisen auf entgrenzte Kulturen und Formen hybrider Identitäten nachzudenken zu können, ist es zuvor jedoch nötig, die Schwächen und Gefahren einer essentialistisch verstandenen Ethnizität *selbstkritisch* aufzudecken und sich seiner Grenzen bewußt zu werden. Erst danach war es möglich, die Differenz in den Mittelpunkt der Betrachtung über Geschichte, Ethnizität, Kultur- und Identitätspolitik zu rücken und ihre Grenzen in einer Verhandlung mit den Geschichten des Rassismus, der sexistischen Unterdrückung und der unterschiedlichen Klassenpositionen zu ermitteln. Dadurch ist die politische

Landschaft ohne Zweifel unübersichtlicher geworden. Aber gerade in dieser Unsicherheit wird nicht zuletzt die Chance zur Artikulation marginalisierter Stimmen gesehen. Vor allem in der Literatur und kulturellen Produktion wurde eine Möglichkeit gefunden, sich mit der Geschichte der eigenen Marginalität auseinanderzusetzen und Fragen der kulturellen Selbstkonstruktion, der Grenzüberwindung und der multiplen Identitäten aufzuwerfen. Im weiteren Verlauf der Diskussion wurde die Idee einer *Kultur ohne Zentrum*, ohne Ort und ohne feststehende Bedeutung entwickelt. Dahinter steht die Vorstellung einer hybriden Kultur, die sich an den Rändern übersetzt, anstatt vom Zentrum aus zu kontrollieren. Statt ihre ungetrübte Ursprünglichkeit vorzutäuschen, preist sie – womöglich zu erfolgreich und werbewirksam – die Unreinheit der stetigen Vermischung an. Weitreichender in seinen gesellschaftlichen Erschütterungen könnte jedoch die Praxis der Mimikry[10] sein, die eine bestimmte Form der kulturellen Subversion des Politischen beschreibt. Nachahmung und Täuschung als Widerstand bilden eine interessante Perspektive, deren Risiken, Potentiale und Wirkungsmöglichkeiten jedoch noch nicht klar absehbar sind.

Im anschließenden Kapitel 5 werden diese aufgeworfenen Gedanken aus ihrem theoretischen Kontext herausgeführt. Anhand kultureller Repräsentationen in zeitgenössischen Filmen, literarischen Erzählungen und der Rap-Musik in der Jugendsubkultur werden postkoloniale Kulturpraktiken des Alltags aus der Sicht von marginalisierten Kulturschaffenden beispielhaft untersucht. Dadurch werden einerseits Theorie und kulturelle Praxis miteinander in Beziehung gesetzt. Gerade im postkolonialen Diskurs ist die Kritik nicht ohne die literarische Arbeit zu denken. Beide haben sich von ihrer Genese her gegenseitig befruchtet und hervorgebracht. Andererseits geht es mir in diesem Kapitel auch darum, die praktische Relevanz postkolonialer Ansätze und die Alltäglichkeit von soziokultureller Differenz, Identitätswechsel und Vermischung im Leben vieler MigrantInnen zu thematisieren. Mit großer Aufmerksamkeit werde ich daher auf die Prozesse der Übersetzung und Verfremdung eingehen. In diesen kulturellen Praxen steckt ein zersetzendes Prinzip, das durch die eingeschriebene Differenz die Frage nach Originalität und Authentizität im Zusammenhang mit Kultur und Identität bedeutungslos macht. Besonders sicht- bzw. hörbar sind diese Entwicklungen bisher in den Bereichen der Sprache und der Rap-Musik, so daß sich gerade im postkolonialen Kulturverständnis auch Möglichkeiten zur Rückübersetzung und Anknüpfung an lokale Ansätze ergeben. Im letzten Kapitel steht eine Zusammenfassung mit punktuellen Hervorhebungen, die die größeren Zusammenhänge dieser Arbeit in einer kompakten Form zugänglich machen.

---

10 Als begriffliche Annäherung können wir das Fremdwörterbuch (2000: 636) der Duden-Redaktion zu Rate ziehen. Danach ist Mimikry als eine Nachahmung oder Schutzfärbung zu verstehen, bei der „Selbstschutz ... dadurch erreicht wird, daß das Tier die Gestalt, die Färbung, Zeichnung wehrhafterer Tiere oder nicht genießbarer Tiere täuschend nachahmt". Im übertragenen Sinne bezeichnet Mimikry eine kulturelle Anpassungsfähigkeit, die den Feind in die Irre führt. Als taktisches Kampfmittel dient Mimikry der Tarnung und Verteidigung des vermeintlich Schwächeren.

# Differente Erfahrungen: Türkische MigrantInnen in der BRD

## Arbeitsmigrationspolitik und innere Kolonialisierung

Über die Nachkriegseinwanderung in die BRD zu sprechen, heißt auch Auschwitz im Hinterkopf zu bewahren. Denn das, wofür dieses Vernichtungslager symbolisch steht, war bei der Ankunft der ersten ausländischen ArbeiterInnen, die in einer historisch nahezu einmaligen Situation einsetzte, immer noch sehr präsent. Aufgrund der nationalsozialistischen Herrschaft war das Gebiet, das damals die BRD „verkörperte", zum ersten Mal in seiner Geschichte dem zweifelhaften Ideal einer völkisch homogenen „Kulturnation" so nah wie nie zuvor. Der NS-Staat hatte „ethnische Säuberungen" mit bürokratisch-moderner Gründlichkeit mittels systematischer Entrechtung, Vertreibung und industriellem Genozid durchgeführt. Mit dieser geschichtlichen Singularität im Rücken zu leben, gibt der Existenz der hier lebenden *People of Color(s)*[1] und ihrem Willen hier zu bleiben, eine historische Konnotation und Brisanz (Messerschmidt 2003a: 185-226). Die postkoloniale Migrationserfahrung verbindet diese Geschichte nicht nur mit anderen verdrängten Geschichten, sondern wirft auch grundsätzliche Fragen zur *Kolonialität der Moderne* auf.

Kolonial-rassistische Praktiken können sich dabei keinesfalls eins zu eins von den Kolonien in die Zentren übersetzen. Ebenso wenig können historische Formen vollkommen unverändert in der Gegenwart fortbestehen. Diese Brüche und Tradierungen in der historischen Entwicklung werden durch die Problematik mit der nationalsozialistischen Vergangenheit zusätzlich verkompliziert. Die NS-Zeit nimmt eine ambivalente Rolle ein: Einerseits markiert sie aufgrund ihrer industrialisierten Gewalt einen singulären Bruch in der geschichtlichen Fortschreibung politischer Praktiken; andererseits hat sie kolonial-rassistische Ideologeme im gesellschaftlichen Un- und Unterbewußtsein vertieft. Durch die Tabuisierung und ausgebliebene Thematisierung werden diese Bestände jedoch als strukturelle und institutionalisierte Diskriminierungen normalisiert. Dieser rassistische Konsens konnte etwa mittels der „Asylantenhetze" in den 1990er Jahren mobilisiert werden. Die Breite und Intensität dieser gespensterhaften Debatte wirken mit zeitlichem Abstand noch unheimlicher. Wir erinnern uns, daß nicht nur die großen deutschen Volksparteien aus einem kalten politischen Kalkül heraus rassistische Feindbilder und Ausländerprobleme erfunden haben. Diese Kampagne ist um so unerträglicher, weil sie – bewußt oder unbewußt – Opfer und Tote in Kauf nimmt.

Wer den gegenwärtigen Migrationsdiskurs in Deutschland verfolgt, wird sich fragen, warum Begriffe wie „brain-drain" (wörtlich Gehirnabfluß), „head-hunting", d.h. Kopfjagd, oder die Paraphrase vom „Kampf um die besten Köpfe" zum guten Ton gehören. Wenn ich diese heiß diskutierten, kannibalistisch anmutenden Migrationsrezepte höre, beschleicht mich das unbehagliche Gefühl, daß wir immer noch im 19. Jahrhundert leben, als solche kolonialistischen Bilder und *Gewaltphantasien* Hochkonjunktur hatten. Für jede nachdenkliche Stimme stellt sich unwillkürlich

---

1  Zu den People of Color(s) zählen nicht nur „farbige" Menschen, sondern alle rassistisch unterdrückten Gruppen. Als politischer Begriff zeigt er keine „phänotypischen" Eigenschaften an, sondern markiert *komplexe und in sich differenzierte* Subjektpositionen, die durch multiple Einschreibungen gesellschaftlicher Marginalisierungen geprägt sind.

die Frage, warum hochgestellte PolitikerInnen und angesehene WirtschaftsvertreterInnen, aber auch seriöse JournalistInnen und namhafte WissenschaftlerInnen so unbekümmert und ohne hörbaren Widerspruch dieses offensichtlich belastete Vokabular aus der Kolonialzeit benutzen. Wie ist es möglich, daß ausgerechnet kolonialistisch konnotierte Metaphern, Denkmuster und Ausbeutungslogiken ohne jegliches Problembewußtsein in regierungsamtlichen und massenmedialen Diskursen reaktiviert werden? Was sagt dieses kollektive Vergessen und Nicht-Wahrnehmen über die gesellschaftlich vorherrschenden Perspektiven und Prioritäten aus? Warum treten koloniale Präsenzen ausgerechnet bei einer Politik der Liberalisierung auf, die bei gutwilligen Mitgliedern der deutschen Mehrheitsgesellschaft unhinterfragt als kosmopolitisches Reformprojekt zelebriert wird? Tatsächlich soll Deutschland ein modernes sowie weltoffenes Gesicht erhalten, aber ohne die tradierten gesellschaftlichen Machtverhältnisse grundlegend zu transformieren. Dieser Widerspruch zwischen Schein und Sein, der offenkundig Ausdruck einer weitreichenden Geschichtsverdrängung und Erinnerungsabwehr ist, ist – wie ich denke – Anlaß genug, die Geschichte der deutschen Arbeitsmigrationspolitik zu skizzieren.[2]

Die gesellschaftlich und auch wissenschaftlich tradierte Version der Geschichte deutscher Arbeitsmigrationspolitik ist die Geschichte einer *sekundären Kolonialisierung*, die durch Erinnerungsabwehr und Entproblematisierung ihre Strukturen zu verleugnen versucht. Diese sekundäre Dimension thematisiert unterschiedliche Strukturen ineinandergreifender Raum-Zeit-Beziehungen (außen/innen, kolonial/spätkolonial/postkolonial, Vergangenheit/Gegenwart) und abgestufte Handlungsebenen (formell/informell, direkt/indirekt, offen/verdeckt). Sie verweist auf Fragen zwischen gesellschaftlichen Machtpraktiken und ihr Einwirken auf die Möglichkeiten der anerkennenden Erinnerung und historischen Aufarbeitung. Gerade in der heutigen Zuwanderungs- und Verwertungsdebatte ist es notwendig, die funktionalisierten Zusammenhänge zwischen nationalökonomischem Rassismus, innerer Kolonialisierung und Prozessen der ethnisierten Arbeitsteilung und Marginalisierung im *inneren Ausland* zur Sprache zu bringen. Die Konzepte und Historien zum grenzüberschreitenden Transfer globaler Arbeitskräfte bewegen sich innerhalb eines Machtraums, der das ungleiche Verhältnis zwischen Peripherie und Metropolen widerspiegelt. In praktisch allen westlichen Staaten werden durch Arbeitsmigrationspolitik insbesondere People of Colors strukturell diskriminiert. Da vor allem Menschen aus ehemals kolonialisierten oder randständigen Gesellschaften benachteiligt werden, ist zu analysieren, inwieweit diese Politik eine koloniale Aneignungsform darstellt. In diesem Zusammenhang interessiert mich die Frage, wie postkoloniale Kritik unterschiedliche Zeitlichkeiten sowie innere und äußere Räume miteinander verknüpft. Durch diesen Perspektivwechsel können dominante Geschichtsbilder dekonstruiert und neue Fragestellungen entwickelt werden.

Koloniale Praxis ist als eine rassistische Form der *Aneignung des Anderen* zu verstehen, die vor allem räumliche, kulturelle und sozio-ökonomische Domänen erfaßt. Gerade durch migrations- und biopolitische Prozesse werden menschliche

---

2  Die kolonialen Elemente und Tradierungen deutscher Arbeitsmigrationspolitik – einsetzend im Imperial Germany – werden ausführlich in Kien Nghi Ha (2003a) analysiert.

Ressourcen vereinnahmt. So wurde die Kolonialisierung der Welt von Anfang an durch freiwillige und erzwungene Migrationspolitik vorangetrieben. Eroberungen und Vertreibungen sowie Besiedlungen und Versklavungen waren ihre direkten Folgen. Mittels Zerstörung, Verschleppung, Ressourcentransfer, Armut, Missionierung und „Erziehung zur Arbeit" wurden kapitalistische Arbeitsformen in Gang gesetzt, die Menschen zwangsläufig in Bewegung versetzen. In diesem Rahmen stellt die Aneignung außereuropäischer Arbeitskräfte einen zentralen Bestandteil des modernen Kolonialisierungsprojektes dar. Entsprechend gehörten Sklaverei und forcierte Kontraktarbeit über Jahrhunderte hinweg als Massenphänomene zur kolonialen Normalität. Inzwischen haben sich diese Extremformen historisiert. Geblieben sind dagegen diskriminierende Arbeitsverhältnisse, die die gewaltförmige Verwertung des kolonisierten Körpers und seiner Produktivkraft erlauben. Gerade die staatlich geförderte *Ökonomie der Illegalisierung* leistet spätkolonialen Ausbeutungspraktiken heute Vorschub.

Lange Zeit verliefen Arbeitsmigrationen als raumgreifende Einbahnstraßen von den europäischen „Mutterländern" in die Kolonien, während die Unterworfenen innerhalb der Imperien zerstreut wurden. Durch koloniale Globalisierung wurden entfernte Räume, Kulturen und Geschichten in der Moderne untrennbar miteinander verkettet. Erst im Laufe der westeuropäischen Industrialisierung im 19. Jahrhundert verlagerte sich diese Richtung. Ursache war ein Wirtschaftswachstum, das nicht mehr mit einheimischen Kräften abgedeckt werden konnte. Um die nationale Machtposition im sich verschärfenden weltweiten Konkurrenzkampf westlicher Kolonialökonomien nicht zu gefährden, wurden ArbeitsmigrantInnen in die imperialen Zentren herangezogen. Durch Umkehrung der Migrationsrichtung und diskriminatorische Aneignungspraktiken fand eine *Expansion nach innen* statt. Die Zuwanderungssteuerung bewegt sich seither in einem Rahmen, der das Einverleiben migrantischer „Humanressourcen" nationalökonomisch funktionalisiert und gleichzeitig mit rassistischen Abwehrdiskursen unterfüttert. Auf diese Weise sind marginalisierte MigrantInnen sowohl als Aneignungsobjekte wie als „Sündenböcke" nützlich. Durch die Einverleibung migrantischer Produktivkräfte werden Profit und nationales Wachstum maximiert. Seit ihren Anfängen wird Arbeitsmigration daher staatlicherseits als Mittel zur Abschöpfung von wertvollem „Humankapital" aus der abhängigen Peripherie angewendet. Während man früher in der Wilhelminischen Kaiserzeit von „Aufzuchtkosten" sprach, wird der Wert des Menschen heute sozialtechnisch durch die investierten Sozialisations- und Ausbildungskosten bestimmt. Westliche Nationalökonomien können dadurch menschliche Ressourcen aus der postkolonialen Welt hinzugewinnen und Ausgaben einsparen, während die Länder des Südens ohne Globalausgleich Verluste und Kosten tragen müssen.

Diese Konzeption staatlicher Arbeitsmigrationspolitik läßt sich grob in zwei Phasen untergliedern: Während im langen 19. Jahrhundert bis zum Ersten Weltkrieg die innereuropäische Semiperipherie als menschliches Ressourcenlager diente, wurde der Einzugsraum nach dem Zweiten Weltkrieg auf die koloniale und postkoloniale Welt ausgedehnt. Wie heute galt es auch damals den ansteigenden Bedarf an leistungsfähigen Arbeitskräften möglichst billig zu befriedigen. So wurden die ArbeiterInnen aus dem „irischen Hinterhof" Englands seit den 1950er Jahren durch

EinwanderInnen aus den karibischen und südasiatischen Kolonien ergänzt und in den am stärksten marginalisierten Bereichen größtenteils auch ersetzt. Zur selben Zeit förderte Frankreich neben dem traditionellen Zuzug aus den weniger entwickelten Gebieten Spaniens und Italiens auch Einwanderung aus den frankophonen Gesellschaften Afrikas. Dagegen mußte Deutschland während des Kalten Krieges auf seine angestammten Arbeitsmärkte im osteuropäischen Raum verzichten und auf „Gastarbeiter" aus den Mittelmeeranrainerstaaten ausweichen. Durch die selbst entfachten Weltkriege hatte Deutschland zuvor sowohl seine Kolonien als auch die NS-Besetzungen verspielt und konnte diese Gebiete und ihre Menschen daher nicht mehr als Ressourcen nutzen (Bade 2000: 85-231).

Diskriminatorische Arbeitsmigrationssteuerung verweist auf eine Bereicherungslogik, die erstmals in der Hochphase des westlichen Imperialismus nationalstaatlich umgesetzt wurde. Imperialistische Weltanschauung läßt sich als eine Ideologie auffassen, die mit allen zur Verfügung stehenden Mitteln die eigene nationale Machtstellung im Wettlauf der Kolonialmächte um globale Ressourcen rücksichtslos durchzusetzen sucht. In diesem Kontext wurde die Zuführung von benötigten Arbeitskräften aus abhängigen Gebieten als rassistisches und ökonomisches Instrument der Standortsicherung und Stärkung der nationalen Wettbewerbsfähigkeit begrüßt. Der Zusammenhang zwischen äußerer und innerer Kolonialisierung läßt sich am Fallbeispiel Deutschland direkt verfolgen: Nachdem die „verspätete" *Kolonialnation* 1884 ihre ersten „Schutzgebiete" im südlichen Afrika in Besitz nahm, begann Preußen, vornehmlich polnische MigrantInnen im inneren Ausland unter Bedingungen zu beschäftigen, die selbst zeitgenössische Kommentatoren als ein „Dasein rechtloser Lohnsklaven" bezeichneten. Bis 1914 sollte das deutsche Kolonialkaiserreich hinter den USA zum weltweit zweitgrößten Importeur migrantischer Kräfte aufsteigen (Bade 1993: 311-324).

Die Tatsache, daß viele Elemente ausgehend von der kolonialen Phase in der bundesrepublikanischen Migrationspolitik überlebt haben, spricht für einen Ausgangspunkt im imperialen Deutschland. Diese Verbindung kommt auch in den Images des anti-migrantischen Rassismus zum Ausdruck. Bereits im Kaiserreich wurden MigrantInnen mit „Fluten" und „Strömen" assoziiert, die durch massive Überfremdungsdiskurse noch bedrohlicher erschienen. Entsprechend aggressiv wurde damals wie heute die Parole „Deutschland den Deutschen" als völkisches Fanal eingesetzt. Kein geringerer als der nationalliberale Soziologe Max Weber hatte bereits 1892 in einer sog. wissenschaftlichen Studie über die „Verhältnisse der Landarbeiter im ostelbischen Deutschland" vor der vermeintlichen „Überfremdungsgefahr" gewarnt. In seiner nationalistisch motivierten These beklagte er die Verdrängung der deutschen Kultur, des deutschen Volkes und der deutschen Arbeiter durch Einwanderung aus Osteuropa. Es braucht nicht betont zu werden, wie aggressiv die rassistischen und imperialistischen Diskurse im Kaiserreich gegen polnische und russische „Slawen" waren, die als eine minderwertige „Sklavenrasse" angesehen wurden.

Auf institutioneller Ebene findet sich neben Differenzen auch eine stark unterbelichtete Kontinuitätslinie. So ist selbst unter Migrationsforschern die Tatsache kaum bekannt, daß die Wurzeln der bundesrepublikanischen Anwerbungspolitik bis zur halbstaatlichen „Deutschen Feldarbeiter-Zentralstelle" zurückreichen. Diese 1905 gegründete Arbeitsrekrutierungsagentur knüpfte organisatorisch an die zwei Jahre zuvor ins Leben gerufene „Centralstelle zur Beschaffung Deutscher Ansiedler und Feldarbeiter" des Alldeutschen Verbandes und des Ostmarkenvereins an (Herbert 2001: 35). Als einflußreiche Massenorganisationen traten sie für eine äußerst brutale Kolonialpolitik ein und sahen in der Arbeitsmigration ein geeignetes Instrument, um ihre Ziele zu verwirklichen. Diese institutionelle Kontinuitätslinie setzte sich über die Reichsanstalt für Arbeitsvermittlung in der Weimarer Republik bis zur Bundesanstalt für Arbeit fort. Wie weitreichend diese Tradierung in der behördlichen Praxis ist, verdeutlicht ein bürokratisches Detail wie die „Legitimationskarte". Diese Karte galt in der Kaiserzeit für die „Auslandspolen" und wurde in der BRD von der Bundesanstalt für Arbeit an die sog. „Gastarbeiter" vergeben, um das repressive Arbeits- und Aufenthaltsrecht polizeilich zu verwalten.

Gerade am deutschen Beispiel läßt sich strukturell aufzeigen, wie stark koloniale Muster durch Tradierung und eine rassistische Verwertungslogik im Umgang mit MigrantInnen und People of Colors eingeschrieben sind. In der Funktion als billige industrielle Reservearmee, im „Inländerprimat", in der dauerhaften Struktur der gesellschaftlichen Unterschichtung, in der Verweigerung staatsbürgerlicher Rechte und in der auf Diskriminierung beruhenden Ausländerpolitik werden Muster einer Politik sichtbar, die auf Konzepte aus der Zeit des *Imperial Germany* basieren. Das bestimmende Element in der deutschen Migrationspolitik sind zweifellos sog. Nationalinteressen, während die Bedürfnisse und Rechte der Migrierten, die infolge rassistischer Diskurse als Arbeitsobjekte verdinglicht und als Rechtssubjekte nur rudimentär anerkannt wurden und werden, kaum oder gar keine Rolle spielen. Rechtlich, sozial und politisch sollten ArbeitsmigrantInnen als Menschen zweiter Klasse ohne Chancengleichheit und gleiche Rechte bleiben. Diese strukturellen Verhältnisse können als Machteffekte eines intern wirkenden Sozialimperialismus analysiert werden.

## Post-koloniale Migration und die deutsche Präsenz des Rassismus

Die offizielle Geschichte der Arbeitsmigration in die BRD begann 1955, zehn Jahre nach der mythisch beschworenen „Stunde Null". Bis zum Anwerbestopp im Jahre 1973 durften mehr als 2,39 Mio. sogenannter „Gastarbeiter" unter der offiziellen Regie der Bundesanstalt für Arbeit einreisen, um in dieser Periode der Vollbeschäftigung den wirtschaftlichen Aufschwung zu ermöglichen und abzusichern.[3] In den verschiedenen Phasen dieser Migration ging es im Sinne des zugrundeliegenden Rotationsprinzips ausschließlich um die Ausnutzung billiger und austauschbarer Arbeitskräfte hauptsächlich aus den verschiedenen Mittelmeeranrainerstaaten, aber auch aus Südkorea. Durch Festlegung und Reduzierung auf ihre Funktion als flexible industrielle Reservearmee wurden diese Menschen ihrem

---

3  Siehe für eine detailliertere Darstellung der wirtschaftskonjunkturellen und arbeitsmarktpolitischen Überlegungen, die zur Einwanderung von ArbeitsmigrantInnen führte, Herbert 2001: 191-229, Treibel 1990: 85-121. Vgl. Cinanni (1979) und Nikolinakos (1973) für eine politökonomisch ausgerichtete Analyse.

Wesen nach entmenschlicht, was Max Frisch zu den geflügelten Worten „Wir riefen Arbeitskräfte, es kamen Menschen" veranlaßte. Besonders der medizinische Selektionsprozeß verletzte viele Frauen in ihrem Schamgefühl. Filiz Yüreklik erinnert sich:

> „Es war furchtbar. Wir mußten uns bis auf den Schlüpfer ausziehen und wurden von einem deutschen Arzt untersucht. Wir standen in einer Reihe, und er schaute uns wie einem Pferd in den Mund, ob die Zähne gesund sind. Danach mußten wir Blut und Urin abgeben, damit sie feststellen konnten, ob wir schwanger oder zuckerkrank sind" (zit. nach Treibel 1990: 87).

Obwohl die medizinische Auswahluntersuchung im Vorfeld von allen Betroffenen als menschenunwürdig erlebt wurde, überwog bei einigen die Freude angesichts der versprochenen Verdienstmöglichkeiten. Die Perspektive, der Armut zu entfliehen, gab ihnen für einen Moment das triumphale Gefühl, es geschafft zu haben:

> „Augen wurden kontrolliert, Lunge, ob man Schweißhände hatte, alles wurde überprüft. Teil der Untersuchung, die Selektion genannt wurde, war auch die Überprüfung der Fingerfertigkeit … Bei einer Versammlung danach erzählte ein deutscher Firmenvertreter über den Verdienst in Deutschland, gesicherte Überfahrt, Unterkunft im Wohnheim. Ich rechnete die DM in Dinar um. Mein Verdienst wird zehnmal höher sein als das meines Vaters. Einige Frauen wurden nicht genommen. Schande, Niederlage, wie bei einer Schulprüfung. Ein paar weinten …" (Schedlich 1987 zit. nach Pagenstecher/Yolci 1993a: 19).

Nach dieser umfangreichen Selektionsprozedur, dessen Massenbetrieb auch manchen deutschen Firmenvertreter unwillkürlich an einen modernen „Sklavenmarkt"[4] erinnerte, wurden die „Auserwählten" laut Bundesanstalt für Arbeit per „Sammeltransport" auf die Reise geschickt, um in vielen Fällen die unbelegten Arbeitsplätze der „Fremdarbeiter" im NS-Staat zu beerben (Bielefeld 1991a: 16).

In diesen terminologischen Analogien, die unbefangen auf „unbewältigte" militaristische und nationalsozialistische Traditionsbestände zurückgriffen, wurde gleichzeitig ihre Ambiguität deutlich: einerseits kam darin die gesellschaftliche Funktion von Sprache als kollektives Gedächtnis des Unbewußten, welches scheinbar nicht vergehen will, zum Ausdruck; andererseits entsprach diese Sprache durchaus der vorgefundenen Realität in dieser frühen Phase der Arbeitsmigration. „Viele wurden in Baracken untergebracht, später folgten Wohnheime und werkseigene Wohnungen. All diese Unterkünfte waren karg bis erbärmlich zugeschnitten und ausgestattet; nicht zum Leben, sondern zum Überleben waren sie da. Das alles sah nach Menschenhaltung aus" (Cohn-Bendit/Schmid 1992: 102f.). Daß dieser über ein Jahrzehnt andauernde Zustand in der Wahrnehmung der deutschen Mehrheitsgesellschaft trotzdem euphemistisch und kontrafaktisch als „Gastfreundschaft" umschrieben werden konnte, lag weitestgehend am unhinterfragten gesellschaftlichen Konsens in der Nachkriegszeit, nicht am Tabu des Rassismus zu rütteln. Uli Bielefeld weist darauf hin, daß in der BRD angesichts des beschämenden Ausmaßes der nationalsozialistischen „Rassenpolitik" durch Vernichtung eine massive Verdrän-

---

4    Dieser Eindruck wurde durch die Zahlung einer sogenannte „Kopfgeldprämie" verfestigt, die jedes Unternehmen als Vermittlungsgebühr an die Bundesanstalt für Arbeit überweisen mußte (Pagenstecher/Yolci 1993a: 21).

gung rassistischer Praxis aus der kollektiven Perzeption stattfand. In der Folgezeit stand nicht einmal das wissenschaftliche Vokabular zur Beschreibung und Einordnung rassistischer Praktiken und Kategorien zur Verfügung (Bielefeld 1994: 56f.). Eine bis heute spürbare Auswirkung dieses gesellschaftlichen Traumas und der wissenschaftlichen Regression dürfte die Flucht in die undifferenzierte, verharmlosende wie enthistorisierende Diskussion um „Ausländerfeindlichkeit",[5] aber auch die weitverbreitete *Ignoranz gegenüber institutionalisiertem Rassismus* und sozialen Diskriminierungen unterhalb der physischen Gewaltgrenze sein.

Auch wenn der Mythos gepflegt wird, daß die 1950er und 1960er Jahre annähernd ohne rassistische „Zwischenfälle" abliefen, war das Alltagsleben der damaligen ausländischen KontraktarbeiterInnen, besonders derjenigen aus der Türkei, von Anbeginn durch soziale Benachteiligung und auch dezidierte Aggression geprägt (Pagenstecher 1994: 35).

Denn „auch damals war es nötig, gegen Ablehnung durch Deutsche anzugehen. ,Sie verdienen keinen Argwohn', schrieb das ,Spandauer Volksblatt' am 1.8.65 über ein Wohnheim in Hakenfelde, wo 260 GriechInnen und TürkInnen wohnten. Anwohner hatten gegen das Heim protestiert, ,sie fürchteten um ihre Ruhe, ja selbst um ihre Frauen, Töchter und ihr Eigentum'. ,Versehentlich' seien auch Fenster eingeworfen worden" (Stahr 1993: 51).

Neben Formen der knallharten Ablehnung und Existenzbedrohung existieren auch „positive" Diskriminierungen durch subtile rassistische Abwertung in Form von Mitleid und toleranter Überheblichkeit seitens gutmeinender Deutscher. Mit ernstgemeintem Humor wurde diese Form der abschreckenden Philanthropie von MigrantInnen längst entlarvt und zurückgewiesen:

„Es gibt viele liebenswürdige, freundliche Deutsche, die ihren eigenen Ausländer halten. ,Das ist mein Türke', ,Das ist mein Afghane', sagen meist ältere Damen und streicheln dabei dem Betreffenden über das schwarze Haar. Diese Freundlichkeit hat nicht selten auch gewisse Vorteile. Ausländer kochen gewöhnlich gern und gut, sie sind spendierfreudig und großzügig. Da man sie als Schwache, Unterlegene betrachtet, kann man in der Beziehung zu ihnen das eigene Selbstbewußtsein stärken. Irgendwie fühlt man sich neben einem Ausländer recht erhaben ... Die Pose des freundlichen Hilfespenders, der seinen kräftigen Arm über die dürren Schultern eines Flüchtlings legt, ist oft unerträglich. Der Spender merkt vermutlich nicht, daß diese Pose verletzender wirken kann als offene Diskriminierung" (Nirumand 1993: 126f.).

Allerdings paßte diese vorgeblich fürsorgliche Denkweise gut in die offizielle Propaganda. Diese versuchte die harten Arbeitseinsätze in einer bemerkenswerten Wendung des tatsächlichen sozio-ökonomischen Kosten-Nutzen-Verhältnisses als „Entwicklungshilfe" für die Herkunftsländer zu rechtfertigen. Dadurch erschienen auch die angehenden MigrantInnen als „unterentwickelt" und „hilfsbedürftig". Ebenso fiktiv wie die Verlust- und Bedrohungsängste deutscher Männer, die um ihre uneingeschränkte Verfügungsgewalt über *ihren* Besitz und *ihre* Frauen fürchteten, war daher auch die scheinheilige Rede vom arbeitenden „Gast".

---

5   Siehe Kalpaka/Räthzel (1989: 86) zur Kritik des begrifflichen Sonderweges der „Ausländerfeindlichkeit" als politische Strategie, um nicht über Rassismus sprechen zu müssen.

Im institutionellen Gefüge wurden repressive Sanktionen spätestens 1965 mit dem wiedereingeführten Ausländergesetz gesellschaftlich manifest. Die Geschichte dieser Rechtstradition geht bis zur „Ausländerpolizeiverordnung" (1938) und – was weniger bekannt ist – auch bis zur „Kriegsverordnung für die Behandlung von Ausländern" (1939) zurück. Als Sondergesetze sollten sie die einseitige Durchsetzung deutscher Interessen juristisch sicherstellen (Dohse 1985: 249f.; Haller 1991: 75). Ziel war ein flexibles Migrationsregime, das der frühere NS-Richter und langjährige Ministerpräsident von Baden-Württemberg Hans Filbinger ungewollt, aber treffend als „rotierenden Ex- und Import jeweils junger frischer Gastarbeiter"[6] charakterisierte. Die Rotation sollte die ökonomische Rentabilität und Flexibilität des deutschen Gastarbeitersystems erhöhen. Langfristige Sozialkosten wie Arbeitslosengeld, Gesundheitsversorgung, Rentenanspruch etc. sollten so auf die Herkunftsländer abgewälzt und notwendige Infrastrukturmaßnahmen durch Niederlassung und Familienzusammenführung vermieden werden.[7] Neben den sozioökonomischen Vorteilen konnte auf diese Weise auch das politische Programm der völkischen Reinheit im Nicht-Einwanderungsland behauptet werden. Das Ausländergesetz ist nur ein Instrument innerhalb einer diskriminierenden Rechtsstruktur und politischen Kultur, die das Aufenthaltsrecht der MigrantInnen den sozio-ökonomischen Interessen der deutschen Gesellschaft unterordnet.

„In der ersten Phase wurden aber die Eckpfeiler der Ausländerpolitik gesetzt, die bis heute unverändert geblieben sind. Danach ist die Bundesrepublik kein Einwanderungsland. Das Ausländergesetz wird als Fremden- und Ausländerpolizeirecht verstanden, mit einem vielfältigen Abwehrinstrumentarium einschließlich Ausweisung und Abschiebung. Der wichtigste Grundpfeiler der Ausländerpolitik war und ist: Ausländerpolitik ist in erster Linie Arbeitsmarktpolitik. Das bedeutet: die deutschen Arbeitsmarktinteressen, wie sie die politisch Verantwortlichen in Bund und Ländern definieren, stehen im Mittelpunkt. Nach diesen Interessen richten sich alle Maßnahmen und Konzepte, die Ausländer in der Bundesrepublik betreffen" (Meier-Braun 1988: 64f.). Dohse zufolge „konzipiert das Ausländergesetz das Verhältnis von Staat und Ausländern auch nicht als Rechtsverhältnis, welches Verwaltungshandeln rechtlichen und rechtsstaatlichen Schranken unterwirft, sondern als Opportunitätsverhältnis, welches eine relativ ungebundene Verwaltungspraxis ermöglicht, die sich nicht an Rechtspositionen der Ausländer, sondern an den jeweiligen und wechselnden politischen Zwecksetzungen orientiert" (Dohse 1985: 250).

Die rassistische Ausgrenzung und Verweigerung bürgerlicher Rechte wurden bis zum Jahre 2000 durch das „Staats- und Reichsangehörigkeitsgesetz" von 1913 gewährleistet. Seine völkische Grundlage machte selbst Menschen zu „Ausländern", die seit Jahrzehnten sich hier niedergelassen haben oder in Deutschland geboren wurden. Angesichts dieser Entrechtung werden MigrantInnen nicht nur als freiverschiebbare Verbrauchsobjekte, sondern auch als ArbeiterInnen minderen Rechts be-

---

6  Zit. nach Treibel 1990: 42. Professor Dr. Hans Filbinger, der das extrem rechte Studienzentrum Weikersheim leitet, wurde jüngst vom baden-württembergischen Landtag mit einer erst im nachhinein öffentlich umstrittenen Ehrung bedacht: Bei der letzten Bundesversammlung im Mai 2004 durfte er als ältestes Mitglied den neuen Bundespräsidenten mitbestimmen. Je nach Prozedur hätte er als Alterspräsident diese Wahl auch geleitet.

7  Gute Überblicksdarstellungen bieten Bade (2000), Terkessidis (2000) und Herbert (2001).

handelt. Seit den Anfängen der Migrationspolitik werden sie gezielt in prekären Verhältnissen zu Konditionen beschäftigt, die für Deutsche in der Regel inakzeptabel sind. Indem ihnen bevorzugt die körperlich oder gesundheitlich belastenden und gering bezahlten Arbeiten in den untersten Stufen der Betriebshierarchie in konjunkturanfälligen Branchen zugewiesen wurden, konnten nach Schätzungen von Friedrich Heckmann (1981: 185) mindestens 2,3 Mio. Deutsche sozial aufsteigen. Diese Unterprivilegierung drückte sich in Krisenzeiten als ethnische Kündigungspolitik aus, die den MigrantInnen etwa in der Rezession 1974/5 ein viermal so hohes Entlassungsrisiko aufbürdete. Auf diese Weise wurden sie als Konjunkturpuffer, Sicherheitsventil, Sündenbock und Steigbügel instrumentalisiert, um sozioökonomischen Nutzen zu erzielen. Gesellschaftliche Spannungen wurden auf diese Art durch forcierten Rassismus ausgeglichen. Die Folgen der ethnisierten Arbeitsteilung sind Unterschichtung und Marginalisierung, die – wie im Falle der türkischen Immigrierten – weitgehend an die nachfolgenden Generationen sozial vererbt werden. Die starke soziale Benachteiligung der Eingewanderten wurde übereinstimmend auch in regierungsamtlichen Gutachten festgestellt. Das umfangreiche Zahlenmaterial wird z.B. im Sechsten Familienbericht (2000) oder im ersten Armutsbericht der Bundesregierung (2001) aufgeschlüsselt. Statt diese soziale Ungleichheit aktiv abzubauen, fördert die deutsche Arbeitsmarktpolitik diese ethnisierte Ungleichheit. Diese soziale Schließung auf deutscher Seite wird staatlicherseits durch das „Inländerprimat" im Arbeitsförderungsgesetz (AFG), in der Arbeitsgenehmigungsverordnung, im Sozialgesetzbuch und im Asylrecht zur gesellschaftlichen Norm erklärt.[8] Dieses Primat sieht eine gesellschaftliche Vorrangstellung für Deutsche und mit ihnen gleichgestellte EU-BürgerInnen vor. Statt Leistung oder Kompetenz sind nationale und de facto auch „rassische" Kriterien bei der Verteilung von *Lebenschancen* bestimmend. Nach der EU-Erweiterung werden vor allem

---

8  Das AFG unterscheidet zwischen der allgemeinen und der besonderen Arbeitserlaubnis. Entgegen dem sprachlichen Verständnis ermöglicht die besondere Arbeitserlaubnis einen weitgehenden Zugang zum Arbeitsmarkt, während die allgemeine Arbeitserlaubnis große Beschränkungen mit sich bringt. Die allgemeine „Erlaubnis wird nach Lage und Entwicklung des Arbeitsmarktes unter Berücksichtigung der Verhältnisse des einzelnen Falles erteilt ... Die Erlaubnis kann befristet und auf bestimmte Betriebe, Berufsgruppen, Wirtschaftszweige oder Bezirke beschränkt werden" (AFG, § 19, Abs. 1). In der Neufassung der „Verordnung über die Arbeitsgenehmigung für ausländische Arbeitnehmer" vom 15.12.2000 wurde das Arbeitsverbot für Flüchtlinge aufgehoben. Allerdings können Flüchtlinge und Personen mit der beschränkten allgemeinen Arbeitserlaubnis erst auf einer Vorrangprüfung für Deutsche und EU-BürgerInnen einen Arbeitsplatz erhalten. Die Vorrangprüfung selbst wird im Sozialgesetzbuch vorgeschrieben: „Die Arbeitserlaubnis *kann* erteilt werden, wenn 1. sich durch die Beschäftigung von Ausländern nachteilige Auswirkungen auf den Arbeitsmarkt, insbesondere hinsichtlich der Beschäftigungsstruktur, der Regionen und der Wirtschaftszweige, nicht ergeben, 2. für die Beschäftigung deutsche Arbeitnehmer sowie Ausländer, die diesen hinsichtlich der Arbeitsaufnahme rechtlich gleichgestellt sind, nicht zur Verfügung stehen" (SGB III, § 285 Abs. 1 Satz 1 Nr. 1 und 2). Im Jahre 1998 wurden 848.664 allgemeine Arbeitserlaubnisse erteilt. Dem standen nur 149.663 besondere Arbeitsberechtigungen gegenüber, während 71.833 Anträge abgelehnt wurden (www.auslaender-statistik.de/bund/arbeit_2.htm). Vgl. auch Bremer 1999: 43-82.

Nicht-Weiße durch solche Gesetze benachteiligt. Diese Vorrangregelung fördert das Entstehen „rassisch" geteilter Arbeitsmärkte mit ungleichen Arbeitsbedingungen und Lebenschancen. In den segregierten Arbeitsmärkten werden den Betroffenen aufgrund ihrer ethnischen Herkunft und nationalen Zugehörigkeit unterschiedliche soziale Aufstiegsmöglichkeiten zugewiesen. Durch staatliche Politik werden rassistische Arbeitsmärkte und entsprechende Sozialstrukturen rechtlich institutionalisiert. Solche Arbeitsmarktregelungen schaffen rechtliche Rahmenbedingungen, die Vorurteile und eine stigmatisierende Wahrnehmung fördern. Indem in erster Linie Weiße auf dem Arbeitsmarkt Vorrang genießen, wird eine rassistische Routine eingeübt, die europäisches Aussehen automatisch mit höherwertigen Arbeitsplätzen zu akzeptablen Bedingungen verbindet. Nicht-Weiße erscheinen dagegen unabhängig von ihren Qualifikationen und tatsächlichen Kompetenzen für unattraktive Arbeiten prädestiniert. Auf diese Weise verfestigt sich eine relative Realität der *sozialen Apartheid*, in der eine rassistische Arbeitsteilung als Normalität erfahrbar wird. Insgesamt produzieren diese multiplen Diskriminierungsdynamiken asymmetrische Gesellschaftsverhältnisse, deren sozialimperialistische Effekte und Segregationen viel zu selten problematisiert werden (können).[9]

Die Matrix und Logik der Gastarbeiterpolitik in der BRD wurden durch einen kolonialen Blick geprägt. Selbst die gegenwärtig dominanten Migrationsdiskurse haben diesen Horizont nicht verlassen. Gegenwärtig werden nicht nur in der BRD kannibalistische Migrationsrezepte heiß diskutiert, die begierig sind, den "braindrain" (Gehirnabfluß) aus postkolonialen Gesellschaften aufzusaugen. Schließlich sind die industrialisierten Staaten im globalen Verteilungskampf um die „besten Köpfe" bestrebt, nicht ins Hintertreffen zu geraten. So wie im 19. Jahrhundert im "scramble for Africa" der nationale Platz an der Sonne gesichert werden sollte, so erleben koloniale Denkfiguren wie das "head-hunting" beim Run auf die Wissensgesellschaft ein unzeitgemäßes Revival. Im Unterschied zu früheren Phasen bemüht sich die heutige Selektionspolitik ausschließlich um hochqualifizierte VIP-MigrantInnen, die als Entwicklungshelfer der vergreisenden Nation eine Verjüngungskur und eine zukunftsfähige Ökonomie bescheren sollen. Allerdings ist auch der viel gepriesene „Computer-Inder" in den Augen der deutschen Gesellschaft nur ein nützliches Arbeitswerkzeug, das spätestens nach fünf Jahren wieder ausgetauscht werden soll. Auf der anderen Seite wird die bestehende migrantische Unterschichtung staatlicherseits durch illegalisierte ArbeiterInnen in der total deregulierten Ökonomie forciert. Diese Ökonomie der Illegalisierung setzt in Deutschland mehr als eine Million Menschen einem vollkommen ungeschützten Status aus, der frei von jeder sozialen und rechtlichen Sicherungsform ist. Diese Illegalisierung von Menschen aus der Dritten Welt erschafft ein inneres Ausland, wodurch frühkapitalistische Ausbeutungsformen ermöglicht werden, wie wir sie bisher nur von den verlängerten Werksbanken multinationaler Konzerne im Trikont her kennen. Was der handverlesene Edelmigrant mit der illegalisierten Sexarbeiterin jedoch

---

9  Auch wage ich es kaum, diese Sozialimperialismusthese auszusprechen, weil solche illegitimen Stimmen regelmäßig für unzurechnungsfähig erklärt werden. Aber ich frage mich auch: Können und sollen wir überhaupt einen *netten* Begriff für ein politisch und gesetzlich verankertes Konzept der ethnischen Unterschichtung finden?

teilt, ist eine Existenzberechtigung, die von ihrer jeweiligen Fähigkeit abhängt, die deutsche Gesellschaft zu bereichern und zu befriedigen. Während irrationale und migrantenfeindliche Diskurse in der Politik und in den Massenmedien nahezu ungebremst die Einschränkung und den Abbau von Grund- und Menschenrechten für Menschen mit migrantischem Hintergrund fordern, werden kritische Berichte internationaler Organisationen in den Massenmedien oftmals verschwiegen. Bei diesem politischen Agenda-Setting haben PolitikerInnen, JournalistInnen und WissenschaftlerInnen eine besonders hohe Verantwortung, und es gibt keinen Grund, diese FunktionsträgerInnen aus ihrer gesellschaftlichen Verantwortung zu entlassen. So ist – um ein aktuelles Beispiel zu nennen – der ideologisch gesteuerte Eklat und die emotional ungehemmte Auseinandersetzung mit Metin Kaplan rassistisch motiviert. Ein gewollter Effekt dieser politischen Inszenierung, die seit Ende Mai 2004 durch brachiale Verbalgewalt und allgemeine Strafandrohungen intensiviert wird, ist der Generalverdacht. In einer Situation, in der willkürliche Denunziationen und Verdachtsmomente herrschen, sehe ich mich gezwungen, das Selbstverständliche zu begründen: Ich trete nicht für Kaplan, sondern für den Rechtsstaat und den Schutz von Grundrechten ein. Man kann Kaplan zu Recht viel vorwerfen, aber doch nicht, daß er sich exakt an die Auflagen der Ausländerbehörde gehalten hat oder daß er den ganz gewöhnlichen Rechtsweg zur Prüfung seines Falles einschlägt. Wo kommen wir hin, wenn die Mentalität des kurzen Prozesses und ein Zweiklassenrecht für Flüchtlinge und MigrantInnen zum Normalfall werden? Und warum soll die Inanspruchnahme von Rechten und rechtsstaatlichen Verfahren ihren Mißbrauch beweisen? Daher sind die Skandalisierung und politische Instrumentalisierung des Kaplan-Falles der eigentliche Skandal – zumal die gleichen Kommentatoren selbst dann zur Sachlichkeit aufrufen, wenn Gerichte und Staatsanwälte – wie etwa bei der Leuna-Affäre oder dem CDU-Parteispendenskandal – Strafparagraphen ohne zwingende Begründung zum Vorteil der Beklagten auslegen. Diesen Vorwurf kann aber selbst ein Otto Schily oder Günther Beckstein den Richtern im Kaplan-Prozeß nicht machen. Allein wegen der Sachlichkeit und Verhältnismäßigkeit hätte man auch die Frage stellen müssen, ob es nicht die Karikatur einer demokratischen Gesellschaft darstellt, wenn ein alter Fundamentalist den willkommenen Anlaß bietet, eine überdimensionierte Sicherheitsaufrüstung loszutreten, die einen befürchten läßt, daß der Staatsnotstand jede Minute ausgerufen wird. Da Kaplan selbst aus einem türkischen Hochsicherheitsgefängnis Befehle erteilen kann und körperlich selbst kaum in der Lage sein dürfte, eine Gewalttat zu begehen, ist die Abschiebung keine sachliche Lösung. Die Abschiebung als Sicherheitsgewinn ist ein modernes Märchen, erfüllt aber ihre Feindbildfunktion und verfestigt die Idee der „Festung Europa" zu einer vermeintlichen Notwendigkeit in der politischen Kultur. Wenn im aktuellen Kaplan-Fall Kritik berechtigt ist, dann am übereilten Handeln der Polizei, an der populistischen Medienoffensive und an der Erwartungshaltung einer Stammtisch-Gesellschaft, die auch ohne rechtskräftiges Urteil eine Abschiebung erzwingen will. Dieser enorme politische Druck ist auch an der deutsch-türkischen Community nicht spurlos vorbei gegangen. Verschärft durch den 11.9. werden islamische Bevölkerungsgruppen verstärkt mit dem Zwang konfrontiert, sich von terroristischen Anschlägen und radikalen Fundamentalisten zu distanzieren. Dieser Generalverdacht und seine zugrunde liegende rassistische Logik werden selbst aber kaum problematisiert. Wer die kontroversen Diskussionen innerhalb der deutsch-türkischen Community zum Kaplan-Fall kennt, kann ihre Repräsentanten nur davor warnen, rechtsstaatliche Grundsätze und menschenrechtliche Prinzipien aufzugeben, um sich dadurch als Komplizen der deutschen Dominanzgesellschaft auszuweisen. Wenn wir – wie bei der unlängst auch in Deutschland wieder diskutierten Folterfrage – Ausnahmeregelungen schaffen, frage ich mich, wo wir enden werden, wenn diese letzten Dämme erst mal gebrochen sind. Indem Kaplan von interessierter Seite zur Symbolfigur für alle Migrierten und Flüchtlinge hochstilisiert wird, wird auch das seit langem gepflegte Bild des „gefährlichen Ausländers" mit dem oftmals islamophob aufgeladenen „Krieg-gegen-den-Terror"-Kampfruf vermengt. Durch den Kaplan-Fall wird auf geradezu perfide Weise die absurde Vorstellung popularisiert, daß das deutsche Ausländergesetz besonders ausländerfreundlich sei und geradezu Terroristen zum höhnischen Mißbrauch der deutschen Gastfreundlichkeit einlädt. Wo Menschen in Angst und Panik versetzt werden, setzt das Denken aus. Statt dessen wird eine gefährliche politische Stimmung angeheizt, die Flächenbrände auslösen kann. Es ist offensichtlich, daß deutsche Sicherheitsfanatiker mit ihrer zynischen Einschüchterungspolitik Gesetze und Ausnahmezustände durchsetzen wollen, die (noch) außerhalb des Verfassungsrahmens liegen. Man wundert sich, warum solche Haßpredigten und Attentate auf die Grundrechte kein Fall für den Verfassungsschutz sind.

Am 8.6.2004 kritisierte die *Europäische Kommission gegen Rassismus und Intoleranz* in ihrem dritten Bericht seit 1998 die zunehmende rassistische und antisemitische Gewalt in Deutschland und forderte die Bundesregierung auf, endlich einen gesetzlichen Rahmen zu schaffen, der den Weg zu einer diskriminierungsfreien Gesellschaft eröffnet. Erstaunlicherweise haben in den Folgetagen selbst linksliberale Medien wie die *Berliner Zeitung*, die *Frankfurter Rundschau* und die *Junge Welt* diesen wichtigen Bericht ignoriert. Nur in der *taz* habe ich eine Meldung auf Seite 6 gefunden. Dabei reiht sich dieser Report nur in eine lange Reihe von besorgten Studien internationaler Organisationen ein. Seit Anfang der 1990er Jahre haben mehrere *Sonderberichterstatter und Ausschüsse der UN* sich wiederholt besorgt über Rassismus und unzureichende rechtliche Instrumente zu seiner Bekämpfung in Deutschland gezeigt. Auch verschiedene EU-Institutionen wie der *Anti-Folterausschuß des Europarats* haben immer wieder staatliche Praktiken kritisiert und Handlungsbedarf angemahnt. Ebenso haben *Amnesty International* und *Human Rights Watch* gewalttätige institutionelle Diskriminierungen dokumentiert (Aktion Courage – SOS Rassismus 1998).

Daß es einen strukturellen Rassismus gibt, kann daher keine Frage sein. Leider ist die deutsche Einwanderungsgeschichte auch eine Geschichte der Gewalt, der Verdrängung und Realitätsverweigerung. Für diejenigen, die sich jedoch der gesellschaftlichen Realität stellen wollen, kann die Frage nur lauten, ob deutsche Regierungsstellen und ihre WählerInnen auf Bundes-, Landes- und Kommunalebene nach Jahrzehnten politisch endlich gewillt sind, diesem Zustand durch gleichberechtigte, zugangsfreie und chancenausgleichende Regelungen und Förderprogramme abzuhelfen. Neben Gleichberechtigung brauchen wir auch Affirmative-

Action-Programme, wenn die historische Belastung dieser Gesellschaft gegenüber strukturell benachteiligten Gruppen nicht nur formal oder kosmetisch, sondern auch in der Realität ausgeglichen werden soll.

Während bisher nur die gesellschaftlich sanktionierte Gegenwart des Rassismus als äußerer, aber nahezu unentrinnbarer Begleitumstand der Migration aus der Peripherie thematisiert wurde, die die meisten ArbeitsmigrantInnen als fundamentale Erfahrung ihrer Existenz in den untergeordneten Positionen dieser Einwanderungsgesellschaft als *Zwangsvergemeinschaftung* miteinander teilen, ist es im nachfolgenden nötig, das Bild einer homogenen Migrationserfahrung durch differente Anteile zu erschüttern. Dadurch wird die Fiktion einer ungebrochenen Einheit als totalisierend und essentialistisch zurückgewiesen. Weder die Konstruktion wesenhafter Gemeinsamkeit in Form von ethnischer Zugehörigkeit noch eine andere soziale Kategorie kann in spätmodernen Gesellschaften allein kollektive Identitätsformen ohne Ausschluß und Unterdrückung disparater Erfahrungen und Geschichten bestimmen. Die bisher ausgeblendeten geschlechtsspezifischen, sozialen, politischen, religiösen, kulturellen, sexuellen, generationsbedingten und auch biographischen Differenzen sind eben *nicht* als unerhebliche Ergänzungen anzusehen. Vielmehr bestimmen sie bei der Frage nach der Bedeutung des Lebens in der Migration wesentliche Inhalte der vielschichtigen Antwort mit, die für die facettenreichen Identitäten dieser zum heimatlosen Nomadentum bestimmten Wanderer zwischen den Welten bedeutungsvoll sind.

Diese internen Unterschiede werden in der gängigen Geschichtsschreibung bisher der vorherrschenden Tendenz zur Verallgemeinerung von zuvor vereinheitlichten Gruppen geopfert. Um vereinnahmende Dominanzen herauszuarbeiten und ausgelöschte Differenzen sichtbar zu machen, wird in einem genealogischen Verfahren anhand deutsch-türkischer Migrationserfahrungen exemplarisch versucht, ethnische Homogenität, Einheit und Gemeinsamkeit als *soziale Konstrukte* zu hinterfragen und durch die Begriffe der Differenz, Fragmentarisierung und Hybridität zu erweitern. Durch die Anerkennung dieser verleugneten Unterschiede, die einen Unterschied um das Ganze bedeuten, soll die Notwendigkeit zur Entwicklung eines umfassenderen wie auch dezentrierten Begriffs von kultureller Identität aufgezeigt werden. Erst dadurch wird das Verständnis der Migration als ein *Leben im Übergang* ermöglicht, in der das Subjekt sich seine Identität durch die *aktive* Gestaltung kultureller Transformationen aneignet. Um die historische Prozeßhaftigkeit dieser soziokulturellen Umbrüche zu erfassen, werden zunächst die Wünsche, Motivationen und Wahrnehmungen der 1. Generation der Eingewanderten betrachtet. Aber auch hier ist anzuerkennen, daß die dabei dominierende männliche Perspektive sich nur als eine partikulare Erzählung der Migration herausgestellt hat. Im Anschluß an die Demontage einer unterschiedslosen Wahrnehmung werden daher unter dem Primat einer meist von älteren, sozial deklassierten, kulturell entfremdeten und politisch machtlosen Männern beherrschten Sicht verborgene Geschichten gewürdigt. Es sind die Geschichten der eingewanderten Frauen und ihrer Töchter, die das Recht auf einen eigenen Weg einfordern. Auch die Jugendlichen und jungen Erwachsenen der 2. Generation proben den kulturellen Aufbruch aus dem einengenden Schoß der ethnischen Gemeinschaft und der rassistischen Zuschreibungen.

## Erfahrungen türkischer Migranten aus der 1. Generation

Die ArbeitsmigrantInnen der ersten Stunde wurden einem hartnäckigen Vorurteil zufolge immer wieder als junge ledige Männer ohne Ausbildung vorgestellt. Dieser Beschreibung nach kamen sie aus den unterentwickelten Regionen der europäischen Staaten und ihrer Peripherie, deren allgemeiner Armut und wirtschaftlicher Misere sie zu entkommen suchten. Gerade am Beispiel der Türkei läßt sich jedoch zeigen, daß eben nicht nur „traditionelle" und „rückständige" Kleinbauern bzw. Landarbeiter aus dem Hochland von Anatolien die Chance zur Arbeit in der Fremde nutzten, sondern zu einem hohen Anteil gerade auch die qualifizierten, westlich gebildeten und mobilen Angehörigen der urbanen Mittelklasse in der Westtürkei (Pagenstecher 1994: 77ff.). Die einseitige Wahrnehmung der türkischen Einwanderung in der deutschen Öffentlichkeit und im individuellen Bewußtsein vieler ist sicherlich nicht nur eine Widerspiegelung der als paradox empfundenen Ungleichzeitigkeit einer vermeintlich ländlich-traditionellen Existenzweise inmitten der modernen deutschen Großstadt. Darüber hinaus ist sie auch ein rassistisches Konstrukt, das das Wahrgenommene außerhalb jeder akzeptablen bzw. „gesunden" Norm plaziert.

> Denn „mit den Türken hatten sich die Westdeutschen (endlich) wieder Fremde ins Land geholt, denen sie ... mit entsprechendem Hochmut gegenübertreten und an denen sie ungestraft ihr antisemitisches Mütchen kühlen konnten. Die überhebliche Haltung der ‚starken Deutschen' gegenüber den ‚kranken Männern vom Bosporus' fand neue Nahrung" (Seidel-Pielen 1995: 16).

Entgegen den Prämissen einer Migrationstheorie, die einen tiefgreifenden Kulturkonflikt im Zusammenprall von Tradition und Moderne in der Einwanderungsgesellschaft prognostiziert hat, muß m.E. jedoch betont werden, daß jede Migration einen *Bruch* mit der eigenen Geschichte und eine z.T. bewußte Aufgabe der bisherigen Lebensweise impliziert. Dabei ist es kein Widerspruch, daß das Arbeitsleben in der Zielgesellschaft ursprünglich nur eine temporäre Zwischenstation auf dem Weg zurück in die Ausgangsgesellschaft darstellen sollte. Allerdings kann Rückkehr in diesem Kontext nicht mit Einordnung in den alten Status und unveränderter Fortsetzung des früheren Alltags gleichgesetzt werden. Die Migration als zeitlich begrenzte Auswanderung sollte durch Akkumulation von Ressourcen die materiellen Voraussetzungen für ein von ökonomischer Not und sozialer Kontrolle befreites Leben ermöglichen. Sie wurde als Voraussetzung für ein anderes und besseres Leben verstanden. Der Ethnologe Werner Schiffauer kommt in einer Studie über die türkische Emigration aus einem ländlichen Gebiet zu dem Schluß, daß Migration als Aufstand gegen das Verharren in der bestehenden gesellschaftlichen Ordnung, als bewußte Loslösung von einem Leben in der Tradition zu verstehen ist.[10] Migration wurde somit als Möglichkeit zu einem *selbstbestimmten Leben* außerhalb der sozialen Verpflichtungen und Hierarchien des Dorfes und der Familie

---

10 Es war eben nicht nur die oft zitierte Flucht vor sozio-ökonomischer Perspektivlosigkeit und Unterbeschäftigung, die Menschen in die Fremde trieb, sondern auch die nicht weniger unerträgliche halbfeudale Ausbeutung und politische Unterdrückung in den damaligen Diktaturen in Spanien, Portugal, Griechenland, Jugoslawien und der Türkei.

angesehen, die die Kompetenz zur selbständigen Gestaltung der eigenen Zukunft eröffnete (Schiffauer 1992: 109). Diese innere Aufbruchsstimmung wurde durch fortwirkende koloniale Repräsentationen noch verstärkt, die ein stark idealisiertes Bild der BRD vermittelten. Deutschland erschien immer wieder als Land der technischen Zivilisation und des sozialen Fortschritts, aber auch des Luxus und der erotischen Verführung:

„Uns gegenüber präsentierten sich die blonden, hellhäutigen, hochgewachsenen Europäer als eine erhabene, auserwählte Rasse; und wir akzeptierten widerspruchslos diese Bewertung. Europa war für uns der Nabel der Welt, das Zentrum des kulturellen und politischen Geschehens. Europa war unser Traum ... Europa verwandelte sich in unseren Köpfen in ein Schlaraffenland, verursachte in unserer Psyche einen tiefen Minderwertigkeitskomplex" (Nirumand 1989: 18).

Der Schock nach der Ankunft war gerade bei vielen türkischen MigrantInnen um so größer, als sie durch die deutsch-türkische „Waffenbrüderschaft" im Ersten Weltkrieg ein ideologisch überhöhtes Deutschlandbild besaßen und durch fingierte Erfolgsberichte der bereits Emigrierten von hohen Erwartungen ausgingen (Straube 1991: 216). Statt des erhofften Lebens im Reichtum stand vor allem die unterbezahlte, sozial abgewertete, zumeist körperliche und oftmals auch gesundheitsgefährdende Arbeit in den untersten Stufen der Betriebshierarchie im Mittelpunkt ihres Lebens. Die Eingewanderten der 1. Generation nahmen diese Arbeitsbedingungen trotz aller damit verbundenen Risiken auf sich, weil sie letztlich keine andere Wahl hatten (Bade 1983: 86). Diese Umstände prädestinierten sie zu modernen Heloten, die besonders reibungslos ausgebeutet und anschließend ausgetauscht werden konnten und sollten.[11] Trotzdem hieß das nicht, daß diese Menschen die soziale Ungerechtigkeit und die Infragestellung ihrer kollektiven Integrität nicht wahrnahmen und verurteilten:

„Für die Immigrantinnen und Immigranten war eine solche Behandlung schockierend. Zum einen waren sie in der Regel besonders leistungswillig und überzeugt von der eigenen Arbeitsqualität, so daß sie dafür auch Anerkennung erwarteten. Zum anderen entsprach eine solche Einstufung nicht dem Ansehen der in der Heimat ausgeübten Berufe" (Ladwig 1993: 33).

Besonders schwer traf es die vorwiegend hochqualifizierten Migranten aus den Städten. Die Entwertung ihres mitgebrachten Wissens, die Negierung ihrer Kompetenzen und die Reduktion ihrer Persönlichkeit auf eine befehlsabhängige Arbeitskraft verhinderte die Möglichkeit, sich über die Arbeit positiv zu definieren und einen gleichberechtigten Dialog zur sozialen Umwelt aufzubauen.

Geradezu symptomatisch für viele Migranten war das Schicksal des bei seiner Ankunft als millionster Gastarbeiter gefeierten und reich beschenkten Portugiesen Armando Sá Rodrigues. Er erkrankte später an einer arbeitsbedingten Staublunge

---

11 Siehe auch die Sozialreportage „Ganz unten" von Günter Wallraff (1985), der als buchstäblich „getürkter" Leiharbeiter bei Thyssen, als Hilfskraft bei McDonald's, als illegal Beschäftigter auf einer Großbaustelle, als Versuchsperson in einer medizinischen Testreihe und als Mitglied einer Putzkolonne in einem Atomkernkraftwerk die ethnische Arbeitsteilung hautnah beschrieb.

und starb nach seiner Rückkehr in Armut (Pagenstecher 1994: 95). Diese Wahrnehmung des aufgezwungenen Scheiterns entspricht den vielen von Verbitterung und
Zorn gekennzeichneten Aussagen:

„So ist es. Es sind genau zehn Jahre, daß ich in Deutschland bin. Ich habe meine Kraft
gegeben, meine Seele, ich bin krank, zum Krüppel geworden, und sie haben mich wie
einen Köter auf die Straße geworfen. Aber die deutschen Hunde sind wertvoller als wir …
Ich werde auf meinen Grabstein schreiben: ‚Hier ruht der Türke Sefik 60 Prozent'. Ich
werde diese Geschichte hinzufügen: ‚Die Deutschen haben den 100prozentigen Sefik auf
Null gebracht und getötet. Er ist ein Deutschlandgeschädigter'. Reicht das nicht? Das ist
nun mal Deutschland".[12]

Ein anderer Arbeiter aus der Türkei, der durch die Arbeit in einem Kohlebergwerk
an einer Staublunge erkrankte und durch darauf zurückzuführende Schwächeanfälle
endgültig arbeitsunfähig wurde, kämpfte seitdem um seine Invaliditätsansprüche:

„Wie kannst du da fragen, wie ich die Deutschen sehe? Ich sehe sie pechschwarz, die
Bosse und ihre Handlanger, die Chefs, sehe ich als düstere Henker … Ich habe auf die
Zähne gebissen und gearbeitet. Ich kam ins Krankenhaus. ‚Berufskrankheit' sagten sie. In
einer Nacht habe ich Blut gespuckt. Ein Geschwür war geplatzt. Bei der Operation haben
sie zwei Drittel des Magens entfernt. Ich bekam keine Abfindung und keine Rente. Ich
konnte mich auch nicht weiter dafür einsetzen. Dafür reichten meine Sprachkenntnisse
und meine Kraft nicht aus".[13]

Dazu kam das oft als bedrückend und entbehrungsreich beschriebene Leben im
Wohnheim fern der nun schmerzlich vermißten, zur Imagination erstarrten Heimat.

„Kleine Dinge wie Olivenöl, ein Familienfoto oder eine heimische Zeitung wurden zu
Hoffnungsankern im Heimweh. Größere Ausgaben waren nicht drin, denn die Verwandten
erwarteten regelmäßig Überweisungen. Viele Migrantinnen und Migranten sparten eisern
bis zu zwei Drittel ihres Einkommens, denn das Leben zwischen Wohnheim und Betrieb
war ganz auf die Rückkehr ausgerichtet; in Berlin verkauften sie nur ihre Arbeitskraft"
(Pagenstecher/Yolci 1993a: 28).

Nach den Jahren im Wohnheim folgte ab Mitte der 1960er Jahre oft der Einzug in
die verfallenden Wohnungen der innerstädtischen Sanierungsgebiete in den Großstädten. Diese Räume wurden dem inzwischen oft zur Kernfamilie angewachsenen
Haushalt von deutschen Vermietern zur sogenannten Restnutzung gegen unver-
hältnismäßig hohe Mieten überlassen. Mangels bezahlbarer Alternativen, die durch
subtile Benachteiligung oder offene Diskriminierung auf dem Wohnungsmarkt
noch unauffindbarer wurden, mußten sie einwilligen (Stahr 1993: 53ff.).

„Wir fanden eine sehr schlechte Unterkunft in Kreuzberg. Wir hatten noch zwei Freunde,
mit denen wir uns eine Ein-Zimmer-Wohnung mit Außentoilette teilten. Überall regnete es
durch. Es war furchtbar. Ständig mußten wir anstehen, um aufs Klo zu gehen. Das Zimmer
war völlig leer. Wir schliefen auf dem Boden. Wir kauften uns keine Möbel oder ähnliches, weil wir ja dachten, daß wir sowieso bald zurückkehren werden" (Yolci 1993: 30).

---

12 Sefik „60 Prozent" (Arbeitsinvalide): Das ist nun mal Deutschland; in: Akcam 1993: 106f.
13 Sürmeli Sivan (behinderter Arbeiter): Sie haben meine Welt zum Kerker gemacht; in:
    Akcam 1993: 16, 18f.

Doch der Zeitpunkt der Rückkehr wurde immer weiter verschoben und kam für viele nie. Die meisten blieben und behielten die Hoffnung auf eine vorgestellte Rückkehr in „die Heimat" als eine unvergängliche Erinnerung an ihre eigene unvollendete Biographie in sich. Andererseits soll nicht verschwiegen werden, daß für einen anderen Teil die Migration tatsächlich zu einem zirkulären Ereignis wurde. Diese Gruppe kehrte zurück, weil sie ihre ursprünglichen Ziele erreicht hatte oder aber unmißverständlich gescheitert war. Diejenigen, die blieben, setzten die *Immigration als Prozeß*[14] fort und mußten sich ab Anfang der 1970er Jahre vermehrt mit zunehmender Arbeitslosigkeit in Folge von Konjunkturkrise, Strukturwandel und Rationalisierungsmaßnahmen auseinandersetzen. Andere mußten wiederum erneut eine dequalifizierte, ungeschützte und schlecht entlohnte Beschäftigung im unterprivilegierten Teil des gespaltenen Arbeitsmarktes annehmen.[15] Beide Entwicklungen haben die bestehende soziale Ungleichheit zum Nachteil der MigrantInnen in der BRD zumindest verfestigt und die gesellschaftliche Desintegration noch weiter verschärft. Vor diesem besorgniserregenden Hintergrund kann der Hamburger Migrationsforscher Friedrich Heckmann mit soziologischer Evidenz in ihrer Lebenssituation Merkmale einer „frühproletarischen Lage" (Heckmann 1992: 85) ausfindig machen. Auch staatlich beauftragte Gutachten und Studien – wie der Sechste Familienbericht (2000) oder der erste Armutsbericht der Bundesregierung (2001) – kommen zu einem vergleichbaren Fazit:

> „Bei keiner anderen Gruppe der (westdeutschen) Bevölkerung sind die Armuts- und Unterversorgungsrisiken in den Bereichen Arbeitslosigkeit, Einkommen, Wohnen und Bildung derart hoch wie bei den Ausländerfamilien. Die kumulative Armut, d.h. die Unterversorgung in mehreren Lebensbereichen ist bei Ausländerhaushalten vier mal höher als bei westdeutschen Haushalten" (Krummacher/Waltz 1996: 122).

Die mit diesem Prozeß der gesellschaftlichen Marginalisierung verbundene *ethnische Schichtung* oder „ethclass"-Bildung (Gordon 1978) ist nach wie vor Ausdruck einer einseitigen Verteilung von sozialen Gütern und gesellschaftlichen Partizipationschancen entlang ethnisierter Markierungen. Die Lebenschancen in der BRD werden so entgegen den universalistischen Prinzipien der Chancengleichheit und Gleichberechtigung von sozialer Benachteiligung und politischer Unmündigkeit bestimmt. Zudem richten solche ablehnenden Haltungen schwere innere Verletzungen an, indem sie den Betroffenen ein positives Selbstbewußtsein und -wertgefühl vorenthalten. Während die strukturellen Diskriminierungen des ethnisch segregierten Arbeitsmarktes die MigrantInnen in der Regel dazu verurteilten, einer entfremdeten Arbeit unter schlechten Arbeitsbedingungen nachzugehen, die kaum Befriedigung verschaffen kann, steigert die überproportionale Betroffenheit von Arbeitslosigkeit

---

14 Wie historische Forschungsergebnisse zur europäischen Einwanderung in die USA seit Mitte des 19. Jahrhunderts zeigen, war selbst diese „klassische" Einwanderungssituation zum Teil als temporäre Migration geplant und wies daher hohe Rückkehrquoten auf (Treibel 1990: 27f.). Einwanderung sollte daher nicht als eine einmalige definitive Entscheidung vor der Ausreise aufgefaßt werden, sondern als ein komplexer, sich wandelnder Entscheidungsprozeß im Einwanderungsland (Heckmann 1980: 111).

15 Ausführlicher in Cohn-Bendit/Schmid 1992: 123-143 und Heckmann 1992: 82ff.

als einer spezifischen Form der rassistischen Ausschließung die Frustration und das innige Gefühl, in der Migration persönlich versagt zu haben:

> „Nach oft vergeblicher Suche ist der türkische Mann zunächst bereit, die Schuld bei sich zu suchen. Erst die Erfahrung, daß man als Türke häufig auch die schlechtestbezahlte Arbeitsstelle vom Arbeitsamt nicht genehmigt bekommt, führt zur Resignation. Die Erkenntnis, daß man weiterhin arbeitslos sein wird, obwohl man bereit war, jede Arbeit, sogar als Putz- oder Küchenhilfe, anzunehmen, führt in vielen Fällen zu Verzweiflung und entsprechenden Identitätskrisen" (Straube 1991: 307).

Selbst diejenigen, die ihren Arbeitsplatz behielten und sich angesichts der rassistischen Betriebshierarchie durch überdurchschnittliche Leistungen und eine besonders hohe Arbeitsmotivation empfehlen wollten, mußten die Erfahrung von Ablehnung und Zurückweisung machen:

> „In der Firma tat ich mehr, als verlangt wurde. Ich fragte nicht nach Urlaub. Wenn ich krank war, ging ich nicht zum Arzt. Der Meister zeigte mich als Vorbild vor. ‚Arbeitet wie Cemal‘, sagte er zu den anderen Arbeitern ... Deswegen hatte sich der Zorn der deutschen Arbeiter an mir aufgestaut. Sie sagten: ‚Du nimmst die Moneten, die du hier verdienst, und haust ab. Aber wir müssen bis zum Verrecken hier malochen‘. Sie wollten nicht mit mir reden. Ich hatte ihnen gefallen wollen und war absolut in ihrer Achtung gefallen".[16]

Es scheint das paradoxe „Schicksal" der Kolonisierten zu sein, daß ihnen ihr kolonialisierter Status ausgerechnet von denen vorgeworfen wird, die selbst davon profitieren. Wie andere zu dieser Zeit hatte auch Cemal Tümtürk seine bessergestellten deutschen Kollegen, die sich in diesem abgestuften Betriebssystem vor neuer Konkurrenz und höheren Arbeitsanforderungen fürchteten, zu besänftigen bemüht. Er hatte vergeblich versucht, die Aggressionen und Beleidigungen durch Anpassung und Nachahmung von sich abzulenken.

Aber „diese Gesellschaft akzeptiert die Türken, die Menschen, unsere Menschen nicht. Diese Tatsache habe ich aber erst sehr spät begriffen. Anfangs habe ich die Schuld immer bei mir gesucht ... Deswegen habe ich mich bemüht, ein fleißiger, angepaßter Mensch zu sein. In allen sozialen Beziehungen versuchte ich, nett zu erscheinen. Man könnte sagen, daß ich bei der Arbeit, auf der Straße, beim Gehen und Reisen ein dressierter Affe war".[17] Weit davon entfernt, ihre eigenen Träume zu verwirklichen, „haben sie [die 1. Generation, KNH] vielmehr den Deutschen ein besseres, angenehmeres, erlebnisreicheres Arbeiten und Leben ermöglicht. Wenn irgend jemand, dann waren sie es, die das Fundament dafür geschaffen haben, daß es Deutschen möglich wurde, sich auf den Weg des Wertewandels und zur ‚postmateriellen‘ Gesellschaft zu machen. Denn die Ausländerbeschäftigung wurde zur unverzichtbaren Voraussetzung für etliches, was den Deutschen inzwischen lieb und teuer geworden ist: Aufstieg, Arbeitszeitverkürzung, längerer Urlaub, längere Ausbildungszeiten und früheres Ende des Erwerbslebens" (Cohn-Bendit/Schmid 1992: 143).

Eine historische Analogie zu kolonialen Aneignungsformen drängt sich an dieser Stelle unwillkürlich auf, wenn wirtschaftliche Ausbeutung und soziale Diskriminierung im Zusammenhang mit der kontinuierlich ausgrenzenden Ausländerpolitik der deutschen Bundesregierungen in Betracht gezogen werden. Obwohl die Nach-

---

16 Cemal Tümtürk (Arbeiter): Für Türken kein Zutritt in diesem Lokal; in: Akcam 1993: 38.
17 Cemal Tümtürk (Arbeiter): Für Türken kein Zutritt in diesem Lokal; in: Akcam 1993: 38.

kriegsarbeitsmigration in die BRD im Unterschied zu den damaligen Kolonial-
staaten Frankreich und Großbritannien nicht unmittelbar in den Kontext des "We
are here, because you were there" fällt und auch nicht als nachträgliche „Rache"
der Kolonialgeschichte im Sinne des "the empire strikes back" zu betrachten ist,
entgeht sie keinesfalls den kulturellen Verknotungen und politischen Verwerfungen,
die durch koloniale Eingriffe in die Weltgeschichte hervorgerufen wurden: „Durch
die Kolonisation haben die Menschen in Ghana meist ausländische Namen. Fast
alle europäischen Namen sind in Ghana vertreten, auch deutsche. Ich selbst habe
einen deutschen Vor- und Zunamen, der auch in meinem Paß steht".[18] Noch bedeu-
tender ist jedoch die Tatsache, daß diese Verhältnisse – intendiert oder nicht – de
facto jedoch zutiefst ausgrenzende und ausbeuterische Verwertungsdynamiken
gegenüber People of Colors reproduzieren. Sie laufen entgegen den verbindlich
proklamierten Ansprüchen des modernen Rechtsstaates auf eine *rassistische Praxis
der liberalen Institutionen* und ihrer Angehörigen hinaus. Angesichts der in der
Verfassung exklusiv für deutsche Staatsangehörige geschützten Rechte auf Ver-
sammlungs-, Vereinigungs-, Berufsfreiheit und Freizügigkeit, obwohl sie ausdrück-
lich als Grundrechte deklariert sind, kann unter Berücksichtigung der sozio-
biologischen Kriterien des völkischen Staatsbürgerbegriffs im Art. 116 GG durchaus am ethnisch neutralen Charakter und damit am universalistischen Anspruch des
bestehenden Rechtsstaates gezweifelt werden (Hoffmann 1991).[19]

> „Zusammenfassend ist die bundesdeutsche Ausländerpolitik als ein Politikmodell der Un-
> gleichbehandlung und Ausgrenzung der AusländerInnen gegenüber der deutschen Mehr-
> heitsgesellschaft zu charakterisieren. Die deutsche Ausländerpolitik ist, seit es die Arbeits-
> migration gibt, strukturell zutiefst ausländerfeindlich" (Krummacher/Waltz 1996: 94).

Die MigrantInnen wurden in ihrer eigenen Wahrnehmung mittels kolonialer Praktiken infantilisiert, pathologisiert und nicht umsonst einer erniedrigenden Tortur in
den Ausländerbehörden unterzogen. Zum Teil wurden sie auch wie unselbständige,
unmündige, rechtlose und geistig zurückgebliebene Kinder ohne jeglichen menschlichen Respekt behandelt. Der deutsch-iranische Publizist Nirumand schilderte in
einem Bericht über deutsche Zustände präzise und eindringlich eine Gesprächs-
situation, die mehr einem polizeilichen Verhör gleicht:

> „Ausländer können grundsätzlich kein Deutsch, man muß sich dadurch verständlich
> machen, daß man sie duzt und mit ihnen grammatisch falsch redet, zum Beispiel alle
> Verben im Infinitiv benutzt. Zweitens sind Ausländer ohnehin schwer von Begriff und
> außerdem schwerhörig, man muß also vieles wiederholen und dabei ganz laut und ein-

---

18 Kwame (Ghana): In Deutschland muß man um alles kämpfen – auch um die Menschlichkeit; in: Djoun 1994: 63. Zum deutschen Kolonialismus und seinen Kontinuitäten siehe
Melber (1992) und Mergner (1992).

19 Eine detaillierte Auflistung staatlicher Gesetze und Verordnungen, die einen benachteili-
genden und diskriminierenden Charakter haben, ist überfällig. Wie aufschlußreich ein solcher Schritt wäre, zeigte das Fallbeispiel der ehemals als „tolerant" geltenden Niederlande.
Anfang der 1980er Jahre fand eine Parlamentskommission bei einer Überprüfung der
staatlichen Bestimmungen über 2000 Ungleichbehandlungsvorschriften. Aber in Deutschland ist selbst das Anti-Diskriminierungsgesetz trotz EU-Vorgabe bisher nicht rechtsgültig.

dringlich und möglichst mit dem auf die Person gerichteten Zeigefinger sprechen. Schließlich kennen sich Ausländer grundsätzlich in Gesetzen und Bestimmungen der Bundesrepublik nicht aus, man kann ihnen nach Belieben Vorschriften machen. Sie haben zu
gehorchen, andernfalls werden sie ab- und, wenn es möglich ist, ausgewiesen ... Einmal
fauchte mich ein Beamter an, als ich ihm ein ausgefülltes Formular vorlegte. Er nahm
einen Rotstift, zog einen dicken Strich unter meinen Vornamen und sagte: ‚Sie wollen
Schriftsteller und Journalist sein? Sie können ja nicht einmal Ihren Namen richtig
schreiben. ‚Bahman' schreibt man bei uns mit zwei ‚n'" (Nirumand 1989: 139f.).

In solchen Erfahrungen zeichnet sich ein beklemmendes Bild ab: Viele Migrant-
Innen haben nicht das Gefühl, „geschützt" und sicher zu sein. Vielmehr überwiegt
die Wahrnehmung, daß, solange ihr Aufenthalt in der BRD wirtschaftlich unverzichtbar ist, sie von Rechts wegen unter Strafandrohung zum apathischen Verhalten
und Stillschweigen erzogen werden sollen. Daß gerade staatliche Institutionen wie
die Polizei einen ausgeprägten und auch gewalttätigen Rassismus praktizieren,
wurde durch eine beachtliche Reihe von Berichten internationaler Organisationen
dokumentiert (Aktion Courage – SOS Rassismus 1998).

Angesichts der erdrückenden Erfahrungen mit politischer Exklusion, sozialer
Degradierung und kultureller Diffamierung verstummt die 1. Generation in einem
Migrationsland, das für sie doch nur das Fremde repräsentieren konnte. Diese Entwicklung hängt stark damit zusammen, daß ihnen die gesellschaftliche Anerkennung als Voraussetzung für eine gleichberechtigte Kommunikation mit der
Mehrheitsgesellschaft verweigert wurde: „Ich wehrte mich damals, Deutsch zu lernen. Denn meine Erfahrungen in der Druckerei zeigten mir: Je mehr ich verstehe,
desto besser verstehe ich auch, wie sie über mich schimpfen" (Yesildeniz 1993:
92). Da die Verweigerung sich nicht nur auf den Prozeß des Verstehens bezog,
sondern auch die Fähigkeit zum Reden betraf, zogen sie sich gezwungenermaßen
ganz auf sich selbst zurück. „Früher hatte ich immer zu allem etwas zu sagen – aber
heute ... bin ich still, aus Angst Fehler zu machen".[20] Und weil sie, statt zu
rebellieren, ihre Stimmen durch Anpassung und Selbstdisziplinierung verloren,
verlernten sie mit der Zeit, sich gesellschaftlich auszudrücken. So konnten sie zwar
sozial überleben, aber die ignorierten Bedürfnisse und unterdrückten Interessen
kehrten mit aller Macht in ihren *autodestruktiven* Erscheinungsformen zum Ort des
Verdrängten zurück.

„Es gibt ganz selten Ausländer, die diese Belastungen ohne psychische Verletzungen und
Narben überstehen. Selbst diejenigen, die innerhalb der sozialen Hierarchie ziemlich weit
oben stehen, sind nicht immun dagegen. Die überall spürbare Arroganz und die damit verbundenen unterschwelligen Demütigungen hinterlassen oft unheilbare Wunden, die sich
nicht selten in Minderwertigkeitskomplexen, Depressionen und Verhaltensstörungen niederschlagen. Der Aufenthalt in Deutschland hinterläßt unverwischbare Spuren" (Nirumand 1993: 129).[21]

---

20 Sima Pouya, eine iranische Kurdin aus einer bürgerlich-liberalen Familie mit Universitätsabschluß, die ihr eigenes Selbstbild als gesellschaftlich engagierte Akademikerin inzwischen aufgeben mußte; zit. nach Berloge 1993a: 129.
21 Siehe etwa die Erfahrungsberichte aus der psychologischen Praxis bei Harutyum Van
   (1993) und Mehmet Celikel (1993).

Die meisten haben sich mit ihrer Lebenssituation abgefunden. Sie versuchen, wo es geht, sich anzupassen und leben als politisch Rechtlose mit ihrer Furcht in einer Gesellschaft, die mehrheitlich immer wieder ihre Ablehnung bekundet, so abgeschottet wie möglich, um sich eben vor dieser Gesellschaft schützen zu können:

„Ich hatte viele Existenzängste. Mein schwarzes Haar wurde grau, obwohl ich noch so jung war. Ich wurde immer ruhiger, viel ruhiger, als ich sein sollte ... Meine Träume sind hier gestorben. Mein Leben mit den Deutschen war auch sehr enttäuschend. Als ich damals hier ankam, bemühte ich mich immer um Freundschaft ... Die Lage der Ausländer in der Bundesrepublik hat sich verschlimmert, aber ich habe mich daran gewöhnt. Ich bin mir darüber bewußt, hier nicht gern gesehen zu sein. Deswegen gehe ich auch sehr ungern irgendwohin und erwarte auch von niemanden mehr etwas. Praktisch habe ich für mich eine eigene Welt gebaut und lebe darin".[22]

Obwohl es immer wieder Ausbruchsversuche gab und temporär auch Freiräume erkämpft werden konnten,[23] sahen sich viele aus der 1. Generation als eine verlorene Generation an, die das Wagnis der Migration in die BRD in ihrer eigenen Selbstwahrnehmung oft mit einem Scheitern der eigenen Biographie zu bezahlen hatten. Besonders im Alter rächt sich das harte Arbeitsleben mit Krankheiten, sozialer Isolation, desolaten Familienbindungen und wiederkehrender Armut.

„Allmählich und mit zunehmendem Alter zerrann das triumphale Gefühl der Machbarkeit, der Beherrschung der Zeit, der Gestaltung der eigenen Lebens. War es anfangs befreiend gewesen, nur seine Arbeitskraft in Deutschland zu verkaufen, erwies sich dies nun als erschöpfbare Ressource ... Nun glaubten viele, nicht nur ihre Arbeitskraft, sondern ihre Jugend hier verkauft zu haben" (Pagenstecher 1994: 115).[24]

---

22 Salmei (Afghanistan): Ich lebe in meiner eigenen Welt; in: Djoun 1994: 128, 131. Er kam 1976 in München an, war Student, Tellerwäscher und Bauarbeiter. Neben der Armut blieben ihm vor allem rassistische Witze, die verdeckte Ablehnung bis offene Feindschaft im deutschen Alltag und am Arbeitsplatz im Bewußtsein haften. Diese Grunderfahrung blieb existent, obwohl er inzwischen als Musterbeispiel für eine „gelungene Integration" gilt: Er ist mit einer Deutschen verheiratet, hat die deutsche Staatsangehörigkeit erworben und engagiert sich in seiner Freizeit für einen deutsch-migrantischen Kulturverein. Aber sein Fall zeigt auch, wie unbelehrbar und streng der Rassismus in Deutschland ist, wenn seine Objekte trotz vollzogener „Integration" immer noch zum Schweigen gebracht werden. Es wurde nicht vergessen und ihm nie „verziehen", daß er irgendwie doch anders ist.

23 Siehe Bojadžijev 2002; Ha 2002a; Kaynar/Suda 2002.

24 „Tahir M., 55 Jahre, war ein mit schweren Rückenschäden freigesetzter Hilfsarbeiter eines mittelgroßen Metallkonzerns bei Stuttgart. Als junger Mann hat er sieben Jahre in seiner Heimat an der Schwarzmeerküste im Bergbau gearbeitet. Mit 22 Jahren ist er nach Deutschland gekommen. 29 Jahre hat er in der Nähe von Stuttgart gearbeitet, zeitweise auch gutes Geld verdient, wie er meint. Die zurückgebliebene Familie hat davon gelebt, ein Haus gebaut. Seine (Urlaubs-)Ehe ist auf Dauer zerbrochen, zu seinen inzwischen in Deutschland lebenden Kindern hat er nur wenig Kontakt. Sie halten zu der Mutter. 1990 wird sein Betriebsteil geschlossen. Tahir wird betriebsbedingt mit einer bescheidenen Abfindung entlassen. Auf Wiedervermittlung hat er keine Chance: Er ist zu alt, zu verbraucht, zu gering qualifiziert. In seiner Ein-Zimmer-Vorort-Wohnung (21 qm, 600 DM Miete) lebt er allein, isoliert, langweilt sich – ohne jede Aussicht auf Änderung" (Krummacher/Waltz 1996: 165).

Inzwischen wurden türkische Rentnervereine gegründet. Entgegen ihren ursprünglichen Plänen einer „schnellen" Heimkehr fristen viele MigrantInnen doch ihr Altersdasein in der BRD. Unterdessen befindet sich der *unumkehrbare* Niederlassungsprozeß in der 3. und in einigen Familien bereits in der 4. Generation (Haberl 1986: 157ff.). Trotzdem bleibt das Paradox der Rückkehrillusion in der Primärgeneration bestehen. Letztlich ist aber dieser Widerspruch funktional zu erklären, denn wie bei anderen MigrantInnengruppen soll die Rückkehr wie der obligatorische Heimatbesuch in den schönsten Wochen des Jahres für das Leiden in der BRD entschädigen:

> „‚Ich fahre praktisch jedes Jahr. Wenn ich nicht nach Kap Verde fahren könnte, würde ich krank. Ich muß mein Land sehen. Hier arbeite ich und da schlafe und träume ich' …
> Dieser Eskapismus tritt in verschiedenen Abstufungen und Formen auf und reicht von der Bewahrung von Jugenderinnerungen, einem übertrieben positiven Kap Verde-Bild, dem Traum von der Rückkehr, regelmäßigen Urlaubsaufenthalten, bis zur Herausbildung eines Grenzgängerbewußtseins" (Kalnins 1991: 197).

Die Illusion der Rückkehr gleicht jenem Ausspruch von Max Frisch, wonach jeder Mensch früher oder später eine Geschichte erfindet, die er für sein Leben hält. Damit wird die imaginäre Rückkehr der MigrantInnen gleichzeitig zu einer Aporie, weil sie den uneinlösbaren Wunsch enthält, ein aufgeschobenes Leben nachzuholen, zerronnene Zeit zurückzuholen, um ein zweites Leben führen zu können. Die Rückkehrorientierung ist daher in erster Linie als eine Reaktion auf die in der Migration erfahrene Ablehnung zu verstehen, die ihnen keinen festen und gleichrangigen Platz in der BRD zugestehen mochte (Mehrländer 1986: 70).[25] Infolge dieser strukturellen Rechtsunsicherheit und sozialen Marginalität, in der sie als jederzeit ersetzbare Randbelegschaft zu allgemeiner Mobilität und Flexibilität gezwungen werden, müssen sie ihr Leben hier als ein unsicheres Provisorium auffassen. Die Rückkehrorientierung ist daher nicht als irrational oder pathologisch anzusehen, auch wenn einige ihre endgültige Remigration erst posthum antreten werden. Diese Illusion aufzugeben, liefe in Wirklichkeit auf die Forderung hinaus, auf eine Situation zu verzichten, die der Illusion bedarf.

Rückkehr hat in diesem Zusammenhang nicht nur eine rein räumliche Dimension, sondern speist auch eine Metapher, Kontinuität durch das unerschütterliche Festhalten am eigenen Ursprung herzustellen. So wird der Rückzug auf den *Mythos Heimat* zu einer Frage von Selbstbehauptung, die durch das scheinbare Fundament einer gegebenen ethnischen Identität untermauert wird. Die Mythologisierung der Türkei erwächst aus dem Gefühl, in der BRD nie angekommen zu sein, weil sie hier immer als Fremde behandelt werden. Diese Fremdheitserfahrung bedingt die Sehnsucht nach einer verklärten Heimat, die um so stärker überhöht wird, je größer die Konflikte und je bedrückender die eigene Machtlosigkeit in der Migration erlebt werden. Als innere Projektionsfläche muß die Heimat für die verdrängten Entbehrungen und unerfüllten Sehnsüchte nach einem Ort, der Aufgehoben-Sein, Harmonie und emotionale Verbundenheit verspricht, eine ausreichende Entschädi-

---

25 In einer empirischen Studie für die Jahre 1985/86 gaben 83% aller türkischen Befragten „Ausländerfeindlichkeit in Deutschland" als Rückkehrmotiv an (Bürkner 1987: 462).

gung bieten. Die Hinwendung zum ethnischen Narzißmus ist trotz ihrer zum Teil expressiv vorgetragenen Identifikationsformen letztlich nur eine Abwehrhaltung. Nachdem alles andere zuvor bereits geopfert wurde, wird die ethnische Identität als letztes verbliebenes Refugium zur Aufwertung von Minderwertigkeitsgefühlen durch Selbstidealisierung und -überschätzung mit allen zur Verfügung stehenden Mitteln verteidigt. Das nationalistische Gefühl und der ethnische Glaube, wie im weitverbreiteten Leitsatz „Glücklich ist der, der sagen kann, er ist Türke", sind dann nicht mehr verhandelbare transzendente Bekenntnisse.

Als Mythen paralysieren sie die Menschen, da es „der Zweck der Mythen ist, die Welt unbeweglich zu machen ... So wird an jedem Tag und überall der Mensch durch die Mythen angehalten, von ihnen auf den unbeweglichen Prototyp verwiesen, der an seiner Statt lebt und ihn gleich einem ungeheuren inneren Parasiten zum Ersticken bringt, seiner Tätigkeit enge Grenzen vorzeichnet, innerhalb derer es ihm erlaubt ist zu leiden, ohne die Welt zu verändern".[26]

So erweisen sich Selbstdisziplinierung, Rückkehrorientierung und ethnische Identität als zwiespältige „Medikamente", obwohl sie eine Überlebenskultur ermöglichen. Aber indem diese Praxen des sozialen Handelns durch Strategien des Ertragens und der Flucht, der unterordnenden Anpassung und der Konfliktvermeidung nur die sozialen Symptome des Rassismus erträglicher gestalten können, bleibt es ihnen versagt, eine Perspektive anzubieten, die diesen Zustand jemals beendet.

Aus dieser an Selbstunterwerfung grenzenden Unterdrückung der eigenen Aggressionen gegenüber einer als überlegen angesehenen Dominanzstruktur und der damit einhergehenden Selbstverleugnung ergeben sich nicht zu unterschätzende „Folgekosten". Sie läßt die bisherige ohnmächtige Marginalität möglicherweise in irrationale Gewalt und reaktionäre Ideologie umschlagen:

„Je hilfloser er [der türkische Migrant, KNH] sich fühlt, desto stärker ist seine Androhung von Repressionen bis hin zu ihrer Ausübung. Gewalttätigkeiten gegen Frauen, Bestrafung der Kinder sind Auswirkungen seiner Identitätskrise. Die Bedrohungen führen dazu, daß die Intimsphäre der Familie auf alle Fälle gewahrt werden muß. Eine Reaktion der verunsicherten türkischen Männer zeigt sich auch in ihrem Anschluß an rechtsradikale und islamisch-fundamentalistische Gruppen" (Straube 1991: 309f.).

Memis Bozkir ist ein Mann, der sich als einen „armen Hund mit eingezogenem Schwanz" sieht und der „selbst wenn der Meister auf die gesamte Sippe flucht immer ‚Ja, Meister' sagt".[27] Seine sklavische Anpassungs- und Unterwerfungsbereitschaft benötigt ein Ventil zur Kompensation der erlittenen Verletzungen und Beschädigungen. Aufgrund seiner mit geringer Verfügungsgewalt ausgestatteten gesellschaftlichen Position reagiert er seine Aggression gerade an der ihm unterstellten Ehefrau ab. Der entfesselte, irrationale Sexismus dieses Mannes ist weniger Ausdruck patriarchalischer Traditionen, deren Moralnormen und Regeln Kontrolle mit Schutz, Machtausübung mit Verpflichtungen verbanden. Seine Reaktionsweise reflektiert einen übermächtigen Rassismus, dem er sich ohnmächtig gegenüber

---

26 Barthes 1964: 147 zit. nach Jäger 1992: 250, 297.
27 Memis Bozkir (Arbeiter): Deutsches Heim – Glück allein; in: Akcam 1993: 57.

sieht. Seine Frau wird als Projektionsfläche mißbraucht, an der sich die fehlgeleiteten Aversionen und die angestaute Wut ihres Mannes entladen können. Und sie erduldet in diesem Fall die Funktion des Blitzableiters, weil sie in ökonomischen Abhängigkeits- und emotionalen Verpflichtungsverhältnissen steht.[28] Dieses *komplizierte* Verhältnis zwischen Klassenposition, Rassismus und Sexismus mit seinen widersprüchlichen Ausprägungen in Form von Brutalität und Ablehnung, Liebe und Loyalität scheint bezeichnend für das Geschlechterverhältnis unterdrückter People of Colors zu sein (Meulenbelt 1988: 194f., 250f.; Fae Myenne Ng 1993).

## Dekonstruktive Motive: Einheit, Gemeinsamkeit und Ursprung

Die ethnische Gemeinschaft wird oft als Heimat in der Fremde, als Raum sozialer Beziehungen und ethnischer Ökonomie gedacht, die die Bedürfnisse nach soziokultureller Reproduktion und Repräsentation abdeckt (Heckmann 1992: 96-116). Sie stellt eine lebensweltliche Abbildung des Versprechens der ethnischen Identität nach essentialistischer Verbundenheit mit einem kollektiven Wesen jenseits historisch konkreter Zeit dar. Diese Vorstellung ist inzwischen jedoch unwiderruflich verjährt. Die Aneignung deutsch-türkischer Migrationsgeschichte kann heute nur entlang der Kategorie der Differenz erfolgen. Weil es einen Unterschied macht, Unterschiede zu kennen, wird nach der historischen Rekonstruktion nun auf die Dekonstruktion der türkischen Ethnizität in der Diaspora eingegangen.

Obwohl verallgemeinernde Annahmen über „die Türken" sehr verbreitet sind, erweist sich die ethnische Gemeinschaft bei näherer Betrachtung als ein äußerst vielfältiges und widersprüchliches Gebilde, das keine ungebrochene Einheit und einstimmige Loyalitätsbekundung kennt. Die *Community* ist und kann kein Ort einer uneingeschränkten Homogenität und fraglosen Solidarität mehr sein. Nur durch die Überzeugung, daß die alten wie die neuen gesellschaftlichen Konflikte darin ihren Platz finden, kann ein Begriff von Gemeinsamkeit entwickelt werden, der mit den bestehenden Interessensgegensätzen auskommt (Wicker 1993: 29). Während die Migrationsgemeinschaft in den bisherigen Fremd- und Selbstethnisierungsdiskursen meist nur unter dem Gesichtspunkt der Gleichartigkeit essentialisiert und homogenisiert wurde, ist es inzwischen unumgänglich geworden, durch das Erkennen der unterdrückten Differenzen eine kritische Position einzunehmen. Mit diesem Blickwechsel wird es endlich möglich, die Spaltung innerhalb der MigrantInnengruppe z.B. hinsichtlich ihrer Orientierung zwischen Herkunfts- und Einwanderungsgesellschaft wahrzunehmen und zu würdigen. Darin drücken sich nicht zuletzt die unterschiedlichen Lebensperspektiven und Sozialisationsformen der jeweiligen Generationen aus, die darüber hinaus den durch Immigration und Niederlassung angeregten allgemeinen Differenzierungsprozeß anzeigen. Deshalb ist die These zu vertreten, daß diese Dekonstruktion als ein Verfahren des genauen Blicks bedeutsam ist, um gewichtige Unterschiede zu erkennen. Diese Differenzen sind bisher unter dem großen Topos der letztlich immer vom Rassismus und sozialen Deprivationen negativ definierten Opfergemeinschaft unsichtbar und ungehört geblieben. Ohne ihre bestehende strukturelle Benachteiligung in Zweifel zu ziehen,

---

28 Memis Bozkir (Arbeiter): Deutsches Heim – Glück allein; in: Akcam 1993: 60.

läßt sich doch ein Trend zur sozialen Differenzierung innerhalb der deutsch-türkischen Community konstatieren. Die Entstehung einer Mittelklasse aus selbständigen Kleinunternehmern, der vereinzelte Aufstieg ins Angestellten- und Facharbeiterverhältnis und der beginnende Zugang zur Universität zeigen eine soziale Mobilität in Richtung Bildungs- und Kleinbürgertum an (Heckmann 1992: 89f.).[29]

Wie realitätsmächtig soziale Differenzierungen und die mitgebrachten Geschichten innerhalb der vorgestellten ethnischen Gemeinschaft sind, läßt sich anhand der deutsch-türkischen Bevölkerung in West-Berlin aufzeigen, die nach regionaler Herkunft und sozialer Schichtung relativ getrennt wohnt. Während die durch ihre ländliche Herkunft und ihren Bildungshintergrund am stärksten marginalisierten Familien sich hauptsächlich in den traditionell proletarischen Innenstadtbezirken niederließen, konnten sich Angehörige der westlich gebildeten Mittelschicht mit der Zeit in den bürgerlichen Bezirken im Südwesten Berlins etablieren (Weiße 1992: 45f.; Winckler 1995: 161). Diese interne Teilung ist z.t. auch ein Ergebnis eines internalisierten Kolonialismus, der die türkische Elite mit dem Wunsch beseelte, sich mit der „zivilisatorischen Überlegenheit" des Westens zu identifizieren und sich in ihrer Doppelfunktion als kulturelle Mittler und politische Agenten zu definieren.[30]

Wie das politische Profil der türkisch-kurdischen Vereine in der BRD zeigt, sind diese Organisationen durch ihre starke Orientierung an den innergesellschaftlichen Konflikten in der Türkei tief zerspalten, wobei das gesamte Spektrum von faschistischen bis linksradikalen Positionen vertreten ist. Obwohl sich der Schwerpunkt der politischen Selbstorganisation durch den zunehmenden Einfluß der 2. Generation inzwischen auf die Repräsentation der Einwanderung mit daraus abgeleiteten Forderungen verlagert hat, sind die ideologischen Fronten erhalten geblieben. Dementsprechend vielfältig stellen sich ihre Aufgabengebiete dar, die von Traditionspflege und Religionsausübung über Sport und Freizeitgestaltung bis hin zur Sozialberatung, politischen Arbeit und Lobbying reichen (Özcan 1993: 66ff.). Auch wenn betont werden muß, daß das Bewußtsein ethnischer Zugehörigkeit in einer ausdifferenzierten Gesellschaft als ein modernes Mittel der politischen Mobilisierung und gesellschaftlichen Interessensvertretung im Kampf gegen Diskriminierung als

---

29 Inzwischen gehen einige Beobachtungen soweit, das Bild einer "model minority" durch „gelungene Integration" aufzubauen. Anhand der Musterfamilie Emirler, die sich vom Sozialfall zu gesellschaftlich aktiven und beruflich erfolgreichen Betriebsräten hochgearbeitet hat, wird prophezeit, daß sich dieser Erfolg auch auf die nächste Generation überträgt. Sie sollen neben einer qualifizierten Ausbildung auch soziale Anerkennung im Gegenzug für kulturelle Anpassungsleistungen erhalten (Berloge 1993b).
30 „Allerdings ist es eine große Ungerechtigkeit, alle Menschen mit ausländischem Paß als ‚unangepaßt' zu bezeichnen. Ich beispielsweise bin auch Türke und zähle zu den Ausländern. Aber bei mir ist alles angepaßt. Ich komme nur mit der leider hier lebenden türkischen Gemeinschaft nicht zurecht, mit den Arbeitern, die vor allem aus ländlichen Gegenden gekommen sind ... Schon von weitem erkennt man ihre Ungebildetheit, die Inzucht, ihre Unfähigkeit. Überall, wo ich sie sehe, versinke ich im Boden und schäme mich, Türke zu sein" (Dr. L. Tunaboy (Arzt): Ich schäme mich ein Türke zu sein; in: Akcam 1993: 169). Die Aufgabe des von ihm gegründeten „Kulturvereins" besteht darin, diesen kulturellen Minderwertigkeitskomplex durch die Propagierung der westlichen Werte des Nationalismus und Kapitalismus zu überwinden (ebd.: 170f.).

funktional zu werten ist,[31] kann diese Aussage nicht über ihre gegenwärtige Schwäche hinwegtäuschen. Die bestehenden Formen ethnischer Selbstorganisation blieben in der BRD auch aufgrund interner Differenzen und fehlender Geschlossenheit bei der Durchsetzung ihrer Interessen bisher weitgehend chancenlos und waren nicht in der Lage, Diskussionsthemen vorzugeben (Hoffmann 1986: 125f.).

Allerdings ist es zweifelhaft, ob es diese Einheit als Befreiung je geben wird. Die Befreiung wird es ebensowenig geben, wenn wir nicht mit der manichäischen Vorstellung brechen, daß das Bewußtsein der Marginalisierten notwendigerweise gut und richtig ist. Aber ohne diese schmerzhafte Erkenntnis werden wir nicht wahrnehmen können, daß auch die Marginalisierten nie gänzlich *außerhalb* der Herrschaft des Rassismus stehen. So ist das Umschlagen in ethnischen Egozentrismus, religiösen Fundamentalismus und politischen Extremismus mit ihren Vorstellungen von Reinheit und Absolutheit kein emanzipatorischer Schritt, sondern ein gefährlicher Effekt der Selbstrassifizierung.[32] Sie basiert auf einer vollkommen falschen Vorstellung von Identitätspolitik. Im Gegensatz zu repressiven Formen erkennt eine progressive Identitätspolitik ihre eigene Ambivalenz an. Statt ihre ethnizitären Grundlagen zu verstärken, strebt sie nach gesellschaftlichen Verhältnissen, in der ethnische Grenzziehungen nicht mehr bestehen und sie selbst überflüssig wird.

„Nicht-rassistische Identitätspolitik ist eine historische, aber keine natürliche Solidaritäts- und Organisationsform, von deren repressiven Seiten sie sich verabschieden muß, wenn sie eine Grundlage für soziale Bewegungen sein will. Mir scheint, daß Identitätspolitik immer ein spannungsreicher Prozeß bleibt, der permanent nach einer selbstkritischen Überprüfung und Distanzierung verlangt" (Ha 2002a: 45).

Deshalb ist es wichtig geworden, die wichtigen und feinen Unterschiede zu kennen. Ohne ihre Anerkennung werden wir uns nicht von Positionen verabschieden können, die uns mit ihrer unüberwindbaren Aufspaltung der Welt, ihrer entmenschlichenden Sprachmetaphorik, ihren gewalttätigen Machtphantasien und einem Denken in absoluten Kategorien als Gefangene im ideologischen Universum des Rassismus halten. Ihre totalitäre Rhetorik und sexistische Praxis[33] auf der einen Seite und die nicht weniger erschreckenden Widersprüche eines internalisierten Rassismus auf der anderen Seite drohen die Legitimation ethnischer Mobilisierung zur Abwehr rassistischer Benachteiligungen prinzipiell zu gefährden. Wer an dieser Stelle nur an die islamistischen Formen des Fundamentalismus denkt, unterschätzt die kolonialisierende Macht eines westlich orientierten Fundamentalismus. Diese Art des totalitären Denkens drückt sich über einen internalisierten Rassismus aus, der sich im Selbsthaß und unreflektierten Modernisierungszwang zu erfüllen sucht:

---

31  Vgl. Esser 1993: 58ff. und Heckmann 1991: 53.

32  Siehe z.B. die Ideologie der „Islamischen Kulturzentren" und der „Islamischen Union", die der „Vereinigung der neuen Weltsicht in Europa" (AMGT) nahestehen (Sen 1991: 168f.) und in ihren Prinzipien den Ideen der afroamerikanischen „Nation of Islam" nicht unähnlich sind (Crouch 1993b: 193f.; Scharenberg 1998: 362-374).

33  Vgl. zur Stellung der absolut untergeordneten, rechtlosen Frau und eines religiös motivierten Glaubens an die Ungleichwertigkeit von Menschen bspw. Kuddusi Efendi (Priester): … und erlöse uns von dem Übel; in: Akcam 1993: 80ff.

„Werter Herr, hört nicht auf das Gerede von der ‚Ausländerfeindlichkeit der Deutschen'. Dieses Land ist von den Ausländern überfallen worden. Räuberbanden haben die Lebensgewohnheiten des deutschen Volkes durcheinander gebracht. Trotzdem haben sie mit großer Toleranz Arbeit und Brot verteilt, den Ausländern zu einer Existenz verhelfen wollen. Allerdings betrachten die Räuber diejenigen, die ihre Mägen gefüllt haben, die Menschen, die sie ernähren, als Feinde. Diese Feindschaft ist die Feindschaft der Primitivität gegen die Zivilisation. Welche Schuld trifft das deutsche Volk dabei? Etwa, daß sie Wissenschaft, Kunst, Kultur und eine fortgeschrittene Technik haben? Ach, werter Herr, hätten wir doch diese Verbrechen begangen, wie gut wäre das".[34]

Angesichts gegensätzlicher fundamentalistischer Strömungen innerhalb wie außerhalb der „ethnischen Gemeinschaft" muß nach *politischen Alternativen* gesucht werden, die die bestehende sporadische Solidarität im Alltag der Marginalisierten über ethnische Grenzen hinweg[35] und über den engen Rahmen des proletarischen Internationalismus hinaus theoretisch begründen und praktisch ausweiten. Ich bin der Meinung, daß eine solche politische Praxis nicht ethnische Einheit, sondern die Anerkennung der Differenz voraussetzt. Im folgenden werde ich versuchen zu begründen, warum die Suche nach Gemeinsamkeit vor dem Hintergrund einer ursprünglichen, immer dagewesenen Differenz auszugehen hat.

Schwerer als die empirischen Beschreibungen der innerethnischen Grenzziehungen wiegt die Erkenntnis, daß jede Erzählung ethnischer Homogenität immer fiktiv ist. Selbst die Beschwörung einer einzigen gemeinsamen Erfahrung aller ethnisch Marginalisierten kann bereits hegemonial sein. Das ist besonders dann der Fall, wenn die *innere Differenz*, die von Anfang an in jeder menschlichen Gemeinschaft, in jeder sozialen Gruppe, sogar in jedem menschlichen Subjekt selbst anwesend ist, durch eine okkupierende Definitionsmacht verdrängt wird. Durch einen solchen selektiven Bezug wird die Herausbildung neuer Verhältnisse von Dominanz und Inferiorität innerhalb der Positionen der Marginalität gefördert. Diese Gefahr wird noch dadurch verstärkt, daß ethnische Zugehörigkeit bisher anhand bestimmter soziokultureller und religiöser Merkmale festgelegt wurde, die ihrerseits auf Transzendenz abzielen. Am Ende solcher Homogenisierungsprozesse werden nicht politische Solidarität, Gleichheit in der Differenz und gegenseitige Anerkennung stehen, sondern durch den totalisierenden Anspruch eine Vertiefung der Spaltung und Ungleichheit erfolgen.

Zudem ist Selbstethnisierung trotz der Aneignung und Umwertung rassistischer Zuschreibungen inzwischen als emanzipative Praxis fragwürdig geworden. Mit der Veränderung des gesellschaftlichen Kontexts haben sich auch die Zielsetzungen antirassistischer Politik weiterentwickelt. Heute geht es nicht nur um die Sicherung

---

34 Dr. L. Tunaboy (Arzt): Ich schäme mich ein Türke zu sein; in: Akcam 1993: 168f.
35 „Ich meine, manchmal wird ein Wort über Ausländer gesagt, und da merken die, daß ich gleich aggressiv werde. Dann sagen sie zu mir: ‚Wir meinen nicht dich, du bist hier auch kein Ausländer, du bist Europäer'. Aber trotzdem ärgert mich das. Ich sage: ‚Du kannst zu den türkischen Kollegen nicht gleich Ausländer sagen, das tut mir auch weh … Als ich damals nach Deutschland gekommen bin, war ich noch nicht Europäer, und ich war früher genau wie heute, ich habe mich nicht weiter geändert" (Frau. A. (46jährige Spanierin) zit. nach Kienzl 1993: 105).

des kulturellen und sozialen Überlebens, sondern auch um die Verwirklichung politischer Gleichberechtigung und sozialer Gleichstellung. Aus gesamtgesellschaftlicher Perspektive formuliert, bedeuten diese Ziele nichts anderes als radikale Demokratisierung und Durchsetzung der universell verstandenen BürgerInnenrechte als erweiterte Menschenrechte. Ethnisierung definiert im Gegensatz dazu eine partikularistische Identitätspolitik. Wir müssen uns genau aus diesem Grund immer wieder der Frage stellen, ob sie für Menschengruppen, die kollektiv durch strukturelle Benachteiligung an den gesellschaftlichen Rand gedrängt und politisch ohnmächtig gehalten werden, noch sinnvoll und berechtigt ist. Dabei ist zu berücksichtigen, daß ethnischer Partikularismus letztlich keine positive gesellschaftliche Utopie anbieten kann, weil eine *Mindestanforderung* an jede Version des guten menschlichen Zusammenlebens im Universalismus, d.h. in der *Nicht-Ausgrenzung* liegt. Ethnisierung als einzige politische Praxis wird dieser Perspektive nicht gerecht, sondern kann im Gegenteil für rassistische Diskurse anschlußfähig sein. Denn was die deutsche Mehrheit in ihrem „Alltagswissen" vom „gemeinen Türken" hält, ist nicht nur ein entindividualisierendes Stereotyp, sondern auch ein eingängiges Bild, das der rassistischen Ethnisierung des Alltags Realitätsnähe, Evidenz und Plausibilität verleiht. Durch diese Fremdethnisierung einer ausgegrenzten Gruppe wird der institutionelle Rassismus zielgerichtet verdichtet.

Im Gegensatz dazu schlage ich ein Denken in den Kategorien der Differenz, der Selbstkonstruktion und der Unbestimmtheit vor, ohne dabei die Geschichte des Rassismus zu vergessen, weil er die Unterdrückten als Opfer schuf und vergemeinschaftete. Neben der Anerkennung dieser auferzwungenen historischen Opferrolle gilt es aber auch, im Hinblick auf die selbstbestimmte Aneignung zukünftiger Selbstdefinitionen, neue politische Landschaften, befreite Identitäten und autonome Handlungsperspektiven zu entwerfen. Um dieses theoretische Terrain abzusichern, ist eine dekonstruktivistische Reformulierung des Ethnizitätsbegriffs und eine andere, komplexere und widersprüchlichere Sichtweise von Kultur nötig. Hierbei gehe ich von einem interessanten Gedanken des amerikanisch-palästinensischen Literaturwissenschaftlers Edward Said aus, der die eigene Kultur als das Andere denkt: "Far from being unitary or monolithic autonomous things, cultures actually assume more 'foreign' elements, alterities, differences, than they consciously exclude".[36]

So wie die türkische war auch jede andere unter Zwang homogenisierte und den Gewalten der Moderne ausgesetzte Nationalkultur nie vereinheitlicht, und ist es bis heute nicht. Denn das Türkische vereinigt in sich auch die zum Schweigen gebrachten und doch lebendigen kurdischen, armenischen, griechischen, syrischen, yezidischen und unzähligen anderen regionalen Präsenzen, die für sich wiederum einen lokalen Mikrokosmos bilden. An dieser Stelle ist daher auf einen Kulturbegriff zu verweisen, der seine differentiellen Anteile nicht ableugnet, sondern sie als das Zentrum seines Wesens, als das Wesentliche seiner Existenz betrachtet. Kultur ist demnach immer eine Kultur des Vermischens (gewesen), das Unreinheit, Unschärfe und Interferenz produziert:

---

36 Said (1994) zit. nach Back 1995: 71.

„Jede Kultur ist in sich selbst ,multikulturell', nicht nur, weil es immer eine vorgängige Akkulturation gegeben hat und es keine einfache und reine Herkunft gibt, sondern grundlegender deshalb, weil der Gestus der Kultur selbst einer des Vermischens ist: es gibt Wettbewerb und Vergleich, es wird umgewandelt und uminterpretiert, zerlegt und neu zusammengesetzt, kombiniert und gebastelt" (Nancy 1993: 5f.).

Dementsprechend ist auch die Türkei, obwohl sie häufig und gern als eine monolithische islamische Gesellschaft angesehen wird, ein religiös unruhiges, unübersichtliches und sich in Bewegung befindliches Land. Noch weniger bildet „der" Islam eine fossile Religion mit einer versteinerten Einheitsstruktur. Das Religiöse steht in der bisherigen Menschheitsgeschichte immer in einem Zusammenhang mit den ständig ausgetragenen kulturellen Erneuerungen, sozialen Umwälzungen und politischen Aufbrüchen. Schon deshalb kann der Islam, wie jede andere Religion oder Kultur, keine reine Lehre repräsentieren. Er stellt sich vielmehr als komplexe Gesamtheit dieser Gemeinsamkeiten und Differenzen dar und reflektiert Widersprüche und Konflikte zwischen den unterschiedlichen, z.T. verfeindeten Interpretationsweisen der alevitischen, sunnitischen, schiitischen sowie anderer islamischer Glaubensgemeinschaften mitsamt der aus ihnen hervorgegangenen Abspaltungen. Auch wenn in der Türkei christliche, jüdische und die Reste anderer Religionsgemeinschaften und atheistischen Lebensprinzipien nicht islamisch sind, ergänzen sie ihn selbst noch in ihrer Andersheit. Allein durch ihre Existenzen, was eine Form der Einmischung und Interferenz darstellt, stehen sie in gegenseitigen Verhandlungen. Durch diese Beziehungen haben sie auch sein Verständnis über sich selbst mitgeprägt, wie auch der Islam ihnen dadurch *nie gänzlich fremd* sein konnte.

"We need to go on and to situate these in a geography of other identities, peoples, cultures, and then to study how, despite their differences, they have always overlapped one another, through unhierarchical influence, crossing, incorporation, recollection, deliberate forgetfulness and, of course, conflict" (Said 1994: 330f.).

Nur durch die Anerkennung der zugrundeliegenden ethnisch-religiösen Diversität und der durch Geschlechts- und Klassenstatus sozial konstruierten Differenzen können meiner Meinung nach die Erfahrungen der Migration und der rassistischen Ausgrenzung *adäquat* als gemeinsam verstanden werden. Um neue Manifestationen von Hegemonie und Ausschluß zu verhindern, ist es nötig, durch geschlechtsspezifische Rollenbilder, Stadt-Land-Gegensätze und Bildungsklüfte vermittelte Unterschiede aufzuzeigen. Allerdings ist zu bedenken, daß einige der mitgebrachten Differenzen, die sich auf „traditionell-türkische" contra „westlichmoderne" Wertorientierungen oder regionale und soziale Herkünfte beziehen, mit zeitlichem Fortschreiten der Migration an Bedeutung verlieren. Sie werden durch neue Differenzierungsprozesse überlagert und schließlich abgelöst. Für die in der BRD geborenen Kinder spielen viele überlieferte türkische Attribute in ihrem bundesrepublikanischem Alltag kaum noch eine Rolle (Straube 1991: 298f.). Die Differenz wird allerdings nicht durch eine unverbrüchliche Einheitlichkeit ersetzt, sondern nimmt, in diesem umstrittenen, hin und her wogenden „Spiel" nur eine andere Gestalt an. Wie wichtig eine sorgfältige Betrachtung der Geschichte bleibt, zeigt ein genauerer Blick auf die Einwanderungsgeschichte, die ein zentrales Ereignis im Leben der MigrantInnen darstellt. Die Einwanderung war eine mit wichtigen Unterschieden ausstaffierte gemeinsame Erfahrung, die durch die unterschiedliche historische Einbettung innerhalb unterschiedlicher sozio-politischer Kontexte verschiedene Bedeutungen für die Betroffenen annahm.[37] So lassen sich nicht weniger als sechs verschiedene z.T. ineinanderlaufende, z.T. strikt voneinander getrennte Phasen oder Einzelgeschichten unter dem Metabegriff der türkischen Einwanderung in die BRD ausmachen. Sie betrafen voneinander differierende Menschengruppen aus verschiedenen Regionen mit bestimmten politischen oder ethnischen Hintergründen, geschlechts-, alters- und bildungsspezifischen Merkmalen. Durch diese Differenzierung wurden sie im *Einwanderungsland BRD* in jeweils eigene Rechts- und Sozialpositionen eingewiesen. Die türkische Politologin Nermin Abdan-Unat unterscheidet zwischen einer experimentellen und temporären Arbeitsmigration bis 1961, die von der staatlich geförderten Masseneinwanderung bis 1973 abgelöst wurde. Danach folgte die unerlaubte Niederlassung mit Touristenvisa bis Anfang der 1980er Jahre und der Familiennachzug, die um die andauernde Zuwanderung durch türkische und kurdische Flüchtlinge ergänzt wurde.[38]

Selbst wenn wir von der Position einer immer da gewesenen Differenz abrücken und für einen Moment von der herrschenden *Fiktion* ethnischer Einheit und kultureller Homogenität ausgehen, lassen sich diese statischen Gemeinschaftsentwürfe nicht in der kulturellen Dynamik des lebensweltlichen Migrationsprozesses weiter aufrechterhalten. Migration als sozialer und kultureller Ortswechsel bedeutet vor allen anderen Aspekten Veränderung und beschleunigte Entwicklung bei der Anpassung an abweichende gesellschaftliche Konfigurationen. In der Migration zu leben, heißt in erster Linie im Über*gang* zu leben.

„Nicht ‚traditionalistisch‘ verhalten sich ausländische Arbeitskräfte hingegen auf dem Arbeitsmarkt, in der öffentlichen Sphäre und gegenüber dem Staat ... Sie müssen sich mobil, instrumentell und konform, den ‚modernen‘ Anforderungen der Arbeits- und Konsumsphäre entsprechend verhalten und tun dies nachweisbar auch" (Rögl 1993: 48).

Dementsprechend sieht Salman Rushdie, der die Motive der modernen Migrationsliteratur wesentlich mitbestimmt hat, in der Migration gerade auch *Chancen zur Selbstbefreiung*, die sich aus dem Verlust von Bindungen ergeben:

„Der ‚vollgültige Migrant‘, den Rushdie im Blick hat, ist nicht auf Restauration aus, sondern auf Emanzipation. Er erleidet einen dreifachen Bruch: Er verliert seine Heimat, gelangt in einen fremden Sprachraum und sieht sich von Menschen umgeben, deren Sozialverhalten anders ist. Und weil Wurzel, Sprache und gesellschaftliche Normen drei

---

37 Ähnlich wurde bereits die „gemeinsame Erfahrung" der Sklaverei in den USA dekonstruiert, von der bisher angenommen wurde, daß ihre Totalität keinen Raum für differente Erfahrungen zuließ: „So oft wir die Abgeschlossenheit der Sklaverei durchbrechen, werden wir in die schwindelerregenden Gebärden eines symbolischen Unternehmens hineingerissen, und immer deutlicher schält sich heraus, daß die von uns ‚Sklaverei‘ genannte kulturelle Synthese in ihren Praktiken und Konzepten weder jemals homogen gewesen ist noch ein einheitliches Erscheinungsbild hervorgebracht hat" (Spillers 1989: 29 zit. nach Bhabha 1996: 350).
38 Vgl. Leggewie/Groffebert (1991) und Lischke 1993: 79.

der wichtigsten Bestandteile der Bestimmung dessen sind, was es heißt, ein Mensch zu sein, ist ein Migrant, der alle drei verliert, gezwungen, neue Möglichkeiten zu suchen, um sich zu definieren, ein menschliches Wesen zu sein" (Rathjen 1996: 395).

Kultur, wie sie durch die Brüche des Migrationsprozesses besonders deutlich hervortritt, stellt sich demnach als eine umfassende Lebenswelt in der konkreten Gewöhnlichkeit des Produzierens und Handelns dar. Als kulturelles Handeln geht sie mit materiellen Voraussetzungen und wandelbaren Wertvorstellungen wie Alltagsverhaltensformen einher. Sie ist ihrerseits historisch, lokal, geschlechts-, klassen-, und altersspezifisch *variabel kontextualisiert*, wie es der marxistische Kultursoziologe Raymond Williams bereits theoretisch begründet hat (Hall 1995: 27ff.). Begriffe wie Kulturerhaltung, Tradition und Ethnie, die statische Zustände suggerieren, können so ihres Sinnes entleert und durch Ausdrücke ersetzt werden, die die unterdrückte Vielfalt kultureller Bewegung hervorkehren. Es sollte unmißverständlich sein, daß ethnische Identitäten, weil sie nur kulturell begründet werden können, weit davon entfernt sind, ein gegebenes, natürliches oder transzendentales Verhältnis zu repräsentieren. Bei der Konstruktion von Ethnizität fließen unweigerlich gesellschaftliche Macht- und Anerkennungskämpfe mit ein, die um die Besetzung umstrittener Begriffe und Bedeutungen ringen. Erfundene Traditionen und symbolische Ethnizitäten, die beim Abwehrkampf gegen die rassistisch konnotierte Geschichts- und Subjektlosigkeit mit ihren selektiven Rekonstruktionen von Geschichte operieren, müssen sich von dem Versuch distanzieren, eine neue Totalität zu errichten. Tun sie dies nicht, werden sie durch die Okkupation des zuvor Verdrängten neues Unrecht begehen. Durch das Verschweigen anderer Perspektiven und die Verleugnung anderer Subjekte im Namen des Anderen wäre aber nicht viel gewonnen.

Auch wenn Ethnizität und andere Formen kultureller Identitäten oftmals politische Projekte sind, die auf der Grundlage kollektiver Solidarität und der gegenseitigen Anerkennung als Gleiche Teilhabe an der Gesellschaft fordern und den heimatlos Gewordenen ein neues Zuhause bieten, ist diese Identitätsform nie durch einfache, singuläre Identifikation zugänglich.

„,Der Türke' in Deutschland kann Mann, Frau oder Kind sein, ist auch altersspezifisch zu definieren, nach sozialer Herkunft und lebenszyklisch einzuordnen. Bei längerer Akkulturationszeit wird ,der Türke' in Deutschland ein ,Türkisch-Deutscher' – bei Besuchen in der Türkei aber ein ,Deutschling', in der nächsten Generation ein Deutscher/eine Deutsche türkischer Herkunft, in der Türkei ein Nachfahre früherer Abgewanderter" (Hoerder 1995: 63).

Durch die Anerkennung der grundsätzlichen Wandelbarkeit und Vielgestaltigkeit kultureller Identitäten, die ihre aktuellen Bedeutungen erst durch den historisch-gesellschaftlichen Kontext erhalten, wird ein neuer Denkraum geöffnet. Dieser Raum der Differenzen ermöglicht es uns, ein Bewußtsein für jene Präsenzen der Subalternität zu entwickeln, die bisher von weißen, maskulinen und bürgerlichen Metanarrationen aus der (westlichen) Geschichtsschreibung gedrängt wurden. Im folgenden werde ich versuchen, diese Perspektive anhand von anderen Migrationserfahrungen von Frauen und Jugendlichen zu konkretisieren.

## Andere Migrationserfahrungen von türkischen Frauen

Wie wichtig die Dekonstruktion der türkischen Migrationserfahrung als eine hauptsächlich von den Männern der 1. Generation gemachte Erfahrung ist, wird deutlich,
wenn einige signifikante Unterschiede zu den Migrationserfahrungen türkischer
Frauen skizziert werden. Zunächst gilt es jedoch anzuerkennen, daß sich die Totalität der Metaerzählung nicht nur auf das patriarchale Geschlechterverhältnis beschränkt, sondern in der Kategorie „türkische Frau" selbst steckt. Die türkische
Frau ist eine Figur, die sehr heterogene und gegensätzliche Erfahrungen vereint. Sie
ist ostanatolische Nomadin, je nach Region traditionell türkisch oder traditionell
westlich orientierte Bäuerin, hochqualifizierte Angestellte im modernen Dienst-
leistungswesen der Großstädte, Arbeiterin in den illegalen Siedlungen am Stadt-
rand, Sozialistin, Feministin, Nationalistin, Fundamentalistin und zugleich vieles
andere mehr. Die Türkin wie auch die türkische Migrantin können nur ineinander-
fließende Konstrukte unterschiedlichster weiblicher Erfahrungen und Statusposi-
tionen sein, die das soziale Geschlecht als einzigen gemeinsamen Nenner kennen.

„Aus praktisch allen diesen sozialen Gruppen kommen türkisch-kurdische Frauen nach
Westeuropa und in die Schweiz. Sicher setzt sich der größte Teil der türkisch-kurdischen
Frauen aus der Gruppe jener Frauen zusammen, die in ländlichen Gebieten leben und aufgrund der ökonomischen Bedingungen gezwungen sind, gemeinsam mit ihren Männern
auszuwandern. Seit dem Militärputsch gelangen mehr und mehr aber auch politisch
organisierte und verfolgte Frauen, darunter Studentinnen und Frauen aus der Mittelschicht,
in die Schweiz. Das zeigt, daß zwischen türkisch-kurdischen Frauen in der Emigration
Welten liegen können und daß diese nicht undifferenziert ‚in einen Topf geworfen' werden
dürfen" (Ates 1993: 99).

So unterschiedlich wie ihre ethnischen, religiösen, sozialen und politischen Zugehörigkeiten sind auch die Wege, auf denen diese Frauen in die BRD gelangten.
Während etwa ein Viertel von ihnen entgegen der weit verbreiteten Fiktion des
jungen, ledigen, männlichen Migranten als Teil der 1. Generation bis 1973 einwan-
derte und über eigenständige Aufenthaltstitel und Arbeitserlaubnisse verfügte, folgten ihre Geschlechtsgenossinnen unter z.T. wesentlich schlechteren Konditionen im
Rahmen der Familienzusammenführung und des Ehegattennachzugs, als anerkannte bzw. geduldete Flüchtlinge oder als illegalisierte Einwanderinnen (Topac
1993: 80ff.). Auf der anderen Seite hat das Leben in der Migration die mitgebrachten Differenzen durch die gleichzeitige Auseinandersetzung mit den weitgehend gemeinsam geteilten Herausforderungen abgeschwächt. Die lebensweltlichen Unterschiede innerhalb der 1. Frauengeneration wurden in einer gemeinsam
erfahrenen sexistischen und rassistischen Umwelt relativiert und über die unter-
schiedslose betriebliche Ausbeutung z.T. auch sozial nivelliert. Necla stammt aus
der städtischen Oberschicht und verfügt über eine akademische Bildung. Diese
sozialen Statussymbole wurden in der BRD aber nicht anerkannt. Sie mußte
zusammen mit den ehemaligen Bäuerinnen aus Zentralanatolien die gleichen Plätze
am Fließband einnehmen und auf der Straße sexistische „Anmache" erleiden, weil
sie als eine wehrlose türkische Frau wahrgenommen wurde. Die Erinnerungen an
die Anfangsjahre beschreibt sie mit diesen Worten:

„Es war unwürdig, was ich dort sah. Die Wohnungssituation war miserabel, die Arbeitssituation war unmenschlich, denn die Arbeit war schmutzig, schwierig und zeitmäßig überzogen. Die Leute, die man als Gastarbeiter hergeholt hatte, wurden bis aufs Letzte ausgebeutet. Sie hatten weder Zeit noch Gelegenheit, mit anderen zu kontaktieren. Privatleben gab es nicht".[39]

Um so höher ist es zu bewerten, daß gerade diese Frauen ihrer dreifachen Belastung als Arbeiterin, Mutter und Ehefrau und den auf sie einwirkenden strukturellen Diskriminierungen zum Trotz es vielfach geschafft haben, in der Auseinandersetzung mit diesen Problemen zu *erstarken*. Im Gegensatz zu vielen türkischen Männern aus derselben Generation, die wie andere subordinierte Migranten die soziale Deklassierung und rassistische Infantilisierung als Entwürdigung, Autoritätsverlust und Bedrohung ihrer Männlichkeit erfuhren, konnten die Frauen z.T. finanzielle Eigenständigkeit, soziale Kompetenzausweitung und erweiterte Mitentscheidungsmöglichkeiten innerhalb der Familie erreichen sowie neue Frauenräume und Solidaritätsstrukturen mit anderen Frauen aufbauen (Straube 1991: 50ff.).

„Auch wenn sie mehrfach belastet waren, in der Fremde als Fremde und als Frau sich durchboxen mußten, machten sie neue Erfahrungen, wurden ein wenig selbstbewußter, erwarben neue Formen des Umgangs mit Menschen in einem für sie hochkomplizierten Gesellschaftssystem. Sie lernten, sich in der Bürokratie, im Arbeitsleben und im Zusammenleben mit den ihnen fremden Einheimischen zu behaupten" (Scheinhardt 1993: 71).[40]

Die einseitig verengte Wahrnehmung auf deutscher Seite hat es bislang vorgezogen, die türkischen Migrantinnen grundsätzlich als „traditionell" anzunehmen und durch ihre einseitige Konzentration auf „patriarchalisch-islamische" Strukturen der Unterdrückung, die es zweifellos auch gibt, kollektiv als leidgeprüfte Opfergemeinschaft zu stigmatisieren.

„Die Kopftuchfrauen stehen pars pro toto für die armen Migrantinnen. Sie werden generell als rückständig, isoliert und hilfsbedürftig verstanden. Die türkische und die arabische Frau symbolisieren diesen Zusammenhang für selbst wohlmeinende SozialarbeiterInnen,

---

39 Necla (Türkei): ... sobald wie möglich dieses Land verlassen; in: Djoun 1994: 20.

40 Welche Perspektiven sich eröffnen können, wenn wir uns von der vorgefertigten Schablone trennen, „türkische" Einwanderinnen ausnahmslos als Opferobjekte zu sehen, zeigt die Aussage von Hannelore, die seit mehr als 20 Jahren in der „Interessengemeinschaft mit Ausländern verheirateter Frauen" (IAF) politisch aktiv ist: „Was mir neu war, daß sich Männer und Frauen in getrennten Gruppen unterhalten haben. Hier sind wir mehr gewöhnt, gemischt miteinander zu sitzen. Hier aber saßen die Männer in der Küche, während sich die Frauen im Wohnzimmer unterhielten, was ich als sehr angenehm empfand, weil wir uns ungezwungen unterhalten konnten. Wir haben getanzt, wir waren lustig und es war immer Spaß dabei ... Was mich außerordentlich beeindruckte, ist die enorme Solidarität zwischen türkischen Frauen − also einfach Frauen untereinander. Was hier in der neuen Generation von Frauen praktiziert oder geübt wird − ich meine Solidarität unter Frauen − ist dort schon seit Jahrhunderten etwas ganz Selbstverständliches" (Hannelore A.: Wir erwarten selbst ja auch, akzeptiert zu werden ...; in: Djoun 1994: 124f.). Sicherlich bestehen auch Hierarchien und Interessensgegensätze zwischen türkischen Frauen, ebenso wie der Arbeitsplatz Küche und nicht das repräsentative Wohnzimmer „normalerweise" Frauenraum ist (Reifer 1991: 90ff.). Vgl. auch Gutiérrez Rodriguez (1999).

PolitikerInnen und WissenschaftlerInnen am sichtbarsten. Sie wird von vielen vor allem als Opfer des Islam, als die geschlagene Frau im Frauenhaus und die auf der Flucht befindliche Tochter im Jugendheim wahrgenommen" (Krummacher/Waltz 1996: 141).[41]

DER SPIEGEL hat diese weitverbreitete Meinung 1990 bündig zu einer griffigen Titelzeile zusammengefaßt: „Knüppel im Kreuz, Kind im Bauch. Mittelalter mitten in Deutschland: Faustrecht, Mord und Totschlag wie im hintersten Anatolien oder im wilden Kurdistan". Auffällig an dieser Charakterisierung ist, daß sie neben den offen zur Schau gestellten rassistischen Assoziationen auch eine Umkehrung des Diskurses von der begehrenswerten „Orientalin" zu der nun bemitleidenswerten „Türkin" ausdrücken.[42] Wenn die früher heißersehnte Exotik sich nicht mehr in fernen Ländern abspielt, sondern in ihrer unkontrollierbaren *Undurchdringlichkeit* am eigenen Alltag partizipiert, dann wird diese befremdliche Nähe als häßlich und unnahbar abgelehnt. Heute werden die türkischen Migrantinnen aus dem historisch so einflußreichen *orientalisierten Orientbild Europas* ausgeschlossen (Said 1978), in dem die orientalische Frau vor allem als verführerische Haremsdame in einer luxuriösen Umwelt vorgestellt wurde, die europäischen Männerphantasien zur Verfügung stand. Interessant ist, daß Verschleierung in diesem Kontext nach wie vor nicht als Frauenunterdrückung gilt, sondern im Gegenteil als erwünschte Betonung der weiblichen Sexualität betrachtet wird (Basrawi 1995). Es wäre fahrlässig, die neu entflammte Kopftuchverbotsdebatte vom panoptischen Kontrollblick (Foucault 1994) abzukoppeln und diese Frage ausschließlich als Frage der weiblichen Unterdrückung oder des islamistischen Fundamentalismus zu diskutieren. Diese eurozentristischen Prämissen schließen das Kopftuch grundsätzlich als kulturelles und politisches Schutzsymbol feministischer und anti-rassistischer Praxis aus.

Kaum für möglich erachtet wird in der deutschen Öffentlichkeit eine Perspektive, in der ein moderner und rationaler Islam mit republikanischen Idealen zusammen gedacht wird. Ihre aufklärerische Grundlage, die nicht nur eine Anerkennung der Idee der Emanzipation, sondern auch die Akzeptanz des Islam und seine Gleichbehandlung mit anderen Weltreligionen einschließt, würde die „belanglos" gewordenen ethnischen Grenzlinien und nationalen Identitäten ersetzen. Statt das Feindbild „Islam" als Instrument der ethnischen Markierung bei der Ausgrenzung einzusetzen, könnte an ihrer Stelle der gleichberechtigte Dialog zwischen den Religionen und Kulturen stehen. Aber diese Vorstellung ist womöglich eine zu naive Sicht der politischen Grundlagen westlich-bürgerlicher Ideologien (Çağlar 2002).

Aysel Koc ist ein Beispiel für eine junge, tief religiöse, aber auch *kosmopolitische Muslimin*, die sich einen Deutschen als Ehemann vorstellen kann, wenn er nur

---

41 Eine türkische Migrantin mit Universitätsabschluß berichtet über die entwürdigende Reduzierung ihrer Person auf das Stereotyp „türkische Tradition" im deutschen Alltag: „Ich ging zum Supermarkt und sprach Englisch. Und dann fragten sie: woher stammst du denn? Oh, aus der Türkei! Und du sprichst Englisch! Und danach kam dann: eßt ihr denn in der Türkei mit Messer und Gabel? Hast du jemals ein Radio gesehen? Ein Auto gesehen? Ja, davon kriegst du wirklich genug und davon wird dir schlecht. Davon, daß du hundert Mal wieder dieselben Fragen beantworten mußt" (Lutz 1991: 123).

42 Vgl. Pinn/Wehner (1992) für eine Medienanalyse und Markus Schmitz (2004a) zur kolonialen Feminisierung und Penetration des Orients durch den westlich-männlichen Blick.

Moslem ist, interethnische Freundschaften unterhält und in der interkulturellen Dialoggruppe der Islamischen Föderation aktiv ist, deren zweiter Vorsitzender ein Deutscher ist (Meyer-Gosau 1993: 147ff.). Wie Aysel Koc kämpfen auch andere muslimische Frauen um die Akzeptanz des Kopftuchs als ihr *eigenes* religiöses Symbol in der deutschen Öffentlichkeit, das sie *freiwillig* als äußeres Bekenntnis ihres verinnerlichten Glaubens trotz aller (vielleicht auch gerade wegen der) diskriminierenden Anfeindungen tragen (www.meinkopftuch.org). In der Perspektive dieser Frauen bedeutet das Kopftuch nicht unbedingt, wie permanent unterstellt, Unterordnung in die patriarchalische Welt ihrer Vorfahren und Verleugnung ihrer eigenen Bedürfnisse, sondern im Gegenteil Selbstbehauptung, Selbstbewußtsein und Selbstbestimmung gegenüber der deutschen Dominanzkultur (Rommelspacher 1995). Es sollte gerade in der gegenwärtig virulenten Kopftuchverbotsdebatte mit ihren anti-islamischen und eurozentristischen Untertönen zu denken geben, daß viele Deutsch-Türkinnen, auch jene, die früher überwiegend westlich orientiert waren, sich den hohen Stellenwert des islamischen Glaubens ausgerechnet nach Jahrzehnten ihres Lebens in der Marginalität deutscher Städte zugestehen:

> „Dann wundert man sich, daß immer mehr Muslimas sich immer mehr, immer fester vermummen, sie werden Massen, und in Massen fallen sie den Fundamentalisten in die Hände, freiwillig, und füllen die Gebetsräume. Denn dort sind sie sicher vor den Angriffen von draußen, dort sind sie was wert als fromme, anständige, nicht verdorbene Schwestern, dort sind sie angesehen, geschützt" (Scheinhardt 1993: 75).

Aber diese scheinbar „rückwärts" gerichtete Re-Orientierung – auch in der Töchtergeneration – ist nicht als eine irrationale „Fanatisierung" zu begreifen, sondern bedeutet vielmehr eine Reanimation kultureller Ressourcen und Kompetenzen zur aktuellen Konfliktbewältigung. Gerade die Töchter haben aus dem harten Arbeitsleben ihrer Mütter gelernt und streben für sich nach sozialen Aufstiegschancen, die gesellschaftliche Anerkennung und finanzielle Unabhängigkeit ermöglichen:

> „,Aber ich sehe doch, was die traditionellen türkischen Frauen für Probleme haben. Sie haben keine Berufsausbildung und müssen bei ihrem Mann ums Geld betteln'. Ihr Vorbild sind die strenggläubigen jungen Frauen aus ihrem Verwandten- und Bekanntenkreis, die zunächst ihr Studium abschließen und dann heiraten. So sieht auch Aysel ihre Zukunft: als Akademikerin mit deutschem Abschluß, verheiratet mit einem qualifizierten Moslem, Mutter von vier Kindern, womöglich in einer mittelgroßen Stadt in der Türkei lebend, berufstätig und gesellschaftlich engagiert" (Meyer-Gosau 1993: 150).

Allerdings stellt sich die Rückkehrvorstellung sofort als ein Fluchtgedanke und als Hoffnungsanker zur Verdrängung der beklemmenden Situation in der BRD heraus, in der sie seit der Grundschule aufgrund ihrer ethnischen Herkunft und religiösen Identität immer wieder auf Ablehnung stieß:

> „Die Türkei – für die Zwanzigjährige ein Phantasma, Wunschbild und Gelobtes Land, von dem Aysel natürlich weiß und gar nicht abstreitet, daß sie es, zumal als Kurdin und fundamentalistische Muselmanin, dort nicht leicht haben wird. Von dem sie Geschichten erzählt, die wie selbstverständlich von der Belästigung, der Vergewaltigung und auch Entführung von Frauen handeln. Und doch ist es das Land, in dem sie eine Heimat zu finden erwartet, für das sie sich selbst Mut zuspricht" (Meyer-Gosau 1993: 151f.).

## Kulturelle Bewegungen in der Zwischenwelt

Die 2. Generation sieht sich wie ihre Eltern den Problemen des Rassismus, Sexismus und der sozialen Schließung gegenübergestellt und muß dabei eigene Antworten finden. Ihre Konflikte, mit denen sie sich auseinandersetzen müssen, haben trotz gleicher Grundstruktur eine andere Gestalt angenommen, nicht zuletzt weil die Position, mit der sie aufgewachsen sind, eine andere ist. Für die nachfolgende Generation gab es nie den Moment des Aufbruchs aus der vertrauten sozialen Umgebung, so daß die Rückkehr, wenn überhaupt, immer nur einen symbolischen Charakter haben kann. Vor jeder anderen Wahrheit liegt für diese junge Generation die *Gewißheit des Hierbleibens* (vgl. allgemein Attia/Marburger 2000):

> „Für viele der heranwachsenden türkischen Jugendlichen ist die Existenz ihrer Eltern, verhaftet in den traditionellen Bahnen, kein Leben mehr. Sie lieben ihre Eltern, wollen aber ganz anders leben und sich nichts mehr vorschreiben lassen … Sie haben den Wunsch [zur deutschen Gesellschaft, KNH] dazuzugehören und wollen sich nicht mehr vom Umfeld unterscheiden. Untereinander, in ihren Gruppen, sprechen sie gewiß noch überwiegend türkisch; doch längst mischen sie ihre Muttersprache mit dem Deutschen, weil nur die Sprache ihrer Umwelt die adäquaten Begriffe für ihr neues Selbstverständnis bereithält" (Bernhardt u.a. 1993: 133).

Aus diesen voneinander abweichenden Sprachkompetenzen kann eine schwerwiegende Kommunikationsstörung entstehen, die sich bis zum Abbruch der Verständigung zwischen den Generationen ausweiten kann. Durch das Fehlen einer gemeinsam gelebten Sprache werden die bestehenden Generationskonflikte zusätzlich vertieft (Hansen 1989: 38; Cil 2000: 129ff.). Viele Jugendliche, die wir gedankenlos als türkisch bezeichnen würden, sprechen nur noch ein gebrochenes und verschrobenes Hybrid-Türkisch, das sie „bozuk" nennen. Als interner Sprachcode, der ihre Situation in der BRD generationsspezifisch artikuliert, wird er weder von ihren Eltern noch in der Türkei vollständig verstanden.

Im Gegensatz zu ihren Eltern, die immer auf die Herkunftsnation als gesicherte Wahrheit zur letztinstanzlichen Bestätigung ihrer eigenen Existenz und Geschichte verweisen konnten, steht diese Möglichkeit der 2. Generation lediglich in einem geringeren Umfang und nur unter Inkaufnahme größerer Inkongruenz zur Verfügung. Nach der erschreckenden rassistischen Gewaltwelle in den 1990er Jahren wurde diese Diskrepanz in den Familien deutlich. Während bei vielen MigrantInnen aus der 1. Generation, die ihrem Gefühl nach ihren bisherigen Aufenthalt ohnehin nur der Arbeit und der Ausbildung der Kinder wegen durchgestanden hatten, die Fluchtbereitschaft wuchs und die Vorstellung einer gesellschaftlichen Integration undenkbar wurde, konnte sich die überwiegende Mehrheit in der Nachfolgegeneration keine Alternative außerhalb der BRD vorstellen.

> „Ich möchte die deutsche Staatsbürgerschaft nicht mehr haben – und wenn man sie mir schenken würde. Inzwischen denken auch meine Kinder so. Mittlerweile gibt es hier keine menschlichen Verhältnisse mehr … So schnell wie möglich möchte ich in die Türkei zurückkehren. Meine älteste Tochter ist dort verheiratet. Mein Mann hat sich hier noch nie wohl gefühlt … Doch unsere jüngste Tochter möchte hierbleiben und auf keinen Fall in die Türkei zurückkehren. Im Urlaub fährt sie gern hin, aber in Deutschland will sie leben –

trotz des Nationalismus. Sie sagt, sie will dagegen kämpfen, denn sie habe nur ein Leben".[43]

Hierzubleiben und zu kämpfen, hört sich einfacher an als es in Wirklichkeit ist, weil nicht anerkannte MigrantInnen besonders im völkisch definierten Nationalstaat sich den Fragen nach Identität und Zugehörigkeit stellen müssen. Dabei lehnen wir uns z.T. unter der Last der auf uns wirkenden rassistischen Bilder und Bedeutungen selbst ab, indem wir wie Neclas jüngste Tochter den deutschen Normalitätsnormen entsprechen wollen, um nicht aufzufallen und uns zugehörig fühlen zu können.

> „Was fühlen Kinder, denen immer wieder eingehämmert wird, sie seien anders, sie seien Türken: Türken seien dreckig, stinken, essen Knoblauch ... Inzwischen ist meine jüngste Tochter volljährig. Doch sie kämpft immerzu mit den Identitätsproblemen, deutsch oder türkisch zu sein. Eine Zeitlang fühlte sie sich ganz stark als Deutsche. Sie wollte mit den eigenen Landsleuten nichts mehr zu tun und nur deutsche Freunde haben. Es hat sie stets geärgert, daß ihre eigene ältere Schwester blaue Augen hatte und sie nicht. Sie sah nun wirklich typisch türkisch aus. Manchmal schimpfte sie mit uns: ‚Ihr seid Türken, aber ich bin eine Deutsche. Türken sind nicht gut, Deutsche sind besser'".[44]

Doch *Identitätsverläufe* sind niemals eindeutig und gradlinig, weil sich im Bewußtsein der Opfer auch der Schmerz der Ablehnung angesammelt hat. Er wiegt um so schwerer, als er den persönlichen Wunsch, „normal deutsch" sein zu wollen, normativ verunreinigt und als unmöglich zurückweist. Solche Erfahrungen führen dazu, daß eine junge Deutsch-Türkin, die bereits einen westlichen Vornamen angenommen hatte und sich innerlich der katholischen Kirche angehörig fühlte, nach einem Vorfall mit dem Priester feststellen mußte, daß ihre Mitgliedschaft in der Gemeinde jederzeit in Frage gestellt werden kann. Ihr wurde bewußt, daß sie selbst bei kultureller Assimilations- und religiöser Konversionsbereitschaft nicht über ihre Zugehörigkeit und Identität bestimmen kann. Sie mußte einsehen, daß sie weiterhin von der oft ausbleibenden Anerkennung und Zustimmung der deutschen Mehrheit abhängig bleiben wird, die sie als „Fremdkörper" festschreibt (Hansen 1989: 78).

Es gehört zum Wesen des Rassismus, daß er den Anderen für seine eigene Existenz benötigt und dabei bis zum *Exzeß der Erfindung*, der Imaginierung des Anderen geht. Deshalb ist es in erster Linie eine Frage der Definitionsmacht, die durch soziale Grenzziehung über Zugehörigkeit und Ausschluß entscheidet. Mit dem Bewußtsein ausgestattet, aufgrund der völkisch-rassistischen Einstellungen und Praktiken niemals als „deutsch" oder auch nur als „westlich" akzeptiert zu werden, verliert sich auch zunehmend der Sinn, überhaupt so sein zu wollen.

Ohne jegliches Schamgefühl gilt Assimilations- und Unterordnungsbereitschaft in der BRD als offizielle Voraussetzung für kulturelle Gleichwertigkeit und politische Gleichberechtigung. Die rot-grüne Reform der Einbürgerungsbestimmungen im Jahre 2000, die gemessen an ihren weitreichenden eigenen Ansprüchen gescheitert ist, hat institutionalisierte Diskriminierungen nicht wesentlich abgeschwächt. Obwohl der Generalverdacht und weitere Zugeständnisse an deutsch-völkische

---

43 Necla (Türkei): ... sobald wie möglich dieses Land verlassen; in: Djoun 1994: 34f.
44 Necla (Türkei): ... sobald wie möglich dieses Land verlassen; in: Djoun 1994: 29.

Sentimentalitäten sich unweigerlich der Ungleichbehandlung schuldig machen, wird er durch den im Juni 2004 vereinbarten Parteienkonsens zum neuen Zuwanderungsbegrenzungsgesetz unter Hinweis auf die überragenden deutschen „Sicherheitsinteressen" weiter verschärft. In Zukunft wird das sozialdisziplinierende Konstrukt der „Integrationsfähigkeit" nicht nur bei der Einbürgerung, sondern generell beim Aufenthaltsrecht durch Gesinnungsprüfung und Sprachtests zwanghaft abgeprüft (Ha/Schmitz 2005b). Sollten die MigrantInnen – und hier haben es natürlich die hier Sozialisierten leichter – diese formalen und funktionalen Kriterien erfüllen können, dann wird ein beachtlicher Teil der deutschen Bevölkerung unter Führung konservativer und rechtsextremer Kräfte dazu übergehen, verstärkt „ästhetische" und „phänotypische" Kriterien als weitere „Verteidigungslinie" vorzuschieben:

> „Ja, wenn dann ein Deutscher vor ein Türke geht, obwohl man also wie gesagt, alles, also sich wie ein Deutscher fühlt, das bei sein Paß steht: ‚türkische Nationalität'. Sogar wenn man deutsche Nationalität an sich hat, wenn das Aussehen wie ein Türke ist, daß man doch immer die zweite Stelle hat. Es kann sich rechtlich ändern, es kann sich ändern wie es will, menschenmäßig ändert es sich nicht … Ich sehe nicht aus wie eine Türkin, aber in dem Moment, wo … man weiß, daß ich irgendwas mit der Türkei zu tun hatte, oder das ich früher ein Türke war, daß ich bestimmt dann als zweite Klasse drankomm, zuerst der Deutsche und dann ich. Vielleicht dazwischen noch der Grieche, Jugoslawe und dann ich. Das sollte man nie vergessen, daß man ein Türke ist … Nicht Stolz, das hat nichts mit Stolz zu tun, ich weiß nicht, wie soll ich das erklären, man sollt halt nicht vergessen, wenn du es vergißt, *der andere vergißt es nicht*".[45]

Für unterdrückte Minderheiten, denen die gesellschaftliche Anerkennung aus undemokratischen und menschenrechtswidrigen Gründen wie ethnische „Abstammung", phänotypische Zuschreibungen oder besondere kulturelle Kompetenzen verweigert wird, ist es besonders wichtig geworden, sich zu *erinnern*. Es ist der Blick zurück, der die eigenen Verletzungen aufdeckt, und damit beginnt eine *neue* Geschichte.

> „Das erste woran ich mich erinnern kann, war im Kindergarten, da kam ich rein mit drei. Um mich lauter Kinder, die was anderes gesprochen haben als ich. Also ich hatte unheimlich Angst, weil Deutsch das war irgendwie fremd für mich … Dann bin ich dahin, drei Jahre lang im Kindergarten, da hab ich gerade angefangen, alles zu verstehen, was man mir erzählt hat, aber ich habe kein Wort Deutsch gesprochen, ich hab das zwar verstanden, aber ich konnt mich nicht überwinden, Deutsch zu sprechen, habe nicht sprechen können. Oder in der Schule, ja in der vierten Klasse, wie ich ankam. Da war mein Deutsch wieder weg, da waren ein paar böse Buben, die haben an mir gezogen und die haben gesagt, was suchst du hier. (lacht) Ah mein Gott, da konnt ich einfach nicht antworten".[46]

Die Sprachlosigkeit ihrer Eltern setzt sich bei ihnen bis zu einem gewissen Grad fort, allerdings mit dem wichtigen Unterschied, daß in erster Linie männliche Jugendliche aus der duldsamen Passivität und gesellschaftlichen Apathie ihrer Eltern

---

45 Bürcin, eine junge „remigrierte" Türkin, die in der BRD ihre Kindheit und Jugendzeit verbrachte, zit. nach Hansen 1989: 213f. Hervorhebung nicht im Original. Um die verwendete Alltagssprache und die damit eng zusammenhängende Jugendsubkultur von türkischdeutschen Jugendlichen nicht als „fehlerhaft" zu deklarieren, habe ich bei diesen Zitaten auf die sonst üblichen Markierungen (sic!) verzichtet.

46 Leyla zit. nach Hansen 1989: 80.

ausbrechen. Diese jungen Menschen haben mit angesehen, wie ihre Eltern die erlittenen Enttäuschungen, Demütigungen und Frustrationen, ohne sich zu wehren, ertrugen. Speziell erbost sind sie darüber, daß ihre väterlichen Autoritäten, die eigentlich die „stolzen Beschützer der Familie" sein sollten, sich meistens als „Pantoffelhelden" erwiesen haben. Ohne ein starkes männliches Vorbild aufgewachsen, das mit allen Eigenschaften patriarchaler Macht ausgestattet ist, müssen diese Jugendlichen, um sich ihrer Maskulinität zu vergewissern, auf dem einzigen Terrain, das ihnen in ihrer gesellschaftlichen Stellung offen steht, sich als besonders „männlich" erweisen. Auf dem Feld der körperlichen Auseinandersetzung gilt es für sie Mut, Talent und Durchsetzungskraft zu zeigen, um Erfolg und Ansehen zu erlangen. Auch die bei einigen recht auffällige Affinität zur Mittelstandsmode und entsprechenden materiellen Statussymbolen verdeutlicht mit anderen Mitteln dieses Streben. Beiden Strategien ist gemeinsam, daß sie zu häufig im Straßenkampf der Ausgeschlossenen enden, in dem diese Jugendlichen zum Schluß doch nur wieder Opfer ihrer geliehenen „Erfolge" werden. Sie verfügen in der Regeln weder über unabhängige Mittel noch ein abgesichertes Fundament, um ihren Kurs selbst substantiell bestimmen zu können. Ihre Situation ist mit einem Schachspiel vergleichbar, in dem sie die Bauern abgeben und wie im richtigen Leben oft an übermächtigen Gegnern scheitern oder an strukturellen Barrieren stranden. Noch ehe sie ihr Ziel erreichen, werden sie bereits aus dem Spiel disqualifiziert oder verbleiben von vornherein regungslos, unbeachtet und chancenlos am Rand. Nur die allerwenigsten schaffen es, auf diesem Weg dem erträumten sozialen Aufstieg näher zu kommen, der die überfällige gesellschaftliche Anerkennung verspricht.

In dieser Vorgeschichte stehend, haben diese Jugendlichen als bereits Verwundete nur eine geringe Toleranzschwelle gegenüber „Anmache" und diskriminierendem Verhalten im Alltag entwickelt. Manchmal schlagen sie schon bei den ersten Anzeichen von Gefahr wild um sich, denn sie glauben daran, daß sie sich nie wieder etwas gefallen lassen dürfen. Dahinter steht die offensichtliche Angst des Opfers, wieder zum Opfer gemacht zu werden. Um das *Trauma der Wiederholung*, diesen Kreislauf der Viktimisierung, zu durchbrechen, müssen sie schneller und härter als die potentiellen Täter handeln. Aufgrund dieser Erfahrung ziehen es sie vor, in Situationen, in denen sie noch Entscheidungsspielraum haben, „Täter" zu sein. Wenn sie gewalttätig werden, ist das aus ihrer Sicht meist nur eine Form von vorauseilender Verteidigung, eine Präventivmaßnahme, die dem Schlag des Gegners zuvorkommt. So gesehen leben diese Jugendlichen ihre Gewalttätigkeit und Delinquenz als nachträglichen Widerstand stellvertretend für die überangepaßte Elterngeneration und als verspätete Rache gegenüber dieser Gesellschaft aus, um dadurch etwas Macht und Ansehen zu bekommen. Statt nur zu entschuldigen und zu erklären, wäre es sinnvoller, das Thema „Gewalt und Kriminalität" offensiv durch den Bezug zur ethnischen Struktur der sozialen Ungleichheit zu politisieren. Der gesellschaftliche Skandal ist dabei offensichtlich:

„Kinder von Migranten sind in der Bundesrepublik einer ganzen Reihe von Benachteiligungen ausgesetzt. Sie gehören in aller Regel zur sozialen Unterschicht, verfügen über weniger Geld, über schlechtere Wohnungen und nicht zuletzt, wegen der geringen Qualifikation ihrer Eltern, über schlechtere Chancen in Schule und Beruf als ihre deutsche Altersgenossen" (Cohn-Bendit/Schmid 1992: 299).

Im Gegensatz zu ihren Eltern besteht diese Generation jedoch auf sozialer Gerechtigkeit, politischer Gleichberechtigung und Chancengleichheit im Bildungssystem als unabdingbare Mindeststandards ihrer gesellschaftlichen Existenz. Da sie sich als *Gesellschaftsmitglieder* definieren, kann ihnen niemand diese Rechte legitimerweise vorenthalten. Dementsprechend aggressiv und frustriert verhalten sich viele Jugendliche aus dieser Generation, wenn sie sich in ihren Rechten dauerhaft verletzt sehen und fühlen, daß ihnen Unrecht widerfährt.

> „In den letzten Jahren ist die Zahl der Jugendlichen gewachsen, die durch aggressives und gewalttätiges Verhalten einen Protest gegenüber der Gesellschaft artikulieren ... Die Jugendlichen fühlen sich nicht nur ausgegrenzt; sie werden auch faktisch ausgegrenzt, indem sie ihre Problemwahrnehmung und Bedürfnisse nicht ausreichend artikulieren können. Die Jugendlichen, denen durch Ausgrenzung ‚strukturelle Gewalt' angetan wird, neigen auch zur Gewalt gegen die Gesellschaft, zu der sie sich nicht mehr zugehörig fühlen".[47]

Diese Entwicklung ist keine neue Tatsache, sondern wurde schon vor über 25 Jahren ohne politische Folgen registriert: „Vor allem Jugendliche, die schon als Kleinkinder in die Bundesrepublik eingereist sind und sich mit dieser als ihrer Heimat identifizieren, werden gesellschaftlich nicht tolerierte Reaktionen zeigen, wenn ihnen die berufliche und wirtschaftliche Partizipation verweigert wird" (Albrecht/ Pfeifer 1979: 47). Schließlich sind es ihre Wut und ihre Enttäuschung über die fortgesetzte gesellschaftliche Praxis der sozialen Benachteiligung und politischen Diskriminierung, die die deutsche Dominanzgesellschaft so erschrecken, wenn diese sich in der unverstandenen Sprache der „Kriminalität" oder des nicht tolerierten Verhaltens äußert:[48]

> „Ich bin der Quälgeist der Deutschen. Mit dem Messer im Gurt verfolge ich Frauen, verprügele Männer. Ich mache auch andere Dinge. Ich verschramme Luxusautos, zerschneide deren Reifen, breche ihre Antennen ab; wenn meine Kraft nicht reicht, verbiege ich sie. Ich bin ein Meister im Zerstören von Automaten. Niemand ist mir im Einwerfen von Schaufenster- und anderen Scheiben überlegen. Meine ständige Arbeit besteht darin, Mülleimer umzuwerfen, auf Straßen oder Bürgersteige zu rotzen oder zu spucken, in die Ecke zu pissen. Ich rauche dort, wo Zigaretten verboten sind".[49]

So hilfreich diese prosaische Beschreibung des eigenen Gefühlshaushalts ist, so unangebracht ist es, solchen Aussagen dokumentarischen Charakter zuzusprechen, um rassistische Vorurteile durch Scheingeständnisse bestärken und verallgemeinern zu wollen. Wer solche Bilder der Gewalt, Kriminalität und Verwahrlosung bei jugendlichen Deutsch-Türken wie *selbstverständlich* für real und echt hält, gibt nur Auskunft über seine eigenen Stereotypen, die zur Absicherung der eigenen Unschuld jetzt erleichtert auf authentisches Material verweisen können. Diejenigen,

---

47 Kommission Zukunft Stadt 2000 (1993): 98 zit. nach Krummacher/Waltz 1996: 36.
48 Siehe zur „Kriminalität" unter Migrantenjugendlichen auch eine lokale Studie über die Kreuzberger deutsch-kurdisch-türkische Jugendgruppe „Simsekler" (Blitze) von Steinmetz 1986: 67-92. Vgl. auch Youkhana 1996.
49 Hasan Bozkir (arbeitslos): Ich etwa?; in: Akcam 1993: 131.

die wie soeben beschrieben reagieren, haben es zweifellos schon immer gewußt. Was wir unhinterfragt für wahr halten, hängt aber weniger davon ab, was unser Gegenüber sagt, sondern von dem, was wir glauben wollen. Eine andere Möglichkeit der Rezeption, die aufgeklärt und selbstsicher genug ist, hätte es nicht nötig, das Andere auf Autobiographisches und Authentisches zu reduzieren. Diese Beschränkungen sind Mittel der Kontrolle und der Vermeidung einer wirklichen Auseinandersetzung, da sie die Artikulation des Anderen in ein vorgefertigtes Schema pressen, um sich einer ernsthaften Beschäftigung entziehen zu können. Solche Erzählungen müssen vielmehr als literarische Beschreibungen einer komplexen Gefühlswelt interpretiert werden, in der neben anderen Facetten menschlichen Empfindens auch Wut und Trotz beheimatet sind. Sie folgen einer Logik, der Logik eines verdrehten Sarkasmus, wie ihn auch der Ich-Erzähler Ertan Ongun in Feridun Zaimoğlus „Abschaum" zur Anwendung bringt, wenn er der deutschen Öffentlichkeit triumphierend die Meldung vom rassistischen Pyrrhussieg entgegenschleudert. Es ist die *Macht der Ohnmächtigen*, die ihn zum Unglücksboten eines Alptraums macht: „Ertans Botschaft ist: Wir sind die Kanaken, vor denen ihr Deutschen immer gewarnt habt. Jetzt gibt es uns, ganz eurem Bild und euren Ängsten entsprechend" (Zaimoğlu 1997: 183).

Diese nackten und rohen Schreie einer gleichermaßen ethnisch selbstorganisierten und durch gesellschaftlichen Ausschluß zwangsethnisierten Jugendgeneration werden unterdrückt, sobald sie als öffentliche „*StöRunG*" in das Leben der privilegierten Mehrheit eintreten. Denn sie erinnern dadurch die qua *Geburtsrecht* Glücklichen an das gesellschaftlich produzierte Schicksal und die moralischen wie materiellen Forderungen der anhand von primordialen Indizien zum Unglück Verurteilten. Daher sollte bei aller Problematisierung der Selbstethnisierung nicht vergessen werden, daß ethnische Identifikationsformen ein Gefühl von Zusammengehörigkeit, Solidarität und Handlungsfähigkeit ermöglichen, die sich bei der praktischen Bewältigung des konfliktgeladenen Alltags oft als unersetzlich erweist:

> „Ich wollte ja ein bißchen mit Deutschen zu tun haben, meine Freundschaft ein bißchen verlängern, aber das ging nicht. Mehr Ausländerfeinde gehabt. Es gab jeden Tag Streit, jeden Tag Schlägerei bei uns. Also in der Schule. Wir waren ein paar Türken zusammen, wir hielten immer zusammen … Wenn man zusammenhält mit ein paar Freunden, dann können sie gegen uns nichts machen. Mir hat das gefallen, daß wir uns nicht unterdrücken ließen".[50]

Die sozialen und politischen Motive dieser Jugendsubkultur betonen auch die Berliner Journalisten Klaus Farin und Eberhard Seidel-Pielen in ihrem etwas reißerisch verfaßten Buch „Krieg in den Städten" (1991). Denn die Bildung von deutsch-türkischen Jugendgangs in den Großstädten war auch ein Versuch, durch die Kontrolle von Territorium, Konstruktion von Gruppenidentität und gemeinsamen Aktivitäten Schutz vor rassistischer Alltagsgewalt, polizeilichen Übergriffen und Diskriminierungen in Diskotheken zu gewährleisten. Darüber hinaus ging es auch darum, *Flagge zu zeigen* und *Farbe zu bekennen*, um über diesen Weg aus der Selbstunsicherheit und Unsichtbarkeit herauszukommen. Sicherlich spielten auch noch

---

50 Fuat zit. nach Hansen 1989: 72.

andere Motive und Interessen hinein, die aber den politischen Aspekt der Selbst-organisation nicht verdecken können. Das allgemeine Lebensgefühl der Bedrohung überwog und ließ auch eine diffuse widersprüchliche politische Praxis und Militanz entstehen, die sich in Berlin in Namen wie „Antifasist Genclik" (Antifaschistische Jugend)[51] oder „Black Panther" niederschlugen. In diesem Rahmen wurden Aktionen wie „Glatzen jagen" im Kiez, die migrantische Teilnahme an der „revolutionären 1. Mai Demonstration" oder die Gegenmobilisierung an Adolf Hitlers Geburtstag durchgeführt (Farin/Seidel-Pielen 1991: 27-45). In diesen Jugendgruppen organisierte sich bis zu ihrer Auflösung Mitte der 1990er Jahre eine urbane Marginalität, die vielfach „multiethnisch" zusammengesetzt war. Ihr Handeln zielte hauptsächlich darauf ab, soziale Räume zu besetzen, um sie in ihren Alltag zu integrieren. Zur politischen Ausrichtung der meisten Gruppen gehörten neben einem diffusen Nationalismus aber auch Homophobie und machohaftes Rollenverhalten.

Die Betonung von Ethnizität, wie auch der hinter dem gesellschaftlichen Tabu „Kriminalität" zum Ausdruck kommende *Kampf* um soziale Ressourcen und politische Machtteilhabe, ist bei der herrschenden Mehrheit mit tiefgreifenden Verlustängsten um liebgewonnene Strukturen ihrer Kultur und ihrer Gesellschaft besetzt. Damit wird vor allem die Furcht vor einem Sturz ins Ungewisse und Chaotische verknüpft, in der nur die Entprivilegierung und Abwertung des angestammten Deutschseins sicher zu sein scheint. Vor allem abstiegsbedrohte Deutsche mobilisieren ihren latenten Rassismus und die nationale Kollektividentität, die den laufenden öffentlichen Diskurs eines institutionell kontrollierten nationalistischen Rassismus aggressiv von „unten" unterstützt und durch neue Themen und Forderungen ausweitet. Im Verlauf intensiver Ausgrenzungs- und Identifikationsprozesse entsteht durch gegenseitige Rückkoppelung eine Eigendynamik, die zu einer wechselseitigen Extremisierung zwischen den Massen, Medien und Eliten führt (Funke 1993; Jäger 1998). Ein solcher gesellschaftlicher Rechtsruck auf der ideologischen Ebene wurde in den letzten Jahren selbst durch moralische „Schocks" wie in *Rostock-Lichtenhagen* oder *Solingen* nur zeitweilig gebremst, aber nicht gestoppt, geschweige denn umgekehrt. Erst zählbare politische Erfolge wie die faktische Asylrechtsabschaffung verschafften kurze fragile Ruhepausen. Diese können jederzeit neuen rechtspopulistischen Kampagnen wie der Bundesratsinitiative des CDU-SPD regierten Berliner Senats zur erneuten Verschärfung des Asylbewerberleistungsgesetzes (1998) oder der CDU-Unterschriftenaktion gegen die Ausweitung der doppelten Staatsbürgerschaft (1999) weichen. Insgesamt hat die politische Situation zu neuerlichen Runden in der sich weiter zuspitzenden Konfliktspirale aus Ethnisierung, Kriminalisierung und nachfolgender Entrechtung geführt. Dadurch wird „Kriminalität" einerseits als spiegelbildliche Beschreibung einer – aus der

---

51 Die Gruppe „Antifasist Genclik" wurde im Zusammenhang mit einem spontanen Überfall am 4.4.1992 auf ein Treffen mit organisierten Rechtsextremisten in einem Kreuzberger Lokal bekannt, weil dabei Gerhard Kaindl von der „Deutschen Liga für Volk und Heimat" getötet wurde. Die polizeilichen Ermittlungen und auch der anschließende Prozeß gegen die sieben Angeklagten (sechs tragen türkisch-kurdische Namen) wurden von Solidaritätskampagnen antifaschistischer Gruppen begleitet (Seidel-Pielen 1995: 148-165; Antifa-Beilage der Jungen Welt/Herzschläge vom 17.9.1994).

marginalisierten Sicht heraus – auf sozialer Ungerechtigkeit und politischer Ungleichheit ruhenden Gesellschaft mit repressiven Mitteln geleugnet. Andererseits setzen solche staatlichen Zwangsmaßnahmen den Kreislauf von Abschiebung und illegalisierter Einreise in Gang, wodurch eine Konfliktverschärfung auf höherer Ebene im Ansatz vorprogrammiert wird. Angesichts dieser selbst inszenierten *Simulation von Faktizität*, die sich mit der Zeit verselbständigt, kann die eskalierende rassistische Praxis wiederum als legitim und rational gerechtfertigt werden.

Neben der Kriminalisierung hat sich in der BRD in einer dualistischen Perspektive auch die Viktimisierung etabliert. Sie wird von weiten Teilen der deutschen Ausländerforschung und -pädagogik vertreten, wobei sie nicht als Gegendiskurs verstanden werden darf, sondern sich mit einer veränderten Akzentsetzung häufig kompatibel zur Regierungspolitik verhält.[52] Auch sie sieht in den ungeklärten, den vielfältigen und sich zwischen den Kulturen bewegenden Identitäten der 2. und 3. Generation vor allen anderen Aspekten ein unterentwickeltes bis pathologisches Persönlichkeitsprofil:

> „Insgesamt liest sich der Kurzartikel von Riedesser (1984) wie der Auszug aus einem epidemiologischen Wörterbuch, man erfährt kompakt und auf medizinisch-wissenschaftlichem Hintergrund Entstehungsursachen psychosozialer Schädigungen junger ‚kranker' Ausländer ... Ausländische Jugendliche erscheinen in erster Linie als sozialisationsgeschädigte Individuen mit defizitären Handlungskompetenzen und abweichendem, pathogenem Verhalten" (Hoffmann 1990: 75).

Ihre Ursachen werden in der uneindeutigen zwischen ethnischer Tradition und kultureller Assimilation pendelnden Stellung lokalisiert. Hinter dieser Einschätzung stand und steht das *Paradigma der Kulturkonflikttheorie*, die von einem statischen und homogenen Kulturverständnis und einem nicht weniger fragwürdigen, in sich abgeschlossenen Sozialisationsmodell einseitig passiver Vergesellschaftung des kollektivierten Individuums ausgeht. Jugendliche MigrantInnen, die zwischen verschiedenen kulturellen Orten aufwuchsen,[53] werden mit dieser Begründung zu kulturell Entwurzelten und gesellschaftlich Enteigneten erklärt:

> „Die zahlreiche Literatur zur Migrantenkinderforschung, wissenschaftliche Studien sowie literarische Darstellungen rezipieren die Relevanz der Kulturkonflikt-These und betonen den kulturellen Determinismus von Sozialisations- und Identitätsprozessen ausländischer Kinder und Jugendlicher. In der Annahme, daß das Ausmaß von Identitätsproblemen von dem Grad der kulturellen Distanz abhängt, konzentrieren sich die meisten Veröffentlichun-

---

52 „Zwar ist die Ausländerpolitik seit Anfang der 70er Jahre zu einem der bevorzugten Gegenstände sozialwissenschaftlicher Analysen geworden, allerdings folgten diese Arbeiten selbst in zum Teil frappierender Weise den jeweils vorherrschenden Ansätzen der Ausländerpolitik" (Herbert 2001: 9). Nachdem die wissenschaftliche Auftragsforschung stark in der Umsetzung von Regierungspolitik involviert war, fand erst seit den 1990er Jahren eine Reorientierung statt, die sich durch Labels wie Migrationssoziologie und interkulturelles Lernen an internationale Standards anschließt (Messerschmidt 2002).

53 „Ich lebe in zwei Welten. Jeden Tag, wenn ich von zu Hause zur Schule (zur Arbeit) gehe, dann ist es so, als ob ich von der Türkei nach Deutschland fahre, und jeden Tag fahre ich von Deutschland in die Türkei, wenn ich nach Hause komme" (ein türkisch-deutscher Jugendlicher in Kraus 1983: 23 zit. nach Hansen 1989: 35).

gen auf die ‚kulturzentrierte' Sozialisationsproblematik türkischer Kinder und Jugendlicher in der BRD" (Hoffmann 1990: 59).

Zwar wurden auch kritische Studien (Neumann 1980) veröffentlicht, die von einem
dynamischen Kulturbegriff ausgingen und das offenkundige gesellschaftliche Phänomen Rassismus nicht verdrängten. Die öffentliche Diskussion wurde jedoch
durch andere Bilder und Stichworte bestimmt. In den von Renner (1975), Schrader
u.a. (1976) und Knörzer (1982) stammenden Arbeiten erschienen vermeintlich un-
angepaßte MigrantInnen nur im *wiederkehrenden* Bild von handlungsunfähigen,
identitätsgestörten und orientierungslosen Individuen, wodurch eine rigide Ausländerpolitik und paternalistische Ausländerpädagogik wissenschaftlich legitimiert
werden konnte. In diesen Studien wurden die sozialen Wirkungen des erfahrenen
Rassismus systematisch entthematisiert, um die „defizitären" Identitätsentwicklungen aufgrund des festgeschriebenen Kulturkonflikts in den Vordergrund rücken zu
können (Geiger 1991b: 6ff.). Demnach konnten sie sich nur eine unausbalancierte,
beschädigte und permanent bedrohte Identität aneignen, die als lähmender Ballast
gegebenenfalls eine *schizophrene* Aufspaltung der gescheiterten MigrantInnen-
persönlichkeit hervorbrachte: „Es ist wie zwei Menschen, die in einem Körper
leben müssen und dabei grundverschieden sind. Oder wie ein Schuh für zwei Füße,
die gleichzeitig hinein müssen und mit dem man auch laufen muß. Komisch! Wie
kann man so laufen?"[54] Was solche Bilder nicht beachten, ist, daß Migration als
Kulturbruch mit der Notwendigkeit zur aktiven Aneignung neuer Interaktions- und
Kommunikationsformen einhergeht, so daß auch die Sozialisation der Kinder keine
einfache Anknüpfung und ungestörte Fortsetzung türkischer Kultur sein kann (Pfluger-Schindlbeck 1993: 66). Daher ist diese Äußerung, falls sie jemals für eine
Mehrheit der deutsch-türkischen Jugendlichen charakteristisch war, zumindest für
heutige Verhältnisse nicht mehr aktuell. Wie ein (unerwünschtes) Ergebnis einer repräsentativen Jugendstudie der Bielefelder Jugendgewalt- und Konfliktforschungs-
gruppe um Wilhelm Heitmeyer mit 15-21jährigen DeutschtürkInnen aufzeigt,
geben mehr als 80% der Befragten an, mit einem Leben zwischen den Kulturen
zurechtzukommen (Heitmeyer u.a. 1997a: 103). Ein vergleichbar hoher Prozentsatz
äußert, über ein *positives Selbstwertgefühl* zu verfügen (ebd.: 60). Merkwürdig ist
indessen, daß Heitmeyer & Co. aufgrund ihrer sturen Orientierung an der Kulturkonfliktthese diese mißliebigen Ergebnisse mit fragwürdigen Methoden relativieren
und uminterpretieren: „Nachdem über die Hälfte der Jugendlichen Fragen zustimmt
wie ‚Ich werde oft ganz nervös' oder ‚Ich muß häufig daran denken, was alles noch
geschehen könnte', ist für sie [die Forscher, KNH] klar, daß das positive Selbst-
vertrauen auf ‚schwankendem Boden steht' und ‚mit einem hohen Maß an Angst
und Unsicherheit unterlegt' ist" (Rommelspacher 1997: 15).[55]

---

54 Ertunc Barin (Schriftsteller) zit. nach Hansen 1989: 21. Gegen die frühe Migrationsliteratur wird inzwischen offen der Vorwurf erhoben, sie habe die Mitleidsvorurteile vieler
Deutscher bedient, indem sie die MigrantInnen als Opfer der inneren Zerrissenheit über-
zeichnet hat. So läßt sich Ferdiun Zaimoğlu über die „weinerliche, sich anbiedernde und
öffentlich geförderte ‚Gastarbeiterliteratur'" aus, die in den „70er Jahre(n) die Legende
vom ‚armen, aber herzensguten Türken Ali'" in die Welt setzte (Zaimoğlu 1995: 11f.).
55 Die Zitate von Heitmeyer u.a. (1997) stammen aus den Seiten 60 und 62.

Im Zusammenhang mit der bundesrepublikanischen Diskussion um Kultur, Sozialisation und MigrantInnenidentität wurden kritische Einwände gegen eine kulturanthropologische Identitätsauffassung geäußert,[56] weil sie soziale Prozesse naturalisiere. Erst vor dem Hintergrund von ethnozentrischen Klischees durch den Einsatz unzulässiger Verallgemeinerungen konnten Stereotype über eine homogene und traditionelle türkische Kultur erschaffen werden, die mehr den eigenen Projektionen als der widersprüchlichen Realität entsprechen. Ganz offensichtlich ratlos und ungläubig fragt der Frankfurter Erziehungswissenschaftler Frank-Olaf Radtke nach einer kritischen Durchsicht der deutschen Ausländerforschung daher zurecht:

„Wie konnte es dazu kommen, daß aus einer Strukturfrage spätkapitalistischer Gesellschaften ein Kulturproblem der betroffenen Migranten wurde? Wie konnte es dazu kommen, daß sich die Thematik von der Behandlung rechtlich-sozialer Inkorporationsprobleme zu einer Diskussion von Kulturdifferenzen und der Bewältigung von Kulturkonflikten verschob? Wie konnten aus Arbeitsmarktproblemen Sozialisationsfragen werden, eine Verschiebung der Aufmerksamkeitsrichtung, die schließlich in eine Politik der Ethnisierung sozialer Konflikte mündete?" (Radtke 1991a: 35f.).

Trotz dieser Kritik hält sich das damit zusammenhängende Bild von MigrantInnen als unselbständige Opfer oder Klientel selbsternannter ExpertInnen. Gerade auch „wohlmeinende" Kreise glauben die „Defizite" der Eingewanderten zuerst definieren und dann kompensieren zu müssen, wie Daniel Cohn-Bendit in seiner Zeit als Dezernent des Amtes für multikulturelle Angelegenheiten (Frankfurt a.M.) in seinem einflußreichen Buch „Heimat Babylon" schreibt:

„Sie [die jungen MigrantInnen, KNH] können sich schwerer integrieren und leiden stärker unter Identitätsproblemen, weil sie in kulturellen Halb- und Zwischenwelten aufwachsen. Nicht selten stehen sie vor der schier unlösbaren Aufgabe, die Erwartungen und Werte zweier ziemlich verschiedener Welten – der Welt ihrer Eltern und der Welt ihrer deutschen Altersgenossen – in Einklang zu bringen. Und dieser kulturelle Konflikt, der oft kaum zu bewältigen ist, wird als individuelles Versagen erlebt und führt häufig zu fehlendem Selbstwertgefühl" (Cohn-Bendit/Schmid 1992: 299).

Auch hier wird Kultur jeweils homogenisiert, nämlich als „deutsche" und „türkische" und dann gegeneinander gesetzt. Folge ist eine unlösbare Konfrontation mit entsprechend negativen Folgen für die Beteiligten. Dabei wird nicht beachtet, daß es um handelnde Menschen geht, die in der Lage sind, ihr Leben im Rahmen des gesellschaftlich Zulässigen aktiv und eigenständig zu gestalten. Genau diese Haltung wird von vielen Betroffenen als kolonisierend interpretiert, weil diese von außen über sie kommende Beurteilung sie zu hilflosen Objekten degradiert:

„So wie zum Beispiel die politische Führung dieses Landes die Türkei als rückständiges, hilfsbedürftiges Land betrachtet, so betrachten die gutwilligen Menschen dieses Landes die Türken. Das ist auch bei den Fortschrittlichen und Linken nicht anders. Die Hilfsbemühungen entsprechen der Rot-Kreuz-Denkweise von Hilfe an verhungernde Afrikaner und sind ein ‚gütiges Almosen'. Denn auch die Türken sind grob, hilfsbedürftig, ungebildet und in Lebens- und Verhaltensweisen eine primitive Gesellschaft. Man will uns nicht als fühlende, denkende, liebende, zürnende Wesen sehen, die eine Reihe Sehnsüchte und

---

56 Vgl. die Beiträge von Czock (1988) und Stüwe (1988).

Hoffnungen haben. Das, was den Menschen zum Menschen macht, seine Würde, Persönlichkeit und menschliche Werte bleiben außerhalb ihrer Betrachtungsweise. Es gibt deutsche Intellektuelle, die auf soziologischem oder psychologischem Gebiet Thesen entwickeln wollen. Türken sind für sie rohes Versuchsmaterial, nur ‚Versuchstiere'".[57]

Im Gegensatz zu diesen Auffassungen über statische Kollektivkulturen, die die Widersprüchlichkeit dieser Identitätsentwicklungen und -formen als konflikthaft problematisieren, sehe ich in diesen *reflexiven Identitäten* vor allem eine Spiegelung jener von Stuart Hall beschriebenen, zwischen Begehren und Ablehnung pendelnden Doppelung des Rassismus auf seiten der Unterdrückten:

> „Es scheint als ob moderne Menschen schon aus Überlebensgründen gleichzeitig vielen verschiedenen, sich überschneidenden ‚vorgestellten Gemeinschaften' angehören mußten und müssen ... Falls man die Fähigkeit, ein Leben in verschiedenen ‚Welten' auszuhandeln und zu organisieren, für ein Zeichen des modernen Zustandes der Entfremdung hält, ... lohnt es sich, an das ‚doppelte Bewußtsein' (double consciousness) von W.E.B. DuBois zu denken: die Bürde dieses Bewußtseins lastet nicht auf dem Herrn, sondern auf dem Sklaven und seinen Nachkommen" (Hall 1995: 38).

So wie Hall als „schwarzer"[58] Brite auf die Erfahrungen eines afroamerikanischen Theoretikers deutet, so möchte ich an dieser Stelle auf Hanif Kureishi, einen pakistanisch-britischen Schriftsteller, hinweisen, der sein ambivalentes Verhältnis zu England als eine Beziehung beschreibt, die trotz aller Ablehnung einen Moment der Identifikation mit dem eigenen Leben an diesem spezifischen Ort enthält:

> „'My country' isn't a notion that comes easily. It is difficult to answer the question, where do you come from? I have never wanted to identify myself with England. When Enoch Powell spoke for England I have turned away in final disgust. I would rather walk down the street naked than stand up for the National Anthem. The pain of that period of life is still with me ... And perhaps that is why I took to writing in the first place, to make strong feelings into weak feelings. But despite all this some kind of identification with England remains".[59]

Britannien kann versuchen, die unerwünschten MigrantInnen abzuweisen, aber es kann nicht verhindern, daß sie da sind und durch ihre Anwesenheit längst ein Teil des Ganzen wurden. Für die BRD gilt, wenn wir diese Parallele ziehen, die gleiche Antwort: Es ist nicht mehr möglich, sich eine deutsche Gesellschaft ohne MigrantInnen und *Andere Deutsche* (Mecheril/Teo 1994) vorzustellen. Kureishi, der zur sogenannten 2. Generation gerechnet wird, beschreibt in der Kurzgeschichte „Brad-

---

57 Kamil Yilmaz (Student): Erst einmal Achtung vor dem Menschen; in Akcam 1993: 48.
58 Ich unterscheide analog zur anglo-amerikanischen Rassismus-Diskussion zwischen den Begriffen „*schwarz*" und „*Schwarz*". Während ersteres die Ethnizität anzeigt, artikuliert sich im letzteren eine politische Position von People von Color(s). Obwohl Wir-Gruppen wie schwarz/weiß immer Ergebnis sozialer Konstruktionsprozesse sind, ist es doch sinnvoll, von kollektiven Identitätspositionen auszugehen und diese als unterschiedlich zu markieren. Dadurch kann eine Aussage über die fortdauernde Präsenz jenes historischen Machtverhältnisses getroffen werden, das über sozial-ökonomische Ausschlüsse und Praktiken kultureller Stereotypisierung rassifizierte Körper und Identitäten „wahr" machte.
59 Kureishi 1986: 35 zit. nach Böhner 1996: 45.

ford" des weiteren ein Dasein, in dem die kulturelle Zwischenstellung das Privileg einer ausgeglichenen Bereicherung ermöglicht:

> "But for me and others of my generation born here, Britain was always where we belonged, even we were told – often in terms of racial abuse – that this was not so. Far from being a conflict of cultures, our lives seemed to synthesize disparate elements: the pub, the mosque, two or three languages, rock'n'roll, Indian films. Our extended family and our British individuality co-mingled".[60]

Statt wie im Kulturkonfliktschema komplexe politische und sozio-kulturelle Zusammenhänge auf mechanische Kulturanthropologie zu reduzieren, wird mit dieser Perspektive das Soziale wieder in das Zentrum der kritischen Betrachtung und analytischen Aufmerksamkeit gestellt. Eine solche Reflexion betont, daß die Identitätsentwicklung zwischen den Polen der Fremd- und Selbstbestimmung immer *unabgeschlossen* bleibt, weil sie in Interaktionen mit ihrer sozialen Umwelt eingebettet ist und sich mit ihr verändert. Im Anschluß an die grundlegenden Arbeiten von Goffman (1967), Mead (1968) und Krappmann (1969) zum symbolischen Interaktionismus können Theorien der Identitätsgenese nur noch als ein sozial vermittelter, wechselseitiger und nicht abschließbarer Prozeß der Vergesellschaftung und Individuation verstanden werden, der die Individuen auch immer mit selbständiger Handlungskompetenz ausstattet und heterogene und flexible Identitäten schafft (Hill/Schnell 1991). Neuere Arbeiten sind inzwischen zu diesem dynamischen Identitätsbegriff übergegangen (Hoffmann 1990: 46-50). Migrationserfahrungen sind unentwirrbar mit biographischen und kulturellen Brüchen verbunden, die eine ungetrübte Sehnsucht nach „Heimat" in den Bereich der sozialen Imaginationen und kollektiven Mythen ansiedeln. Trotzdem erfüllt Ethnizität in einem Leben, das in ständiger Auseinandersetzung mit dem ungesicherten Ausländerstatus und der fehlenden Anerkennung als ImmigrantIn geführt wird, eine wichtige soziale Funktion. Der diktierten Zukunftsunsicherheit und diagnostizierten Identitätsstörung kann das Gefühl, in einer historischen Kontinuität zu stehen, entgegengesetzt werden, die kollektive Sicherheit vermittelt. Diese Eingliederung des Subjektes in eine längere Geschichtskette und eine größere Gemeinschaft wird als persönliche Selbstbestätigung und -aufwertung erfahren. Sie ist gerade in der fragmentierten Alltagswelt der jungen MigrantInnen mit ihren gegensätzlichen Rollenzuweisungen zwischen erzwungener Deklassierung und unfreiwilligem Leistungsverzicht (z.B. durch schlechte Ausbildungsmöglichkeiten und strukturelle Arbeitslosigkeit) in der gesellschaftlichen Sphäre einerseits und gleichzeitiger Übernahme von Verantwortung und Arbeit für die gesamte Familie andererseits von zentraler Bedeutung.[61]

---

60 Kureishi 1985: 161 zit. nach Böhner 1996: 116.

61 Mit der sogenannten „Gastarbeiterfamilie" bildet sich in der Migrationssituation ein neuer Familientypus heraus, der materiell direkt und emotional indirekt von den belastenden Lebens- und Arbeitsbedingungen bestimmt wurde. Nachdem die Väter in der Migration nicht nur in ihrer gesellschaftlichen Position, sondern auch innerhalb der Familie an Macht, Ansehen und Kompetenz einbüßten, mußten vielfach die heranwachsenden Jugendlichen und Frauen diese Lücke durch sprachliche Übersetzungs- und soziale Vertretungstätigkeiten auffüllen (Straube 1991: 59f.).

Ethnizität wird daher als wichtig erachtet, um das Überleben in rassistisch strukturierten Gesellschaften zu ermöglichen. Kulturelle Identität kann eine *Waffe* sein, um die eigene Ethnizität vom Nachteil im rassistischen Vorurteil zum Vorteil in der Eigenwahrnehmung umzuwerten. Trotzdem ist diese „innere Heimat", wie etwa von Abali (1983: 175) gefordert, keine notwendige Voraussetzung einer gefestigten Identität mit positivem Selbstbezug. Vielmehr ist es heute unabdingbar geworden, ihre Nähe zu einem unhinterfragten Kulturdeterminismus und Naturalisierungsprozeß des Sozialen zu sehen, die dieses Identitätskonzept unveränderlich macht. Wenn Identität von ihren historischen und sozialen Kontexten abgeschnitten ist, kann sie als statisches Konzept keine den bestehenden gesellschaftlichen Antagonismen entsprechende Identitätsbildung mehr entwickeln und wird als essentialistische Identität zu einer *unproduktiven Alltagsideologie.*

Doch sollte andererseits die schmale Grenze zwischen Ideologiekritik und politischer Denunziation nicht übersehen werden. Selbst wenn diese Ethnizität sich in der Migration nationalistisch gibt, kann sie doch nicht mit dem dominanten Nationalismus gleichgesetzt werden. Dazu fehlt ihr zum einen die Macht, ihr Programm durchzusetzen, zum anderen können ihre Programme aufgrund ihrer verschieden situierten Positionen innerhalb des gesellschaftlichen Macht- und Diskursverhältnisses nicht identisch gelesen werden. Es doch zu tun würde bedeuten, die Differenz zwischen Täter und Opfer aufzuheben und beide gleichzusetzen, was politisch fatal und analytisch unseriös wäre. Gerade weil Rassismus eine tragende Erfahrung der Migration ist, die die kulturelle Differenz diffamiert, kann sich die Ethnizität der MigrantInnen und besonders der ihr nachfolgenden Generationen, die eben mit solchen Differenzen aufgewachsen sind und in ihnen leben, immer weniger auf eine homogene Welt in sich gesättigter Monokulturen beziehen.

In einer Studie über in der BRD aufgewachsene deutsch-türkische Jugendliche wird sehr schnell deutlich, daß die 2. Generation ebenso heterogen und individuell wie jede andere ist. Leyla erzählt z.B., daß ihre Eltern sie streng nach „islamischen Werten" erzogen hatten und aus Sorge vor den „schlechten" äußeren Einflüssen ihre Bewegungsfreiheit so stark einschränkten, daß sie erst nach jahrelangen Interventionen die Bücherei benutzen durfte. Selbst als junge Erwachsene war es ihr nicht erlaubt, abends in Begleitung eines männlichen „Beschützers" auszugehen (Hansen 1989: 68, 80f.). Dagegen wurde Julie ganz anders sozialisiert:

> „Mein Lehrer meinte, ich sollte auf die Realschule gehen, weil ich so richtig gute Noten hatte, aber ich war so richtig wild, wie die deutschen Kinder. Ich sag nee, ich möchte lieber auf die Hauptschule, da sind die Wilden, da kann ich rauchen ... Im sechsten Schuljahr fingen wir an ,boyfriend' und so, weißt schon ... Die deutschen Jungs sind immer bei uns zuhaus gewesen, mein Vater hat nichts gesagt. Ich hatte ein freies Leben" (ebd.: 74).

Bürcin mußte dagegen schon sehr früh eigenständige Verantwortung für sich selbst und Aufgaben für die Familie übernehmen, um ihre Eltern zu entlasten. „Ich hab mit sechs Essen machen gelernt, mit sieben Jahren die Fenster geputzt, mit 6/7 Jahren hab ich Elektrizität, Strom alles hab ich bezahlen müssen, auf meinen Bruder aufgepaßt, wenn er krank wurde, hab ich ihn zum Arzt gebracht, wenn meine Eltern abends spät kamen, hab ich das Essen für sie gemacht" (ebd.: 68).

Aras ist in einer westlich orientierten Familie groß geworden, die selbst mit dem islamischen Gebot, kein Schweinefleisch zu verzehren, gebrochen hat. Er betrachtet sich als ein kulturell Assimilierter, der sich vorbehaltlos mit „deutschen Werten" identifiziert und das „Türkisch-Sein" für sich negiert. Vor allem ist Aras, wie er meint, ein Individualist, den seine deutschen Bekannten eher für einen italienischen Popper halten (ebd.: 69, 83). Alle diese Beispiele zeigen deutlich, wie erforderlich es ist, die monologe Rede von der „2. Generation" zu pluralisieren. Wenn wir eine angemessene Wahrnehmung entwickeln wollen, dann müssen wir uns schon die Mühe machen, People of Colors vor allem als individuelle Subjekte anzuerkennen.

Um an diesen Punkt anschließen und weiterdenken zu können, ist es zunächst wichtig, entgegenlaufende Tendenzen in der sozialwissenschaftlichen Forschung, den Medien und der Politik zu verstehen, deren gemeinsamer Diskurs das vorherrschende Verständnis von Kultur und Identität definiert. Die Notwendigkeit eines anderen Wahrnehmungsmodells, eines Wechsels zu einem Paradigma, das die Differenz anerkennt, tritt dadurch deutlich zutage. Wie die zur Zeit bestimmenden Diskurse über das Bild der Türken in der BRD zeigen, hängen sie sich nicht zuletzt an einem Mobilisierungsprozeß der deutsch-türkischen Bevölkerung auf, deren Protest durch die Umkehrung von Ursache und Wirkung irrational, unzivilisiert und damit illegitim erscheint. Dabei wird oft der Zusammenhang außer acht gelassen, daß diese politisch-religiöse Selbstorganisierung auch eine Antwort auf die rassistischen Morde in Mölln, Solingen und andernorts waren. Gerade in der 2. Generation löste der offen zur Schau gestellte *politische Extremismus der Mitte* während der ideologischen Abwicklung der Asylhetzdebatte im Zusammenspiel mit einem explosionsartigen Anstieg rassistischer Angriffe heftige Abwehrbewegungen aus.

„Gerade als Reaktion auf die existenzbedrohenden Anfeindungen verstärkt sich ein Selbstbewußtsein als TürkInnen in Deutschland zu leben. Die eher abstrakte Zukunftsfrage, in welchem Land man letztlich leben wolle und könne, stellt sich plötzlich gegenwärtig und konkret. Gerade vielen Jugendlichen mag klar geworden sein, daß sie keine Alternative haben als sich zu wehren. Sie zeigen umso stärker ihre ethnische Identität; nicht mehr durch die Rückkehrorientierung, sondern mit Demonstrationen unter türkischen Fahnen. Sie signalisieren: ‚Wir bleiben hier!'" (Pagenstecher 1994: 150).

Die Existenz eines national-religiös grundierten Widerstandes gegen dominante Formen eines gesellschaftlich tolerierten Rassismus ist unter jungen Deutschtürken bedeutsam. Sie erfordert eine behutsame und kontextsensible Auseinandersetzung. Politisch wäre es fatal, einfach in das phrasenhaft wiederholte Schreckensbild über einen irrationalen Fanatismus einzustimmen. Die umstrittene Studie „Verlockender Fundamentalismus" von Wilhelm Heitmeyer und weiteren Kollegen ist wohl entgegen der formulierten Absicht dieser Gefahr erlegen und hat die bestehenden Feindbilder gegenüber islamischen MigrantInnen erhärtet. Neben der selektiven Interpretation einer widersprüchlichen wie unsicheren Datenlage (Rommelspacher 1997) wurde vor allem das äußerst eingeschränkte Untersuchungsdesign um die Begriffe „Islam", „Fundamentalismus", „politischer Extremismus", „türkischer Nationalismus" und „Gewalt" (Heitmeyer u.a. 1997: 24-44) kritisiert, wodurch die Ergebnisse vor der Befragung als "self-fulfilling prophecy" tendenziell festgelegt seien. Es kann daher auch nicht verwundern, daß ähnlich gelagerte Forschungsprojekte zu völlig anderen Ergebnissen gelangen (Polat 1997b).[62] Bedenklich ist, daß Heitmeyer selbst die Fremdethnisierung der türkischen MigrantInnen betreibt, die er zu kritisieren vorgibt. Weil er immer noch unbekümmert mit Begriffen wie „traditionell", „autoritär-patriarchalisch" oder mit der Vorstellung eines geschlossenen „türkischen Kultursystems" operiert, gelingt es ihm statische, nahezu unvermeidliche „Kulturkonflikte" heraufzubeschwören. „Noch katastrophaler wirkt die Argumentation, wo sie einer kulturrassistischen Linie folgt. Es wird eine Bevölkerungsgruppe künstlich zusammengefügt (türkische Ausländer), ethnisch markiert (damit die Gruppe ein Merkmal erhält, dem sie nicht mehr entrinnen kann) und aufgrund dieser Markierung abgewertet" (Bukow/Yildiz 1997: 14).

Angesichts der massiven Kritik sah sich Heitmeyer beim Erscheinen dieses Machwerks zur Rechtfertigung gezwungen, indem er seine Arbeit – in scheinbarer Ahnungslosigkeit der herrschenden Ethnisierungsdiskurse und völliger Weltabgeschiedenheit von den alltäglichen Kriminalisierungsstrategien in der Politik und den Medien – vor allem als lang vermißten Beitrag zur Herausbildung eines immer noch fehlenden „Problembewußtseins" verkaufen wollte (Heitmeyer 1997b). Ganz getreu seinem Leitspruch, die „Entwicklungen ernster nehmen" zu wollen, veröffentlichte DER SPIEGEL noch im selben Monat eine Titelgeschichte unter der warnenden Überschrift „Zeitbomben in den Vorstädten", die das gesamte Repertoire rassistischer Feindbilder einsetzte. Die multikulturelle Gesellschaft wurde in diesem vulgär „balkanisierten" Szenario als Austragungsstätte „multikrimineller Ethnokriege" enttarnt. DER SPIEGEL hält sich dabei an eine Richtlinie, die der linksliberale Schriftsteller Hans Magnus Enzensberger bereits in seinen „Aussichten auf den Bürgerkrieg" 1993 vorgegeben hatte. Er fühlte sich in jedem U-Bahn-Waggon an ein kleines Bosnien erinnert und sah damit seine These von einem „molekularen Bürgerkrieg" bestätigt. Für ihren Abgesang berief sich die SPIEGEL-Redaktion auf nicht weniger prominente Kronzeugen: Samuel Huntington als Vordenker für die These vom „Kampf der Kulturen", Manfred Kanther als Vertreter der staatlichen Autorität über die Gefahren der „organisierten Ausländerkriminalität"[63] und eben Wilhelm Heitmeyer als lokaler Empirist für gewalttätigen Fundamentalismus und extremistischen Nationalismus (DER SPIEGEL 1997).

Es ist mein Anliegen, Alternativen im Diskurs anzubieten sowie im Kampf um Begriffe und Bedeutungen Wege und Möglichkeiten aufzuzeigen, die die Ethnisierungspraxen auf beiden Seiten unterlaufen. Durch ein Projekt, das sich dem Grenzabbau und der kulturellen Offenheit von Identitäten verschrieben hat, können essentialistische und transzendentale Ideologieangebote durch kulturelle Identitäts-

---

62 „In einer empirisch-sozialpsychologischen Studie, die ich im Jahre 1996 in Hamburg über die soziale Identität türkischer Migranten der zweiten Generation durchführte [Polat 1997b], konnte ich zu Ergebnissen gelangen, die denen Heitmeyers diametral entgegenstehen. In dieser Untersuchung sollte das Gefühl von Gruppenzugehörigkeit der Migranten ermittelt werden ... Ein Großteil der Befragten bekennt sich zu allen Merkmalen sowohl zu einer türkischen als auch zu einer deutschen Identität. Sie fühlen sich als Teil dieser Gesellschaft" (Polat 1997a: 14).

63 Vgl. zur Kritik an diesem Konstrukt aus der reichhaltigen Literatur z.B. Geißler/Marißen 1990, Manns 1993, Pilgram 1993.

konstruktionen und politische Diskursstrategien ersetzt werden, die die gesellschaftliche Freiheit zur kulturellen Differenz und individuellen Identität zulassen. Erst ein grundlegend anders verstandener Kulturbegriff führt aus der rassistischen Konstruktion von Feindbildern und der Sackgasse nationalistischer Befreiungsideologien heraus. Außerdem können die Zulassung und Anerkennung des Anderen in der Kultur unsere Vorstellung von emanzipatorischer Politik erweitern, so daß diese Politik, die sich schon lange nicht mehr auf der Straße abspielt, wieder im Alltag präsent wird. Meines Erachtens nach ist dieser hybride Kulturbegriff mehr als nur eine theoretische Spielerei. Hybridität war immer ein schon da gewesener Bestandteil des Alltags und seiner kulturellen Praktiken, die bisher nur nicht wahrgenommen und gebührend beachtet wurden.

Der genaue Blick zeigt eine gewichtige Spannung zwischen der Notwendigkeit zum Überleben und dem Wunsch nach Ausbruch aus der Festung der ethnischen Gemeinschaft auf. Ethnizität als Festungsmentalität, als Leben im Belagerungszustand schützt nicht nur, sondern ist auch anstrengend und einschränkend. Festgelegte ethnische Identitäten mit ihren hohen sozialen Kosten in Form von Einengung der persönlichen Freiheit und Begrenzung der kulturellen Selbstverwirklichung erscheinen durch zunehmendes Selbstbewußtsein der 2. und vor allem der 3. Generation zusehends untragbar. Sie sind nicht länger bereit, eine widerspruchslose ethnische Identität als unverzichtbare Ressource zu akzeptieren, wenn sie dafür auf *ihr anderes, ihr eigenes Ich* verzichten sollen:

> „Ich bin vielleicht mehr nationalistisch als jemand, der noch nie in Deutschland war, weil dieses Gefühl ist mit der Zeit noch kräftiger geworden, wenn man in einem anderen Land ist ... [Gleichzeitig ist Bürcin sich sicher:] Nicht von zwei, jeder Mensch ist von mehreren Kulturen, von vielen Kulturen ... Man soll nicht nur von zwei, man soll von mehreren Kulturen was wissen, halt was einem von welcher Kultur gefällt, das soll man ansichnehmen".[64]

Noch deutlicher werden die Ansätze einer hybriden, aus mehreren historisch-kulturellen Quellen gespeisten Identität, wenn Identität als ein sozio-kultureller Prozeß verstanden wird, der bei aller historischen Determinierung auch immer das Moment der aktiven Selbstkonstruktion und individuellen Aushandlung beinhaltet. Mit diesem Abschied von essentialistischen Vorstellungen setzen sie sich selbst in die riskante, weil ungesicherte, aber *produktive und kritikfähige* Position des Dazwischens und Übersetzens:

> „Aber weißt Du, wie ich mich fühle? Ich meine auf den Papieren bin ich ja eine Türkin, dem Blut nach bin ich's auch, aber Gedanken und alles andere ... ich meine ne Deutsche bin ich auch nicht. Ich bin irgendwas zwischen den beiden zusammen und dann noch das, was ich mir so eingebildet habe, was ich mir vorgestellt habe. Alles so ein Mischmasch bin ich. Ich weiß wirklich nicht, ich kann nicht sagen, ich bin eine Türkin und ich kann auch nicht sagen, ich bin eine Deutsche, ich bin was dazwischen ... Mit den Türken bin ich nicht einverstanden in sehr vieler Hinsicht, mit den Deutschen auch in ein paar Sachen nicht einverstanden. Ich weiß nicht, für uns müßte es eine andere Welt geben".[65]

---

64 Bürcin zit. nach Hansen 1989: 174.
65 Leyla über ihr deutsch-türkisches Selbstbild zit. nach Hansen 1989: 176.

Und obwohl MigrantInnen wie Leyla mit bestimmten ZeitgenossInnen ähnliche oder gleiche Vorstellungen über spezifische Formen ihrer kulturellen Vergesellschaftung teilen, bleiben sie doch individuelle Subjekte mit einer autonomen Biographie. Sie versuchen dabei ihre kulturelle Identität im Rahmen historisch gewachsener, sozial und politisch eingegrenzter Territorien selbst zu bestimmen. Sicherlich werden diese Menschen und ihre Identitäten weiterhin in einer vielschichtigen Tradition stehen. Doch ebenso wie die Generationen vor ihnen können sie dieses Bewußtsein nur in neuer Gestalt mit veränderten Inhalten weitergeben, um darüber ihre Gegenwart in die Vergangenheit und die Zukunft hineinzuspiegeln. Die prekäre Formierung kultureller Identitäten changiert zwischen Kontinuität und Bruch in der widersprüchlichen Welt spätmoderner Gesellschaften. Sie befindet sich in einem spannungsreichen, aber auch kritisch-emanzipatorischen Verhältnis von Gleichheit und Differenz, historischer Determinierung und Uneindeutigkeit. Es ist daher nicht verwunderlich, daß gerade eine alltägliche Beobachtung deutschtürkischer Kinder an einer Kreuzberger Schule in Berlin genau dieses komplexe, am Rande des Widerspruchs stehende Verständnis von Ethnizität festhält:

> „Charakteristisch für das äußere Bild, besonders das der Türken, ist seine Vielfältigkeit. An den Türken fällt auf, mit welcher Aufmerksamkeit sie gekleidet sind; sie tragen farblich auf ihren Typ abgestimmte Kleider, mit viel Liebe von den Eltern ausgesucht. Viele von ihnen sind in extremer Weise modisch angezogen, tragen poppige Farben, wirken selbstsicher, haben keine Scheu und sprechen ihre Muttersprache ganz ungezwungen. Aber niemals stellt sich der Eindruck der Einheitlichkeit. Während es auf der einen Seite zahlreiche Momente eines Bruchs mit der Tradition gibt, sind auf der anderen Seite Elemente islamischer Lebensweise häufig und unübersehbar" (Bernhardt u.a. 1993: 132f.).

Mit dieser Vorstellung einer kulturellen Identität, die einen unbequemen, aber aufregenden Blick auf die eigene Position in der Zwischenwelt eröffnet, beginnt die *aktive* Suche nach politischen Selbstinszenierungen im Feld der historischen Zuschreibungen, konstruierten Monologen und kulturellen Codes, die – wie später ausführlicher dargestellt – ein radikal anderes Verständnis von Kultur nahelegen.

Bei dieser Politik geht es keinesfalls um eine Kulturalisierung des Sozialen. Es geht darum, Kultur als einen wichtigen Kampfplatz von Politik zu verstehen, auf dem Marginalisierte sich positionieren müssen, wenn sie sich nicht von vornherein kampflos zurückziehen wollen. Selbstverständlich erfordert eine *Politik der Repräsentation* nicht weniger, sondern eine Universalisierung und Weiterentwicklung der BürgerInnenrechte, den Abbau des Staates, wo er autoritär strukturiert ist oder repressiv handelt, sowie den Aufbau einer radikaldemokratisch-politischen Kultur der Zivilgesellschaft. Diskurspolitik zu betreiben heißt nicht, das Engagement der MigrantInnen für ihre politischen Rechte als Gesellschaftsmitglieder aufzugeben oder zu vernachlässigen. Diese Auseinandersetzungen müssen vielmehr auf weiteren Schauplätzen ausgetragen und durch Bündnisse mit Frauen, Linken, Queers, Arbeitslosen, Obdachlosen und Basisbewegungen in der Dritten Welt ausgeweitet werden. In diesem Sinne zeigt das Beharren auf dem Immigrationsstatus in der BRD ein politisches Bewußtsein an, das sich nicht mehr auf die geforderte assimilative Integration mit der Einbürgerung als krönendem Abschluß dieser Eingliederungsprozedur einläßt. Integration, wie sie offiziell in der BRD betrieben wird, hat bei den Betroffenen oft nur den bedrückenden Nachgeschmack der Unterwerfung und Negierung der eigenen Geschichtlichkeit hinterlassen:

„Hier ähnelt die Verleihung der Staatsbürgerschaft einem sakralen Akt. Deutscher zu sein, ist in den Augen der Deutschen ein Privileg, das besondere Bedingungen voraussetzt. Es reicht eben nicht, daß man hier geboren wird. Mit deutscher Staatsbürgerschaft wird irgendwie ein Deutschtum verknüpft, die Zugehörigkeit zu einer Rasse. Vielleicht war es dies, was meine Freude trübte. Ich hatte das Gefühl, als müßte ich nun mit der Überreichung dieser Urkunde meine eigene Identität aufgeben und in eine neue hineinschlüpfen. Ein solcher Akt wird hierzulande als ‚Integration' bezeichnet. Integration auf deutsch heißt in Wirklichkeit, alles Fremde ablegen und durch das Deutsche ersetzen" (Seddighi 1993: 104).

Statt kultureller Ein- und Unterordnung kann es heute nur um die Verwirklichung der bisher vorenthaltenen BürgerInnenrechte gehen, die die gesellschaftliche Repräsentation überhaupt erst ermöglicht. Daß der Kampf gegen Rassismus/Nationalismus nicht mit der Erlangung der formalen BürgerInnenrechte beendet sein kann, zeigen nicht zuletzt die Situationen in den USA, Britannien und Frankreich. Um Rassismus als ideologischen Diskurs und gesellschaftliche Praxis einzudämmen, müssen wir verstehen, wie er mit sozialer Ungleichheit und Sexismus verbunden ist und sich mit ihnen überlappt und reproduziert. Eine Politik der Repräsentation übernimmt nicht nur eine symbolische Funktion, sondern stellt eine politische Verpflichtung dar, die kritische Gegendiskurse initiieren und Modelle für Gegenkulturen anbieten will.

Auch wenn die politische Rechtlosigkeit und die soziale Unsicherheit bisher nahezu unverändert geblieben sind, die Narben aus den wiederkehrenden Demütigungen in Alltagssituationen und die un-heimliche Angst vor körperlicher Gewalt nicht vergehen, verändert die Entdeckung der eigenen Körperlichkeit, Subjekthaftigkeit und Historizität die Handlungsperspektiven und -optionen grundlegend. Das Wissen um die kolonisierenden Funktionen des Rassismus bedeutet *Empowerment*. Rassistisch Bedrohte brauchen dann nicht länger durch die Einschränkung der persönlichen Bewegungsfreiheit, voreilende Höflichkeit, selbstverleugnende Unsichtbarkeit, gehorsame Passivität oder andere selbstdisziplinierende Konfliktvermeidungsstrategien ein Leben im permanenten Belagerungszustand zu führen.

Denn „weil ich weiß, ich kann mich verteidigen, fahre ich ganz gezielt mit der S-Bahn spätnachts. Ich möchte die Situation erleben, daß man Afrikaner und Afrikanerinnen während meiner Anwesenheit angreift, damit ich auch schützend intervenieren kann. Ich bete, daß ein Skin-Head oder irgendein Rassist so was macht vor meinen Augen. Bevor der Beamte kommt, der das aufnimmt, liegt der Angreifer schön auf dem Boden und wartet dort unten auf diesen Beamten. Ich habe mich ganz gezielt seit Jahren immer fit gehalten".[66]

Diese selbstbewußte Militanz möchte ich an dieser Stelle metaphorisch, d.h. in erster Linie als eine diskursive Strategie verstehen, dreht sie doch die bestehenden Machtverhältnisse vom Kopf auf die Füße und verkehrt sie so in ihr Gegenteil. Nun sind es die einst Gejagten, die sich mittels ethnischer Solidarität als bestrafende

---

66 Victor (Kamerun): Der Rassismus beginnt dort, wo man die Kultur des anderen, sein Anderssein nicht akzeptiert …; in: Djoun 1994: 103.

Ordnungsmacht aufspielen können, womit auch die Probleme dieses Konzeptes benannt sind. Ethnische Solidarität und hegemoniales Streben sind als antirassistische Konzepte letztlich untauglich. Sie können durch Verschiebung oder Umkehrung der ethnischen Positionierungen höchstens kompensatorische Gerechtigkeit für historisch unterdrückte Kollektive bewirken. Jedoch können sie nie gänzlich aus dem rassistischen System der binären Asymmetrie aussteigen. Diese Politik mag in einer Situation, in der offene Unterdrückung herrscht, als politische Notwehr gerechtfertigt und notwendig sein. Aber für eine zukünftige Emanzipationspolitik, die bei aller Differenz und Täter-Opfer-Dichotomien eine gesamtgesellschaftliche Aufgabe sein wird, werden wir andere Konzepte benötigen.

Die Diskussion unter dem Schlagwort „Multikulturalismus" ist ein notdürftiges Vehikel für einen solchen Dialog, der voraussetzt, daß MigrantInnen nicht ins Publikum verbannt oder als Alibiobjekte benutzt werden. Interkulturelle Gespräche, die diese Bezeichnung verdienen, müssen sicherstellen, daß MigrantInnen und ihre unterschiedlichen SprecherInnen quantitativ und qualitativ paritätisch daran partizipieren. Das kann nur gelingen, wenn die *Zugänge* in die Institutionen der Bildung, Kultur, Medien, Politik, Verwaltung und Wissenschaft endlich geöffnet werden und sich in ihnen die Migrationsrealität politisch, thematisch und personell abbildet. Bis dahin ist es noch ein weiter Weg. Ein erster Schritt wäre aber getan, wenn wir nicht wie bisher in der hiesigen Diskussion üblich, von vereinheitlichten Kulturen ausgehen, die ethnisierend wirken.[67] Im Gegensatz dazu brauchen wir einen Kulturbegriff, der immanent von Differenz, Wandel und Grenzüberschreitung ausgeht. Da der postkoloniale Diskurs vielfach die Erfahrungen von People of Colors und MigrantInnen zuerst literarisch verarbeitet und sie im Laufe der wissenschaftlichen Aufarbeitung im Verbund mit den anglo-amerikanischen Cultural Studies zu einem kritischen Theorieansatz ausgeweitet hat, möchte ich in der Fortführung der Re- und Dekonstruktion lokaler Migrationserfahrungen darauf Bezug nehmen. In diesem Zusammenhang ist es zuerst notwendig, sich mit einigen zentralen Gesellschaftsdiagnosen postmoderner Kulturphilosophie auseinanderzusetzen. Postkoloniale Diskurse können, abhängig von den einzelnen Thesen und Lesarten, als Kritik, Konkretisierung oder Weiterentwicklung postmodernen Denkens aufgefaßt werden. Von besonderer Bedeutung sind in diesem Kontext die Thesen der Globalisierung und Dezentrierung, aber auch die Kritik des Totalitären und Metaphysischen, weil sie den zentralen Stellenwert der Differenz untermauern.

---

67 Vgl. hierzu für die BRD vor allem die Kritik des Frankfurter Erziehungswissenschaftlers Frank-Olaf Radtke, der für die deutsche Debatte über die multikulturelle Gesellschaft eine „Ausbreitung des ethnologischen Blicks" (Radtke 1996) konstatiert, der – so seine Befürchtung –, als ethnische Sozialtechnik der Interessendurchsetzung eingesetzt, eher zu einer gesellschaftlichen Konfliktverschärfung beiträgt (Radtke 1993: 88f.). Daher entpuppt sich ein so verstandener Multikulturalismus möglicherweise als ein „Nachfahre des Nationalismus" (Radtke 1994: 229). Dagegen postuliert er das Modell universeller Gleichheit (Radtke 1991b: 94ff.), ohne dabei allerdings die gesellschaftliche Existenz des Rassismus ausreichend zu berücksichtigen und die notwendigen Anerkennungskämpfe unterdrückter Gruppen wie die der "Civil Rights Movements" in den USA zu beachten (Steiner-Khamsi 1996: 357f.).

# Vom postmodernen zum postkolonialen Diskurs

## Die Ungleichzeitigkeit der Globalisierung

Die treibenden Kräfte der Postmoderne – Globalisierung, Vervielfältigung und Zerstreuung – sind dabei, mit ihren sozio-kulturellen Auswirkungen die Grundfesten des Nationalstaates zu erschüttern. Globalisierung bezeichnet jenen historisch-sozialen Prozeß zur Herausbildung einer Weltgesellschaft und einer globalen Kultur, in der transkontinentale Vernetzung und Mobilität einen strukturellen Wandel einleiten würden, der das enge Korsett nationalstaatlicher Beschränkungen aufsprengt (Castles 1991: 130). Solche Gesellschaften könnten dann nicht länger als abgeschlossene soziale Systeme mit klar definierten Außengrenzen betrachtet werden (Miegel 1996: 133ff.), weil sie in wachsendem Maße in erdumspannende Interdependenzen der Weltökonomie integriert, durch internationale Verträge und die Aufwertung supranationaler Institutionen in ihrer absoluten Souveränität eingeschränkt wären. Durch die gegenseitige ökologische Abhängigkeit von einer grenzüberschreitenden Biosphäre ist die gesamte Menschheit, wie im Bild des „Raumschiffs Erde" illustriert, zudem unentrinnbar aneinandergekettet (Glatzer 1996: 43f.; Hannerz 1995: 69-79).

Die sichtbarsten Umbrüche vollziehen sich einstweilen auf der kulturellen Ebene, auf der bahnbrechende Technologieentwicklungen im Transport-, Kommunikations- und Informationsübertragungsbereich zu einer Raum-Zeit-Verdichtung geführt haben. Die Menschen und Kulturen dieses Planeten wären dadurch sozio-kulturell zusammengerückt und Nachbarn geworden. Im Gedankenspiel des virtuellen *Global Village* scheinen die strukturellen Hindernisse von Raum und Zeit bereits überwunden zu sein. Weltweite Migrationsbewegungen, der global vermarktete Konsum von Coca-Cola, MTV und Ethnopop als Vorboten einer universellen Massenkultur würden in einem Konkurrenz- und Verdrängungsverhältnis zu den national tradierten Mustern der Lokalkulturen stehen und deren Bedeutungen für das gesellschaftliche Selbstbildnis mehr und mehr aufheben:

> „Je mehr das gesellschaftliche Leben durch die globale Vermarktung von Stilen, Räumen und Vorstellungen, durch internationale Reisen, global vernetzte Medienbilder und Kommunikationssysteme vermittelt wird, desto mehr lösen sich Identitäten von besonderen Zeiten, Orten, Vergangenheiten und Traditionen – sie werden entbunden und erscheinen als ‚frei flottierend'"(Hall 1994: 212).

Globalisierung, wie sie zur Zeit absehbar ist, bedeutet allerdings nicht, daß die historischen Phänomene der *Machtungleichheit und Ungleichzeitigkeit*, die die kapitalistische Entwicklung in ihren bisherigen Phasen geprägt haben, darin überwunden werden. Sie bleiben innerhalb des Globalisierungsprozesses weiterhin bestehen, nehmen jedoch aufgrund des veränderten Aushandlungsmodus andere Formen an. Jene Verwestlichungstendenz, die sich in der Universalismusdebatte selbst an die Spitze eines evolutionistischen Zivilisationsmodells gesetzt hat und vom „unterentwickelten Rest" Gefolgschaft verlangt, wird als *strukturelle Gewalt* in den internationalen Beziehungen weiterhin gegenwärtig bleiben. In einer kulturellen Version ist diese Dominanz auch als Kulturimperialismus bekannt geworden (Fillitz 1993: 312f.). Daß auch die globale Kultur ein konfliktreicher Ort der

Machtbeziehung geblieben ist, die sich nicht von der kolonialen Vergangenheit gelöst hat, wird mit den Worten Margaret Thatchers deutlich. Im erbittert ausgefochtenen Kampf um die Definition der Vergangenheit drückt sie sich mit dankenswerter Klarheit aus: „Die Geschichte, wie Europäer große Teile der Welt entdeckt und kolonisiert und – jawohl, ich sage das ganz ohne Apologie – zivilisiert haben, ist eine außergewöhnliche Geschichte von Mut und Begabung".[1] Das sich hinter einer solchen Auffassung verbergende Denken hat der aus Martinique stammende Schwarze Psychologe Frantz Fanon einmal treffend im anti-kolonialen Klassiker „Die Verdammten dieser Erde" charakterisiert:

> „Der bürgerlichen Ideologie, die die Wesensgleichheit der Menschen proklamiert, gelingt es, die ihr eigene Logik zu bewahren, indem sie die Untermenschen auffordert, sich durch die westliche Humanität, die sie verkörpert, zu vermenschlichen" (Fanon 1981: 39f.).

Dem ungebrochenen Eurozentrismus stehen die Trauer und der Zorn der überlebenden „Eingeborenen" gegenüber, die daran erinnern, daß die globale Kultur durch das Verschweigen ihrer Perspektiven und Geschichten eine hegemoniale Form angenommen hat. Die Auseinandersetzungen anläßlich der Feierlichkeiten zum 500. Jahrestag der „Entdeckung Amerikas" und seiner seitdem andauernden „Zivilisierung" zeigen sehr anschaulich die Konfliktlinien und die politische Relevanz dieser Fragen auf.

Ein anderer Aspekt der *Machtgeometrie* begründet die Ungleichzeitigkeit der Globalisierung, die aus einer unterschiedlichen Entwicklungsgeschwindigkeit zwischen den Metropolen und der Peripherie resultiert. Realistisch betrachtet, bezeichnet Globalisierung einen im Grunde um die westliche Welt zentrierten Prozeß, der überdies von einer einseitigen Süd-Nord-Achse dominiert wird. Dagegen bleiben die Verbindungslinien innerhalb der Peripherie nur schwach ausgeprägt. Ebensowenig wie von einem gleichmäßigen oder gar gleichberechtigten weltweiten Austausch sozialer, kultureller und ökonomischer Güter auszugehen ist, ist auch der persönliche Zugang zu diesen Ressourcen höchst ungleich global und innergesellschaftlich verteilt. Der Genuß im Konsum- und Kultursektor in der Globalgesellschaft ist angesichts der weltweit herrschenden Verhältnisse exklusiv und nicht demokratisch organisiert (Robins 1991: 25ff.).

Gleichzeitig ist daran zu erinnern, daß Globalisierung grundsätzlich kein neues Phänomen darstellt, sondern der kapitalistischen Moderne mitsamt ihrer auf Effizienz und Rationalität beruhenden Expansions- und Vereinheitlichungsintentionen inhärent ist (Wallerstein 1990: 42). Bereits im Kommunistischen Manifest von 1848 wird ein auf Rationalität begründeter Universalisierungsprozeß beschrieben, der die Ablösung des Modells nationaler Exklusivität durch die globale Gleichförmigkeit der kapitalistischen Produktionsverhältnisse voraussagt:

> „Die fortwährende Umwälzung der Produktion, die ununterbrochene Erschütterung aller gesellschaftlichen Zustände, die ewige Unsicherheit und Bewegung zeichnet die Bourgeoisepoche vor allen anderen aus. Alle festen, eingerosteten Verhältnisse mit ihrem Gefolge von altehrwürdigen Vorstellungen und Anschauungen werden aufgelöst, alle neu-

---

1 In "The Guardian" vom 12.9.1988 zit. nach Lloyd 1992: 470.

gebildeten veralten, ehe sie verknöchern können. Alles Ständische und Stehende ver-
dampft, alles Heilige wird entweiht und die Menschen sind endlich gezwungen, ihre
Lebensstellung, ihre gegenseitigen Beziehungen mit nüchternen Augen anzusehen"
(Marx/Engels 1961: 465).

Allerdings bedeutet Universalisierung des Kapitalismus nicht, daß diese Moderne
stringent und widerspruchslos zur globalen postnationalen Gesellschaft voran-
schreitet. Vielmehr sind wir damit konfrontiert, wie die Globalisierung ihre eigenen
Widersprüche produziert. Die Schwächung der bestehenden Nationalstaaten im jetzigen Stadium des Globalisierungsprozesses hat zu einer Revitalisierung regionaler
Loyalitäten und ethnischer Partikularismen unterhalb der Ebene nationaler Identitäten geführt. In dieser paradoxen Gleichzeitigkeit des Ungleichzeitigen von
*„McWorld und Djihad"* (Barber 1991) ist auch eine Abwehrbewegung des Lokalen
zu sehen, die sich gegen die hereinstürzende Globalisierung und ihre Kosten zur
Wehr setzt. Trotzdem ist das auf Authentizität und Ursprünglichkeit pochende Lokale selbst als eine mehr oder weniger widersprüchliche Version des Globalen zu
verstehen (Hall 1995: 30-33). Beispielsweise ziehen sogenannte islamische Fundamentalisten mit den neuesten Erfindungen westlicher Technik gegen den westlichen
Kulturimperialismus zu Felde (Hippler 1995: 20), obwohl bzw. gerade weil auch
sie in einer modernen Welt leben, deren Warencharakter weitgehend den kulturellen
Codes der westlichen Konsumgesellschaft entspricht (Tönnies 1996: 82). Zweifellos wäre es eine trügerische Vorstellung, von einer alles durchrationalisierenden,
ohne jeden Unterschied vereinheitlichenden Wirkungsweise des Kapitals auszugehen. Zwar hätte sie den nutzlosen Vorteil, ein stringentes, aber eben auch über-
vereinfachtes Bild eines komplexen und dynamischen Prozesses zu produzieren,
das nicht in der Lage ist, dessen Kapriolen zu erfassen. Denn wie der Kapitalismus
sich bei seiner historischen Formierung zuerst in und mit dem Nationalstaat entfaltet hat, so entwickelt er sich in seiner jetzigen neoliberalen Phase außerhalb und
gegen den partikulären Nationalstaat. Neben Vereinheitlichung und Totalisierung
vereinnahmt und verwertet er in der heutigen Entwicklungsetappe auch die Differenz und ihre Feinheiten (Hall 1994: 54f.). Durch die Umwandlung von Bruch-
stücken nicht-kommerzieller Kulturen in warenförmige Produkte wird die Kategorie „Differenz" als fester Bestandteil in den spätkapitalistischen Globalisierungs-
prozeß integriert und restlos ausgeschlachtet (Jameson 1991; Ha 2005a). Kulturelle
Differenz tritt nach einem mehrstufigen System aus Selektion und Verarbeitung, in
dem sie von ihren sozialen Kontexten und Bezügen gereinigt, ihrer Herkünfte und
Geschichten entledigt, ihrer Sprache und Lebendigkeit beraubt, als nackter Augen-
schmaus zur harmlosen Erheiterung einer Minderheit in den spätmodernen Metropolen auf. „Als privilegierter Ort der modernen Kunst, als exotische Formen der
Küche, der Sprache, des Lebensstils werden so die Marginalisierten reintegriert,
alles, was an den Differenzen auf Widersprüche und Kämpfe verweist, dagegen
ausgelöscht" (Mehlem 1994: 10). Die *Entdeckung der Differenz* muß also keinesfalls als Gegenprozeß zur Globalisierung verstanden werden. Sie kann genausogut
als spiegelbildliche Entsprechung der Globalisierung aufgefaßt werden, die ihre
Verwertung jetzt auch in den Metropolen im großen Maßstab ermöglicht.

## Postmoderne Dezentrierung und indifferente Differenz

Theorien über die Postmoderne haben mit ihren begrifflichen Instrumentarien eine Kulturlandschaft entworfen, die zu erklären versucht, „daß jede gesicherte oder essentialistische Konzeption der Identität, die seit der Aufklärung den Kern oder das Wesen unseres Seins zu definieren und unsere Existenz als menschliche Subjekte zu begründen hatte, der Vergangenheit angehört" (Hall 1994: 181). Durch den *permanenten Strukturwandel der Moderne*, der das zentrale Charakteristikum dieser geschichtlichen Epoche darstellt, hätten sich soziale Systeme von ihren Traditionen entfremdet und wären zu einer Gesellschaft neuen Typs geworden. Anthony Giddens (1995) prägte für diesen Sachverhalt den Begriff der „Diskontinuität", die David Harvey zufolge „durch einen nie endenden Prozeß interner Brüche und Fragmentierungen in sich selbst charakterisiert (ist)" (Harvey 1989: 12). Spätmoderne Gesellschaften sind nach der Ansicht von Ernesto Laclau (1990) „zerstreut", d.h. ihre Struktur wird nicht mehr um ein Zentrum herum formiert, von einem sozialen Antagonismus definiert, sondern setzt sich aus der Artikulation vielfältiger Differenzen zusammen. Ganz in diesem Sinne hat der einflußreiche französische Philosoph Jacques Derrida das Diktum der kulturellen Differenz in die Welt gesetzt: „Es ist einer Kultur eigen, daß sie nicht mit sich selber identisch ist … Es gibt keine Kultur und keine kulturelle Identität ohne diese Differenz mit sich selbst" (Derrida 1992: 12f.). Jede Kultur und damit auch jedes kulturelle Zeichen ist schon in ihrem Ursprung, im Moment ihrer Entstehung bereits gebrochen und ambivalent, weil es keine Identität im Sinne einer vorangegangenen Einheit zwischen Bedeutungen und ihren Trägern gibt. Kultur und Identität, Artikulation und Zeichen sind Begriffe, die ihre Bedeutungen nicht durch Bewußtsein oder Intentionalität, sondern durch eine in ihnen eingeschriebene Differenz erhalten. Dieser Gedanke kommt bei Derrida buchstäblich zum Ausdruck, wenn er aufzeigt, daß in der „différence" immer schon eine nicht angebbare „différance" liegt. Seine Art, an der Grenze zu denken, wo die Linien im Diskurs nicht mehr eindeutig voneinander zu trennen sind und die Zeichen sich unabhängig vom Kontext ihrer Produktion beliebig wiederholen können, ermöglicht ein *Spiel der Differenzen*, das sich aus der Verschiebung und Andersheit infolge der Wiederholbarkeit des Zeichens ergibt. Schließlich führt dieser Prozeß zu einer inhärenten Wandelbarkeit und Unbestimmtheit, in der die Bedeutungen und schließlich die Zeichen selbst ohne Ursprung und Authentizität, Anfang und Ende beständig fluktuieren. Stimmen wir diesem Gedankengang zu, so bedeutet das für die Individuen, daß ihre Identitäten aus einem multivariablen Code möglicher Subjektpositionen gespeist werden, der sich jenseits jeder eindeutigen und ausschließlichen Bedeutung als ein offener Strang präsentiert und über diese Konfiguration die Chance des Anknüpfens und Aufgreifens anbietet.

> „Bezeichnend für den Übergang von der modernen zur postmodernen Konstellation sind die Veränderungen der Identitäten vom Statischen zum Flüssigen, von der Eindeutigkeit zur Ambivalenz … Heute ist ein Prozeß der ständigen Auflösung, des Übergangs und der Neuformation von Identitäten beim Subjekt auszumachen. Man bewegt sich ständig in verschiedenen Identitätskreisen" (Lützeler 1995: 95).

Diese umwälzenden Modifikationen des Kulturbegriffs im Postmodernismus beruhen wesentlich auf Erfahrungen der internationalen Migrationsbewegungen in der Neuzeit,[2] die zu einer *Deterritorialisierung* der zuvor fest an einen kleinräumigen Ort und an eine überschaubare Gemeinschaft gebundenen Kultur geführt haben. Erst durch diesen Prozeß wurde der Weg zur Transkulturalität und kulturellen Synthese in einem bisher unbekannten Ausmaß eröffnet. Wenn wir z.b. an die Vielfalt der schwarzen Kulturen in der amerikanischen, karibischen, britischen und südamerikanischen Diaspora denken, wird uns die unübersichtliche Komplexität der Diaspora- und Migrationskulturen sowie ihrer unzähligen Mischformen bewußt. Die Kraft einer um sich greifenden, durchdringenden Unreinheit hat dabei eine Neubestimmung von Partikularismus und Universalismus, globaler Kultur und lokaler Identität nötig gemacht, weil diese dichotomischen Entgegensetzungen sich nicht länger aufrechterhalten lassen (Wicker 1996: 381f.).[3] Die postmodernen Begriffe der Fragmentarisierung, Hybridität, Karnevalisierung und Kreolisierung zielen in ihrem ironischen Spiel mit kulturellen Signifikanten allesamt auf Unbestimmtheit, Ambiguität, Auflösung des Kanons, Brüche und Verschiebungen innerhalb des verfügbaren Wissens. Durch die enthüllende Dekonstruktion der Mythen und der Sprache der Macht, ihre Infragestellung und Revision sollen neue subalterne Bewegungen, Werte und Kulturen ermöglicht werden, die endlich die lokale Vielfalt und Polyphonie ausdrücken (Hassan 1988: 50ff.). Wenn postmoderne Identitäten sich in Bewegung befinden, sich unaufhörlich verändern können, situative Verbindungen eingehen, dann besteht auch die Möglichkeit, daß „kulturelle Normalität" in der Postmoderne, die sich gerade über das Fehlen von Normen und Regeln definiert, von Subjekten repräsentiert wird, die derzeit über nicht akzeptierbare Kombinationen unterschiedlicher Identitätsbezüge verfügen. Diese Gesellschaft entspräche dann einem paradoxen Raum mit offenen Rändern, in dem die *dezentrierte Kultur* keine machtbesetzte Grammatik und Syntax mehr vorgibt, sondern durch freie Aushandlung kommuniziert.

In einer postmodernen Retrospektive auf die US-amerikanische Erfahrung mit der multikulturellen Realität einer „Nation von Einwanderern"[4] wird von Claus Leggewie eine Perspektive erhofft, in der die *Gesellschaft von Fremden* ohne die binäre Opposition zwischen dem Eigenen und dem Anderen auskommt. Als ein sozialer Raum ohne kulturelles Zentrum und Dominanz soll die multikulturelle

---

2  Vgl. hierzu die einflußreiche Metaphorik des „Nomaden" bei dem poststrukturalistischen Philosophen Gilles Deleuze (1979). Siehe auch Edward Saids "traveling theory" (1983) und neuere Konzepte wie Kultur als Reise bei James Clifford (1992).

3  Vgl. etwa die Heldenfigur des „Mischlings" bei dem französischen Philosophen Michel Serres, der „seinem flüssigen Körper einen Kompaß einverleibt. Haltet ihr ihn für einen Konvertiten, einen Verdreher, einen Verwirrten? Gewiß. Mehr noch: er ist universell … Universell meint: was, obwohl einzigartig, dennoch in alle Richtungen läuft" (Serres 1991: 26f. zit. nach Gebauer u.a. 1993: 116).

4  Dieser Mythos als Selbstbildnis der amerikanischen Nation ist ein kolonialistischer Euphemismus, der nur durch die rücksichtslose Mißachtung der Geschichten des Genozids an den Autochthonen in der „Neuen Welt", der Verschleppung mehrerer Generationen von versklavten AfrikanerInnen sowie der Ausschließung asiatischer MigrantInnen Sinn erhält.

Gesellschaft selbst als Widerstandsort verstanden werden, die ihr emanzipatorisches Potential gegen den zentralistischen Staat und dessen Homogenisierungsversuche einsetzt.

> „In einer solchen Gesellschaft verschwindet nicht nur der traditionelle Raum des ‚Einheimischen', es löst sich auch die für die klassische Moderne typische, zweistellige Opposition des ‚Eigenen' und des ‚Anderen' auf. Aus dieser binären wird eine multiple, auf den ersten Blick chaotische Konstellation von Personen und Gemeinschaften, die zueinander in einem Verhältnis struktureller Fremdheit und situativer Vergemeinschaftung stehen" (Leggewie 1993a: 16).

Er bezieht sich hier auf die „bulgarische" Psychoanalytikerin Julia Kristeva, die schon seit geraumer Zeit in Paris lebt. Sie schreibt über eine *Gesellschaft der individuellen Multikulturen*, die der absoluten Entfremdung des Einzelnen entspringt:

> „Eine paradoxe Gemeinschaft ist im Entstehen, eine Gemeinschaft von Fremden, die einander in dem Maße akzeptieren, wie sie sich selbst als Fremde erkennen. Die multinationale Gesellschaft wäre somit das Resultat eines extremen Individualismus, der sich aber seiner Schwierigkeiten und Grenzen bewußt ist – der nur Irreduzible kennt, die bereit sind, sich wechselseitig in ihrer Schwäche zu helfen, einer Schwäche, deren anderer Name unsere radikale Fremdheit ist" (Kristeva 1990: 213).

Das autonome Subjekt in einer unstrukturierten, d.h. postantagonistischen Gesellschaft, in der jedes Individuum durch eine Unzahl partieller Identitäten eine soziale Kategorie für sich darstellt, hat aber mit den heutigen multikulturellen Gesellschaften wenig zu tun, die gerade über ihre großen Machtformationen Kapitalismus, Rassismus und Sexismus kollektivierend und homogenisierend wirken. Ein solcher Gesellschaftsentwurf, der von herrschaftsförmigen Besetzungen befreit ist, kann als ethischer Anspruch oder als Ziel gesellschaftlichen Selbstverständnisses, nicht aber als (post)moderne Realität diskutiert werden.

> „In ihrem [gemeint ist *die* postmoderne Theorie,[5] KNH] ängstlichen Bemühen, allen Formen der Differenz und ihren einzigartigen Kombinationen in unterschiedlichen Individuen gerecht zu werden, zeichnet sie eine Gesellschaft, die sich aus Minderheiten zusammensetzt. Anders gesagt, die entscheidende Dimension der Machtverhältnisse zwischen den verschiedenen Kategorien, denen die Menschen angehören, und die komplexen Dynamiken der zwischen ihnen bestehenden Kämpfe um Ein/Ausschließung werden de facto von ihr ausgeschlossen" (Yuval-Davis 1992: 227).

Strukturelle Diskriminierungen wie Rassismus können durch postmoderne Theorie nicht zum Verschwinden gebracht werden. Da Rassenkonstruktion weiterhin ein wichtiges Mittel des gesellschaftlichen Ein- und Ausschlusses bleibt, bilden kollek-

---

5   Es besteht die Schwierigkeit, sich mit dem postmodernen Diskurs angemessen und kritisch auseinanderzusetzen, da die unterschiedlichen, oft sich widersprechenden Ansätze diesen Diskurs extrem fragmentieren. Zudem gibt es keine einheitliche oder allgemein verbindliche Vorstellung davon, was die Postmoderne ist, ob sie eine ästhetische Praxis oder eine historische Epoche bezeichnet, wer zu ihr gehört, wie und ob sie sich vom französischen Poststrukturalismus absetzt etc. (Butler 1993: 31-35). Deshalb kann die Kritik an dieser Stelle nur in Form einer Annäherung an die „großen" Linien und Konturen dieser Diskussion erfolgen.

tive Erinnerungen für Betroffene, auch wenn sie wie alle anderen Geschichts-
erzählungen und Traditionen imaginiert, aber nicht erfunden sind, nach wie vor
eine unverzichtbare Quelle der Selbstvergewisserung, des Selbstrespekts und auch
des Selbstbewußtseins. Der postmodernen Attitüde, wonach „alles geht", jeder
überall hingehen kann und alles sich in allem wiederfindet, ist der Gedanke ent-
gegenzusetzen, daß etwas Bestimmtes und zugleich Ungreifbares wie vielleicht
solche Erinnerungen bleiben werden, die die *Ausgangspunkte* unserer Reise durchs
Leben bilden. Das heißt jedoch nicht, daß solche Identitäten darauf festgelegt sind,
sich selbst treu zu bleiben. Es bedeutet lediglich, daß das unendliche Spiel der Identitäten durch die übergeordneten Machtstrukturen kollektiver Diskriminierungen
begrenzt wird, die die Lebenschancen und kulturellen Entfaltungsmöglichkeiten der
Individuen teils beeinflussen, teils bestimmen. Genau diese soziale Seite des Geschehens hat der postmoderne Diskurs in seiner Konzentration auf architektonische
Stilmischungen und in seiner Überbewertung kultureller Innovationen durch Hybridisierung und Karnevalisierung in den urbanen Zukunftslabors übersehen.[6] Meist
wird einfach nicht berücksichtigt, daß die Teilhabe an postmoderner (Hoch-)Kultur
an materielle und soziale Voraussetzungen wie Kapital und formale Bildung gebunden ist, die in der Regel von People of Colors und MigrantInnen nicht aufgebracht
werden können. So kritisierte Seyla Benhabib Jean-François Lyotard denn auch
wegen der „Vernachlässigung der strukturellen Ursprünge von Ungleichheit in
bezug auf Einfluß, verfügbare Ressourcen und Macht zwischen konkurrierenden
Gruppen" (Benhabib 1986: 120). Unter diesen Umständen beschränkt sich die
Zelebration kosmopolitischer Lebensstile auf die elitäre Hochkultur und auf den
schicken Alltag modernisierungsbewußter Eliten, die sich den Luxus der Farben-
blindheit, der interethnischen Kooperation und einen universellen Lebenswandel
leisten können (Harris 1993: 36ff.). Die *privilegierten Orte der Postmoderne* liegen, wie Stuart Hall sagt, in Manhattan und London, aber ganz sicher nicht in Kalkutta. Es ließe sich sicherlich ergänzen, daß New York und London auch ihr lokales
Kalkutta oder eine andere genießbare Version der Peripherie besitzen.

Diese wesentlichen Differenzen zu übergehen, bedeutet nichts weniger, als eine
neue Dominanz um den Preis der Fortsetzung eines alten Verschweigens zu errichten, weil die Geschichten der Migration und die Identitäten der Marginalisierten
erneut der Vergessenheit überlassen werden. Postmoderne Ansätze neigen dazu, die
Differenz als eine allgemeine Kategorie abstrakt wie absolut zu setzen, wodurch sie
die konkrete Marginalität der MigrantInnen und Schwarzen Gruppen ungeachtet
ihrer historischen Spezifik universalisieren und totalisieren. Das Problem dabei ist,
daß die kritische Funktion der Marginalität dadurch aufgehoben wird und diese
Unterscheidung in einer Welt der Unterschiede keinen wesentlichen, ja nicht ein-

---

6  Der einseitige Fokus auf eine exquisite Ästhetik im Postmodernismus, welche meist in
   Galerien und Museen zu Hause ist, liegt wesentlich in den Ausgangspunkten dieses Diskurses begründet, der sich zuerst innerhalb der Literaturkritik in den 1960er Jahren eta-
   blierte und mit zeitlicher Verzögerung auch die Diskussionen um Kunst und Architektur
   erfaßte. Durch die Vermittlung französischer Theoretiker wie Jean-François Lyotard
   (1988) und Jacques Derrida (1988) wurde die Debatte Ende der 1970er Jahre schließlich in
   die politische Philosophie eingeführt (Welsch 1987: 12ff.).

mal mehr irgendeinen Unterschied bedeutet. Die Differenz, die nicht gekennzeich-net ist und mit Bedeutungen versehen werden kann, kann auch nicht als solche an-erkannt werden. Sie verkehrt sich in ihr Gegenteil, wird in ihrer Beliebigkeit *unter-schiedslos* und ist als politischer Standort für diejenigen, die darauf angewiesen sind, nicht mehr zugänglich.

Paradoxerweise ist die Postmoderne, wie so oft in der Geschichte westlicher Kulturen, gleichzeitig von einer Faszination des Differenten durchzogen, die sich selbst gern als Öffnung vor allem zur ethnischen, kulturellen und sexuellen Diffe-renz versteht. Was aber unterscheidet diese Faszination – oder ist es angebrachter, von *Fetischisierung* zu reden – von der modernen Leidenschaft für das Exotische, Primitive und Andersartige, welche doch nur die verdrängte Kehrseite der „Un-heimlichkeit des Anderen" bilden? Während diese widersprüchlichen Facetten des Anderen uns erregen, unsere gegensätzlichen Bedürfnisse befriedigen, verharren die Anderen als stumme Objekte unserer Wahrnehmung, Aufmerksamkeit und Be-wertung in ihrer Position. Sie bleiben von unserer Kontrolle, dem Weißen Blick des eurozentrierten Ich, abhängig, der sie fokussiert oder mißachtet, sie in seine Welt miteinbezieht oder abstößt. Die Entscheidungsfreiheit liegt in den Metropolen, deren Freiheit andere in ihrer Konsequenz ertragen müssen. Wenn die Postmoderne nur eine andere Seite der Moderne ist, ist Ethnizität dann nicht nur ein neues Spiel der Differenz? Während *die* Differenz und *das* Andere im postmodernen Diskurs vom Zentrum aus benannt, autorisiert und aufgewertet werden, verlieren sie im selben Augenblick ihre *autonomen Stimmen*, weil in diesem Akt der Überwältigung ihre Fähigkeit, für sich selbst zu sprechen, geleugnet wird. "From a post-colonial perspective, there is a great suspicion that the so-called post-modernist break-through still sanctions Western hegemony" (Gikandi 1990: 21).

Ein bekanntes Beispiel dafür ist die Kritik an Frederic Jameson (1986), der eine allgemeine Theorie der sogenannten „Dritten-Welt-Literatur" aufzustellen ver-suchte und damit eine wohlbekannte, alte Struktur reproduzierte. Indem er „die Dritte Welt" ungeachtet ihrer Unterschiede über die Differenz zum Westen defi-niert, also eine metropolitane Sicht einnimmt, die den Westen privilegiert, reduziert er gleichzeitig die übrige Welt aufgrund ihres zugeschriebenen Anders-Seins auf eine ausschließliche Negation: der Nicht-Westen. Angesichts dessen kann es nicht verwundern, daß aus dem akademischen Umfeld der Postcolonial Studies[7] eine Kritik kommt, die darauf verweist, daß durch die fremdbestimmte Auslöschung interner Differenzen eine neue Meta-Narration ethnischer Homogenität ermächtigt wird (Wägenbaur 1996: 130ff.).[8] Darüber hinaus ist jedem Versuch, Theorien über

---

7  Einen umfassenden Überblick wichtiger Texte und Stationen bietet der von Ashcroft u.a. herausgegebene "The Post-Colonial Studies Reader" (1995), ferner der von Barker u.a. zusammengetragene Band "Colonial discourse/postcolonial theory" (1994).

8  Dieser zentrale Konflikt um die Bestimmung von Differenz zwischen postmodernen und postkolonialen Ansätzen tritt in der „postmodernen Spannung zwischen dem Begehren (weißer) westlicher Intellektueller einerseits, die Andersartigkeit der ‚Dritten Welt' anzuer-kennen, und dem Widerstand dieser ausländischen Autoren andererseits gegen die Homo-genisierung ihrer Eigenheiten zum Zweck einer leichten Assimilation (auf)" (Adelson 1991: 73).

die Dritte Welt von einem westlichen Standpunkt aus zu entwickeln, eine Hierarchie inhärent, in der die „Dritte-Welt-Literatur" innerhalb einer ungleichen Struktur der internationalen Arbeitsteilung lediglich als sozialer und geistiger Rohstoff für die theoretischen Kontexte, Typologisierungen und Wertungen westlicher Kritiker dient (Tiffin 1990: VIIIff.). Die postmoderne Konstellation hat einige alte Hierarchien, je nach Perspektive, zur Hälfte gestürzt oder um die andere Hälfte ergänzt, aber auch neue geschaffen. Auch für die Diskussion mit der Postmoderne gilt der eherne Grundsatz, daß kein hermeneutischer Ansatz, unabhängig von seiner Radikalität und Kritikfähigkeit, frei von blinden Flecken, kulturellen Partikularismen und ideologischen Prämissen ist, die sich als Subtexte in die Begrifflichkeiten und Strukturen der Wissensproduktion niederschlagen. Die Folgen einer unreflektierten und unangepaßten Übernahme wären fatal: "To attempt to appropriate our own discourse by using Western critical theory uncritically is to substitute one mode of neocolonialism for another" (Gates 1985: 15).

## Der Tod des Subjekts in der Postmoderne

Trotz gewisser Ähnlichkeiten zwischen dem postmodernen und postkolonialen Diskurs hinsichtlich ihrer generellen Aufwertung von Marginalität, ihrer Hinwendung zu „schizogenen" Identitätsformen und ihrem sensiblen Gespür für kulturelle Entwicklungen jenseits des Allgegenwärtigen und Offensichtlichen trennt sie neben dem Differenzbegriff vor allem die postmoderne These vom „Tod des Subjekts". In der poststrukturalistischen Infragestellung der Subjekttheorie ging es zunächst darum, durch das Verschwinden des Subjektes für ein neues Denken Platz zu machen und überholte Hoffnungen zu begraben.

> „In unserer heutigen Zeit kann man nur noch in der Leere des verschwundenen Menschen denken. Diese Leere stellt kein Manko her, sie schreibt keine auszufüllende Lücke vor. Sie ist nichts mehr und nichts weniger als die Entfaltung eines Raums, in dem es schließlich möglich ist, zu denken" (Foucault 1974: 412).

Eine der Hauptgefahren einer radikalen Kritik an Herrschaft, diskursiver Totalität und Hegemonialmacht ist, daß dadurch zwangsläufig Opfer solcher Disziplinarpraktiken benannt werden. Diese begriffliche Dichotomie, die eine Aufteilung in System und Subjekt zur Folge hat, verführt jedoch dazu, Menschen als Opfer eines fremdbestimmten Selbstbildes der Minderwertigkeit zu begreifen und diese eben dadurch sozial Paralysierten in einer paradoxen Wende wiederum zum Hort des geschichtlichen Fortschritts zu idealisieren. Trotzdem muß bereits bei Foucault kritisch gefragt werden, ob „Erkenntnis ohne Subjekt" und „Theorie ohne Identität", um zwei Foucaultsche Formulierungen aufzugreifen, für unterdrückte Gruppen überhaupt möglich sind. Denn ihre historische Situation – und wir befinden uns nach wie vor in dieser Geschichte – ist gerade dadurch bestimmt, daß sie bislang immer um ihre Anerkennung als Subjekte und um ihre selbstbestimmten Identitäten kämpfen mußten. Ohne einen selbstbewußten Standpunkt, so ist zu befürchten, werden sie sich in den anonymen Labyrinthen der neuzeitlichen Denksysteme, den gewaltigen Epistemen der Macht, hoffnungslos verirren, ohne aus der Leere des Rauschens in die Geschichte aufzutauchen.

Der Tod des revolutionären Subjektes in der Postmoderne hat aber auch die *unbegründete* Hoffnung auf das Reine und Gute als Täuschung entlarvt. Darum war es wichtig, Einheit, Kontinuität, Gleichheit, Notwendigkeit und Vernunft mit den Prinzipien der Vielfalt, Diskontinuität, Differenz, Kontingenz und Subversion zu versöhnen. Indem diese vermeintlichen Gegensätze als Kontinuum in den historischen Prozeß plaziert werden, wird ein Geschichtsbild aufgebaut, das sowohl um Kompromiß und Aushandlung als auch Eroberung und Kolonialisierung weiß. Es ist das *Ende der Überschaubarkeit* und der binären Oppositionen, die nur zwischen Herrschenden und Beherrschten, Macht und Ohnmacht, Ausbeutung und Revolution zu unterscheiden wußten. Das Ziel eines solchen Verständnisses des Politischen, ohne dabei die zugrundeliegende Abfolge von Machtkämpfen, Siegen und Widerständen zu verdrängen, liegt in dem Bestreben, die Geschichte wieder in Fluß zu bringen. Dadurch soll es wieder möglich werden, die vielfach vergessenen und unterdrückten Erzählungen des Lokalen, des Subalternen, des außerhalb der Geschichte und unterhalb der Metaebene des vorherrschenden Kanons Plazierten wieder zu Gehör zu bringen (Fink-Eitel 1997: 47ff.).

Problematisch werden Theorien der Postmoderne spätestens dann, wenn die Ablehnung der Annahme einer universalen Vernunft und sich daraus ableitende Vorstellungen über wahre Annahmen unterschiedslos negiert werden und die Negation dadurch selbst total wie beliebig wird. In ihrem Beharren darauf, daß erkenntnistheoretische Kategorien wie „objektive Wahrheit" oder „objektive Realität" als allgemeingültige Normen nur den Partikularismus dominanter Diskurse absichern, wollen sie auf die Gefahr aufmerksam machen, daß solche letzten Instanzen in ihrer unwiderruflichen Endgültigkeit autoritäre Ideologien und inakzeptable Herrschaftsansprüche legitimieren können (Welsch 1988: 12ff.). Die Kritik geht aber noch weiter, wenn wir etwa an Jean Baudrillards nihilistische Diagnose der Simulation denken, in der die soziale Welt als eine Art überdimensionales Reality-TV beschrieben wird, dem wir nicht entkommen können. In diesem Stadium der „Agonie des Realen" (Baudrillard) würden das Unwirkliche und Hyperreale durch die Manipulation der frei flottierenden Zeichen, die sich von der Last des Bezeichneten längst befreit hätten, sich selbst inszenieren. Die Verselbständigung der Signifikanten und das Verschwinden der Signifikate gehen mit dem vollständigen Verlust von Bedeutung, Sinn und Inhalt einher, die zu zufälligen Effekten degenerieren (Breuer u.a. 1996: 35ff.).

Es ist augenfällig, daß in einer solchen Perspektive Beurteilungen, Werte, Ethik und Politik ohne Kriterium, ohne Geschichte und ohne ein Subjekt hinter den Erscheinungen auskommen müssen. An ihre Stelle tritt ein extremer Relativismus, in der die richtige oder berechtigte Position zur Glückssache wird. Für eine praktische Politik ist es jedoch verheerend, daß nicht einmal mehr die Möglichkeit zur Kritik offensteht, wenn keine relevanten Kriterien aufgestellt werden können. Solche Ansätze übersehen in ihrem dekonstruktivistischen Übereifer, daß die damit zusammenhängende Negierung historischer Subjekte der Befreiung einer Aufgabe von politischen Utopien und ihren kritischen Impulsen gleichkommt. Utopien der Emanzipation können ohne die Subjekte ihrer Umsetzung nicht mehr gedacht werden, da sich ihre geschichtsphilosophische Legitimation immer auf historisch gewaltsam unterdrückte Essenzen des menschlichen Wesens – sei es in Form Kantianischer Vernunft, Hegelschen Bewußtseins oder Marxscher Arbeiterklasse – bezieht (Harris 1993: 32f.). Wenn das Subjekt in der postmodernen Philosophie stirbt und aufhört zu sein, weil es nie unabhängig vom Wissen und seiner Produktion existiert hat, was wird es dann überleben? Lohnt es sich in einer solchen Situation überhaupt noch Politik, d.h. die gesellschaftlichen Existenzbedingungen des Menschen, zu theoretisieren, wenn das einzige, worüber wir sprechen könnten, eine omnipräsente, verselbständigte und produktive Macht ist, die sich dadurch ausweist, daß sie selbst im Moment ihrer schärfsten Kritik gegenwärtig ist? Welche Zusammenhänge bestehen zwischen dem prognostizierten Verschwinden des Subjekts und dem gleichzeitigen Auftauchen des selbstbewußten Anderen in Form feministischer und postkolonialer Kritik im Diskurs?[9] Ist es nur ein paradoxer Zufall, daß die Debatte über die Postmoderne im wesentlichen von weißen Männern getragen wurde, die, während sie über Traditionsbruch, Pluralismus und den Ausschluß des Anderen redeten, in einer reichlich geschlossenen Gesellschaft unter sich blieben? Insbesondere stellt sich für mich die Frage, ob kollektive Politikformen marginalisierter Gruppen in einer Welt der endlosen Dekonstruktion überhaupt noch vorgestellt werden können, wenn selbst die Existenz resistenter Subjekte bereits bezweifelt und die Annahme einer vorangegangenen Autonomie als das Ergebnis einer ideologischen Manipulation durch eine totalitäre Metaerzählung verdächtigt wird (Keith/Cross 1993: 4). Wenn antirassistische Bewegungen durch die Aufgabe ihrer Ethnizität der eigenen Geschichte und Identität beraubt werden, können Solidarität und andere Gefühle der Verbundenheit als Grundlage einer gemeinsamen politischen Praxis nicht mehr oder nur noch sehr beschränkt mobilisiert werden (Hondrich/Koch-Arzberger 1992: 18ff.). Auf diese grundsätzlichen Probleme für eine praktische Politik hat der postmoderne Diskurs bisher keine befriedigende Antwort gefunden, die seine hohen ideologiekritischen Ansprüche mit den Anforderungen des politischen Alltags ausgleicht. Aus diesem Grunde kann es nicht überraschen, wenn Schwarze Kritiker wie Stuart Hall das gefährliche Umschlagen einer dekonstruktivistischen Politikperspektive in eine postmoderne *Politik der Politikvermeidung* ablehnen: "The politics of infinite dispersal is the politics of no action at all; and one can get into that from the best of all possible motives (i.e. from the highest of all possible intellectual abstractions). So one has to reckon with the consequences of where that absolutist discourse of postmodernism is pushing one" (Hall 1996: 118).

Aus all dem Gesagten scheint sich ein Bild abzuzeichnen, wonach der Diskurs der Postmoderne augenscheinlich in einem Dilemma steckt. Mit dem radikalen Entwurf einer Welt dezentrierter und fragmentierter Individuen, in der nur die ständige Veränderung der ambivalenten und fließenden Identitäten Kontinuität in der „Post-

---

9    Eine ironische Bemerkung von Hall kontrastiert diesen Widerspruch zwischen einer postmodernen und einer postkolonialen Selbstverortung: "Thinking about my own sense of identity, I realize that it has always depended on the fact of being a migrant, on the difference from the rest of you. So one of the fascinating things about this discussion is to find myself centered at last. Now that, in the postmodern age, you all feel so dispersed, I become centered" (Hall 1996: 114).

histoire" aufweist, hat sich zum einen der Abschied von den suspekt erscheinenden Agenten der geschichtlichen Entwicklung, der Revolution vollzogen. Zum anderen wurde, was mir problematisch erscheint, jede kollektive Praxis von politischer Relevanz durch Ideologie- und Totalitarismusvorwürfe in Frage gestellt. Die Voraussetzungen zur Bildung von Gemeinschaften im Widerstand, deren Grundlagen weiterhin auf die Konstruktion von gemeinsamen sozialen Erfahrungen, einer sich aus einer vergleichbaren Lebenslage ergebenden politischen Zielsetzung oder verbindenden kulturellen Praktiken angewiesen bleiben, verschlechtern sich in der Postmoderne *dramatisch*. Die ungewollte, aber faktisch mitschwingende Ankündigung vom „Ende der Geschichte" (Fukuyama 1992) liegt dieser Perspektive nahe, so daß die Gegenwart sich in ihren heterogenen Sprachspielen, Identitäten und Praktiken erschöpft. Angesichts einer allgegenwärtigen Macht, die selbst Widerstandsakte produktiv vereinnahmt, beschränken sich die passiven Widerstandsperspektiven Foucaults (1978) auf individuelle Dissidenz im Alltag und punktuelle Sabotageakte auf der Ebene der Mikrophysik der Macht in einer Gesellschaft ohne Machtzentrum (Fink-Eitel 1997: 114ff.). Erst kurz vor seinem Tod versuchte Foucault, obwohl er ein bekennender Pessimist war, doch über die bestehenden Möglichkeiten eines praktischen Handelns nachzudenken. Die Menschen sollten ermutigt werden, ihre *verbleibende Freiheit* zu nutzen, um ihre individuellen Wünsche und Lebensvorstellungen gegen herrschende Institutionen und Zwänge zu verwirklichen. Deren selbstverständliche Wahrheit, Evidenz und Notwendigkeit sollten als Ergebnis einer willkürlichen und damit veränderbaren Geschichte entlarvt werden, um den immer noch möglichen Spielraum für gesellschaftlichen Wandel aufzuzeigen, in dessen Mitte wieder das Subjekt stehen sollte (Breuer u.a. 1996: 122ff.).

Foucaults Ausweg aus der fatalistischen Sackgasse bietet sich nur dann an, wenn wir erkennen, daß es nicht möglich ist, uns außerhalb der dominanten Diskurse zu bewegen, ohne uns dabei politisch zu entmündigen und zu isolieren. Anstatt die marginalisierten Perspektiven gegenüber diesen hegemonialen Machtbeziehungen zu verschließen, schlägt David Harvey deshalb vor, sich darin zu positionieren, um eingreifen zu können (Harvey 1994: 222). In diesem Zusammenhang ist es sinnvoll, sich an die Ideen von Gilles Deleuze und Felix Guattari zu erinnern, die in mehreren außerakademisch einflußreichen Büchern (Anti-Ödipus, 1974; Rhizom, 1977) ein subversives Politikmodell vorlegten. Ausgehend von einer Machtanalyse, die der Foucaults im wesentlichen entspricht, kommen sie zu dem Schluß, daß in einer Gesellschaft, in der die Machtverhältnisse weder neutralisiert noch revolutioniert werden können, die bestehende Ordnung durch Subversion zu zersetzen sei. Statt die hierarchische Ordnung des Baumes als erkenntnisleitende Metapher anzuerkennen, bei der die Vielzahl der wildwuchernden Wurzeln und Äste in der Peripherie doch nur auf einen einzigen Stamm zurückgeführt werden, propagieren sie eine Widerstandsidee, die sich vom Rhizom inspirieren läßt. In der Botanik wird der unterirdisch sich ziellos ausbreitende Wurzelstock als Rhizom bezeichnet. Das Rhizom gleicht einem dichten, weitverzweigten und wilden Geflecht, das in alle Richtungen unaufhörlich wächst, dabei Luftwurzeln, Knollen, Wurzeln ausbildet und seine Gestalt ständigen Veränderungen aussetzt. Als ein dezentrales, anarchisches, sich selbst erneuerndes Netz kennt es keine Mitte, keinen Ursprung, keine

Hierarchie. Somit steht das Rhizom als Sinnbild für den politischen Prozeß des *Unterwegs-Seins*, der durch Bewegung, nomadisches Denken und die Idee der Deterritorialisierung getragen wird. Diese hoffnungsvollere Option für eine politische Praxis jenseits einer ausschließlichen Fixierung auf ästhetische Kriterien fordert zur kulturellen Selbstrepräsentation als gesellschaftliche Unterwanderung und Positionierung der Subjekte in Form lokaler Politik auf, um mittels diskursiver Strategien den politischen Kampf um Ideen, Bedeutungen und Definitionen auszutragen. Die Frage, die bleibt, ist, inwieweit solche postmodernen Politikformen der Subversion "cultural empowerment" (*kulturelle Ermächtigung*) und eine wirksame "politics of signification" (*Politik des Bezeichnens und Bedeutens*) erlauben. Ein solcher „Kulturalismus" müßte nämlich den dominanten Diskurs so nachhaltig unterlaufen, daß auf eine konventionelle Politik auf der Basis von Gruppenidentität verzichtet werden kann. Die Kulturkritikerin Hito Steyerl (2000) gibt zu bedenken, daß der deutsche Kunst- und Kulturbetrieb meist nur die Modi Ethnokultur und Kulturrassismus kennt und warnt daher vor multikulturalistischen Ent- und Fremdaneignungen.

Wie die Kontroverse zwischen Seyla Benhabib und Judith Butler um das Verhältnis zwischen Feminismus und Postmoderne[10] gezeigt hat, können in dieser komplexen Materie keine einfachen Antworten gefunden werden. Die Relevanz dieser Debatte im Zusammenhang mit dieser Erörterung besteht darin, daß der Feminismus sich wie der Postkolonialismus als Identitätspolitik versteht. In vielen Fällen hat die feministische Auseinandersetzung mit Sexismus, Rassismus und sozialer Ungleichheit wichtige theoretische Beiträge geliefert, die insgesamt auch für den postkolonialen Diskurs von Bedeutung sind (Lenz 1994: 183ff.). Die Positionen sind eindeutig, wenn Seyla Benhabib, in der Tradition der Kritischen Theorie stehend, zu dem Schluß kommt, daß die postmodernen Thesen in ihrer letzten Konsequenz nicht mit einem emanzipatorischen Feminismus vereinbar sind:

> „So gedeutet, untergräbt das postmoderne Denken die Verpflichtung des Feminismus gegenüber der Handlungsfähigkeit und dem Selbstgefühl der Frauen, die Verpflichtung gegenüber der Wiederaneignung der Frauengeschichte im Namen einer emanzipierten Zukunft und die Verpflichtung zu einer radikalen Gesellschaftskritik, die die Geschlechtsidentität ‚in ihrer endlosen Vielfalt und monotonen Ähnlichkeit' offenlegt" (Benhabib 1993: 26).

Dagegen verweist Judith Butler darauf, daß erst die ideologiekritische Infragestellung des Subjekts in der Postmoderne das Subjekt befreit und für eine nicht ausschließende und *de-konstruktivistische Politik* öffnet:

> „Zweifellos geht es hier um die Warnung, daß wir nicht im Kampf für Freiheitsrechte und Demokratisierung gerade die Herrschaftsmodelle, die uns unterdrückt haben, übernehmen, weil wir nicht begreifen, daß eine Funktionsweise der Herrschaft die Regulierung und Produktion von Subjekten ist … Die Konstruktion des Subjekts als politisches Problem zu begreifen ist nicht dasselbe, wie das Subjekt einfach abzutun. Das Subjekt zu dekonstruieren heißt nicht, es zu verneinen oder zu verwerfen" (Butler 1993: 47f.).

---

10 Vgl. zu dieser Frage auch den von Linda Nicholson herausgegebenen Sammelband "Feminism and Postmodernism" (1989) und Butlers wichtigen Beitrag zu einer Dekonstruktion des Paradigmas der Zweigeschlechtlichkeit in „Das Unbehagen der Geschlechter" (1991).

Mit Nancy Fraser teile ich jedoch eine dritte Position, die besagt, daß hier falsche Gegensätze aufgebaut werden, da die Wahl nicht zwischen einem „entweder-oder" besteht, sondern im vermittelnden „und" liegt:

> „Wir könnten letztlich von kollektiven Identitäten eine Auffassung entwickeln, nach der diese zugleich diskursiv konstruiert und komplex sind, nach der sie das kollektive Handeln ermöglichen und für Mystifizierungen empfänglich sind und derzufolge sie sowohl der Dekonstruktion als auch der Rekonstruktion bedürfen" (Fraser 1993: 76f.).

Diese Ansätze schließen sich nicht aus, wenn die richtigen Unterscheidungen getroffen werden und der *konkrete Kontext* beachtet wird. Hilfreich ist hier eine Klarstellung von Donna Haraway, die genau den Punkt benennt, die eine *kritische Politik der Differenz* zu berücksichtigen hat: „Einige Unterschiede sind spielerisch, andere hingegen sind Pole in einem historischen weltumspannenden System zur Unterdrückung. Kritische Erkenntnistheorie bedeutet, diesen Unterschied zu erkennen".[11]

Die Ambivalenz der Postmoderne zwischen radikaler Dekonstruktion und politischer Handlungsunfähigkeit ist vielleicht auch symptomatisch für die bestehende Spannung zwischen Differenz und Identität. Trotzdem sehe ich einen großen Fortschritt darin, daß diese Kategorien sich nicht mehr wie zuvor unvereinbar gegenüberstehen, sondern heute in einem gemeinsamen Zusammenhang gedacht werden können. Auch wenn ich es vorziehe, von der Spätmoderne statt von der Postmoderne zu sprechen, um die Kontinuität gesellschaftlicher Unterdrückungen und das Fortbestehen wesentlicher Differenzen auszudrücken, verdankt der Diskurs des Postkolonialismus einige seiner Grundzüge unverkennbar den Ideen der Postmoderne.[12]

> „Um einen gemeinsamen kulturellen Raum zu schaffen, der die Artikulation solcher divergierender, wenn nicht disjunkter Momente in Geschichte und Kultur einbezieht, bedienen sich heutige Autoren der eigentümlichen Zeit der Sprache selbst. Wenn nicht alles täuscht, bieten Konzepte wie die Arbitrarität des Zeichens, die Unbestimmbarkeit der Schrift und der Bruch im Subjekt der Äußerung, nützliche Beschreibungen der Formierung ‚postmoderner' kultureller Subjekte und ihrer Strategien ideologischer Identifikation" (Bhabha 1996: 348).

---

11 Haraway 1989: 203 zit. nach Harvey 1994: 223.

12 Vgl. hierzu allgemein den von Adam/Tiffin herausgegebenen Band "Past the last Post. Theorizing Post-Colonialism and Post-Modernism" (1990). Angela McRobbie stellt den Bedeutungsgewinn postmoderner Ansätze in einen Zusammenhang mit der anhaltenden Krise des Marxismus bei gleichzeitig wachsender Anerkennung der Cultural Studies und der pluralen Formen von Identitätspolitik unter linken Intellektuellen (McRobbie 1995: 104-109). Die von Grossberg u.a., was Quantität und Qualität angeht, als Monumentaledition konzipierten „Cultural Studies" (1992) unterstreichen diesen Paradigmawechsel genauso wie neuere Arbeiten, etwa „Cultural Politics" (1995) von den britischen KulturtheoretikerInnen Glenn Jordan und Chris Weedon, die postmoderne Kulturpolitik, Feminismus und Antirassismus aufeinander beziehen (Lenz 1994: 176-186; Streese 1996). Kritisch zeigt sich Wolfgang Kaschuba, der den neuen „Kulturalismus" – so der Titel seines Beitrages – als ein „Verschwinden des Sozialen im gesellschaftlichen Diskurs" (1995) betrachtet.

## Die Ambivalenz der Anerkennung des Anderen

Das Ende des Subjekts, der Stillstand der Geschichte und die Auflösung des Politischen als ultimative Kritik eines postmodernen "anything goes" (Paul Feyerabend) sind für diesen Teilaspekt sicherlich berechtigt, erfassen aber nicht den gesamten Bedeutungskomplex der Postmoderne, wie sie vor allem von Jean-François Lyotard vertreten wird. Das Positive an diesem postmodernen Ansatz ist, daß er sein Augenmerk unverrückbar auf Differenz und Pluralität als grundlegende Prinzipien menschlicher Existenzweisen fokussiert hat. Seine griffige Formulierung in „Das postmoderne Wissen" lautet hierzu: „In äußerster Vereinfachung kann man sagen: ‚Postmoderne bedeutet, daß man den Meta-Erzählungen keinen Glauben mehr schenkt'" (Lyotard 1986: 14). Der irreversible Bruch mit den üblichen Meta-Mythen von Homogenität und Einheit in der Moderne wird nicht, wie ansonsten üblich, mit rückwärtsgewandter Trauer und Melancholie vollzogen. Er wird eher als Chance für ein neues Denken angesehen, das sich von den metaphysischen Horizonten des westlichen Rationalismus verabschiedet hat. Dieses hoffnungsvolle Moment erinnert an die kleinen, lokalen Erzählungen und ruft gleichzeitig zu deren Befreiung auf. Viele postmoderne Ansätze reflektieren in ihrer gegenaufklärerischen Kritik die repressiven Züge einer abendländischen Vernunft, in der geschichtlicher Fortschritt mit totalitärer Herrschaft und Genozid, aber auch globalen Formen der Zerstörung einhergeht. Vom *Zwang zum Uniformen* geht eine moderne Gewalt aus, die es durch das Aufleben der Differenz zu überwinden gilt. Die Identität wird als eine geschichtlich überholte Denkfigur verstanden, die das Besondere und Unverwechselbare des Einzelnen auslöscht, um an seiner Stelle eine fiktive Ganzheitlichkeit vorzuschreiben. Diese metaphysische Monade läßt sich jedoch nur um den Preis der Freiheit realisieren. Die einzige Unität, die heute noch zulässig ist, ist die offene Einheit in der Vielfalt. Nur in dieser Form der Totalität werden, im Gegensatz zu den vorgängigen großen Narrationen, die Unterschiede nicht mit imperialistischen Mitteln ausgelöscht und vernichtet. Die endgültige Absage an eine holistische Vorstellung von Politik würde demnach nicht Politik an sich verhindern, sondern impliziert vielmehr die Chance, eine radikal andere Politik zu realisieren. Ein solches Politikverständnis würde Widerspruch und Ambivalenz nicht nur widerwillig ertragen und gezwungenermaßen aushalten, sondern wäre sogar in der Lage, diese unauflösliche Spannung innerer Differenzen als Bereicherung willkommen zu heißen. Allerdings haben kritische Kommentare darauf aufmerksam gemacht, daß postmoderne Theorien mit dieser Festlegung auf Differenz eine nicht mehr hinterfragbare Wahrheit postulieren. Damit würden sie gegen ihre eigenen Prinzipien verstoßen und einen neuen Stern am ideologischen Firmament der Metaphysik plazieren (Welsch 1988: 37f.).

Haben wir die Postmoderne bisher mehr in Form eines ästhetischen Spiels ohne echte Konsequenzen erfahren, so kehrt mit Lyotards Plädoyer für die Bewahrung und den Schutz von Differenz und Pluralität das *normative* Element in diese Diskussion zurück. In seiner sprachspieltheoretischen Konzeption von Gerechtigkeit pflichtet er nicht dem Konsens, sondern dem Dissens bei, weil nur dieser keinen Platz für eine trügerische Versöhnung und einen erzwungenen Ausgleich bietet. Statt der Festlegung universeller Werte und allgemeingültiger Verfahrensprozeduren beizutreten, entscheidet Lyotard sich für die unaufhebbare Pluralität der Differenzen. Lyotard spricht damit eine politische Konzeption an, in der die Differenz nur durch die *Anerkennung des Dissens* gewahrt werden kann:

> „Der Konsens ist ein veralteter und suspekter Wert geworden, nicht aber die Gerechtigkeit. Man muß also zu einer Idee und einer Praxis der Gerechtigkeit gelangen, die nicht an jene des Konsens gebunden ist. Das Erkennen der Heteromorphie der Sprachspiele ist ein erster Schritt in diese Richtung" (Lyotard 1986: 190f.).

Ganz in diesem Sinne ist auch sein politischer Aufruf in der Aufsatzsammlung „Patchwork der Minderheiten" mit Arbeiten aus den 1970er Jahren zu verstehen, der das gesellschaftliche Engagement aller am Rande stehenden Gruppen einfordert. Später hat er in seinem Hauptwerk, das im Original „Le Différend" heißt, eine politische Perspektive im postmodernen Diskurs benannt, die dem programmatischen Anliegen der postkolonialen Kritik sehr nahe kommt: „Dem Widerstreit gerecht zu werden bedeutet: neue Empfänger, neue Sender, neue Bedeutungen, neue Referenten einsetzen, damit das Unrecht Ausdruck finden kann und der Kläger kein Opfer mehr ist" (Lyotard 1987: 21). Die Sprache wird als heterogenes, nicht vereinheitbares Gebilde von konkurrierenden Sprechakten aufgefaßt, die in ihrer Ausschließlichkeit auf sich selbst nicht mehr ineinander übertragbar sind. Sprechen bedeutet in einem Wettkampf der Sprachspiele für die eigene Auffassung zu streiten, bei dem es um die Gültigkeit sich widersprechender Interpretationen, Urteile und Regeln geht.

Bei Emmanuel Lévinas (1983), einem immer einflußreicheren Philosophen, wird aus der normativen Orientierung ein ethisches Gebot, das von einem *Vorrang* des Anderen ausgeht. Eingebettet ist diese Ethik in eine radikale Rationalitätskritik, die der westlichen Vernunft gegenüber den Vorwurf erhebt, das eigene Ich als einzig gültigen Maßstab zu überhöhen. Aus dieser egozentrischen Bezogenheit erwächst eine Gewalt, die das Fremde nicht als solches annehmen kann und sich angesichts dieser Unfähigkeit in Ausgrenzung und/oder Inbesitznahme flüchtet. Um mit dieser verhängnisvollen Tradition in der europäischen Geistesgeschichte zu brechen, stellt Lévinas die unbedingte Verantwortung als vorbehaltlose Öffnung gegenüber dem Anderen noch vor die eigene Freiheit. Die Voraussetzung für eine solche Ethik liegt in der *voraussetzungslosen* Anerkennung und Aufwertung des Anderen, der in seiner vollständigen Eigenständigkeit erkannt wird. Wenn aber Selbstlosigkeit und Güte als Elemente einer altruistischen Moral gefordert werden, dann verliert die Ethik ihre politischen Konnotationen und wird als private Angelegenheit der individuellen Entscheidung überantwortet. Auch ist beachten, daß die Forderung nach einer Verantwortung für den Anderen nur allzu leicht in Paternalismus und Entmündigung enden kann. Das tiefe Mißtrauen bei Lyotard und Lévinas gegenüber den Vorstellungen von Einheit und Integration, deren überwältigende Verschmelzungsmetaphorik als gewalttätige Macht gegenüber dem Anderen auftritt, wird dann problematisch, wenn das Andere absolut gesetzt wird und nicht mehr als Bestandteil des Eigenen, sondern als das *ganz* Andere erscheint. Das Andere wird so zum Unversöhnbaren, Unerklärlichen und immer Fremden erklärt und trägt entgegen der eigenen Absicht damit doch das Potential zur Ausgrenzung in sich.

Obwohl es einerseits gerechtfertigt ist, das *Recht auf Anders-Sein und Dissens* zu betonen, reicht es andererseits doch nicht aus, dabei stehen zu bleiben. Innerhalb der binären Opposition zu verbleiben, heißt noch nicht den Mut zur Selbstverunsicherung gefunden zu haben. Die Beachtung des Anderen sollte nicht so weit gehen, die Grenzen zwischen dem Eigenen und dem Fremden zu erneuern, die sinnvoller durch Verbindungsbrücken in die Realität zurückgeholt werden könnten.

Trotz aller Kritik bleibt es ein Verdienst der postmodernen Kritik, daß sie moderne Werte und westliche Glaubensgrundsätze, die für universell und transzendental gehalten wurden, relativiert und historisiert hat. Dadurch wurde es möglich, Identitätspolitiken und kulturelle Praktiken in den Blick zu rücken, die vorher außerhalb der Geschichte und der Wahrnehmung der dominanten Diskurse standen. Das Verhältnis des postkolonialen zum postmodernen Diskurs ist insgesamt durch eine zwiespältige, tiefe Doppeldeutigkeit geprägt, die ein hohes Maß an Zustimmung und gleichzeitige Ablehnung in sich trägt. Auf der einen Seite ist eine allgemeine Erleichterung über die Anerkennung der Differenz des Anderen, die Abkehr von den großen metaphysischen Erzählungen und die Aufwertung des Lokalen zu erkennen. Auf der anderen Seite wird mit gleicher Intensität namentlich die *Indifferenz postmoderner Zeitdiagnosen* kritisiert, die für Mißtrauen und Verständnislosigkeit sorgen. Ein drastischer Kommentar von Stuart Hall, der durch seine grundlegenden Arbeiten, bildhaft gesprochen, den Platz einer Vaterfigur in den gegenwärtigen Cultural Studies und Black Cultural Studies im anglo-amerikanischen Raum einnimmt, ist in diesem Zusammenhang charakteristisch:

"I hate the term 'the global postmodern', so empty and sliding a signifier that it can be taken to mean virtually anything you like. And, certainly, blacks are as ambiguously placed in relation to postmodernism as they were in relation to high modernism: ... postmodernism remains extremely unevenly developed as a phenomenon in which the old center/peripheries of high modernity consistently reappear ... And yet it is impossible to refuse 'the global postmodern' entirely, insofar as it registers certain stylistic shifts in what I want to call the cultural dominant ... This decentering or displacement opens up new spaces of contestation and affects a momentous shift in the high culture of popular culture relations, thus presenting us with a strategic and important opportunity for intervention in the popular cultural field" (Hall 1992: 22f.).

Dieses doppelte Verhältnis zwischen Affirmation und Drängen nach wesentlicher Differenz, die die koloniale/postkoloniale Situation der Marginalisierten anerkennt, läßt sich gut anhand des Verhältnisses von Homi Bhabha zur postmodernen Philosophie in ihrer Ambivalenz aufzeigen. So richtet er bereits in einer seiner frühen Arbeiten deutliche Kritik an Derrida, dessen „différance" als doppelte Einschreibung im kolonialen Diskurs angewendet, Bhabha für nicht ausreichend spezifisch hält (Bhabha 1985: 169f.). Auch mit Foucaults Kritik der westlichen Rationalität ist er nicht einverstanden, weil dieser seiner Meinung nach das koloniale/postkoloniale Moment sträflich ignoriert hat. Paradoxerweise hat gerade Foucaults Denken einen großen Einfluß auf die Arbeiten der Gelehrten in den Subaltern- und Postcolonial Studies inne (Bhabha 1992: 63f.). Dieses Verhältnis trifft auf Bhabha selbst zu, der sich einmal selbstironisch als einen „anglisierten postkolonialen Migranten [charakterisiert hat], der zufällig ein Literaturwissenschaftler mit leicht französischem

Einfluß ist" (Bhabha 1997: 97). Trotz aller Kritik kann es letztlich nicht gänzlich verwundern, wenn er die kulturellen Verschiebungen im postmodernen Denken mit der Hoffnung auf politische Veränderungen verbindet:

> "It is one of the salutary features of postmodern theory to suggest that it is the disjunctive, fragmented, displaced agency of those who have suffered the sentence of history – subjugation, domination, diaspora, displacement – that forces one to think outside the certainty of the sententious. It is from the affective experience of social marginality that we must conceive of a political strategy of empowerment and articulation" (Bhabha 1992: 56).

Mit dem Verlust von reiner Konsistenz und widerspruchsloser Kontinuität wird unsere Welt, werden die sozialen Beziehungen, die Menschen eingehen, unter die Bedingung dauerhafter und unumkehrbarer Unsicherheit gestellt. Differenz wie Gemeinschaft können dann nicht mehr als sicheres Wissen, als gegeben vorausgesetzt werden, sondern müssen sich unter der Kondition ständigen Wandels konstruieren, dekonstruieren und nochmals rekonstruieren. Dieses Recht auf Selbstkonstruktion verheißt einen selbstreflexiven Prozeß der Emanzipation, wenn ein Abgleiten in die ideologischen Verstrickungen essentialistischer Ethnizitäten verhindert und die schwierige Gratwanderung bei der Bestimmung von Differenz zwischen rassistischer Determinierung und kultureller „Entbettung" erfolgreich ausgeglichen werden kann. Dieser Begriff, unter anderem von Anthony Giddens (1995) und Zygmunt Bauman gebraucht, meint den Prozeß der *Selbstformierung des Subjekts*, sein Recht, eine eigene Identität zu wählen und richtet sich gegen die Zwangsvergemeinschaftung von Individuen in Ethnien und Nationen (Bauman 1995: 8, 23). Wie Bauman betont, sind es gerade die MigrantInnen, die die Freiheit aus der Ungewißheit ihrer Identität schöpfen. Indem sie geographische, politische und kulturelle Grenzen überschreiten, verstoßen sie (gegen) das moderne Bedürfnis nach einer fundierten Kollektivbiographie, verweigern sie sich dem Bekenntnis, einem festen Territorium anzugehören und eine unveränderliche Identität zu besitzen (Bauman 1995: 14f.). Es ist gerade der „Verlust", der Erneuerung ermöglicht und die bestehenden Grenzen herausfordert, wie Rushdie sagt:

> "To migrate is certainly to lose language and home, to be defined by others, to become invisible or, even more worse, a target; it is to experience deep changes and wrenches in the soul. But the migrant is not simply transformed by this act; he also transforms his new world. Migrants may well become mutants, but it is out of such hybridization that newness can emerge".[13]

Das ist für viele sicherlich ein verwirrender Gedanke, weil gerade denjenigen, die unter tragischen oder entbehrungsreichen Bedingungen oftmals alles verloren haben, in den Augen der Mehrheitsgesellschaft nichts sind und sehr wenig besitzen, zugestanden wird, aus dieser Lage heraus ein bewegendes und kreatives Potential schöpfen zu können. Es bedeutet, daß diejenigen, die vormals wie Kinder und Kranke behandelt wurden, nicht länger an ihrem undankbaren Opferplatz festgehalten werden. Sie sind in diesen Gedanken zumindest frei, ihren Weg bis zum unabsehbaren und wahrscheinlich nie definierten Ende zu gehen.

---

13 Salman Rushdie zit. nach Böhner 1996: 11.

Der postkoloniale Diskurs repräsentiert den Blick von MigrantInnen und People of Colors in und aus den kapitalistischen Peripherien und ist in diesem Zusammenhang als Beitrag marginalisierter Stimmen zur gegenwärtigen Multikulturalismus-Debatte zu verstehen. *Postkolonial* ist in erster Linie kein chronologischer Epochenbegriff, der die Zeit *nach* der formellen politischen Unabhängigkeit von der westlichen Kolonialmacht markiert, sondern eine politisch motivierte Analysekategorie der historischen, politischen, kulturellen und diskursiven Aspekte des *unabgeschlossenen Kolonialdiskurses*. In Abwandlung eines vielzitierten Diktums von Max Horkheimer ist folgende Mindestforderung für eine ernsthafte Rezeption und Auseinandersetzung mit postkolonialer Kritik aufzustellen: „Wer aber nicht über koloniale Präsenzen sprechen will, sollte auch über Hybridität schweigen".[14] Um dieses komplexe und überaus ambivalente *Beziehungsgeflecht* zwischen Vergangenheit/Gegenwart und Zentrum/Peripherie auszudrücken, ist es wichtig zu überlegen, wie wir uns eine bewußte und kritische Artikulationsweise aneignen können, die sowohl gegenläufige historische Dynamiken als auch damit einhergehende fragmentierte Entwicklungslinien einer kolonialen Moderne widerspiegelt.

Statt einer erneuten Betonung des euphemisierenden und entlastenden Präfixes im Begriff „*post*kolonial", ist es angemessener, eine Form zu finden, wie sie im unhandlichen und schwer verkäuflichen Terminus „*post-/kolonial*" zum Ausdruck kommt. Diese unbequeme Perspektive verweist nicht nur die fortlaufenden Gebrochenheiten und historisch gewordenen Strukturen metropolitaner Herrschafts- und Ausbeutungsbeziehungen, sondern auch auf die Un-Möglichkeit, diesen grundlegenden Widerspruch im westlich geprägten Mainstream zu Gehör zu bringen. Die Sichtbarkeit des unsichtbar Gemachten in den Vordergrund zu stellen, ist als dekonstruktive Arbeit genauso wichtig, wie auf die konstitutive Anwesenheit des Ausgesperrten hinzuweisen, das in seiner nicht anerkannten Präsenz niemals abwesend ist. Diese post-/koloniale Bedeutungsebene plädiert daher für eine nicht-lineare Multidimensionalität im unseren gegenwärtigen Zeitverständnis, das die Gleichzeitigkeit von Überlagerungen und Konkurrenzen kolonialer, spätkolonialer, neokolonialer und nachkolonialer Verhältnisse zu erfassen vermag. Ausschließlich letztere ins Zentrum der Aufmerksamkeit zu rücken, hieße einen enthistorisierenden Blick zu privilegieren, der erneut westliche Interessen befriedigt. Die realen Bedingungen verlangen im neuen Empire jedoch andere politische Prioritäten (Hardt/Negri 2002). Die vielfältigen Lesarten post-/kolonialer Beziehungen lassen sich daher auch nicht einfach als linearer Epochenbegriff des politischen Fortschritts instrumentalisieren, historisch einordnen oder neutralisieren. Statt als Ordnungsbegriff zu

---

14 Mit diesem Statement habe ich meinen Vortrag über „Postkoloniale Migration, Rassismus und die Frage der Hybridität" in der Neuen Gesellschaft für Bildende Kunst (NGBK) am 05.02.2002 eingeleitet. Diese Veranstaltung fand im Rahmen der Berliner Vortragsreihe „Postkoloniale Kritik" statt, die von Hito Steyerl – in Kooperation mit interflugs (Universität der Künste, Berlin) – konzipiert und moderiert wurde. Wie notwendig diese Kritik ist, zeigt eine Analyse der deutschen Hybriditätsrezeption (siehe Seite 153-162). Horkheimers berühmtes Diktum wurde 1939 in seinem Aufsatz „Die Juden in Europa" in die Welt gesetzt und lautet im Original: „Wer aber vom Kapitalismus nicht reden will, sollte auch vom Faschismus schweigen" (Horkheimer 1993: 308f.).

dienen, der in dominanten Kontexten für Erleichterung sorgt, indem er eine neue beruhigende Übersichtlichkeit herstellt, greift die post-/koloniale Lesart jene Tendenz im postkolonialen Diskurs auf, die ihre Kritik als politische Positionierung präsentiert. Diese versteht sich als grundlegende Analysekategorie weltgesellschaftlicher Zusammenhänge im Sinne einer erweiterten *Colonial Discourse Analysis*, die die Fragen nach Gender, Klasse, Ethnizität und Sexualität miteinbezieht.

Als kritischer Gegendiskurs, der in der Diversität wurzelt und sich folglich durch Vielstimmigkeit auszeichnet, versucht der post-/koloniale Diskurs, nicht nur die kolonialen Praktiken, Texte und Institutionen im Sinne einer Dekonstruktion neu zu lesen, sondern auch, die Möglichkeiten von Widerstand zu benennen.[15] Er greift die Diskussionen des Postmodernismus auf, transformiert diese durch die subalternen Außen- und Innenperspektiven und bestimmt dadurch den historischen und sozialen Bezugsrahmen beim Entwurf kultureller Identitäten neu. Denn „wird die kulturelle Differenzierung universal, besteht der ‚feine Unterschied' in der Position des Betrachters des kulturellen Feldes. Es macht einen Unterschied, wer differenziert, ob man am Rande des Feldes oder in seiner Mitte steht" (Wägenbaur 1996: 132). Statt sich selbst ins Machtzentrum zu setzen, eignen sich postkoloniale WissensproduzentInnen durch die Re-Konstruktion ihrer Geschichten Subjektivität, Historizität und Artikulation an. Diese selbstermächtigende Subjektwerdung eröffnet eine politische Perspektive, in der die Möglichkeit zum Widerstand noch gedacht werden kann.[16] Die post-/koloniale Perspektive besteht nicht darin den Ausblick auf die erhabenden Vorstellungen über die postmoderne Gesellschaft zu genießen, sondern das Schwarze Selbst zu befragen, um eigene Bilder von uns selbst zu kreieren.

Obwohl ich für ein post-/koloniales Verständnis plädiere, werde ich im weiteren Verlauf dieses Textes die Schreibweise „postkolonial" verwenden. Es wäre verkürzt, diese Entscheidung lediglich als ein Zugeständnis an die Lesegewohnheiten und Konventionen des Diskurses aufzufassen. Vielmehr möchte ich damit die Sinne der Lesenden schärfen und sie dazu ermutigen, nicht nur in diesen, sondern in allen Oberflächentexturen und Re-Präsentationformen nach verborgenen Kon- und Subtexten, Leerstellen sowie unterdrückten Bedeutungen zu suchen. Es ist eine aktivistische Aufforderung an die Lesekompetenz, jeden Text gegen den Strich zu lesen und dort all jene Präsenzen hineinzuschreiben, die sich scheinbar außerhalb seines Darstellungsbereiches befinden. Statt Texte als abgeschlossene Werke zu betrachten, ist es produktiver sie als Baustellen anzusehen, die wir nach unseren Bedürfnissen und Wünschen eigenmächtig um- und ausbauen können.

---

15 Aus einer philologischen Sicht geht Michel (1993) der grundsätzlichen Frage nach, was das Postkoloniale am postkolonialen Diskurs ausmacht. Siehe Ghosh-Schellhorn (1993) bezüglich einer Abgrenzung vom früheren Begriff der „Dritte-Welt-Literatur". Vgl. Bachmann-Medick (1994: 588-597) bezüglich der Diskussion mit dem ebenfalls gebräuchlichen Begriff der „Weltliteratur". Arun Mukherjee (1993) problematisiert dagegen den Umgang mit dem postkolonialen Diskurs im Zuge dessen Institutionalisierung innerhalb nordamerikanischer Universitäten.

16 Die zentralen Aspekte einer solchen politischen Perspektive habe ich in dem Aufsatz „Ethnizität, Differenz und Hybridität in der Migration. Eine postkoloniale Perspektive" (Ha 2000) zusammengefaßt.

# Kulturelle Identität, Differenz und Hybridität

## Das Ende der Unschuld oder die Grenzen der Gegenidentifikation

Um den gegenwärtigen Diskurs in der postkolonialen Kulturkritik zu verstehen, ist es meiner Meinung nach jedoch sinnvoll und auch nötig, die neuere historische Entwicklung politischer Selbstorganisation in den Schwarzen Communities nachzuvollziehen. Die damit zusammenhängenden Erfahrungen mit staatlicher Repression, Ausbeutung und Rassismus sind so zentral, daß sie es verdienen, zusammenfassend und allgemein erläutert zu werden. Nur vor dem Hintergrund dieser Erfahrungen ist überhaupt zu verstehen, warum separatistische, naturalisierende und nationalistische Vorstellungen von Ethnizität verfochten wurden. Erst in diesem Kontext können die Äußerungen von Stuart Hall in diesem Abschnitt, die auch eine Form der Revision und Geschichtsaufarbeitung darstellen, in ihrer ganzen Tragweite erfaßt werden.

Im Mittelpunkt der sozialen Erfahrungen derjenigen Menschen, auf die sich der postkoloniale Diskurs bezieht, stand die zentrale Frage nach Ausschluß in einem umfassenden Sinne. Es ging um politische, soziale, kulturelle, räumliche, körperliche und sexuelle *Formen der Ausschließung* aus der europäischen Welt, die dabei war/ist, sich mit aller Gewalt zu globalisieren. In diesem historisch beispiellosen Prozeß wurden gesellschaftliche Macht und Reichtum zentralisiert, Ästhetik und Kunst monopolisiert, Körper und Diskurs einseitig kontrolliert. Auch die Nachfahren der Sklavenhaltergesellschaft, die Überlebenden des Kolonialismus und die MigrantInnen der internationalen Arbeitsteilung wurden durch individuelle und institutionalisierte Rassismen der westlichen Zivilisation zur besseren Überwachung und Disziplinierung in zeitgemäßen „Ghettos", den „ethnischen Kolonien", konzentriert und abgesondert. Diese sozial, kulturell und geographisch relativ eingegrenzten Territorien sind nicht ausschließlich aus den selbstbestimmten Entscheidungen ihrer BewohnerInnen entstanden. Sie reflektieren zunächst das Machtgefälle, das den gesellschaftlichen Ausschluß zuvor vereinheitlichter Bevölkerungsgruppen durchsetzen konnte.

Trotz dieser historischen Wahrheiten stellt sich die Frage, ob es nicht auch noch eine andere, unterrepräsentierte Seite gab und gibt, die aufzeigt, daß die koloniale und postkoloniale Situation nie uneindeutig war und ohne Widersprüche auskam. So ähnelt die Vorgehensweise des institutionalisierten Rassismus dem der kolonialen Disziplinarmacht, die auch diejenigen bestraft und ihre Identitäten zu zerstören sucht, deren Arbeitsfrüchte sie sich in einem *paradoxen* Prozeß des eigenen Begehrens bei weitgehender gesellschaftlicher Ausschließung fortwährend einverleibt. „Daß der Westen vom Primitiven fasziniert ist, hängt eindeutig mit seiner Identitätskrise zusammen. Er hat das Bedürfnis, klar die Grenzen zwischen Objekt und Subjekt zu ziehen, während er gleichzeitig mit anderen Arten, das Universum zu erleben, liebäugelt".[1] Diese groteske Situation hat sich trotz einiger Abwandlungen, die der zweiten Hälfte des „sozialdemokratischen Jahrhunderts" zuzuschreiben sind, letztlich bis heute nicht gänzlich überlebt. Noch immer sind wir „mit dieser

---

1 Torgovnick (1990) zit. nach hooks 1994a: 34.

doppelten Moral vertraut, angefangen von der kolonialen Unterscheidung zwischen den guten und den bösen Eingeborenen bis hin zu der Grenze, die die zeitgenössische Jugendkultur zwischen afrokaribischen Jugendlichen, die funky und cool sind, und den asiatischen, die das nicht sind, zieht" (Cohen 1991: 327). Dieser Widerspruch im Zentrum der globalen Metropolen des Westens zwischen multikulturellem Lebensstil und neuen rassistischen Hierarchien ist besonders im Anschluß an die Studien des *Centre for Contemporary Cultural Studies* in Birmingham von Dick Hebdige (1979) und Paul Willis (1979) über britische Jugendsubkulturen herausgearbeitet worden. Der anhaltende dominante Trend geht dahin, eine auf Schwarze projektierte Maskulinität, die besonders von jungen "white wannabes" aus der Arbeiterklasse mit z.T. offen rassistischen Haltungen gleichermaßen gehaßt wie begehrt wird, durch die Übernahme von Musik, Tanzstil, Kleidung, Sprachcodes oder einer bestimmten Art der Bewegung zu kopieren und sich anzueignen.

"Paul Gilroy, a leading theorist of black British culture, ... tells me about white skinheads who beat up blacks and then go home and listen to the rap group Public Enemy [die dafür bekannt sind, der *Nation of Islam* und einem militanten "black nationalism" nahezustehen, KNH]. It's as if they can't decide whether they want to bash blacks or be blacks" (Gates 1997: 199).

Gleichzeitig werden neue Ausgrenzungskriterien geschaffen, die z.B. asiatische Jugendliche betreffen. Diese werden als schwache und ängstliche Opfer konstruiert und sollen dafür bestraft werden (Back 1995: 72-81; Phoenix 1995).[2] Aber diese verdinglichte Aufspaltung des Anderen ist in der Realität noch komplizierter, weil die kommerzielle „Black Culture"-Industrie mit ihrem sozialen Außenseiterstatus und ihrem vulgären Touch auf viele alternativ-esoterisch Orientierte mit einem „gehobenen" Anspruch abschreckend wirkt. Daher werden in einem kleineren Gegentrend „fernöstliche" Philosophien zum Ausgleich angeeignet und dabei oft ihrer lokalen Kontexte beraubt:

„Indem sich der Westen in einen versunkenen Osten hineinträumt und eine asiatische Antike als maßgebliches Kulturmodell des gegenwärtigen Lebens heraufbeschwört, sucht er in einer fremden Vergangenheit nach Möglichkeiten einer eigenen Zukunft ... So taucht auch die heutige asiatische Renaissance in die altöstlichen Weisheitswelten ein, um der Spätmoderne, deren Korruption bedrohlich, wenn nicht unheilbar erscheint, Wege ins Neue, Niegewesene, Unzugängliche zu bahnen. Asien ist für viele die Chiffre, die einer Vorstellung des für uns Unvorstellbaren Obdach bietet" (Sloterdijk 1989: 86f.).

Diese irritierende Ambivalenz rassistischer Praktiken und Aneignungsformen in der spätmodernen Jetztzeit verweist auf eine historische Struktur, die als kolonialer Diskurs bezeichnet werden kann. Innerhalb dieser kolonialen Welt wurden den marginalisierten MigrantInnen, wie ihren versklavten und kolonialisierten Vorfahren, offen oder subtil die Fähigkeiten zum rationalen Denken, zum eigenverantwortlichen Handeln und zur Entwicklung moralischer Wertvorstellungen abgesprochen: „Man behauptete, die Migranten kämen aus einer zurückgebliebenen

---

2 Während in England das „Paki bashing" populär ist, werden vietnamesisch Aussehende in Ostdeutschland durch das „Fidschi klatschen" bedroht.

Welt. Sie werden fast wie Kinder betrachtet, die jetzt ihre Sozialisation im Grunde nur noch zu vervollständigen bräuchten" (Bukow/Llaryora 1988: 7). Dieser ebenso autoritären wie abwertenden Haltung gegenüber den aus der Peripherie Eingewanderten liegt eine geistige Kontinuität, eine prinzipielle Parallele zu ähnlich gelagerten *Infantilisierungspraktiken* – etwa im anglo-amerikanischen Kolonialismus – zu Grunde. Während die romantische und paternalistische Beschreibung der Indigenen sie in einer Version des „edlen Wilden"[3] als von den Zwängen der Zivilisation unberührte „Naturkinder" nachzeichnete, wurden die verschleppten SklavInnen aus Afrika und deren Nachkommen in ein mit dem Frauenbild im anti-feministischen Diskurs verwandtes Zwitterwesen – halb Kind, halb Tier – verwandelt. Sie sollten dann vom Kolonisator in missionarischer Absicht aus ihrem Naturzustand der Sünde, der Boshaftigkeit und der Häßlichkeit herausgeführt werden (Halfmann 1992: 28ff.), und wie Fanon betonte, der die Kolonialisierung Afrikas und seiner Menschen in der Diaspora vor Augen hatte, damit auch aus sich selbst:

> „Der Kolonialismus versucht also, sich dem Unbewußten der Eingeborenen nicht als eine gütige und wohlwollende Mutter einzuprägen, die das Kind vor einer feindlichen Umgebung schützt, vielmehr als eine Mutter, die ein völlig perverses Kind ständig daran hindert, sich das Leben zu nehmen und seinen unheilvollen Trieben freien Lauf zu lassen. Die koloniale Mutter schützt das Kind vor sich selbst, vor seinem Ich, seiner Physiologie, seiner Biologie, seinem ontologischen Unglück" (Fanon 1981: 179).

Gerade die historischen Formen des Kolonialismus schlossen neben der physischen Vernichtung als definitives Mittel der absoluten Grenzziehung auch immer Praktiken der Infantilisierung und der Erziehung der zuvor ihres menschlichen Antlitzes Beraubten mit ein. Die dramatische Geschichte des Kolonialismus, der ohne seine rassistische Ideologie nicht zu denken ist (Geiss 1988: 121-257), zeigt die verschlungenen Züge dieser widersprüchlichen und doch ineinanderlaufenden Beziehungen von Vertreibung und Genozid sowie Massendeportation und –versklavung. Gleichzeitig bestand der Wunsch nach Identifikation und Rettung derjenigen, die die Kolonialmacht soeben in ihr Unglück zwang. So ging die an kulturelle Auslöschung grenzende Vereinnahmung des Kolonisierten durch den Kolonisierenden mit einer auf unerbittlicher Separation bestehenden Unterdrückung einher. Diese Subjekt-Objekt-Trennung war nur ein Aspekt des unauflöslichen Widerspruchs zwischen der immanenten Notwendigkeit zur Ausbeutung und dem Willen zur Herrschaft, die im europäischen Diskurs „rational" legitimiert werden mußte. Ausdruck dieser tief in die Geschichte eingelassenen Ambivalenz war auch die zutiefst widersprüchliche *Aufspaltung der kolonisierten Subjekte* selbst. Wie Stuart Hall schreibt, wurden diese Menschen nicht nur im Sinne Edward Saids als Andere konstruiert, sondern durch die Ausübung von kultureller Macht und einem Normalisierungsregime dazu gebracht,

> „daß wir uns selbst als ‚Andere' wahrnehmen und erfuhren ... Es ist eine Sache, ein Subjekt oder eine Gruppe in einem herrschenden Diskurs als das Andere zu positionieren. Es ist jedoch etwas ganz anderes, sie diesem ‚Wissen' nicht nur durch das Aufzwingen

---

3   Vgl. hierzu die histo-ethnographisch gesättigte Arbeit „Entzauberter Blick" (1986) über das Bild des „Guten Wilden" von Karl-Heinz Kohl.

eines Willens und einer Herrschaft, sondern auch durch die Macht des inneren Zwangs und durch subjektive Anpassung an die Norm zu unterwerfen" (Hall 1994: 30).

Während die kolonialen Praktiken diesen Widerspruch in der Gleichzeitigkeit von Abspaltung und Nähe, Entmenschlichung und Nachahmung, Vernichtung und Fürsorge nicht aufzulösen vermochten und mit ihm gut leben konnten, sind seine Opfer dagegen im bisherigen Geschichtsverlauf massenhaft daran zugrunde gegangen oder der Ausbeutung überantwortet worden. Das ist letztlich der entscheidende Unterschied, der springende Punkt in der wechselhaften und miteinander verwobenen Geschichte von Kolonialismus und Rassismus.

Angesichts dieser langen Geschichte rassistischer Dominanz, die eine der gesellschaftlichen Hierarchien von Überlegenheit und Unterordnung ethnisch etikettiert, versuchen sich viele ihrer Opfer unter Verleugnung ihrer Herkünfte *un*sichtbar zu machen. Um Diskriminierungen und Angriffe zu vermeiden, sind sie bereit, Assimilierung als goldene Brücke zur Dominanzgesellschaft in Kauf zu nehmen (Auernheimer 1992: 129). Durch Anpassung an herrschende Kultur- und Sprachstandards, durch Akzeptanz weißer Schönheitsideale, durch sozio-ökonomische Anspruchslosigkeit und politische Verzichtsleistungen suchen sie eine wesensgleiche Übereinstimmung mit dem rassistischen Subjekt. Diese Identifikation mit dem Unterdrücker, die an Fanons (1980) bekannte Beschreibung der Kolonisierten mit schwarzer Haut und weißen Masken erinnert, kann immer nur *partiell* und nie vollständig sein.[4] Im Rahmen dieses pragmatischen Arrangements, das den Weg des geringsten Widerstandes geht, gibt es kein Entkommen aus der rassistischen Unterscheidung. Sie bleiben in ihr gefangen, da der Rassismus Opfer braucht und sie durch eine Aktualisierung unwirksamer Differenzmarkierungen schafft. Die Verleugnung der eigenen Spezifik führt jedoch zu einer Abwertung des eigenen Selbstbildes, der Angst vor der eigenen Selbstwahrnehmung und letztlich zu Selbsthaß, der symptomatisch für eine *gefährdete Identität* ist, wie die schwarze feministische Literaturkritikerin bell hooks (1994a: 9ff.) erläutert.

Andererseits wuchs parallel zu den Kriminalisierungs- und Repressionserfahrungen, die die verbreitete Wahrnehmung von Bedrohung und Fremdheit zusätzlich intensivierte, auch das subjektive Bedürfnis nach Halt in einer Betroffenengruppe. Erst zu dem Zeitpunkt, an dem ihre BewohnerInnen anfingen, ethnische Selbstorganisation auf Nachbarschaftsebene und *Solidarisierungsprozesse* auf allgemeinerer Grundlage wie „schwarz" oder „farbig" voranzutreiben, konnte ein *positiver* Bezug zur eigenen Lebenswelt und damit zur eigenen Persönlichkeit erfahrbar gemacht werden. Communities entstanden als Antwort auf eine gesellschaftliche Situation, in der ein Überleben nur über den praktischen Zusammenhalt und Wir-Bewußtsein der Marginalisierten möglich war (Sivanandan 1992: 12ff.). Menschen aus dem indischen Subkontinent begannen damit, sich über Kastengrenzen, regionale Herkünfte und tradierte Konflikte hinweg als „asiatisch" und/oder „Schwarz" zu definieren. Schwarze Identität als politische Waffe war der gemeinsame Nenner, das

---

4  Bei Bhabha führen die koloniale Situation und die darin eingeschriebene Ambivalenz dazu, daß er in seiner Interpretation Fanon bewußt andersrum liest. Statt vom internalisiertem Kolonialismus spricht er von Mimikry.

gemeinsame Bündnis gegen "Paki bashing", sich häufende Polizeiübergriffe und organisierten Terror britischer Rassisten in den Wohnbezirken (Watson 1980: 45ff.). „Die symbolische Verstärkung der eigenen ethnischen Besonderheit macht es möglich, das kollektive, vom Anpassungsdruck geschaffene Bewußtsein der Minderwertigkeit zu durchbrechen und Widerstand anzumelden" (Blaschke/Greussing 1980: 13). Unter Bezugnahme auf geschichtliche Kollektiverfahrungen, soziokulturelle „Verwandtschaft" und eine gemeinsame Herkunft entwickelten ethnisch Unterdrückte eine kollektive Identität. Sie drückte ein politisches Bewußtsein gegen vorherrschende Negativzuschreibungen aus. Neben der positiven Identifikationsmöglichkeit vermittelte diese ethnische Identitätsform auch ein Gefühl von Gemeinschaftlichkeit. Jugendliche aus der 2. Generation in England ersetzten z.B. die alten Identifikationsangebote nach Herkunftsinseln durch ein pan-karibisches Bewußtsein, Reggaemusik und einen gemeinsamen Sprachcode. Der Einfluß der militanten *Black Panther-Bewegung* aus den schwarzen Communities in den USA war auf diese Konstruktion von Ethnizität als „roots" unverkennbar.

> „Black Power muß damit beginnen, an die Kultur der schwarzen Rasse in der ganzen Welt zu appellieren, weil die imperialistischen Mächte den afrikanischen Kontinent tief verletzt haben, weil sie uns aus Afrika herausgerissen haben, uns in der ganzen Welt verstreut haben, aus unserem Vaterland vertrieben, von unseren Vätern und Müttern getrennt, unserer Kultur, unserer Sprache beraubt, unseres Erbes bestohlen, und weil sie uns unsere Würde genommen haben" (Carmichael 1969: 11f.).

Mit der Anerkennung der eigenen Verletzungen, der Deformierungen am Körper und im Bewußtsein fing die *Wiederaneignung* schwarzer Geschichte, schwarzer Kultur, schwarzen Wissens an.[5] Sie war in den 1960er Jahren ein notwendiger Ausgangspunkt auf dem Weg vom namenlosen, sprachlosen und unsichtbaren Objekt zum handelnden politischen Subjekt. Niemand hat diese Wendung des Bewußtseins biographisch so eindrucksvoll personifiziert wie Malcolm X, der sich von einem Kleinganoven aus einer zerbrochenen Familie zu einem radikalen politischen Führer entwickelte. Er legte seinen alten Sklavennamen ab und gab sich selbst einen neuen Namen. Das „X" stand für die unbekannten und zu geschichtslosen Wesen erklärten Sklaven und symbolisierte darüber hinaus das große Mysterium Afrika (Pinckney 1993: 162ff.; Scharenberg 1997).

„In diesem Kampf vollzieht sich eine Veränderung im Bewußtsein, in der Selbstwahrnehmung, ein neuer Prozeß der Identifikation, das Hervortreten eines neuen Subjekts ins Sichtbare" (Hall 1994: 80). Dies war der Beginn einer selbstbewußten Positionierung als *Selbst-Repräsentation* in den Diskursen, ohne die keine politische Praxis möglich wäre. Im Kampf um „kulturelle Symbole spiegeln (sich) auch immer Kämpfe um Macht und Wohlstand wider, weil Gesellschaften mittels der

---

5   In der BRD setzte dieser Prozeß der öffentlichen Wiederaneignung des Schwarzen Selbst erst relativ spät ein. Angeregt durch die Dichterin Audre Lorde gaben May Ayim (Opitz), Katharina Oguntoye und Dagmar Schultz 1986 mit „Farbe bekennen. Afrodeutsche Frauen auf den Spuren ihrer Geschichte" ein programmatisches Buch heraus. Siehe etwa Grosse (2000), El-Tayeb (2001), Ferreira (2003), Lauré al-Samarai (2004a) für neuere Ansätze zur Rekonstruktion schwarzer Perspektiven und Geschichten in Deutschland.

Kultur regeln, was verboten und was erlaubt ist, wer ‚dazugehört' und wer nicht, wer sprechen darf und wer zu schweigen hat" (Lipsitz 1993: 143).[6] Bezeichnungen sind gesellschaftliche Zeichen, die uns repräsentieren, unsere gesellschaftliche Stellung anzeigen, die als semantische Symbole der Manipulation, Kontrolle und Fremdbestimmung ausgesetzt sind. Sie müssen daher als *Orte politischer Kämpfe* um Definitionsmacht und Selbstaneignung angesehen werden. Solche Prozesse der Namensgebung, die zwischen Fremd- und Selbstbenennung interferieren, sind, wie die Geschichte der „Schwarzen" in den USA als „Negroes", „Colored", „Blacks", „Afro-" und „African-Americans" zeigt, unabgeschlossen und reflektieren den jeweiligen Stand der politischen Kämpfe um kulturelle Hegemonie. Ethnisches Bewußtsein als ideologisches Konzept, etwa in Form eines essentialistischen schwarzen Subjekts, war auf der einen Seite ein strategischer Versuch, kulturelle Hegemonie zu erlangen, Begriffe wie „schwarz" aus ihren alten Bedeutungszusammenhängen herauszulösen und als symbolische Kategorie des politischen Widerstandes neu zu besetzen. Stuart Hall hat gerade dieses *Moment der Wiederentdeckung* in seinen Arbeiten immer wieder aufgegriffen und verteidigt:

> „Im Laufe dieser Suche entdeckten die Menschen nicht nur, woher sie kamen, sie begannen auch wieder, die Sprache ihrer ursprünglichen Heimat zu sprechen – was den anderen entscheidenden Moment, die Wiederentdeckung der verlorenen Geschichten, ausmacht ... Dies ist ein gewaltiger Akt von, wie ich sagen würde, imaginärer politischer Neu-Identifikation und Neu-Territorialisierung, ohne den keine Gegenpolitik hätte aufgebaut werden können" (Hall 1994: 78).

Auf der anderen Seite ging es auch um den Versuch, eine starke, möglichst einheitliche politische Bewegung zu formieren, die Ethnizität als Organisationsstruktur und Mobilisierungsinstrument im Kampf um gesellschaftliche Ressourcenverteilung und Teilhabe an der Gesellschaft nutzte. Dazu wurde an ein naturhaftes Kollektiv appelliert, dessen Homogenität keine Differenzen mehr zuließ. Gerade in der Selbstethnisierung wurde die solidarische Überwindung der unterschiedlichen sozialen und kulturellen Herkünfte, aber auch das Abschütteln eines rassistischen Herrschaftsinstruments des „divide et impera" gesehen. Diese Differenz galt es durch die Hervorhebung einer gemeinsamen schwarzen Erfahrung aufzuheben. Afrika wurde als fehlendes Glied rekonstruiert, um die zentrale Erfahrung von Zerstreuung und Fragmentierung in einen geschichtlichen Zusammenhang zu bringen und den Verlust von Einheit zu kompensieren.

> „Wir müssen endlich zu einem bewußten Teil der 900 Millionen Schwarzen werden, die über die ganze Welt verstreut sind. Wir sind von ihnen getrennt worden. Wir wissen nicht, wer unsere Schwester, wer unser Bruder ist, oder woher wir kommen. Sie holten uns aus Afrika und legten Tausende von Meilen zwischen uns, aber sie haben eines vergessen:

---

6  „Repräsentation im letzteren Sinne macht etwas dem Bewußtsein gegenwärtig, das anders als eben durch Repräsentation nicht gegenwärtig werden kann. Das gilt für alle Großgruppen, deren Mitglieder sich nicht persönlich treffen und kennen können, die nicht als ganze erfahrbar sind ... Wir kommen ohne derartige Übertragungen, Fiktionen und Hypostasierungen nicht aus. Aber zu den Funktionen von Aufklärung gehört es, deren Strukturen immer wieder zu erhellen" (Hättich 1996: 146). Vgl. auch Lauré al-Samarai 2001.

Blut ist dicker als Wasser! Wir werden uns wiedervereinigen, uns wiederfinden" (Carmichael 1969: 30).

Um die Propagierung eines *rassischen Essentialismus* zu verstehen, müssen der historische Kontext dieser Äußerungen und die Erfahrungen mit den historischen Formen des Rassismus berücksichtigt werden. Weil Assimilation als Lehre aus dem Schicksal der deutschen Juden und Jüdinnen mit kultureller Gehirnwäsche und Genozid gleichgesetzt wurde, stand in einer polarisierten Perspektive nur noch die Forderung nach Souveränität und Separation offen. Um diese Möglichkeit zum Überleben abzusichern, wurde nach einer möglichst starken Begründung gesucht, die daher ins Transzendentale verlegt wurde.

„Die tragischste Folge von Vermischung und daraus folgender Verwässerung und Schwächung ethnischer Identität in der Geschichte erfuhr ... eine weiße ethnische Gruppe – die der Juden in Deutschland. Sie hatten einen größeren Beitrag zur Entwicklung Deutschlands geleistet als die Deutschen selber ... Aber diese Juden begingen einen tödlichen Fehler – sie assimilierten sich. In der Zeit vom Ersten Weltkrieg bis zur Machtergreifung Hitlers waren die Juden in Deutschland zunehmend Mischehen eingegangen. Viele änderten ihren Namen, und viele nahmen eine andere Religion an. Sie verdrängten ihre eigene, jüdische Religion, ihre eigenen, bedeutungsvollen ethnischen und kulturellen Wurzeln, sagten sich zuletzt ganz davon los und betrachteten sich schließlich als ‚Deutsche'. Und noch bevor sie wußten, wie ihnen geschah, war Hitler da ... Und der ‚deutsche Jude', der sich selbst geschwächt und zum Opfer seiner eigenen Illusionen gemacht hatte, kam als Sündenbock gerade recht".[7]

Zygmunt Bauman (1989) hat in einem anderen Kontext ebenfalls diese radikale Gleichsetzung von Assimilation und Vernichtung angedacht. Er hat mit dem verallgemeinerbaren Konzept des „konzeptuellen Juden" aufgezeigt, daß Bürgerrechte und kulturelle Assimilation letztlich keinen Schutz gegen den eliminatorischen Rassismus darstellen, der seine Opfer mittels imaginärer Konstrukte kennzeichnet (Bielefeld 1991b: 102-106.). In einem späteren Aufsatz verglich Bauman Assimilation mit einem biologischen Krieg und kommt zu der Feststellung:

„In ihrem Kern war die Assimilation daher eine Kriegserklärung an fremde Substanzen und Qualitäten ... und es war der Versuch der Gestaltenden, ein monopolistisches Recht auf die Trennung von ‚Passendem' und ‚Unpassendem', ‚Wertvollem' und ‚Wertlosem' auszuüben und auch die Bedingungen zu formulieren, unter denen ein Übergang vom zweiten zum ersten möglich sei" (Bauman 1991: 38f.).

Obwohl die Frage der systematischen Vernichtung von Minderheiten zur Zeit keine Aktualität besitzt, bildet Assimilation nach wie vor kein Konzept für eine Politik der Anerkennung, sondern verfestigt den Status rassistisch unterdrückter Gruppen.

„Vor allem war die Idee der Assimilation eine umfassende Sicherung der sozialen Hierarchie, der bestehenden Aufteilung der Macht. Sie unterstellte die Überlegenheit einer Lebensform und die Unterlegenheit einer anderen; sie machte ihre Ungleichheit zu einem Axiom, nahm sie als Ausgangspunkt aller Auseinandersetzungen und sicherte sie so gegen jede Kritik und Überprüfung" (Bauman 1991: 39).

7 Malcolm X in Haley 1992: 292f. zit. nach Sollors 1994: 73. Vgl. zu den deutschen Problemen einer postkolonialen Adaption von Biopolitik und Moderne Hito Steyerl (2003a).

Während diese unüberbrückbare Kritik jede einseitige assimilatorische Praxis weiterhin diskreditiert, ist das alte Konzept einer „rassischen" Ethnizität problematisch geworden. Die Unhinterfragbarkeit essentialistischer Identitätspolitik hat sich von einer vermeintlichen Stärke mittlerweile zu ihrer konstitutiven Schwäche verkehrt.

In den USA, deren soziale Klassenstrukturen in ihrer historischen Entwicklung ideologisch überformt und durch rassistische Grenzziehungen ersetzt wurden (Puhle 1996: 153ff.), führte ein essentialistisches Verständnis von Ethnizität bereits Anfang der 1970er Jahre zum "ethnic revival",[8] das die bestehenden Spaltungen aufgriff und vertiefte. Selbst wenn Schwarz nur als politische Farbe, als Kristallisationspunkt einer anti-rassistischen Politik verstanden wurde, blieb die Praxis häufig auf phänotypisch Schwarze fixiert. So führte diese begriffliche Verengung in Britannien dazu, daß MigrantInnen vom indischen Subkontinent sich inzwischen als „Asians" bezeichnen (Modood 1988; Mama 1992: 80f.; Asian Women Writers Collective 1993: 105f.) und der politische Kampfbegriff „Schwarz" diskreditiert wurde (Sivanandan 1983). Der Wunsch nach politischer Autonomie und kultureller Eigenständigkeit hat paradoxerweise eine neue Dominanz festgeschrieben, denn bisher schließt der Begriff „Asian" andere eingewanderte „AsiatInnen" ohne indischen, pakistanischen oder bengalischen Hintergrund aus (Goulbourne 1993: 189). Es scheint das Paradox zu bestehen, daß jede Konkretisierung auch eine Form der Auslassung produziert. Keine Repräsentation, wie komplex auch immer, kann jemals vollständig sein: "Discussing black people, we become aware of ignoring Asians, discussing Asians, we ignore Muslims, and so forth, right down to the individual, the self, and the divided self" (Werbner 1996: 325).

Schwarz als Opferkainsmal legte nicht nur eine *Verdinglichung* des schwarzen Subjekts nahe, sondern beinhaltete auch, daß der Grad der Betroffenheit von rassistischen Praktiken anhand der Dichte der Melaninpigmentierung gemessen wurde. Der Ausschluß, das Übergehen von Menschen, die keine Verbindung zu Afrika haben, ist als Problem immer noch zu wenig im Bewußtsein. Schwarz-Sein bedeutete auch auf der richtigen, d.h. der guten Seite zu stehen, während der Rassismus nur als äußerliches Phänomen gedacht wurde – aber selten als verinnerlichter Rassismus gegen andere Schwarze und Farbige (Kalpaka 1992: 118). Fehlende Wahrnehmung bedeutet nicht, daß diese verdeckte Form des Rassismus in den Beziehungen nicht existent ist, sondern nur die verpaßte Chance, ihn *konstruktiv* zu dechiffrieren und einen bewußteren Umgang damit zu finden. Das Verbleiben in einer Schwarz-Weiß-Dichotomie stabilisiert also die entsolidarisierende Spaltung und ignoriert die Möglichkeit, die in der An- und Verknüpfung unterschiedlicher Traditionen und Kulturen des Widerstandes angelegt ist.

Aber selbst dieses *afrozentrierte* Schwarz-Sein bezog sich nicht in gleicher Weise auf alle Schwarzen, sondern blendete die geschlechtsspezifischen Erfahrungen von Frauen mit Rassismus und Sexismus in der Migrationssituation, in der Arbeitswelt, in der Community und in der Privatssphäre aus (Ng 1992: 104). Schwarz war *kein geschlechtsneutraler Begriff*. Er drückte die Dominanz schwarzer Männlichkeit –

---

8  Vgl. Elschenbroich (1986) zur empirischen Seite. Smith (1981) und Glazer/Moynihan (1976) setzen sich dagegen theoretisch mit diesem Phänomen auseinander.

oft in ihrer militant-heterosexuellen Form – und das Tabu gegenüber einer schwarzen Weiblichkeit aus, die in ihrer Selbständigkeit nicht anerkannt wurde (hooks 1994a: 123ff.).

Die Kategorie „schwarz" beinhaltet noch ein drittes Schweigen, ein Schweigen gegenüber dem Antagonismus von Kapital und Arbeit. Schwarze ArbeiterInnen distanzierten sich zuweilen von einem Ansatz des „ethclass", der die heftigen Industriekämpfe in der ausgeprägten Klassenstruktur Englands nur aus der Perspektive einer rassistischen Aneignung und Ausbeutung von Arbeitskraft interpretierte (Düvell 1992: 38-45; Gilroy 1992). Was solche Ein-Punkt-Analysen übersehen, sind die sozialen Segmentierungen der Gesellschaft, die auch die Vorstellung einer sozial homogenen MigrantInnenklasse brüchig machen. Wahrscheinlich trifft das Modell einer *internen Kolonie* mit einer linear progressiven Zunahme der Zahl der rassistisch Diskriminierten von den Elitenrängen bis zu den Marginalisiertenpositionen eher auf die soziale Lage der Eingewanderten zu (Kühler 1989: 77ff.).

Die Kritik an einem ethnischen *Befreiungsnationalismus* linker Couleur ist jedoch noch radikaler aufzufassen. Nicht zuletzt ist die Zurückweisung verallgemeinernder Behauptungen über „die Unterdrückten" als das nötige Ende einer unkritischen und dadurch repressiven Kollektivität zu begrüßen. Bereits Fanon kritisierte im Kapitel „Mißgeschicke des nationalen Bewußtseins" die diktatorische Einheitspartei, die degenerierte Bürokratie und die einheimische Kleinbourgeoisie heftig. Er hoffte dieses Triumvirat durch eine wahre, „organisch" mit der Nationalkultur verbundene Befreiungspolitik ersetzen zu können (Fanon 1981, Kap. 4; Lazarus 1994: 198ff.). Die geschichtlichen Ereignisse haben seitdem aufgezeigt, daß der anti-imperialistische Nationalismus keine gelebte Utopie ermöglicht. Überall dort, wo er die kolonialen Mächte bezwang, konnte er weder kulturelle Differenz, noch politische Pluralität und auch nicht die Freiheit des Anderen zulassen. Statt dessen wurden neue unterdrückende staatliche und parastaatliche Herrschaftssysteme errichtet (Melber 1990). Diese Entwicklung läßt darauf schließen, daß diese repressive Politik keine Pervertierung darstellt, sondern in der Logik eines jeden Nationalismus liegt. Essentialistische Vorstellungen, die mit dem emotionalreligiösen Absolutheitsanspruch des Nationalismus operieren, können heute weder soweit ergänzt noch abgeschwächt werden, daß sie auf die gewandelten Verhältnisse übertragen als emanzipatorisch gelten könnten. Diesen ideologischen Bruch zu vollziehen, ist eine mutige Entscheidung für Menschen, die noch nie die Macht hatten, im Zentrum zu stehen und sich bisher immer auf die historische Wahrheit verlassen mußten. Ohne diese Sicherheit aus der Marginalität heraus zu schreiben, ist eine große intellektuelle Herausforderung, da die Selbstkritik nur mit größerer Komplexität und zwangloser Unsicherheit belohnt wird.

Wie die afroamerikanische Feministin Michele Wallace nach mehr als 10 Jahren in einem neuen Vorwort zu ihrem damals viel diskutierten Buch "Black Macho and the Myth of the Superwoman" (1979) mit entwaffnender Ehrlichkeit schreibt, hatte sie damals die sexistische Betonung schwarzer Männlichkeit und die Existenz von "interracial relationships" als Entsolidarisierung auf der Grundlage ihrer

„allgemeineren Argumentation (kritisiert), bei der es in Wirklichkeit um schwarzen Nationalismus aus einer feministischen Perspektive und um schwarze weibliche Selbstbestimmung ging. Heute halte ich es für den größten Fehler des Buches, daß ich die Probleme nicht verstand, die dem Nationalismus als einer Befreiungsstrategie für Frauen innewohnen ... Ich sah nicht, daß nationalistische Kämpfe automatisch dazu führen, die Beiträge von Frauen abzuwerten, genauso wie die der Schwulen oder aller anderen, die nicht ins Bild des noblen Kriegers oder des erfahrenen Staatsmannes passen. Ich hatte zwar zunehmend begriffen, daß diese Konzepte, die eine Menge Leute für revolutionär hielten, überhaupt nicht revolutionär, sondern reaktionär waren. Doch ich verstand nicht, wie schwierig es wirklich ist, eine wirksame Revolution auch nur zu entwerfen" (Wallace 1993: 57).

Ähnlich ergeht es auch der legendären Black Power-Aktivistin Angela Davis, die heute im kalifornischen Santa Cruz als Professorin Geschichtsbewußtsein lehrt. Auch sie denkt inzwischen lieber über Postnationalismus, Differenz und die Komplexität kultureller Repräsentationen nach (Davis 1993).

Diese weitgehende Verunsicherung schwarzer Identität liegt nicht allein in der Anerkenntnis innerer Differenzen begründet.[9] Sie wurde durch die weitgehende Erschütterung jeglicher Vorstellung von Ethnizität als Abstammungsgemeinschaft immer fraglicher. „Die Verbindung zwischen ‚Rasse' und Ethnizität ist grundlegender und zugleich die Verbindung von ethnischem Pluralismus und Antirassismus problematischer, als diese Positionen erkennen lassen" (Anthias 1992: 96). In Rassenkategorien zu denken, heißt die *Ideologie des natürlichen Unterschieds* zwischen Menschengruppen zu akzeptieren, der endgültig und nicht mehr überbrückbar ist. Ausgehend von dieser Feststellung läßt sich behaupten, daß essentialistische Ethnizitätskonzepte im schwarzen Nationalismus und Afrozentrismus mit ihrer enthistorisierenden Metaphorik an einen im rassistischen Diskurs gepflegten Naturalismus anschließen – allerdings unter umgekehrten Vorzeichen. Der Entmenschlichung der Schwarzen wurde die Dämonisierung der Weißen entgegengesetzt; die Symbolik der weißen Engel wurde mit der Mystik schwarzer Götter beantwortet. Zwar läßt sich in der relativen Machtlosigkeit kein „umgekehrter Rassismus" praktizieren,[10] aber durch die Übernahme einer bestehenden Ideologieform wurde das System der binären Gegensätze reproduziert. Dadurch wurde gleichzeitig das Modell der nationalen Gemeinschaft unbeabsichtigt untermauert (Müller 1992: 38ff.).

---

9 Wie wichtig die Verbindung zwischen Ethnizität und Differenz ist, kommt in einer Reihe von weiterführenden Arbeiten exponiert zum Ausdruck. Dieser Sachverhalt wird in der von James Donald und Ali Rattansi editierten Anthologie "'Race', Culture and Difference" (1992) und dem von Henry Louis Gates veröffentlichten Sammelband "'Race', Writing and Difference" (1985) diskutiert.

10 Der französische Soziologe Pierre-André Taguieff hat in einer oft zitierten These (Bielefeld 1994: 62-68; Leggewie 1993b: 221f.; Baringhorst 1993: 211) das „Recht auf Differenz" im Antirassismus mit dem differentialistischen Rassismus der Neuen Rechten über das „gemeinsame" Prinzip der Separation auf eine Stufe gestellt. Taguieff glaubt, daß der Unterschied zwischen diesen beiden Arten der Differenz und Separation nur noch graduell sei. Nur weil er die Position der Artikulation und ihre Geschichtlichkeit nicht beachtet, kann er sich dazu versteigen, affirmativ einen Vergleich des amerikanischen Politologen Carl Friedrich (1971) zwischen Fanon und Hitler zu zitieren, in dem die Gewalt den Antagonismus zwischen Herrschenden und Beherrschten gänzlich überdeckt (Taguieff 1991: 239f.). Diese Machtblindheit ist ein Luxus, den sich nicht alle leisten können.

Ohne eine Überschreitung dieses dualistischen Herrschaftsdenkens konnte zwar keine wirkliche Selbstbestimmung erreicht, aber es konnten begrenzte Freiräume innerhalb der Diaspora geschaffen und ausgeweitet werden. Ethnische Zugehörigkeit als menschlicher Wesenszug bleibt als politisches Konzept trotz aller Anfangserfolge gefährlich, weil sie konstruierte Faktizität in einen naturhaften Zustand verwandelt. Sie ist eine ideologische Sackgasse, aber sie hatte die Notwendigkeit zum Überleben als historische Berechtigung auf ihrer Seite. Wie die faschistoide Ideologie der "Nation of Islam" jedoch zeigt, führt die konsequente Radikalisierung von essentialistischen Konzepten direkt zur totalen physischen Vernichtung in der letzten Entscheidungsschlacht des „Rassenkrieges". In diesem "War of Armageddon" soll sich die „Überlegenheit der schwarzen Rasse" gegenüber den „jüdischen Teufeln und den weißen Schweinen" erweisen (Zips 1993: 147f.).

Angesichts solcher dogmatischen Irrlehren muß heute in erster Linie betont werden, daß „objektive" und „unveränderliche" Faktoren wie Sprache und Phänotypus keine natürliche Identifikation marginalisierter Gruppen ermöglichen. Giddens (1989) hat darauf aufmerksam gemacht, daß kulturelle Kriterien zur Bestimmung von Ethnizität wie Sprache, Geschichte oder Religion verobjektiviert sind, sie dadurch unserer Wahrnehmung vorausgehen, unsere Unterscheidungsmerkmale vorstrukturieren und damit unsere Auffassung von Realität vordefinieren. Er betont, daß ethnische Grenzziehungen nie natürlich oder naturwüchsig gegeben sind, sondern immer einem Prozeß des sozialen Lernens unterliegen (Rögl 1993: 33). Zudem ist zu befürchten, daß primordiale Ethnizitätskonstruktionen allzuleicht durch rassistische Differenzmarkierungen vereinnahmt und ersetzt werden, die auch über eine größere Macht verfügen (Robertson-Wensauer 1993: 21).

Auch muß der historische Zusammenhang zwischen Prozessen der Fremdethnisierung und der rassistischen Ausschließung bei der Entstehung ethnischer Minderheiten im Verlauf der modernen Arbeitsmigrationen in der Neuzeit berücksichtigt werden. Das unterscheidet die postkoloniale Migration fundamental von den europäischen MigrantInnen. Letztere konnten sich in den ehemaligen europäischen Kolonien im Trikont fast immer an die Spitze der Oligarchie setzen und ihre ethnische Zugehörigkeit als Machtmittel und Zugangskriterium zu umkämpften gesellschaftlichen Ressourcen etablieren. Oder sie wurden wie in den „klassischen" Einwanderungsländern wie USA und Australien, z.T. mit zeitlicher Verzögerung, nahezu restlos sozial, politisch und kulturell integriert. Während im vorletzten Jahrhundert zuerst Deutsche und IrInnen, später zur Jahrhundertwende italienische und ostjüdische EinwandererInnen im „traditionell" angelsächsisch und protestantisch geprägten Amerika abgelehnt und als Gruppen gesellschaftlich benachteiligt wurden, gehören sie inzwischen längst zum Kernbestand des „wahren Amerika", des "American Creed" (Ostendorf 1994: 15ff.). In Australien wurde die staatliche "White Australia Policy", die zuerst nur BritInnen von der „Mutterinsel" einbezog, mit dem Versiegen dieser Quelle allmählich auf das übrige Europa erweitert, bevor diese rassistische Einwanderungspolitik erst in den letzten 25 Jahren reformiert wurde (Castles 1996: 168ff.). Kanada stellt aufgrund des in der kolonialen Vergangenheit angelegten Dualismus zwischen den anglo- und frankophonen "founding races" mit seinen kulturellen und sozio-ökonomischen Konflikten eine Ausnahme dar (Taylor 1993: 44ff.; Hamm 1994). Solche europäischen Gruppen behaupten in der Gegenwart zumeist nur noch eine symbolische Ethnizität, da sie als Teil der privilegierten Weißen Bevölkerungsgruppen anerkannt werden.

Im Gegensatz dazu wurden die postkolonialen MigrantInnen der Nachkriegszeit und die Nachfahren der afrikanischen SklavInnen und asiatischen „Kulis" – wie diese selbst – in einem differenzierten System der rassifizierten Arbeitsteilung und Unterschichtung segregiert und marginalisiert (Emmer 1991: 95ff.). Bereits während des Ersten Weltkrieges wurde ein koloniales Arbeitssystem im großen Maßstab in Europa eingeführt. Während in Deutschland die Pläne zum Einsatz chinesischer „Kulis" nicht umgesetzt wurden, rekrutierte und kontrollierte die französische Militärbehörde „Service d'organisation des travailleurs coloniaux" im Ersten Weltkriegs etwa 180.000 Zwangsverpflichtete aus den nordafrikanischen und „indochinesischen"[11] Kolonien für den Arbeitseinsatz in Frankreich. Hinzu kamen knapp 36.000 Chinesen, die z.T. der Formalie nach freiwillig angeworben wurden. Ihre Wohn- und Lebenssituation wurde wie bei den ca. 100.000 in Nordfrankreich unter britischem Befehl arbeitenden Chinesen durch gefängnisartige Lager bestimmt, in denen sie in der Regel zu schweren körperlichen und gesundheitsschädigenden Arbeiten herangezogen wurden. Mitunter wurden sie auch als „Kanonenfutter" bei Bergungsarbeiten in der Feuerzone mißbraucht. In Westeuropa existierte im Ersten Weltkrieg neben dem halbzivilen auch ein rein militärisches Kolonialarbeitssystem, in dem weit über eine Million Soldaten eingebunden waren, die vorwiegend aus Afrika und Indien kamen (Bade 2000: 235ff.). Wie bereits anhand der deutschen Arbeitsmigrationspolitik erläutert, spielen koloniale Konzepte sowohl bei der historischen wie auch aktuellen Ausformulierung sozialer Realität eine tragende Rolle (Ha 2003a).

Schon allein aufgrund der kolonialen und rassistischen Kontexte denke ich, daß der Ausweg für inferiorisierte Gruppen aus diesem Dilemma nicht darin besteht, auf jede Form von Ethnizität zu verzichten. Wie John Rex, einer der Nestoren der britischen Ethnizitätsforschung, bekräftigt hat, wären kulturell definierte Gruppen auch noch in Demokratien notwendig. Selbst eine Gesellschaft, die die formale individuelle Gleichberechtigung unabhängig von askriptiven Merkmalen für sich verwirklicht hätte, könne nicht auf kulturelle Identitätsformen verzichten: zum einen, weil gerade kulturell definierte Kollektive in ausdifferenzierten Gesellschaften als intermediäre Organisationen zwischen Individuum und Staat vermitteln könnten; zum anderen, weil das Vertrauen in diese Netzwerke und ihre Formen der kollektiven Identifikation und Solidarität zur Absicherung und Erweiterung gleicher Rechte gerechtfertigter erscheint, als allein auf den Staat und seine parlamentarische Politik zu setzen (Rex 1996: 154). Außerdem sollte nicht vergessen werden, daß kollektive Identitäten, die auf Ethnizität, Geschlecht oder Klassenbewußtsein beruhen, in der Vergangenheit als politische Bewegungen positive Veränderungen in der Gesellschaft bewirkt haben (Steiner-Khamsi 1996: 368f.). Die

---

11 „Indochina" ist eine Wortkreation der französischen Kolonialverwaltung, um das Gebiet der heutigen Staaten Kambodscha, Laos und Vietnam zu bezeichnen. Geopolitisch gab diese Namensgebung den französischen Wunsch wieder, sich von diesem kolonialen Stützpunkt aus einen Zugang zum lukrativen chinesischen Markt zu verschaffen.

großen sozialen Bewegungen der Moderne gingen aus einer *notwendigen Fiktion* hervor, die an der Schnittstelle zwischen Identität und Politik gebildet wurden und in ihren Kämpfen an der strukturellen Transformation der Gesellschaft arbeiten.

In diesem Zusammenhang ist die grundlegende Kontroverse zwischen Henry Louis Gates und Tzvetan Todorov über die Verwendung des „race"-Begriffs in der Sonderausgabe des "Critical Inquiry" von 1985 unter dem Titel "'Race', Writing and Difference" zu erwähnen. Todorov, der aus einer egalitaristischen und universalistischen Position eines weißen Europäers argumentiert, möchte die Existenz von „Rassen" absolut negieren und die Anerkennung von „Rassenunterschieden" unter allen Umständen ablehnen (Todorov 1993: 89f.). Er kritisiert, daß Gates, der „Rasse" selbst als gefährliches Ideologiekonstrukt ansieht und daher diesen Begriff – für anglo-amerikanische Verhältnisse recht unüblich – nur mit Anführungszeichen verwendet, diese Position vertritt: „Wir müssen untersuchen, wie Schreiben und ethnische Zugehörigkeit zusammenhängen, wie Haltungen gegenüber unterschiedlichen ‚Rassen' literarische Texte von uns und über uns hervorbringen und strukturieren" (Gates 1993a: 87). Provokant fragt Todorov dann: „Wenn es keine unterschiedlichen ‚Rassen' gibt, wie können sie sich dann auf literarische Texte auswirken?" (Todorov 1993: 90), um daran anknüpfend seine eigentlichen Vorwürfe an Gates als rhetorische Fragen anzubringen: „Sagt er damit im Grunde nicht aus, daß der Inhalt eines Gedankens von der Hautfarbe des Denkens abhängig ist? Fällt er damit nicht dem Rassismus anheim, den er bekämpfen wollte? Wenn das nicht eine Form von kultureller Apartheid ist" (ebd.: 93).

Meiner Meinung nach fällt Todorovs rigorose Haltung nicht zuletzt so dogmatisch und apodiktisch aus, weil er die Kategorie der „Differenz" ohne persönliches und politisches Risiko aus einer gesicherten Position heraus betrachten kann. Während ihm der Kanon offensteht und er aus einem privilegierten, wenn nicht gar dominanten kulturellen Kontext heraus spricht, beharrt Gates darauf, daß es für Marginalisierte wichtig ist, Unterschiede zu markieren, um den spezifischen Kontext ihrer Texte und Artikulationen überhaupt wahrnehmen zu können (Gates 1993a). Wenn z.B. nicht erwähnt wird, daß Gates schwarz ist, würde mensch sich entweder die Frage nach seiner „Hautfarbe", d.h. seinem historischen und soziokulturellen Kontext, gar nicht stellen, weil sie unsichtbar bleibt und daher nicht auffällt. Oder der Lesende geht zumindest unbewußt davon aus, daß er weiß ist, weil die herrschende Norm in den bestehenden Diskursen eine solche Haltung als „vernünftig" erscheinen läßt. Die *Nicht-Repräsentation* im ersten Fall übergeht einen wichtigen Teil der Identität und Geschichte des Autors, obwohl die Struktur und der Inhalt seines Textes zwar nicht ausschließlich, aber sicherlich *auch* davon abhängig sind. Es sei denn, wir würden entgegen jeder seriösen Auffassung behaupten, daß „race", wie es im Anglo-amerikanischen verwendet wird, in heutigen westlichen Gesellschaften sozial, kulturell und politisch, oder kurz gesagt konstitutiv bedeutungslos sei. Zugespitzt formuliert würde diese Position bedeuten, daß die Negation seines spezifischen kulturellen Kontexts das Verstehen seiner Äußerungen offensichtlich be-, wenn nicht sogar entscheidend verhindert und er dadurch seiner Stimme beraubt wird. So gesehen würde der egalitäre Universalismus ihn benachteiligen, gerade weil die liberale „Farbblindheit" soziokulturell ungleich Situierte gleich behandelt und das Übergehen von strukturellen Machtverhältnissen neue Ungleichheit erzeugt.

Im zweiten Fall zeigt sich dagegen, daß die rationale Negation von Rassismus und der gute Willen alleine die historische Hegemonie eines europäischen Ethnozentrismus nur verdrängt hat, ohne seine Präsenz zu überwinden. Die Einladung zum Begräbnis des Rassismus wurde bereits vor seinem Todesfall verkündet, obwohl niemand bisher zuverlässig vorhersagen kann, ob der Todeskandidat überhaupt schon seinen Zenit überschritten hat. In beiden Fällen ist die *Negierung von Differenz ignorant* und, wenn es nach Gates ginge, auch neo-kolonial:

> „Todorovs Position ist ein gutes Beispiel für Houston Bakers Definition des ‚Rationalisten‘, der behauptet, er sei frei von Verallgemeinerungen und ideologischen Vorurteilen, während er doch eine Ideologie des Egalitarismus und Universalismus verfolgt, die das Echo der kritischen Stimme des Anderen ausblenden will. Warum sonst stellt er unseren Versuch, Literaturtheorien mittels unserer eigenen Bilder, Vorstellungen und Stimmen neu zu formulieren, so in Frage? Wie können wir je Theorien entwickeln, die unserer Literatur angemessen sind, wenn wir uns nicht von dem Diskurs der weißen Master und Meister ab- und zur kritischen Sprache des ‚black vernacular‘, der schwarzen Sprach- und Sprechgewohnheiten, hinwenden?" (Gates 1993b: 103f.).

Sicherlich kann diese Position in der Kürze dieser Verhandlung über ein so schwieriges Thema mißverständlich erscheinen und als neuer kultureller Ethnozentrismus mißdeutet werden. Um Gates nicht mißzuverstehen, sollte erwähnt werden, daß seine kritische Haltung vor einem allgemeineren wissenschaftstheoretischen Hintergrund formuliert wurde und nicht speziell egalitäre und universalistische Ideologien meint. Er verweist darauf, „daß hermeneutische Verfahren nicht universell, farbenblind, unpolitisch und objektiv sind ... Keine wissenschaftliche Theorie sei sie marxistisch, feministisch, post-strukturalistisch oder Kwame Nkrumahs ‚consciencism‘ – kommt ohne ihre spezifischen Werte und ohne Ideologie aus, wie verborgen sie auch immer sein mag" (Gates 1993a: 87). Bei dieser Gratwanderung kommt es auf die *Kunst der Unterscheidung* an, die dieses so wesentliche Moment in der doppelten Bedeutung von kritisch (hinterfragend/gefährlich) beleuchtet. Er schreibt daher: „Wir müssen lernen ‚in der anderen Sprache zu sprechen, ohne unsere eigene zu vergessen‘,[12] wie Jacques Derrida schreibt. Wenn wir durch einfache Umkehrung einen ebenfalls essentialistischen Begriff von ‚race‘ postulieren ..., dann geben wir zuviel auf: nämlich die Basis einer allen gemeinsamen Menschlichkeit" (Gates 1993a: 85).

Aufgrund der genannten Gründe möchte ich an ein Verständnis von Ethnizität[13] als eine *Wir-Gruppe* anknüpfen, die dieses „Wir" nicht voraussetzt und essentialisiert, sondern ihre einheitliche Substanz hinterfragt (Elwert 1989: 18f.). Eine auf dieser Maxime beruhende Revision des Ethnizitätsbegriffs, die ihn pluralisiert und für viele Erfahrungen und Stimmen öffnet, muß im Anschluß an Frederik Barth

---

12 Derrida 1985: 333.
13 Da der deutsche Begriff „Rasse" durch den Nazismus und seine Rassenpolitik besetzt ist, wird der weiter gefaßte anglo-amerikanische Terminus „race" mit „Ethnizität" übersetzt, der soziokulturelle Kriterien zuläßt und den Konstruktionscharakter anzeigt.

unmißverständlich klarstellen, daß Ethnizität keine Frage einer wie auch immer definierten statischen Merkmalsliste, sondern eine *Frage der Grenzziehung* ist, deren Bedeutungen dem sozialen Wandel unterliegen: "The critical focus of investigation from this point of view becomes the ethnic boundary that defines the group, not the cultural stuff that it encloses" (Barth 1969: 15). Nur so kann der Zusammenhang von Politik und kultureller Identität bei der Frage nach Ethnizität ins Zentrum des Diskurses gerückt werden. Dadurch kann die fortbestehende soziale Existenz und gesellschaftliche Wirkung einer rassistischen Fremdethnisierung bei der Konstruktion einer selbstbestimmten kulturellen Identität thematisiert werden, ohne daß die „Objekte" und Opfer weiter dazu genötigt werden, sich bei ihren Befreiungsversuchen auf diese rassifizierenden Konstrukte zu beziehen.

Ethnizität kann somit als zwei diametrale und doch zueinander in einer komplexen Beziehung stehende Seiten einer Medaille begriffen werden: Die sozial geprägte Realität ist durch die Geschichten des Kolonialismus, der Migration und der rassistischen Marginalisierung stärker fremdbestimmt, während die durch Eigensinn definierte kulturelle Realität selbstbestimmte Potentiale behauptet. Diese Realitäten bilden unterschiedliche Bereiche einer *zusammenhängenden Lebenswelt.* Ihr Verhältnis zueinander wird durch Konflikt, Aushandlung und Überlagerung ständig neu bestimmt. Daher muß ein Begriff von Ethnizität als vorgestellte Gemeinschaft, die auf Mythen, Konstruktionen und imaginativen Traditionen beruht (Lauré al-Samarai 2001: XV-XVII), nicht grundsätzlich zu einer Auffassung von ethnischer Identität, die darin eine Artikulation kollektiver Erfahrungen, kultureller Gemeinsamkeiten und gemeinsamer Herkünfte erblickt, in einem Widerspruch stehen. Eine Unterscheidung zwischen „schwarz" (black) und „Schwarzsein" (Blackness), wie sie Manning Marable trifft, benennt diese beiden unterschiedlichen Seiten der Ethnizität, die eine ethnisierte und eine kulturelle Identität in sich anerkennt. Die politisch relevante Identität ist kulturell und nicht ethnisch definiert (Marable 1992: 295).[14] Entscheidend ist die Position des sprechenden Subjekts und seine gesellschaftliche Situierung. Je nachdem wo der Einzelne steht und in welchem Kontext sich seine Aussage bewegt, findet eine Verschiebung der Bedeutung von Ethnizität statt, weil die Differenz jeweils anders gesetzt wird.

Ebenso wie der Begriff der Ethnizität selbst in „postmodernen" Zeiten nicht obsolet geworden ist, ist auch an der Vorstellung von gemeinsamen Erfahrungen und Geschichten festzuhalten, obwohl sie immer wieder konstruiert und rekonstruiert werden müssen und sich in ihnen ein interpretativer *Spielraum* auftut. Aus diesen Gründen plädiere ich für ein nicht-determiniertes und doch erkennbares, offenes und doch strukturiertes, dynamisches und doch nicht beliebiges Geschichtsbild. Trotz der beunruhigenden historischen Parallelen zwischen den heutigen Formen des Rassismus und den zurückliegenden Kontroll- und Unterdrückungspraktiken der europäischen Kolonialmächte wäre es ein grober Fehler, wenn die bedeutenden Verschiebungen der Diskurspraktiken im Raum-Zeit-Kontinuum nicht beachtet werden. Selbst wenn die heutigen postkolonialen MigrantInnen sich als

---

14 Vgl. hierzu auch Kapitel 3 „Ethnische oder nationale Kulturen und Identitäten zwischen Primordialismus und Diskurs" bei Bader 1995: 91-113.

Nachkommen der in einer früheren Epoche Kolonisierten verstehen, können die aktuellen Erfahrungen mit rassistischen und sexistischen Praktiken den vorausgegangenen nur ähneln, ohne ihnen jemals zu entsprechen. Ebensowenig können die jetzigen Orte der Migration im Herzen der Metropolen identisch mit den Plantagen und Bergwerken des Kolonialismus in der Peripherie sein. Genauso wie die Orte durch den Wandel der Zeit und die darin eingeflochtenen sozialen Machtkämpfe des Subalternen um das Politische in Bewegung geraten sind, so haben sich auch die Praktiken der hegemonialen Mächte – zum Teil widerspenstig und unter politischem Zwang, zum Teil auch aus rationalen Erkenntnissen und pragmatischen Überlegungen heraus – mit dem Ort der Konfliktaustragung verändert und ihr Modus „zivilisiert". Trotzdem ist immer dann mit der Möglichkeit eines zivilisatorischen Rückfalls zu rechnen, wenn das Schreckgespenst der Barbarei sein Haupt in bestimmten Momenten weiterhin aus dem Schoß der Moderne erhebt. Letztlich kehrt die Geschichte niemals zurück, sie kann sich, wenn überhaupt, nur neu wiederholen.

Bisher hat das Postulat einer unumstößlichen historischen Kontinuität ein totalitäres Geschichtsbild gefördert. Selbst gegensätzliche Entwicklungen wurden darin nur als unterschiedliche Versionen der einen zeitlosen und übermächtigen Struktur begriffen. Das Gegenmodell einer völligen Fragmentierung des Geschichtsbildes ist ebenfalls bedenklich. Es zeichnet die Geschichte als ein bezugloses Sammelsurium mit absoluten Brüchen und Neuanfängen. Die Geschichte wird so zu einer beziehungslosen Kette einander zufällig ablösender Zeitepochen verwandelt. Im Gegensatz zu diesen Vorstellungen ist Geschichte als eine *kollektive Erzählung* über uns selbst mit ihren fiktiven und realen Anteilen zu denken, die nicht von unseren sozialen und kulturellen Kontexten getrennt werden kann. In dieser von unterschiedlich denkenden, fühlenden, handelnden und sich widerstreitenden menschlichen Subjekten geschaffenen Welt sind es diese kollektiven Kontexte, die, obwohl sie jeweils spezifische Erfahrungen zu einer bestimmten Zeit an einem bestimmten lokalen Platz von einer bestimmten Perspektive aus artikulieren, uns auch immer mit anderen Geschichten, anderen Quellen der Erinnerung und ihren sozialen Erfahrungen verbinden. Es ist also nicht so, daß die heutigen MigrantInnen in den Fußstapfen der Kolonisierten stehen; vielmehr ist davon auszugehen, daß ihre Füße über eigene Positionen verfügen. Doch wenn wir zurückblicken, werden wir verwischte und dennoch sichtbare Spuren aus der Vergangenheit erkennen, die eine Brücke zwischen dem Hier und Heute und „unserem" anderen Leben an einem vergangenen Ort schlägt. Diese Szenerie stellt eine memorierte Aufzeichnung dar, mit der kollektive *Geschichte als gemeinsames Reisen* inszeniert werden kann. James Clifford fand für diesen Gedankengang diese lesenswerte Form:

"If we rethink culture and its science, anthropology, in terms of travel, then the organic, naturalizing bias of the term culture – seen as a rooted body that grows, lives, dies, etc. – is questioned. Constructed and disputed historicities, sites of displacement, interference, and interaction, come more sharply into view" (Clifford 1992: 101).

Genauso wie der Weg die beiden Enden und alle dazwischenliegenden Glieder kontinuierlich miteinander verbindet und als verstreute Teile eines Ganzen zusammenfügt, macht die zurückgelegte Distanz durch den zeitlichen Abstand und die räumliche Entfernung auch deutlich, daß jede Bewegung Veränderungen hervorruft. Reisen als Erinnerungsarbeit ermöglicht eine Wiederentdeckung der Vergangenheit, aber keine wirkliche Rückkehr in die vorgestellte Heimat. Sie verbindet uns auch mit Stätten der anderen Geschichte wie der *Middle Passage*, dem *Pfad der Tränen*, *Angel Island* oder *Solingen*. Zu reisen bedeutet daher nicht nur Aufbruch, nomadisches Weiterziehen und neue Ziele ansteuern, sondern auch zu wissen, woher wir kommen. In diesem Sinne sind wir Menschen situiert, weil wir aus einer bestimmten Geschichte kommen, in ihr stehen und weil diese Geschichte viel über uns aussagt, ohne uns jedoch jemals gänzlich repräsentieren zu können.

Jede noch so fortschrittliche Identitätspolitik, die sich auf eine ursprüngliche Substanz in einer fernen Vergangenheit berufen muß, baut ihre Grundlagen auf eine ideologische Fiktion auf. Aufgrund fehlender Selbstreflexivität mündet sie letztlich in ein Verschweigen. So hat z.B. Jean Ziegler in seinem Buch „Der Sieg der Besiegten" eine politische Perspektive beschworen, in der sich die Einheit des kulturellen Widerstandes auf der emanzipatorischen Kraft anti-imperialistischer Bewegungen gründet. Zur Rechtfertigung zog er den Mythos einer nicht entfremdeten, authentischen Identität und einer kollektiven Geschichte des Leidens heran (Ziegler 1992: 352ff.). Damit übergeht er die Erkenntnis, daß jede transzendentale Einheit unwiderruflich obsolet geworden ist, da Menschen nie einzig als Opfer und damit automatisch als gute Menschen vorausgesetzt werden können. Wir befinden uns in einer Welt, in der die rückwärtsgewandte Suche nach Traditionen und vormodernen Ritualen keine homogenen Gemeinschaften und kollektiven Sinnstiftungen mehr begründen kann. Solche Formulierungen repräsentieren viel mehr die in den Metropolen unerfüllten Sehnsüchte nach Befreiung, als daß sie die Kulturen und Menschen der Peripherie ausdrücken:

> „Mich verblüfft die Identitätskraft der Völker in der Peripherie. Von woher kommt diese Stärke? Warum sind diese Menschen so solidarisch? Worauf beruht die Frische ihrer Lieder? Die Farbe, die Ausdruckskraft, die Emotion ihrer Musik? Wie ist ihre so ausgeprägte Lebenslust, ihre unausrottbare Zuversicht zu erklären?" (Ziegler 1992: 34).

Oder um es in der pathetischen Sprache seines Buchtitels zu formulieren: Dieses „Wir" ist polyphon und unrein und je nachdem, auf welchem sozialen, kulturellen oder politischen Feld wir uns bewegen, sind wir *Sieger und Besiegte zugleich*. So haben auch die Kolonisierten, MigrantInnen und Frauen kulturelle Orte und symbolische Praxen entwickelt, die nicht nur das kulturelle Überleben ermöglicht haben. Darüber hinaus haben sie letztlich auch die Signaturen und Repräsentationen der Weißen Herrenkultur mit der *umcodierenden Guerillataktik* der Kontamination, der Karnevalisierung und Kreolisierung an den Rand der Schizophrenie getrieben. Die Grundlagen dieser neuen Identitätspolitik und darauf beruhende diskursive Selbst-Repräsentationsstrategien werde ich im jetzt folgenden ausführlicher erläutern.

## Neue Identitätspolitik und die Anerkennung der Differenz

Das „Ende der Unschuld" (Hall) zwingt zu einem nachhaltigen Umdenken, in der die Anerkennung der Singularität der Subjekte, ihrer sozialen Positionen und kulturellen Einschreibungen Grundlage der Identitätsbildung sind. Schwarze Ethnizität, die sich nicht als einfache Umkehrung des Rassismus begreift, sondern gänzlich aus der binären Opposition heraustreten will, kann nicht mehr ihren historisch vielfältig überlagerten Konstruktionscharakter ableugnen und auf das von Natur aus gute einheitliche schwarze Wesen verweisen.

> „Doch diese Erkenntnis schließt ein, daß eine solche Ethnizität nicht, wie es das Englischsein war, dazu verdammt ist, nur durch Marginalisierung, Enteignung, Verdrängung und das Vergessen anderer Ethnizitäten zu überleben. Dies ist genau eine Politik, die auf Differenz und Verschiedenheit basiert" (Hall 1994: 23).

Noch bevor wir genauer auf eine Politik der Differenz als eine Politik der kulturellen Identität eingehen, sind einige kritische Anmerkungen als Einstieg notwendig. Wenn im folgenden hauptsächlich der Versuch unternommen wird, die Chancen und Möglichkeiten einer Kulturpolitik von einem marginalisierten Standpunkt aus auszuloten, darf dabei nicht vergessen werden, daß sich politische Strategien, die auf Identität basieren, immer auf einer Gratwanderung befinden. Ohne *angemessene Balance* zwischen Autonomie und Mainstream, Geschichte und Rekonstruktion, Differenz und Gleichheit, Individuum und Kollektiv, deren Verhältnisse zueinander jeweils nur in einem konkreten Kontext ausgehandelt werden können, droht die Gefahr, jenes kritische Moment zu verfehlen, das der Identitätspolitik erst gesellschaftliche Sprengkraft verleiht. Identität alleine oder Kulturpolitik an sich bieten keine ausreichende Gewähr für kritisches Denken oder ein emanzipatorisches politisches Projekt. Aber ohne historische Subjekthaftigkeit, die Identität immer wieder kulturell und politisch neu konstruieren muß, ist keine Politik als soziale Bewegung *vorstellbar*. Statt klassenbewußte, schwarze, weibliche, schwule und lesbische Subjekte als natürliche Garanten für die *richtige* Politik zu nehmen, ist es inzwischen wichtiger geworden, nach politischen Inhalten zu fragen, die von ihm oder ihr artikuliert werden (Gilroy 1996: 224ff.). Eine prägnante Formulierung dieser These kommt von Isaac Julien, der sich als junger, schwarzer, schwuler, britischer Filmemacher und Künstler in seiner Arbeit wiederholt mit der Repräsentation des schwarzen Subjekts auseinandergesetzt hat: "Blackness as a sign is never enough. What does that black subject do, how does it act, how does it think politically … being black isn't really good enough for me: I want to know what your cultural politics are".[15]
Stuart Hall, der in den letzten 40 Jahren unter anderem Herausgeber der "New Left Review" sowie Direktor des Centre for Contemporary Cultural Studies in Birmingham war und heute als Professor für Soziologie an der Open University (London) tätig ist, hat mit seinen Beiträgen immer wieder in die britische Diskussion um Politik und Kultur eingegriffen. Seine Werke werden im Gegensatz zu

---

15 Isaac Julien zit. nach Hall 1992: 32. Vgl. auch Juliens "Notes on De-Essentializing Black Identities" (1992).

anderen wichtigen Arbeiten aus dem postkolonialen Diskurs auch aufgrund von mehreren übersetzten Essaybänden und zahlreichen Aufsatzveröffentlichungen im deutschen Sprachraum bereits seit Jahren breit rezipiert. Sie sind daher für den hiesigen Kontext von besonderer Relevanz. In seinen Arbeiten spiegeln sich neben seinen intellektuellen und wissenschaftlichen Qualitäten auch seine Erfahrungen als schwarzer Migrant aus Jamaika wieder. So erzählt Hall, daß es in den Alltagserinnerungen der Menschen in Jamaika bis zum Zeitpunkt eines schwarzen Selbstbewußtseins keine Schwarzen gab. Statt dessen existierte eine Unzahl von Schattierungen zwischen hell- und dunkelbraun. Es gab kein einfaches Entweder-Oder-Raster für die Identität eines Menschen, sondern nur die Spiegelung der Uneindeutigkeit, der in der Kreolisierung von Menschen und Kulturen erzeugten Ambivalenz. Daher haben sich die karibischen Konzepte schwarzer Identitäten für die Individuen und Gemeinschaften in den letzten Jahrzehnten immer wieder verändert, neue Wendungen genommen und sich mit modernen Bedeutungssedimenten angereichert. Diese Identitäten wurden in ihre einzelnen Bestandteile seziert und dann verschiedenartig mit geänderten Facetten wieder zusammengesetzt. Aus diesen karibischen *Rekonstruktionen der Blackness* gingen zuerst Selbstbezeichnungen wie „West-Indian" hervor, die sich dann schließlich in „African", „Rastafarian" und „Afro-Caribbean" wandelten. In diesen multiplen Selbstbeschreibungen kommt die metaphorische Suche dieser Menschen nach *prä-kolonialen* Anknüpfungen zum Ausdruck. Sie versuchten über alle Unterschiede zwischen der Karibik und Afrika hinweg ein pan-afrikanisches Bewußtsein zu simulieren,[16] obwohl auch diese kulturellen Geographien letztlich nur imaginierte Landschaften darstellen. Anhand dieser Redefinitionen und Imitationen lassen sich auch Widersprüche und Brüche erkennen, denen schwarze Identitäten in der spätmodernen Migration ausgesetzt sind (Goulbourne 1993: 180ff.).

„Wenn das schwarze Subjekt und die schwarze Erfahrung nicht durch die Natur oder andere wesenhafte Garantien stabilisiert werden, dann müssen sie historisch, kulturell und politisch konstruiert sein – der Begriff, der dies bezeichnet, ist der der ‚Ethnizität'. Dieser Begriff erkennt den Stellenwert von Geschichte, Sprache und Kultur für die Konstruktion von Subjektivität und Identität an, sowie die Tatsache, daß jeder Diskurs plaziert, positioniert und situativ ist und jedes Wissen in einem Kontext steht. Repräsentation ist nur deshalb möglich, weil jede Ausdrucksweise immer innerhalb von Codes produziert wird, die eine Geschichte und eine Position innerhalb der diskursiven Formationen eines bestimmten Raumes und einer bestimmten Zeit haben" (Hall 1994: 21f.).

Ethnizität kann nach ihrer *Entmystifizierung* nur noch als imaginativer Selbstentwurf oder als vielfach zusammengesetzte kulturelle Identität verstanden werden. Sie ist als soziale Kategorie nicht mehr auf die Garantien natürlicher oder transzendentaler Entsprechungen angewiesen. Der Vorteil in diesem neuen Verständnis von Ethnizität liegt darin, daß sie keine Zwangsvergemeinschaftung und Repression erfordert, die mit der Bemächtigung des Subjekts unter dem Hinweis auf eine höhere

---

16 Frantz Fanon schrieb in dem Essay "West Indians and Africans" (1955): "In 1939 no West Indian in the West Indies proclaimed himself to be a Negro … In 1945 (the West Indian) discovered himself to be not only black, but a Negro" (zit. nach Mercer 1992: 430).

Macht einhergeht. Statt dessen nimmt Ethnizität eine *bestimmte* Position im gesell-schaftlichen Diskurs ein. Ethnizität als Identitätsposition bietet Raum für eine Ver-bindung zwischen verschiedenen sozialen Lebenspraxen, abweichenden Interpreta-tionen von Geschichte, Kollektivität und Kultur sowie die Anerkennung interner Widersprüche an. Als ein *Ort der Aushandlung* zwischen Gesellschaft, Community und Individuum müssen politische Loyalitäten und kulturelle Identitäten in diesem Dreieck zwischen gesellschaftlicher Determinierung und selbstbestimmter Aneig-nung immer wieder artikuliert und reartikuliert werden. Ethnizität ist keine angebo-rene Identität oder in uns schlummernde Eigenschaft, die als unser innerstes, wah-res Ich unter dem Meer der Entfremdung auf uns wartet. Sie stellt keinen verloren-gegangenen Kontinent des Bewußtseins dar, der wiederentdeckt werden könnte, sondern ein Konstrukt, das in Auseinandersetzung mit gesellschaftlichen Antago-nismen und kulturellen Repräsentationen ständig neu geschaffen wird.

Auf Naturkonstrukte und die Unhintergehbarkeit der Metaphysik zu verzichten, bedeutet jedoch nicht das Feld der Identitätskonstruktionen dem freien Spiel der Signifikanten zu überlassen. Wie die indoamerikanische Literaturwissenschaftlerin Gayatri Spivak feststellt, kann die Konstruktion kultureller Identität *keine gänzlich freie Wahl* sein, da die Existenz kolonialistischer, sexistischer und rassistischer Zwänge unserer jeweiligen Definition von Identität vorausgeht und wir in einer Geschichte stehen, die uns unabhängig von unseren willentlichen Entscheidungen positioniert hat. Spivak, die in ihrem feministischen Denken Marx mit Derrida ver-bindet, macht uns darauf aufmerksam, daß der Spielraum zur Aushandlung von Identität für marginalisierte Subjekte beschränkt ist. Identität ist demnach ein Kon-strukt, das uns vorausgeht, weil wir in ihr von der *Geschichte, die uns schrieb*, und der *Sprache, die uns benannte*, eingesetzt werden:

> "We are inserted to it, and, without intent, we 'make it our own' … You are written into these uses of essence. This is the strategy by which history plays you, your language plays you … It's not a question of choosing the strategy".[17]

Daher begreift sie auch die dekonstruierte Identität als einen auf gegebenen Erfah-rungen und Wahrnehmungen gegründeten *„strategischen Essentialismus"*,[18] der auf Praktiken kollektiven Wissens beruht und nicht beliebig zu besetzen ist. Als eine strategische Position, die aus der Notwendigkeit des Subalternen entsteht, ihr offensichtliches politisches Interesse an gesellschaftlichen Veränderungen einzukla-gen, ist sie unter den bestehenden Verhältnissen vielfach noch unverzichtbar:

> "I have the feeling that, historically, nothing could have been done to intervene in the dominated field of mainstream popular culture, to try to win some space there, without the strategies through which those dimensions were condensed onto the signifier 'black'. Where would we be, as bell hooks once remarked, without a touch of essentialism" (Hall 1992: 29).

---

17 Spivak 1993: 6f. zit. nach Georgi-Findlay 1995: 168.

18 Ganz ähnlich argumentiert auch ihr Kollege Edward Said: "No one can deny the persisting continuities of long traditions, sustained habitations, national languages, and cultural geo-graphies, but there seems no reason except fear and prejudice to keep insisting on their separation and distinctiveness, as if that was all human life was about" (Said 1994: 336).

Längerfristig müssen wir uns aber der Frage stellen, wie marginalisierte Subjekte ohne die Sicherheit einer essentialistischen Ideologie erfolgreich Politik treiben können. Auf Dauer führt das ontologische Beharren auf einer schwarzen Andersartigkeit in die Isolation oder Bedeutungslosigkeit und versperrt den Weg in die Gesellschaft. Daher müßte „Ethnizität zugleich ein Mittel sein, sich gegen die zugeschriebene Andersheit zu wehren, und das Ergebnis einer Politik des Kulturellen und der Identität, in der die gemeinsamen Erfahrungen und nicht die Vorfahren betont werden" (Anthias 1992: 93). Eine wichtige Forderung für eine zeitgemäße Politik der kulturellen Identität müßte sicherlich lauten, schwarze Identitäten und Subjekte für gesellschaftliche Auseinandersetzungen zu öffnen, was die Fähigkeit zur Einforderung und Durchsetzung gesellschaftlicher Partizipation voraussetzt.

Neben der Konstrukthaftigkeit von Ethnizität gilt es in einem zweiten Schritt anzuerkennen, daß durch Geschlecht, Klasse und Ethnizität bestimmte Kollektividentitäten sich durch die umwälzenden Transformationen der Spätmoderne in einem *anhaltenden Erosionsprozeß* befinden. Obwohl sie immer weniger alleine die gesellschaftliche Verortung und das subjektive Selbstverständnis des Individuums definieren können, hat sich an der Notwendigkeit oder dem Bedürfnis nach einer Orientierung im Verhältnis zwischen Subjekt und Gesellschaft wenig verändert. Die kulturelle Identität des Schwarzen Subjekts ist ohne den Zusammenhang von sozialem Geschlecht, gesellschaftlicher Stellung und einer ambivalenten Historie, die der Kolonialismus/Rassismus diktierte, nicht länger vorstellbar. Sicherlich stehen diese unterschiedlichen Identitätsanteile selten harmonisch zueinander. Eher verursachen sie Unsicherheit und Widersprüche in uns selbst, die es im Namen der Selbstanerkennung anzunehmen gilt. Solche modernen Subjekte sind aber nicht dazu verurteilt, sich mit dem Bewußtsein ihrer gespaltenen Persönlichkeit ins Private zurückzuziehen. Im Gegenteil, eine solche komplexe Identität, die den gesellschaftlichen Antagonismen und Herrschaftsverhältnissen gerecht wird, ermöglicht erst die Kunst der unterschiedlichen Aushandlung und genauen Wahrnehmung. Je nachdem in welchem Kontext, in welcher politischen Situation wir uns bewegen, müssen wir uns neu entscheiden, neue Bündnisse schließen und das Andere in uns befragen. Diese Identitätspolitik in der Differenz verlangt von uns *mehr*, als nur das Bewußtsein auf der richtigen Seite zu stehen. Sie stellt das Subjekt wieder in das Zentrum des Denkens, des politischen Handelns und der gesellschaftlichen Veränderungen. Kulturelle Identität als diskursiver Entwurf ist etwas Prozeßhaftes, das durch permanente Herausbildung keinen gesicherten Endzustand kennt. Sie ist etwas, das aus einer bestimmten Position heraus spricht, sich wie die Subjektivität selbst neu konfiguriert und nur durch *fließende Grenzen* von den Anderen getrennt ist. Diese Differenz ist, da sie den Rahmen der binären Opposition sprengt und darüber hinausgeht, nicht wie im rassistischen Nationalstaat unaufhebbar, starr oder unversöhnlich, sondern positional, konditional und konjunkturell strukturiert. Zugleich ist Differenz im Sinne Halls, obwohl sie keine feste Eindeutigkeit besitzt, instabil ist und sich in Bewegung befindet, kein postmodernes Spiel der Bedeutungen in ihrer endlosen Beliebigkeit, das jedes politischen Sinngehaltes enthoben ist, sondern positioniert (Hall 1994: 32ff.).

Die Anerkennung der Differenz ermöglicht einen fundamentalen Umwertungs-prozeß. In dem Maße, in dem die kulturelle Differenz nicht mehr als Zeichen der Ungleichheit, Unterordnung und Minderwertigkeit mißbraucht wird, kann sie zu einem dynamischen Ort des politischen Selbstbewußtseins, des Sprechens und der Selbstermächtigung werden. Deshalb ist sie in der Lage, die Möglichkeiten für eine kritische und solidarische Politik des Lokalen, einen Kampf gegen Sexismus, Rassismus und Klassengesellschaft zu eröffnen.

> „Dies ist eine Politik, die darin besteht, Identität in der Differenz zu leben – eine Politik, die anerkennt, daß wir alle durch verschiedene Kategorien, durch verschiedene Antagonismen komplex konstruiert sind, und daß diese uns einen gesellschaftlichen Platz in vielen Positionen der Marginalität und Unterordnung zuweisen können, ohne daß sie genau in derselben Weise auf uns einwirken. Dies bedeutet anzuerkennen, daß jede Gegenpolitik des Lokalen, die versucht Menschen gerade aufgrund der Verschiedenheit der Identifikationen zu mobilisieren, ein positional geführter Kampf sein muß. Es ist der Beginn eines Antirassismus, Antisexismus, Antiklassismus" (Hall 1994: 84).

Bei dieser Politik des Lokalen geht es um eine Politik, die sich in und durch Widersprüche artikuliert und dabei trotzdem zur Intervention befähigt bleibt. Es handelt sich um eine Form der Politik, die ohne die illusorische Hoffnung auf eine Weltrevolution durch „die Verdammten dieser Erde" (Fanon) auskommt. Eine Identitätspolitik, die ohne letzte Wahrheiten und Sicherheiten eines mit sich selbst identischen Kollektivs operiert, erweitert unsere Reflexionsfähigkeit und Handlungsmöglichkeit. Diesen Anspruch vieler postkolonialer Theorieansätze in der politischen Praxis umzusetzen, ist eine Herausforderung, die noch auf ihre Einlösung wartet.

Der politische Skandal in den USA um den schwarzen konservativen Richter Clarence Thomas, der beschuldigt wurde, seine damalige schwarze Mitarbeiterin Anita Hill sexuell genötigt zu haben, zeigt eine *ungewohnte Unübersichtlichkeit*, die durch ambivalente Identitätskonflikte im Individuum selbst und Koalitionen über Geschlechts-, Klassen- und Ethnizitätsbarrieren hinweg gekennzeichnet ist.[19] Dieser Konflikt zeigt eine politische Landkarte auf, die nicht durch eine gesellschaftliche Verwerfung, sondern durch die Differenz unterschiedlicher Antagonismen mit ihren überraschenden Schnittflächen geprägt ist.

> „Einige Schwarze unterstützen Thomas aus ‚rassischen‘ Gründen, andere bekämpften ihn aus geschlechtsspezifischen Gründen. Schwarze Frauen waren gespalten, je nachdem, ob ihre ‚Identitäten‘ als Schwarze oder als Frauen den Ausschlag gaben. Ebenso waren schwarze Männer gespalten, je nachdem, ob ihr Sexismus oder ihr Liberalismus überwog. Weiße Männer waren es nicht nur je nach ihrer politischen Haltung, sondern auch danach, wie sie sich selbst gegenüber Rassismus und Sexismus identifizierten. Weiße konservative Frauen unterstützten Thomas nicht nur aus politischen Gründen, sondern auch aufgrund ihrer Gegnerschaft zum Feminismus. Weiße Feministinnen, meist liberal in Bezug auf die ‚Rasse‘, bekämpften Thomas aus geschlechtsspezifischen Gründen. Und weil Richter Thomas ein Mitglied der juristischen Elite ist und Anita Hill zum Zeitpunkt des angeblichen Vorfalls eine Angestellte in der Ausbildung war, wirkten ebenso Fragen der sozialen Klassenposition mit in die jeweiligen Argumentationen hinein" (Hall 1994: 186).

---

19 Vgl. hierzu auch hooks (1994a: 101ff.) und Tischleder (1995).

Wir werden allerdings einen falschen Begriff von kultureller Identität entwickeln, wenn wir Einheit durch Differenz ersetzen und nicht die *Synthese* aus Differenz und Gemeinsamkeit suchen. In dieser „einen gemeinsamen Erfahrung", die trotzdem niemals gleich war, sind nun auch Differenzen und Diskontinuitäten sichtbar. In diesem Sinne formieren sich kulturelle Identitäten durch Gemeinsamkeiten und Kontinuitäten *und* durch Differenzen und Brüche. Kulturelle Identität ist als eine Positionierung zu verstehen, die einerseits durch die Ambivalenz der gesellschaftlichen Verhältnisse bestimmt wird und andererseits aus den polymorphen Zusammensetzungen von Kultur und Ideologie sowie aus der eigenwilligen Rekonstruktion von Geschichte besteht.

> „Die Vergangenheit spricht weiterhin zu uns. Doch da unsere Beziehung zu ihr, wie die Beziehung des Kindes zur Mutter, immer schon eine ‚nach der Trennung' ist, spricht sie uns nicht als einfache, faktische ‚Vergangenheit' an. Sie wird immer durch Erinnerung, Phantasie, Erzählungen und Mythen konstruiert. Kulturelle Identitäten sind die instabilen Identifikationspunkte oder Nahtstellen, die innerhalb der Diskurse über Geschichte und Kultur gebildet werden" (Hall 1994: 30).

Anhand seiner karibischen Heimat versucht Hall ihre seit der kolonialen Neuzeit globale Hybridkultur, die von Anfang an keinen Monismus kannte, durch ihre historischen Bezüge neu zu erschließen. Mit den Begrifflichkeiten von Aimé Césaire und Léopold Senghor, den Theoretikern der Négritude, werden in einem genealogischen Verfahren die verschütteten Herkünfte freigelegt, die für die karibische Kultur bis in die heutige Situation auf ihre spezifische Weise prägend geblieben sind.[20] Die *afrikanische Präsenz* war durch die traumatischen Erfahrungen der Deportation, Sklaverei und Kolonisation nicht unmittelbar zu repräsentieren. Als unaussprechliche Artikulation der kulturell Enteigneten, die Fanon „Menschen ohne Ufer, ohne Grenzen, ohne Farbe, Heimatlose, Nicht-Verwurzelte, Engel" (Fanon 1981: 185) nannte, wurde sie ein Ort des Verdrängten, obwohl die afrikanischen Ursprünge in den weniger herrschaftsförmig zugerichteten Nischen der Alltagskulturen präsent und lebendig blieben. Das so lange Zeit verborgene Afrika kehrte erst in den 1970er Jahren über Rastafari-Kult und Reggae-Musik als bewußte Erinnerung in das kollektive Gedächtnis zurück. Aber es war nicht das vorkoloniale Afrika, zu dem es keine Rückkehr gibt; dieses neue Afrika konnte nur eine symbolische Metapher für die unerfüllten politischen Hoffnungen und Sehnsüchte sein. Ihre Präsenz verbindet die Karibik mit Afrika zu einer imaginären Gemeinschaft, die durch eine Wiederentdeckung des „dunklen Kontinents" rekonstruiert wurde. Es ging um die Revision der kolonialistischen Urteile jener bürgerlichen Aufklärer, die den Terror einer gespaltenen Vernunft, den Ausschluß des Anderen aus der Vernunft zur Schattenseite eines eurozentrischen Universalismus erhoben. Diese historische Verkettung im Zeitalter der anbrechenden „Morgenröte der kapitalistischen Produktionsära" (Marx) hatte im Glauben an die eigene Ratio-

---

20 Obwohl Hall sich auf die „großen" Präsenzen in der karibischen Kultur beschränkt, ist ihm doch bewußt, daß darüber hinaus noch weitere lokale Präsenzen existieren, die wie die indische für Trinidad, die chinesische für Kuba oder die libanesische für Belize von Bedeutung sind.

nalität Europa zum einziggültigen Ziel eines evolutionären Zivilisationsprozesses erklärt. Das ideologische Terrain des kolonialistischen Expansionismus wurde maßgeblich durch eine fortschrittsergebene Aufklärung vorbereitet. Während Hume, Voltaire, Kant, Hegel und andere Masterminds den Weltenlauf im Takt des Eurozentrismus im Geiste kultivierten, setzte der Kolonialismus als praktische Fortsetzung dessen die „zivilisatorische Mission im Dienste der Menschheit", die Erziehung zur (Zwangs-)Arbeit, in die Tat um. Zur Geschichte der europäischen Aufklärung gehören auch ihre Verbrechen insbesondere gegenüber AfrikanerInnen, die wie selbstverständlich als minderwertig und geschichtslos gebrandmarkt wurden. In der Hegelschen Diktion wurde dieser *Rufmord* laut: „Jenes eigentliche Afrika ist, soweit die Geschichte zurückgeht, für den Zusammenhang mit der übrigen Welt verschlossen geblieben; es ist das in sich gedrungene Goldland, das Kinderland, das jenseits des Tages der selbstbewußten Geschichte in die schwarze Farbe der Nacht gehüllt ist".[21]

Diese symbolischen Wiederentdeckungsreisen zu den historischen „Heimatorten" und Zwischenstationen durch Raum und Zeit beginnen und enden notwendigerweise in der gegenwärtigen Realität, wo diese Erzählungen ihren Ausgang nahmen. In den Worten der vietnamesisch-amerikanischen Feministin Trinh Minh-ha kann Identität als ein *fortdauernder Transit* der kulturellen Umbrüche und Übersetzungen aufgefaßt werden, bei dem wir niemals ans Ziel gelangen, niemals eine völlige Übereinkunft mit uns selbst erreichen, da Identität wie Differenz sich „immer im Prozeß des Werdens und des Niemals-Sein" (Hutcheon 1994: 165) befinden: "Identity is a way of re-departing. Rather, the return to a denied heritage allows one to start again with different re-departures, different pauses, different arrivals".[22]

Obwohl die karibische Identität eine schwarze ist, läßt sie sich nicht verstehen, wenn die tiefen Einschnitte der *europäischen Präsenz* unberücksichtigt gelassen werden. Europa zwang sich in einem kontinuierlichen Gewaltakt, in der sie die vernichtende Macht einführte und Herrschaftsansprüche durchsetzte, der Karibik auf und drückte ihr unauslöschbar ihren kolonialisierenden Stempel auf.

> „Es ist die europäische Präsenz in Form von Kolonialismus, Unterentwicklung, Armut und Rassismus gegen Farbige. die innerhalb ihres dominanten Repräsentationsregimes das schwarze Subjekt positioniert hat: Im kolonialen Diskurs, dem der Abenteuer- und Entdeckungsliteratur, dem über die Romantik des Exotischen, im Auge des Ethnographen und Reisenden, in den Topoi des Tropischen im Tourismus, den Reiseführern und in Hollywood, und in den gewalttätigen und pornographischen Sprachen des Ganja und der städtischen Gewalt" (Hall 1994: 38).

---

21 Hegel 1970: 120 zit. nach Melber 1989: 33. Siehe auch die Arbeiten von Patrick Brantlinger (1985) und Mary Louise Pratt (1985), die dem Mythos des „dunklen Kontinents" in der europäischen Wahrnehmung Afrikas nachgehen. Vgl. zu einer Archäologie des afrikanischen Wissens auch Dismas Masolo (1992), der die Geschichte und Modernität afrikanischer Philosophie herausstellt, oder Sophie Oluwole (1992), die sich mit dem spezifisch Afrikanischen an der Philosophie auseinandersetzt, und andere Aufsätze aus dem von Nagl-Docekal/Wimmer herausgegebenen Band „Postkoloniales Philosophieren: Afrika" (1992).

22 Trinh Minh-ha (1991) zit. nach Bronfen 1995: 9.

Die Gewalt der europäischen Präsenz entfaltete nicht nur äußerliche Wirkung, sondern drang so weit in den Körper und in die kolonisierte Identität ein, daß der Kolonisierte, unter dem auf ihn herrschenden Druck aus Wissen und Macht, die Bedeutung seiner Selbst aufspaltete und verdoppelte. Durch diese innere Kolonisierung, die sich in der Selbstentfremdung und der gleichzeitigen Identifikation mit dem Kolonisator ausdrückt, begreift und erlebt sich das kolonisierte Ich als Anderen.[23] Das Europäische ist heutzutage noch präsent, jedoch meist in seinen kreolisierten und synkretisierten Formen, in denen Herrschaft und Widerstand, Abstoßung und Anziehung, Vergessen und Erinnerung Hand-in-Hand-Gehen. Die Widersprüchlichkeit der europäischen Einschreibung der karibischen Identität ist bisher als unbeantwortetes Erbe erhalten geblieben.

Die letzte Präsenz der „Neuen Welt" kennzeichnet den *leergefegten* Ort des ungleichen Zusammentreffens der Ermordeten und Verschleppten mit ihren neuen europäischen Herren.[24] Diese Leere ist Ausdruck einer Unsichtbarkeit, die historisch hergestellt und mit der Amnesie des Siegers zugeschüttet wurde.

„Kolonisierte Gruppen werden durch Machtmittel und Gewalt zu Teilen der neuen Gesellschaft gemacht; sie werden erobert, versklavt und vertrieben. Die ‚Dritte-Welt-Formulierung' ist also eine scharfe Attacke auf den Mythos, daß Amerika das Land der Freien sei. Die Dritte-Welt-Perspektive führt uns zu den Ursprüngen der amerikanischen Geschichte zurück und erinnert uns daran, daß diese Nation ihre Existenz dem Kolonialismus verdankt und daß es neben Siedlern und Einwanderern immer unterworfene Indianer und Sklaven gab".[25]

Die amerikanische Präsenz vereinigt in sich die Geschichten des Völkermords und der Vertreibung an den Autochthonen, der Versklavung der aus Afrika Deportierten, aber auch der Arbeitsmigrationen asiatischer Kulis. Daher ist sie vor allem ein Terminus für die Erfahrung der Migration. In diesem Entwurzelt-Sein steht sie für die Erlebnisse in der Zwischenwelt, die ohne feste Verankerung und Erlösungsversprechen ihr Ziel zu suchen hat.

„Die Neue Welt steht für die endlosen Wege, auf denen die karibischen Völker zur Migration bestimmt wurden. Sie ist zum Signifikanten für die Migration selbst geworden, für das Reisen, Unterwegs-Sein und für die Rückkehr als gemeinsame Erfahrung und Bestimmung, für den Antillaner als den Prototypen des Nomadentums der modernen oder postmodernen Neuen Welt, der sich ständig zwischen dem Zentrum und der Peripherie hin und her bewegt" (Hall 1994: 39f.).

Die karibische Ausgangskultur selbst ist fern jeder homogenen transhistorischen Essenz aus einem Konglomerat unterschiedlicher Erzählungen, Vorstellungen und Mythen zusammengefügt.

---

23 Diesen Prozeß der inneren Kolonisierung beschreibt Fanon in einer eindringlichen Sprache im Anfangskapitel „Von der Gewalt" (Fanon 1981: 31-48).

24 „Die riesigen, unbevölkerten Länder Amerikas sind fruchtbar und zur Ansiedlung geeignet, denn sie sind bar jeder bürgerlichen Einwohnerschaft, es gibt hier nur wilde und unzivilisierte Menschen, die hin- und herziehen – kaum anders als die wilden Tiere des Landes" (William Bradford in Jacobs u.a. 1975: 33 zit. nach Heckmann 1992: 69).

25 Blauner 1976: 70 zit. nach Heckmann 1992: 70.

Es sind „Orte der Phantasie, an denen die Konflikte der Migration ausgetragen werden. Aber diese Orte, an denen sich das Verhältnis von Fiktion und Geschichte, von gesprochenem und geschriebenem Wort, von Weiblichkeit und Männlichkeit wandeln, sind verstreut und vielfältig wie die karibische Geographie" (Härtling 1994: 22).

Einer ihrer prominentesten, inzwischen mit dem Nobelpreis für Literatur (1992) ausgezeichneter Sprecher und Verdichter ist Derek Walcott, der auf St. Lucia als Nachfahrer afrikanischer, englischer und holländischer Vereinigungen geboren wurde, später „das Haus der Literatur als Hausboy betreten hat" und heute immer noch als „geteiltes Kind" (Walcott über Walcott) zwischen Boston und Trinidad pendelt.[26]

Die schwedische Akademie der Künste ehrte ihn „für eine Dichtung mit großer Leuchtkraft, getragen von einer historischen Vision, die aus einer multikulturellen Verpflichtung emporgewachsen ist. Die Akademie betonte, Walcotts fruchtbarste Inspirationsquelle sei die Mannigfaltigkeit seiner Situation. Drei Loyalitäten stehen für ihn im Mittelpunkt: die karibische Heimat, die englische Sprache und der afrikanische Ursprung. Im Werk von Derek Walcott verschmelzen diese Welten, ungeachtet der Zeit und des Raumes. Das ist seine Welt. Natur und Kultur paaren einander in seiner Poesie wie die gewaltigen Fluten der Geschichte, die ihn selbst seinen vielfachen Wurzeln entrissen und fernab seiner ursprünglichen Heimaten immer wieder in neue Terrains getragen hatten" (Kremser 1993: 205f.).

In „Omeros" (griechische Form von Homer), einer postmodernen karibischen Version der klassischen Ilias des griechischen Epikers, zeigt Walcott seine Meisterschaft darin, verschiedene Sprachen zu synthetisieren. So gelingt es ihm, das lokale französische Patois innerhalb einer Intertextur ins Standardenglisch zu übersetzen und mit dem englischen Patois, dem "Caribbean English", zu verbinden, ohne daß die kreolisierten Sprachen als fehlerhafte und lächerliche Comicsequenzen erscheinen. Mittels Heteroglossie (das Neben- und Ineinander unterschiedlicher Sprachen), Anagrammen („live"-„evil", „sacred"-„scared"), makkaronischen Versen (bilinguale Reime), Homologie und Paronomasie (Wortspiele mit gleich oder ähnlich lautenden Begriffen), lokalen Motiven und globalen Metaphern, sprachlichen Fragmentierungen und Neuschöpfungen, Arrangements in der Betonung und Dialogstruktur seiner Gedichte (Martens 1996: 30-35) findet er einen postkolonialen Ausdruck. Walcotts Sprache ist postkolonial, weil er Disparates miteinander in Beziehung setzen kann, ohne eine neue Hegemonie und neue Auslassungen zu erschaffen.

„Die große Leistung von Derek Walcott bestand darin, mit dem dunklen Tee britischer Kulturbevormundung die zuckrigen weißen Pillen der englischen Hochkultur zu schlucken, ohne kolonialer Engländer dunkler Hautfarbe zu werden. Seine zweite Leistung war es, die Hochkultur nicht nur zu nutzen, wie die karibischen Kulturen von ihr genutzt wurden, sondern sie zu übertreffen. Drittens gelang es ihm, den anderen Bereich seiner Sprach- und Kultursphäre, nämlich das englisch-französischstämmige Patois nicht von der Hochkultur, der Hochsprache zu trennen" (Martens 1996: 29).

---

26 Walcott zit. nach Iyer 1996: 9. Mehr zu seinen persönlichen Hintergründen im Interview mit Edward Hirsch (1996).

Das Label „postmodern", das manche westliche Literaturkritiker gern solchen Erzählkünsten als Einordnungsmerkmal anheften, verweist auf eine intertextuelle Collage als Grundstruktur. Diese soziale Intertextualität setzt sich aus Zitaten, historischen Archivmaterialien und der eigenen unerschöpflichen Phantasie zusammen. Als eine literarische Maskerade über Genregrenzen hinweg, springt sie zwischen Verstellung und Nachahmung, Täuschung und Tarnung, Ernst und Parodie. Weil solche Erzählungen in ihrem närrischen und grotesken Treiben keine eindeutige Grenzziehung zwischen Original und Kopie erlauben, hinterfragen sie letztlich Authentizität und Autorenschaft. Helen Tiffin, die zusammen mit Bill Ashcroft und Gareth Griffiths die wichtige Anthologie "The Empire Writes Back" (1989) veröffentlicht hat, spricht deshalb der postkolonialen Literatur eine unterminierende Kraft zu: "The processes of artistic and literary decolonization have involved a radical dismantling of European codes and a post-colonial subversion and appropriation of the dominant European discourses".[27]

Diskurs und Sprache sind nach Foucault (1980) weit mehr als nur kulturell-ästhetische Größen. Sie müssen vielmehr als tragende Säulen des Sozialen identifiziert werden, welche gesellschaftliche Kohärenzmacht und die Kräfte ihrer Verflüssigung absichern. Demnach stimuliert das Einwirken von Macht die Möglichkeiten der menschlichen Lustempfindung, formt das vorhandene Wissen und produziert die gegebenen Diskurse. Es greift damit tief in die menschliche Persönlichkeit ein, weil es unsere intimen Gefühle, unsere persönliche Wahrnehmung und unser individuelles Denken zu kolonisieren vermag (Ahrens 1995: 464ff.). Moderne Macht, auch in ihrer kolonialen Gestalt, ist in ihrer Vielschichtigkeit mehr als nur ausschließlich repressiv, sondern produziert diskursiv auch einen *Überschuß an Wissen*, der sich zu postkolonialen Gegendiskursen verselbständigen kann. Literatur, Sprache und Schreiben sind, wie andere kulturelle Praxen, reflexive Formen von Positionierung und Artikulation, die die Grundlagen des heutigen Postkolonialismus als theoretischen Diskurs erst geschaffen haben. Das ist der Grund für die nun folgende Fortsetzung der bereits eingeleiteten Auseinandersetzung mit dem postkolonialen Literaturgenre,[28] weil ich darin eine produktive Möglichkeit sehe, die Kontinuität kolonialer Dominanz zu hinterfragen.

"One of colonialism's most salient technologies for social containment and control is the circulation within colonial cultures of the canonical European literary text. Mediated through the colonialist educational apparatus, the European literary text becomes a powerful machinery for forging what Gramsci called cultural domination by consent; and in recognizing this, the post-colonial critical discourse seeks to position the oppositional and reiterative textual responses of post-colonial cultures in dialectical relation to their colonialist precursors ... This post-colonial textual reiteration is heard to be speaking directly to the struggle within colonialist ideology. Post-colonial criticism's key beginning point here, then, is that a 'parodic' repetition of imperial 'textuality' sets itself specifically in opposition to the interpellative power of colonialism" (Slemon 1990: 4).

---

27 Tiffin 1989: 32 zit. nach Ahrens 1995: 479.
28 Einführungen bieten der Sammelband "Recasting the World. Writing after Colonialism" (1993) von Jonathan White und "Colonial and Postcolonial Literature" (1995) von Elleke Boehmer.

Im postkolonialen Denken steht jener *gegenseitige Grenzverkehr*, der die Auflösung fester Einheiten durch Bewegung, Interferenz und Diffusion zwischen Zentrum und Peripherie propagiert. Die dadurch ausgelöste Verunsicherung der westlichen Hegemonie verleiht den Feierlichkeiten im Namen der unreinen Mischung
erst einen kritischen Sinn.

> „,Postkolonial' bedeutet hier ein gemeinsames Erbe von Sklaverei, Kolonisation und
> Befreiung, und von diesem Erbe her eine Öffnung für Heterogenität regionaler, sozialer
> und geschlechtsspezifischer Erfahrungen. Die postkolonialen Literaturen überschreiten
> sprachliche, historische und körperliche Landschaften, die vormals eingezäunte Orte kolo-
> nialer Identitätskonstruktion waren" (Härtling 1994: 22).

Vielleicht liegt gerade in der Anerkennung der Vergangenheit bei einem gleichzeitigen Versuch der Grenzüberschreitung in der Gegenwart und der Vision selbstbestimmter Identitäten für die Zukunft das Geheimnis für den immensen Publi-
kumserfolg vieler postkolonialer AutorInnen. Ein im Sinne dieser Dezentrierung
geführter Dialog wäre *notwendigerweise polyphon* und hätte uns allen und nicht
nur den Enteigneten und Marginalisierten vieles zu sagen.

Im Rahmen dieses Einstiegs wird nur jener Bereich der postkolonialen Literatur
betrachtet, der früher allgemein als „Minoritäten-" oder „Migrantenliteratur"
bezeichnet wurde und so gebrandmarkt leicht als "special interest Literature" aus
dem von weißen Mittelstandsmännern beherrschten Mainstream abgedrängt werden
konnte. Die Arbeiten von Women of Color(s) wurden lange Zeit gar nur als Unter-
abteilung der in der Kulturhierarchie sowieso schon untergeordneten „Frauen-
literatur" entsprechend ihrer gesellschaftlichen Stellung mit Nicht-Beachtung und
Mißachtung behandelt. Der Bezug zur verwirrenden Bandbreite postkolonialer
Literaturerzeugnisse und deren kulturell-, historisch- und geschlechtsspezifischen
Stimmen kann im folgenden Kapitel keinesfalls systematisch sein, sondern muß
exemplarisch bleiben. Aufgrund meines thematischen Interesses werde ich keine
sogenannte „Dritte-Welt-Literatur" aus Afrika, Asien, Lateinamerika, Australien
und Ozeanien berücksichtigen können.

## Artikulation und Aufwertung der Marginalität

In den neuen Heimaten der Diaspora waren in den letzten Jahrzehnten vor allem
Women of Colors in den USA erfolgreich, die Literatur zur gesellschaftlichen Artikulation ihrer zum Schweigen gebrachten Stimmen zu nutzen und die historisch
anerzogene und aufgezwungene Sprachlosigkeit aufzubrechen. In einer Zeit, in der
"male, pale, Yale" das Zentrum der heiligen Dreifaltigkeit des "White, Anglo-
Saxon and Protestant" (WASP) bildete und schwarze Frauen, wie Alice Walker in
"The Color Purple" (1982) beschrieb, selbst von „ihren" Männern als "You black,
you pore, you ugly, you a woman, you nothing at all" bezeichnet wurden, wurde
das Schreiben zu einer Kategorie des Widerstandes und der Selbstbefreiung.
Schreiben als eine in westlichen Gesellschaften anerkannte Form der gesellschaftlichen Artikulation wurde zu einem Projekt der *Selbst-Transformation*, in dem aus
diskursiven Objekten sprechende, fühlende, menschliche Subjekte mit individuellen Erfahrungen und einer eigenen Geschichte wurden. Nur als konkrete

Subjekte können Menschen aus einer marginalen Position heraus mit ihrer eigenen Stimme sprechen. „In 'Unspeakable Things Unspoken' (1989), einem Aufsatz über die Unsichtbarkeit von Minoritätenliteratur im Kanon, erläutert Toni Morrison ihre Intentionen beim Schreiben ihrer Romane 'The Bluest Eye' (1970) und 'Beloved' (1987) als Durchbrechen eines kulturellen Schweigens: 'the stroke that announces something more than a secret shared, but a silence broken, a void filled, an unspeakable thing spoken at last'" (Koenen 1995: 111).

Ein besonders eindrucksvolles Beispiel für dieses Ringen um Selbstbehauptung ist das semibiographische Buch "The Woman Warrior" (1976) der sinoamerikanischen Autorin Maxine Hong Kingston, das als Debütwerk den National Book Award gewinnen konnte. Aus der Perspektive eines Schulmädchens zeichnet sie darin eine Welt auf, in der sie erst gegen die eigene Mutter, das patriarchale Chinatown, die weiße Klasse und das amerikanische System angehen mußte, um für sich selbst sprechen zu können.

„Ihr Kampf ist ein Überlebenskampf der Seele, Kampf gegen Sprachlosigkeit, ein Kampf, der mit Sprache auch im Schreiben des Buches geführt wird. In einem Interview sagt sie: 'I went through a time when I did not talk to people. It's still happening sometimes to me, but not so severely. I'm all right now, but I do know people who never came out of it' … Sprechen ist für Kingston Selbstbehauptung, ,Widersprechen', Bewahrung des eigenen Willens, Erhalt der Identität, des Selbst, der geistigen Gesundheit: 'Language is important to our sanity. You have to be able to tell your story, you have to be able to make up stories or you go mad'".[29]

Der Akt des Sprechens, dessen Stellenwert wir erkennen, sobald wir ihn als ein Netzwerk kommunikativen, sozialen und politischen Handelns ansehen, löst eine Art Initialzündung für einen umfangreicheren Prozeß der *Aneignung einer eigenen Sprache* aus. Während das Sprechen die Stille der Unsichtbarkeit in der gesellschaftlichen Nicht-Existenz aufbricht, zielt die Entwicklung einer eigenen Sprache auf das Bewußtsein des Anderen als ein Selbst. Die Aneignung der eigenen Sprache ist in diesem Sinne als *Selbstaneignung* zu verstehen, die Raum für die Ablösung der Fremdsprache und Fremdbeherrschung anbietet. Da es kein gesellschaftlich anerkanntes Sprechen ohne Sprachbeherrschung gibt, ist es notwendig, das Eigene in die Sprache, die das Ich spricht, zu integrieren, weil das Subjekt sonst nicht für sich, sondern für jemand anderen bzw. die machtbesetzte Sprache an seiner Stelle spricht:[30]

"Language, for the individual consciousness, lies on the borderline between oneself and the other. The word in language is half someone else's. It becomes 'one's own' only when the speaker populates it with his own intention, his own accent, when he appropriates the word, adapting it to his own semantic and expressive intention. Prior to this moment of appropriation, the word does not exist in a neutral and impersonal language …, but rather it exists in other people's mouth, in other people's contexts, serving other people's intentions".[31]

---

29 Kingston 1983: 17 zit. nach Jontofsohn 1993: 72, 74.
30 Makoto Takeda hat in vielen seiner Böll-Mails dieses Problem so eindrucksvoll formuliert.
31 Mikhail Bakhtin "Discourse in the Novel" zit. nach Gates 1985: 1.

Mit dem Akt des Sprechens ist bei vielen Schwarzen Autorinnen noch eine weitere Verschiebung verbunden, die auch für die postkoloniale Literatur insgesamt bedeutsam geworden ist. Im Gegensatz zu der unerfüllbaren Verpflichtung von Chronisten und Dokumentaristen, die vergangene Realität so neutral und detailgetreu wie möglich zu reproduzieren, dürfen und müssen SchriftstellerInnen marginalisierter Gruppen ihre kreative Kraft nutzen, um Entwürfe einer anderen Ästhetik, eines anderen Seins und Sinns jenseits der anerkannten Standards der dominanten Hochkulturen entstehen zu lassen. Bisher wurden sie von ihnen ausgeschlossen und verfügten innerhalb dieser Grenzen über keine Möglichkeiten der unabhängigen kulturellen Selbst-Repräsentation. Um Alternativen zu entwickeln, greifen postkoloniale AutorInnen z.T. auf orale Erzählungen, lokale Traditionen, magische Mythen und Geistergeschichten zurück. Indem sie scheinbar wie ArchäologInnen eroberte und begrabene Orte wiederentdecken, die Gesichter unbekannter Namen remodellieren, eine zum Schweigen gebrachte Vergangenheit wachrufen oder vergessene Sprachen mit Leben füllen, wird eine *andere Realität* sichtbar. Aber in Wirklichkeit sind diese Rekonstruktionen selten konservierend und restaurierend, weil sie kein Interesse an einem anthropologischen Ansatz haben, der Authentizität und Realismus als Dogmen vorschreibt, ihren Imaginationen fremdbestimmte Grenzen aufzwingt und möglicherweise nur das kolonisierende Interesse an der Ausforschung und Erklärung des fremden Anderen befriedigt.

„In einer fiktionalisierten Auseinandersetzung mit dieser Frage verweigert der Medizinmann Betonie in Silkos ‚Ceremony' (1977) einen konservativen, rein bewahrenden Ansatz; in einer Welt, die durch die Konfrontation mit weißem Rassismus radikal geändert wurde: 'it became necessary to create new ceremonies. I have made changes in the rituals. The people mistrust this greatly, but only this growth keeps the ceremony strong'" (Koenen 1995: 115f.).

Neben der zeitgemäßen Anpassung und funktionalen Reinterpretation wie bei der Native-American Leslie Silko werden auch andere literarische Mittel zur Erneuerung und Erschaffung von Traditionen und Mythen verwendet. Kingston hat z.B. in "Woman Warrior" alte chinesische Legenden ausgebessert, um sich ihren misogynen Elementen zu entledigen. Indem sie "an entirely different story" erfindet, "the writer becomes involved in erasing Chinese history" (Chu 1991: 92). Diese kulturelle Praxis wurde trotz massiver Kritik aus „den eigenen Reihen" von vielen als befreiend empfunden, weil sie endlich die unheimliche Macht der Vergangenheit auf ihre Gegenwart eindämmen konnte. Wie George Orwell in seinem Roman „1984" schreibt, ist es existentiell, über die eigene Vergangenheit zu bestimmen, denn „wer die Vergangenheit kontrolliert, kontrolliert die Zukunft; wer die Gegenwart kontrolliert, kontrolliert die Vergangenheit".[32]
Da die Literatur von Women of Colors sich nicht unbedingt an den Meta-Erzählungen über Ursprung, Kultur und Geschichte klammert, sondern diese Kulissen situativ einsetzt, ungeliebte Artefakte verwirft und Szenen aus ihrem breiten Wissensrepertoire variiert, neu auslegt und konstruiert, befindet sie sich als erfindungsreiche Architektin von kulturellen Identitäten in einer aufregenden Situation

---

32 Orwell (1976) zit. nach Sollors 1994: 68.

des kontinuierlichen Umbruchs und der permanenten Fortentwicklung. Während in der „Geisterstadt" der kulturellen Imaginationen sich Vergangenheiten, Erfahrungen, Sehnsüchte und Hoffnungen ansammeln und ablagern, verbleiben ihre materiellen Trägerinnen in einer marginalen Position. Daraus erwächst eine Aufgabe, die Toni Morrison 1993 in ihrer Rede anläßlich ihrer Literaturnobelpreisverleihung eindrücklich formuliert hat: "Tell us what moves at the margin. What it is to have no home in this place. To be set adrift from the one you knew. What it is to live at the edge of towns that cannot bear your company" (Morrison 1994: 29).

Die Aufforderung, die gesellschaftlichen Ränder zum Sprechen zu bringen, impliziert die politische Verpflichtung, Marginalität nicht wie in den alten kolonialistischen, rassistischen und sexistischen Diskursen abzuwerten oder bestenfalls achselzuckend wie bedauernd zu entschuldigen.[33] Statt dessen kann die marginale Position, dieser heimatlose Ort, auch als ein Platz betrachtet werden, der den Marginalisierten „alleine" gehört. Schon aufgrund seiner einzigartig beidseitigen Perspektive nach innen und außen ist diese Marginalität, mit der wir leben, *trotz allem* auch irgendwo „privilegiert", weil es sich als produktives und widersprüchliches Grenzgebiet zu seinen "overlapping territories and intertwined histories" (Said 1994) bekennt. Sicherlich ist dieser Platz, von dem die Marginalisierten auf die Gesellschaft schauen, nicht so privilegiert, daß das Leben dort als selbstbestimmt anzusehen wäre. Aber diese Menschen haben sich über Generationen und Jahrhunderte hinweg darin bewegt, sich mit ihren emotionellen und kulturellen Besitztümern dort eingerichtet. Es ist unsere Existenz, unsere Erinnerungen an diese Orte, die diese unwirtlichen Randlagen zu einem wertvollen Platz machen. Vor allem wir haben auch gelernt, am Rand zu überleben und von dort aus Politik zu machen:

"We could enter that world but we could not live there. We had always to return to the margin ... To not return was to risk being punished. Living as we did – on the edge – we developed a particular way of seeing reality. We looked both from the outside in and from the inside out. We focused our attention on the center as well as on the margin. We understood both ... This sense of wholeness, impressed upon our consciousness by the structure of our daily lives, provided us an oppositional world view – strengthened our sense of self and our solidarity" (hooks 1984, preface).

Die Aufwertung der Marginalität ist durch eine Politik der Differenz ermöglicht worden. Diese bedeutungsvolle Differenz bleibt nicht auf die Anerkennung des schwarzen Subjekts beschränkt, sondern spricht sich in gleicher Weise für andere Marginalisierte aus. Das Aufbrechen von Räumen für marginalisierte Stimmen innerhalb der dominanten Kultur ist mit einem gesellschaftlichen Kampf um kulturelle, sexuelle und soziale Differenz verbunden, um eine wichtige Bedingung für

---

33 In einem wissenschaftshistorischen Kontext ist daran zu erinnern, daß die soziologische „Chicagoer Schule" um Robert Park (1950) und Everett Stonequist (1937) in den 1920er und 1930er Jahren in ihrer Migrationstheorie die weitverbreitete Figur des „marginal man" eingeführt haben. In der späteren Fortführung wurden marginalisierte MigrantInnen und Minderheiten fast nur noch als Opfer eines ständigen Kultur- und Identitätskonflikts gesehen. Es wurde behauptet, sie würden sich in einer Position befinden, die durch Ohnmacht, Handlungsunfähigkeit, Selbsthaß bis hin zu psychologischen Pathologien und Suizidgefährdung geprägt wäre (Heckmann 1992: 178f., 200ff.).

die Hervorbringung neuer Formen kultureller Identitäten und das Auftauchen neuer Subjekte in der politischen Arena einzulösen. Es ist ein Versuch, kritische Politik innerhalb der bestehenden Diskurse produktiv und kreativ einzubinden, um durch *Repräsentation des Nicht-Repräsentierten* handlungsfähige Positionen für ausgeschlossene Gruppen zu gewinnen, die die Diskurse als solche verändern. Nach den ersten Schritten ist noch ein weiter, schwerer Weg zu gehen. Hören wir Stuart Halls Einschätzung dazu:

"I acknowledge that the spaces 'won' for difference are few and far between, that they are very carefully policed and regulated. I believe they are limited. I know, to my cost, that they are grossly underfunded, that there is always a price of incorporation to be paid when the cutting edge of difference and transgression is blunted into spectacularization. I know that what replaces invisibility is a kind of carefully regulated, segregated visibility. But it does not help simply to name-call it 'the same'" (Hall 1992: 24f.).

## Kulturelle Identität als Borderlands

In den USA waren es besonders VertreterInnen der Chicanas/-os im Südwesten des Landes, die aus den historischen Besonderheiten ihrer marginalen Position eine neue Kulturkonzeption des politischen Kampfes schöpfen konnten (García 1997). Wie die kreolischen Bevölkerungsgruppen in der Karibik mußten sie sich von Anfang an auf eine unreine Herkunft und Kultur berufen. Ihre Vorfahren waren als MestizInnen aus der „Begegnung" und Zwangsvereinigung zwischen indigenen Autochthonen und spanischen Eroberern und SiedlerInnen in Mittelamerika hervorgegangen. Eine zweite Phase der Kolonisierung erfolgte dann durch die Annexion des damaligen Nordmexikos Mitte des letzten Jahrhunderts, als die amerikanische Siegermacht die mexikanischen und indigenen BewohnerInnen dieses Territoriums gewaltsam in die amerikanische Nation einverleibte (Kühler 1989: 17-26). Seitdem mußte diese Menschengruppe prägende Erfahrungen mit Enteignung und Landvertreibung sowie rassistischer Diskriminierung und sozialer Benachteiligung erleben. Durch die kontinuierliche Migration zwischen der Dritten und der Ersten Welt entlang des Rio Grande blieben sie durch die Überwindung der trennenden Grenzen mit der Peripherie verbunden. Dieser Aspekt ist gerade im Zeitalter der Globalisierung von hoher Bedeutung, zeigt sie doch an, daß die „Dritte Welt" schon lange mitten im Herzen der Metropolen liegt. Jene politischen Kämpfe, die vor wenigen Jahrzehnten fast ausschließlich im Trikont ausgefochten wurden, werden sich zunehmend in die Zentren hineinverlagern und möglicherweise dort eine neue Phase der Politisierung des gesellschaftlichen Lebens auslösen.

"Meanwhile, it is significant that in the United States itself, we have to come to think and to speak of the emergence of an internal Third World and of internal Third World voices, as in black women's literature or Chicano literature. When the other speaks, he or she becomes another subject, which must be consciously registered as a problem by the imperial or metropolitan subject" (Jameson 1990: 49).

Auf jeden Fall wird dieser Prozeß Fragen aufwerfen, die die Perspektiven von ethnisierten Minderheiten, MigrantInnen, Flüchtlingen und Illegalisierten reflektieren. Ihre lauter werdenden Forderungen werden eine Hinterfragung von gesellschaftlichen Selbstverständlichkeiten mit sich bringen, deren politische Vernunft sich dann bestenfalls als eine partikularistische Zweckrationalität herausstellen dürfte. Vielleicht ist es daher kein Zufall, daß Personen aus dem Umkreis der mehrheitlich spanischsprechenden und katholischen Chicanas/os die Grenzen und die Reinheit des WASP nicht akzeptieren können. Denn ihre Geschichte, Kultur und Identität beinhaltet in jedem Moment ihrer Existenz eine unleugbare Differenz, eine sichtbare Bewegung und einen Raum, der für Fusionen offensteht.

Die Dichterin und Performance-Künstlerin Marisela Norte mit ihrer mexikanisch-amerikanischen Biographie und ihrem Chicana-Feminismus ist ein Beispiel für viele dieser kulturellen GrenzgängerInnen, die gelernt haben, mit ihrer Marginalität kritisch und kreativ umzugehen. In ihren Gedichten arbeitet sie mit sprachübergreifenden Reimen wie „Estoy destroyed" (Ich bin zerstört), greift sie ihre widersprüchlichen Erfahrungen in den Erlebniswelten des Barrio auf, die durch Liebe zum Familienalltag und Nachbarschaftsleben und gleichzeitige Wut auf deren patriarchale und spießbürgerliche Strukturen geprägt sind. Weil sie leben will, bricht sie aus den befestigten ethnischen Abgrenzungen und dem traditionellen Rollenverhalten der selbstgenügsamen Weiblichkeit aus. Mit ihren Ausflügen durch die Bars von Chinatown, in die schwarze Musik und die billigen Second-Hand-Shops wirbelt sie die alten separatistischen Schemata durcheinander und ersetzt fremdbestimmte Vergemeinschaftung durch das Recht auf Selbstsetzung.

„Obwohl Norte sich vor ihrem besonderen ethnischen Hintergrund begreift, gehört das Ethnische für sie lediglich mit zu einer komplexen, stets wandelbaren Identität. In ihrer Welt erscheinen die Wertigkeiten ethnischer Herkunft, Geschlecht und Klasse rein situational bestimmt, und die Grenzen der Solidarität können – je nach Bedürfnissen und Wünschen – innerhalb oder zwischen ethnischen Gruppen gezogen werden" (Lipsitz 1993: 146).

Andere KulturarbeiterInnen wie Gloria Anzaldua, die in und zwischen verschiedenen kulturellen Geographien aufgewachsen ist und heute mit mehreren kollektiven Geschichten und Sprachen als lesbisch-feministische Chicana lebt, haben an den sich durchdringenden und sich vereinigenden Schnittflächen der Grenzbereiche einen *dritten Raum* eröffnen können:

„Ich bin eine Frau der Grenze. Ich wuchs zwischen zwei Kulturen auf, der mexikanischen (mit starkem indianischem Einfluß) und der angloamerikanischen (als Angehörige eines im eigenen Land kolonisierten Volkes). Mein Leben lang stand ich gleichzeitig auf beiden Seiten der texanisch-mexikanischen Grenze. Diese Landschaft der Widersprüche erlaubt kein bequemes Leben. Haß, Wut und Ausbeutung sind ihre herausragenden Merkmale. Dennoch fand ich als ‚mestiza' [halb Indianerin, halb Europäerin] meine Entschädigung und hatte meinen Spaß. In Grenz- und Randbereichen zu leben und dabei die eigene wechselnde und vielschichtige Identität zu wahren, läßt sich mit Schwimmversuchen in einem neuen, einem ‚fremden' Element vergleichen".[34]

Es scheint in der Tat eine bittersüße Ironie der Geschichte zu sein, daß ausgerechnet die Rückgewinnung der „frontier" im postkolonialen Diskurs die Terra incognita unter umgekehrten Vorzeichen entdeckt. Als „last frontier" trennte ihr historischer

---

34 Anzaldua 1987: Vorwort zit. nach Rowe 1994: 189.

Vorgänger die europäische Zivilisation von dem „Wilden Westen", so daß ihre Verlegung gen Westen zu einem zentralen Symbol der Eroberung Amerikas und der
Kolonisierung seiner BewohnerInnen wurde. Anzalduas Auseinandersetzung mit
der trennenden wie verbindenden Grenze und ihre Umdeutung der Grenzräume stehen sicherlich in einem Zusammenhang mit dem von der weißen Mehrheit in den
USA gepflegten Diskurs um die als bedrohliche Masse wahrgenommene "hispanic
immigration".[35] Das Grenzland ohne ein bestimmtes Territorium, ohne scharf
zugeschnittene Grenzen soll dagegen als offenes Feld des gleichberechtigten,
gegenseitigen und freiwilligen Lernens die historisch determinierte „frontier" und
die von ihr ausgehende Gewalt überschreiben. Die heutigen Grenzregime sind zu
einer Weiche des Schicksals geworden, an dem über die unverletzlichen Menschenrechte auf Leben und Würde entschieden wird. Anzalduas Versuch, der Grenze
ihren Schrecken zu nehmen, welche immer häufiger zum banalen Ort menschlicher
Tragödien wird, ist eine politische Vision. Die Aneignung der Grenze als Kontakt-,
Kommunikations- und Lebensraum läuft ihrer bisherigen Kontroll-, Selektions- und
Ausschließungsfunktion durch bürokratische Zwangsapparate im Nationalstaat entgegen.

> „Durch eine Reihe literarischer Verfahren ... unterstreicht Anzaldua die Nichtigkeit der
> politischen Grenze. Genauer: sie macht sie zum Ausgangspunkt einer kulturellen Produk-
> tion, die die Grenze zum Anlaß eines Überschreitens und Überschreibens macht. Wie der
> illegale und undokumentierte Einwanderer die Illegalität der Grenze durch sein Über-
> queren und Überschwimmen dokumentiert, wählt Anzaldua das Grenzland als Ansatz-
> punkt zur Zerstörung fast aller sozialen und kulturellen Grenzen: Grenzen wie Geschlech-
> terrollen, Nationen, Sprachen oder Klassen" (Karrer 1992: 161f.).

In ihrem zwischen Prosa und Poesie, realer Geschichtsschreibung und lyrischer
Phantasie pendelnden Buch "Borderlands/La Frontera. The New Mestiza" (1987)
vermittelt sie für die Menschen des Grenzlandes das Konzept einer hybriden
Sprache: "The switching of ‘codes’ in this book from English to Castillian Spanish
to the North Mexican dialect to Tex-Mex to a sprinkling of Nahuatl to a mixture of
all of these, reflects my language, a new language – the language of the Borderlands".[36] Das Grenzland als Niemandsland vorgestellt, wird als frei von kolonisierenden Dominanzen gedacht und soll uns von politischen und kulturellen Demarka-
tionslinien befreien. Deshalb macht Anzalduas „Borderlands", die in anderen programmatischen Arbeiten wie "This Bridge called my Back" (1983) oder "The Third
Woman" für eine intensive Zusammenarbeit von Frauen aus der Peripherie mit
Women of Colors in den USA eingetreten ist, „eine Erfahrung von Zwischenwelten, eine Überbrückung der Kulturen und der damit einhergehenden Festschrei-
bungen ... möglich. Diese Perspektive ist eine ganz andere als die der herrschenden
angloamerikanischen, massenmedial vermittelten Kultur, die sich im wesentlichen
gegenüber anderen Kulturtraditionen und -elementen öffnet, um sie sich einzuverleiben und sie zu vermarkten" (Vollmer 1992: 17f.). Das Borderland-Konzept setzt

---

35 Vgl. Palmié (1994: 36-43), der in seinem Aufsatz die Widersprüche der konstruierten
   „Hispanizität" als Fremdethnisierung aufzeigt.
36 Anzaldua 1987: 2 zit. nach Koenen 1995: 118.

der politischen und kulturellen Dominanz des Weißen Amerikas das Prinzip der solidarischen Grenzaufhebung gegenüber dem eigenen Geschlecht, anderen ethnisierten Minderheiten, anderen kulturellen Praktiken entgegen. Durch den Zusammenschluß nicht-hegemonialer Positionen bleibt außerdem kein Platz für einen ethnischen Nationalismus. In Anknüpfung daran hat der Poet und Künstler Guillermo Gómez-Pena, der sich selbst als "border artist" unter dem Motto "I am therefore I cross" (Gómez-Pena 1996: 23) bezeichnet, später ein Konzept multipler Identitäten entworfen:

> "I believe in multiple identities. Depending on the context I am Chicano, Mexican, Latin American, or American in the wider senses of the term. The Mexican Other and the Chicano Other are constantly fighting to appropriate me or reject me. But I think my work might be useful to both sides because I'm an interpreter. An intercultural interpreter".[37]

Der Ansatz multipler Identitäten geht mit einer kulturellen Praxis einher, die es uns erlaubt, verschiedenen Kulturen und Gemeinschaften zur gleichen Zeit anzugehören. Menschen, die sich weigern, ausschließlich das eine zu sein und sich unterschiedlichen Orten, Geschichten, Gruppen und Identitäten verbunden fühlen, lösen die eingefahrenen Grenzen zwischen den Kulturen und Nationen mit ihrer Uneindeutigkeit sukzessiv auf.

## Koloniale Obsessionen um rassistische Hybridisierungen

Es liegt durchaus innerhalb der subversiven Logik subalternen Wissens, koloniale Konzepte gegen ihre intendierten Sinngebungen und historisch verankerten Abwertungsstrategien einzusetzen. Ein Mißbrauch kolonialer und rassistischer Konzepte setzt allerdings die Aufarbeitung historischer Verortungen und eine kritische Reflexion hegemonialer Wissenstradierungen voraus.[38] Gerade im Hinblick auf die weitverbreitete Enthistorisierung und Postmodernisierung des Hybriditätskonzeptes werden zentrale Begrifflichkeiten wie „Kreolisierung" oder „Bastardisierung" viel zu selten im Rahmen kolonialer Prozesse und rassentheoretischer Diskurse aufgearbeitet.[39] Da Hybridisierung nicht auf die heutige Spätmoderne begrenzt werden kann, stellt sich die Frage nach ihrem Stellenwert und ihrer Funktion in Kolonial- und Sklavengesellschaften. Dieses Defizit wiegt um schwerer, als die Hybridisierung ihrem historischen Ausgangspunkt nach zunächst als „rassische Bastardisierung" in Erscheinung trat. Als europäische Erfindung der „Rassenvermischung" setzte diese koloniale Form der Hybridisierung die Konstruktion biologischer „Rassen" voraus. Am Prozeß der Rassenkonstruktion hatten führende Vertreter der westlichen Aufklärung wie Kant, Hume, Rousseau und Voltaire bedeutenden Anteil. Indem sie durch die Zuschreibung und Erfindung positiver und negativer „Rassen-

---

37 Goméz-Pena zit. nach Wägenbaur 1996: 132. Vgl. auch Goméz-Pena 1993.

38 Die europäische Obsession der „Rassenvermischung" mit ihren historischen, diskursiven wie machtpolitischen Konnotationen habe ich in dem Aufsatz „Hybride Bastarde: Identitätskonstruktionen in kolonial-rassistischen Wissenschaftskontexten" (Ha 2003b) ausführlicher aufgearbeitet.

39 Am Beispiel der deutschsprachigen Rezeption werde ich diese Beobachtung später detaillierter analysieren.

eigenschaften" ein natürlich erscheinendes Herrschaftsverhältnis zwischen sozio-kulturell unterschiedlichen Menschengruppen etablierten, stellten sie die kultur-philosophische Basis für den Überlegenheitsmythos der „weißen Rasse" bereit (Hund 1999). Die biologische Statuszuweisung ist auch immer mit der Herstellung und Aufrechterhaltung gesellschaftlicher Gewalt und der Reproduktion von Normen verbunden, da bereits der Akt der Konstruktion und Kollektivierung von determinierten und vereinheitlichten Biokörpern in sich gewalttätig ist. Daher kann es entgegen anderslautender Beteuerungen aus der Humanbiologie oder dem Alltagsdiskurs keinen wertneutralen oder unideologischen Rassenbegriff geben. Für die aufstrebenden Biowissenschaften, die auch mit einer *paradigmatischen Naturalisierung* eurozentristischer Selbst- und Fremdkonstruktionen einhergingen, war die „wissenschaftliche" Aufspaltung und Hierarchisierung der Menschheit durch die „Systema naturae" (1735) des schwedischen Naturforschers und Mediziners Carl von Linné (1707-1778) von grundlegender Bedeutung und großer Tragweite. In diesem Werk, das eine im Grunde bis heute gültige lineare Ordnung der Natur entwirft, systematisiert Linné die sich seit dem späten 15. Jahrhundert diskursiv ausbreitenden Fremdobjektivierungen des außereuropäischen Anderen zu einer wissenschaftlichen Form. In Relation zum Weißen Subjekt stufte er die Anderen durch unterschiedliche Zuschreibungsformen der Minderwertigkeit herab. Seine durch den Weißen Blick imaginierte „Rassenpyramide" verfestigte sich durch die Kolonialisierung der Welt zu einer gesellschaftlichen Globalität. Dieses Rassendenken wurde in allen Kolonialgesellschaften einschließlich der westeuropäischen „Mutterländer" gemeinsam mit Geschlecht und Klasse zu einer konstituierenden Norm der sozialen Differenzierung und Machtzuweisung. Solche rassistischen Diskurse waren bis Mitte des 20. Jahrhunderts etablierter Bestandteil der modernen Natur- und Geisteswissenschaften und lieferten im Zusammenspiel mit anderen Faktoren die Legitimationsgrundlage für weitreichende Unterdrückungs- und Ausbeutungspraktiken, die sich in unterschiedlichen Formen von der neuzeitlichen Sklaverei, über Kolonialismus und Rassismus bis hin zum Faschismus manifestierte. Nach Nazi-Deutschland und dem US-amerikanischen Segregationsprinzip wurde mit der Apartheid in Südafrika der letzte offiziell rassistische Staat erst 1994 abgeschafft. In all diesen Fällen versuchte der rassistische Staat, seine biopolitische Grundlage durch strikte Gesetze der „rassischen Reinheit" zu erschaffen, indem er gemischte Ehen und Partnerschaften unter Strafe stellte.

Vor diesem geschichtlichen Hintergrund wird die phantasmagorische Angst der privilegierten Weißen vor tatsächlicher oder eingebildeter Überschreitung der „Rassengrenzen" ersichtlich. In Kolonial- und erst recht in Sklavengesellschaften waren die politischen und sozialen Grenzen mit den Lebenschancen der rassifizierten Körper nahezu deckungsgleich. Trotzdem ist der koloniale Rassismus als ideologische Weltanschauung wie als gesellschaftliche Institution nur eine Machtform, die keine Totalität durchsetzen kann. Sie versucht zwar eine totale Realität zu behaupten, aber die reale Komplexität menschlichen Lebens und seiner widersprüchlichen Empfindungsweisen kann sie nicht vollständig kontrollieren. Noch stärker bringt die ideologische Brechung oder doppelte Artikulationsweise des Rassismus selbst eine gespaltene Praxis hervor, die sich in ihrer Doppelmoral beständig widerspricht. Am

Anfang hybrider Existenzen standen die traumatischen Erfahrungen der transkontinentalen Verschleppung afrikanischer und die Entrechtung indigener Gemeinschaften in der „Neuen Welt". Auf individueller Ebene ging dieser Prozeß mit den persönlichen Folgen sexueller Gewalt gegenüber schwarzen und indigenen Frauen einher. In kolonialen Sklavengesellschaften wurde der hybride „Bastard" als nicht anerkanntes „Mischlingskind" oft unter Zwang durch Vergewaltigungen gezeugt. Bei diesen Formen der kolonialen Hybridisierung ist die existentielle Frage nach Grenzverletzung in einem sehr elementaren Sinne, nämlich als Verfügungs- und Definitionsgewalt zu beachten. Die heute so unkritisch zelebrierten Begriffe der Grenzüberschreitung, Öffnung und Durchdringung traten historisch zunächst als rassistischer Horror in Erscheinung. Die „Bastardisierung" ist der in sich gebrochene Ausdruck einer komplexen Ambivalenz, in der eine widersprüchliche *Ökonomie des sexuellen Begehrens*, aber auch der Lustangst vor Tabubrüchen gleichzeitig wirksam sind. In ihr ist der Reiz der heimlichen Grenzüberschreitung auch immer mit der unheimlichen Angst davor verbunden. Ebenso wie die Verachtung und Ausgrenzung Schwarzer und Indigener durch soziale und sexuelle Bemächtigungspraktiken geradezu zwanghaft in Vereinigung mündete, brachte sie auch jene „Rassenbastarde" hervor, die von der Weißen Gesellschaft verdammt wurden. Der „Bastard" verkörpert die unersättliche Sehnsucht nach exotischen Eroberungen ebenso wie er die alptraumhaften Befürchtungen, die eigene Weiße Identität zu verschmutzen und die eigene „überlegene" Kultur zu verlieren, hervorruft. Das Hybride hinterfragt in seiner Ambivalenz als heimlich unheimlicher „Bastard" sicher geglaubte „Rassenschranken" und bedroht dadurch europäische Rassenkonstruktionen, aber auch Weiße Überlegenheitsgefühle. In diesem Sinne kann die Ambivalenz „rassischer" Hybridisierung auch als mimetischer Effekt der uneindeutigen Verdoppelung kultureller Symbole verstanden werden, die in bestimmten Kontexten durch Bedeutungsverschiebungen dominante Imaginationen und Repräsentationen unterhöhlen. Weil im Rassismus Abwertung mit Begehren und Abstoßung mit Identifikation einhergeht, sind die behaupteten festen und eindeutigen Grenzziehungen immer brüchig und fragil.

Im kolonial-rassistischen Kontext bildeten „Rassenbastarde" narrative Figuren, die es erlaubten, gesellschaftliche Entwicklungen vor der Folie sozio-biologistischer Konstrukte zu interpretieren. Dadurch konnten sie ein Weltbild stabilisieren, das von ursprünglichen wie homogenen Essentialismen ausging. Der Rassenbegriff erklärte die menschliche Natur und der organische Kulturbegriff die soziale Welt zu statischen Gemeinschaften. Als krankhafte Ausnahmeerscheinung sollte der hybridisierte „Bastard" die „gesunde Norm" einheitlicher „Rassen" und Kulturen um so mehr bestätigen. Der kreolisierte „Bastard" wurde in der kolonialen Imagination nicht zuletzt deshalb als bedrohlich und degeneriert beschrieben, weil er als „Rassenmischling" die personifizierte Kulturvermischung darstellte. Je mehr der „Mischling" in seiner Ambivalenz als heimlich-unheimlicher Anderer sicher geglaubte „Rassenschranken" hinterfragte und durch seine Indifferenz das Weiße Selbstverständnis als Krone der Menschheitsentwicklung in Zweifel zog, um so stärker wurde er abgelehnt und bekämpft. Als inakzeptable Form der gesellschaftlichen und soziokulturellen Grenzüberschreitung wurde das Hybride im Kolonialdiskurs stets mit besonderem Argwohn pathologisiert. Der „Mischling" galt nicht nur wie der „Neger" als dumm, häßlich und minderwertig, sondern wurde auch als unfruchtbar und degeneriert beschworen. „Mischlinge" wurden um so stärker dämonisiert, je mehr sie die sichtbare „Rassenschranke" zu unterlaufen drohten. So leitet sich der Begriff „Mulatte" aus dem spanisch-portugiesischen „mulo" bzw. dem englischen „mule" ab. In seiner Doppelbedeutung für „Maultier" und „Bastard" wies er einerseits auf den gesellschaftlichen Status dieser Menschen als „Arbeitstiere" hin und drückte andererseits auch den Weißen Wunsch über ihre erhoffte Infertilität aus. Entsprechend hatte Linné in seiner Rassensystematik für Menschen, die für ihn weder „Wilde" noch Europäer waren, die Kategorie „homo monstruosus" erschaffen. Das Problem des Kolonialrassismus war, daß viele rein äußerlich nicht von Weißen zu unterscheiden waren und sie so eine *gefährliche Omnipräsenz* entwickelten, die überall und nirgends zu verorten war. Besonders leicht wurden „Mestizen" mit Weißen verwechselt. Aber auch hellhäutige Schwarze und „Mulatten" gingen als Weiße durch. Einige Gruppen wurden sogar von Weißen für besonders „rassenreine Weiße" gehalten, wie sie selbst unter Spaniern selten anzutreffen seien.

Nur am Anfang der Kolonialisierung – als die rassistische Kolonialgesellschaft noch im Entstehen war und die Konquistadoren indigene Frauen aus der Führungsschicht ehelichten, um sich Landansprüche und traditionelle Machtstrukturen zu sichern – hatten indigene „Mischlinge" noch eine höhere Gesellschaftsstellung. Später galt nur noch, daß „Mestizen" das „minderwertigere Blut" der Indigenen „veredelten" und daher gesellschaftlich zwischen Spaniern/Kreolen und „freien", aber armen Indigenas situiert wurden.[40] Wie die europäische Wahrnehmung eine „Rassenpyramide" konstruierte, so hatten Weiße auch die Macht, Mischlingsgruppen anhand zugesprochener Wertigkeiten und Qualitäten zu hierarchisieren. Während „Mestizen" noch am ehesten geduldet wurden, galten „Mulatten" als Folge von „Ehebruch oder unerlaubtem und strafbarem Beischlaf". Da sie von vornherein als „häßlichste Vermischung" angesehen wurden, versuchten die spanischen Kolonialregime, die versklavten Schwarzen als „Rassenkaste" von den weißen wie indigenen Bevölkerungsgruppen zu isolieren. Um die biologische Reproduktion der Sklavenbevölkerung sicherzustellen, sollte die Hälfte der eingeführten SklavInnen weiblich sein. Diese Politik ließ sich aber aus unterschiedlichen Gründen nicht durchsetzen. Bis zum formellen Ende der Kolonialzeit um 1820 waren in Südamerika etwa ein Drittel und in Mittelamerika einschließlich der Karibik etwa ein Viertel der Bevölkerung „rassisch unrein" (Konetzke 1998: 92ff.).

Die spanisch-portugiesischen Kolonien in Lateinamerika kannten neben einer „rassischen" und geschlechtsspezifischen auch eine soziale Schichtung, die häufig miteinander deckungsgleich waren. Neben der grundlegenden Unterscheidung zwischen Freien und Versklavten, woran sich die Differenzierung nach arm und reich anschloß, wurde der Status eines Menschen abhängig von Geschlecht und

---

40 Diese Einschätzung galt nicht in Nordamerika, wo die britischen Kolonisatoren „die Wilden" eher als Tiere denn als Menschen wahrnahmen. Etwas anders sah die Situation in Kanada aus, wo die Franzosen im Kampf gegen ihre englischen Konkurrenten Indigene aus strategischen Gründen eher als Verbündete akzeptierten.

Hautfarbe nach dem Prinzip „je heller und schöner, desto höher angesehen" aufgeschlüsselt. Da Schwarze meist versklavt waren, standen sie gesellschaftlich unterhalb der Indigenas, die formal als frei galten, aber trotzdem Zwangsarbeit, Ausbeutung und Ungerechtigkeiten zu erdulden hatten. Entsprechend wurden schwarze
schlechter als indigene „Mischlinge" gestellt. Da „rassische" Festlegungen mit
einer vordefinierten sozialen Gesellschaftsstellung verkoppelt waren, wurden mit
der Zeit aus ursprünglich rassentheoretischen Bezeichnungen wie *Cholos* oder *Mestizen* Kategorien, die gleichfalls soziale Schichten benannten. In diesem kompli-
zierten Kastensystem hing der Wert eines Menschen nicht zuletzt von der Präsenz
seiner indigenen, afrikanischen, europäischen und asiatischen Vorfahren in ihrem
jeweiligen „Rassenanteil" ab. Die Grundkategorien der Hybriden waren *Mestizen*
(regional auch *Cholos, Caboclos*, in Brasilien *Mamelucos* und in Zentralamerika
*Landino* genannt), *Mulatten* und *Zambos* (alternativ auch als *Zambaigos, Karifs,
schwarze Kariben*, in Brasilien auch als *Cafusos* bezeichnet), die aus schwarz-indi-
genen Verbindungen hervorgingen. Diesen „Halb-" folgten „Viertel-" (*cuartarero*)
und „Achtelmischlinge" (*octarero*) in allen denkbaren Varianten, wobei diese Einteilung in vereinfachter Form auch in anderen Kolonialterritorien bzw. im europäischen Antisemitismus und Antiziganismus praktiziert wurde. Die koloniale Struktur Lateinamerikas ließ eine „rassisch" fixierte Kastengesellschaft entstehen, die für
jeden beliebigen Mischungsgrad zwischen Weißen, Indigenen und Schwarzen eigene Namen und einen entsprechenden gesellschaftlichen Rang kannte (Geiss
1988: 118-126). Auf diese Weise entstanden in Lateinamerika über 120 Typen von
„Rassenmischlingen". Nachkommen von *Mulatten* und Spaniern wurden etwa als
*Moriscos* (zuvor wurden in Spanien auch zum Christentum konvertierte *Mauren* so
genannt), von *Mulatten* und Indigenen als *Chinos*, von *Mulatten* und Schwarzen als
*Grifos* und von *Mulatten* und *Mestizen* als *Campamulato* bezeichnet.[41]

Besonders benachteiligt wurden die Nachkommen schwarzer „Mischlinge", die
ein ähnliches Schicksal wie schwarze Albinos erlitten. Die besondere Verachtung
der Schwarzen rührte neben den bio-ästhetischen Zuschreibungen auch aus ihrer
sozialen Lage in der kolonialen Gesellschaftshierarchie her. Im Gegensatz zu Indigenen wurden Schwarze dem vererbbaren Sklavenstatus unterworfen, so daß man
ihnen ihre subordinierte Sozialposition an der Hautfarbe ansah. Das Sklavendasein
wurde internalisiert, indem die Kolonisatoren ihnen ihre untergeordnete Position in
ihre Körper einschrieben. Die Furcht vor einer Übertragung dieser sozialen Abwertung machte schwarze „Mischlinge" nicht nur bei weißen Kreolen und Spaniern zu
besonders unerwünschten Gruppen. Hinzu kam, daß der „afrikanische Einschlag"
im Phänotyp schwarzer „Mischlinge" oft als dominierend empfunden wurde, was
dem europäischen Überlegenheitsgefühl widersprach. In der Zeit vor der Mendelschen Lehre mußte zudem die plötzliche Wiederkehr „negrider" Körpermerkmale
nach einer Generation hellhäutiger Nachkommen wie ein Fluch unheimlich und
magisch wirken. Dieser „Rückfall" schien eindrucksvoll die Übermacht des Nie-
drigstehenden und seine unglaubliche Resistenz zu demonstrieren. Während

---

41 Um die Lesbarkeit zu erhalten, habe ich in diesem Absatz statt Anführungszeichen die
Kursivsetzung genutzt, um begriffliche Hinterfragungen hervorzuheben.

„Mestizen" aufgrund der angeblich schwachen indigenen „Rasseneigenschaften" – die rasch von denen der Weißen verdrängt und absorbiert würden – bereits nach drei Generationen der „Entbastardisierung" wieder als weiß galten, dauerte es bei „Mulatten" sechs Generationen.[42] Die Weiß-Werdung, wenn auch weniger in biologischer Form als durch Aneignung kultureller Praktiken und Symbole, ist auch heute noch in vielen Gesellschaften das Mittel zum sozialen Aufstieg und zur kulturellen Aufwertung. Problematisch wird diese performative Whiteness spätestens dann, wenn sie die Auslöschung des Anderen als eine Form des Selbsthasses impliziert, der als unterentwickelt und unterlegen gedacht wird.

In rassistischen Diskursen ergaben sich im weiteren Geschichtsverlauf folgenschwere Verbindungslinien zwischen den Kontroversen von Vertretern der Mono- und Polygenese, den Diskursen zur Legitimierung kolonialer Sklavengesellschaften sowie der sozialdarwinistischen Eugenik und nationalsozialistischen Rassenhygiene, die sich alle exzessiv mit dem Phänomen der „Rassenvermischung" beschäftigten. Gerade Deutschland war ein Koloniallaboratorium der Moderne, ein Unort, in der diese Ideologien und Sozialtechniken von Wissenschaftlern und anderen gesellschaftlichen Eliten gefördert wurde. Bereits im Wilhelminischen Kolonialkaiserreich hatten sozialdarwinistische, militaristische, völkisch-nationalistische, sozialimperialistische und antisemitische Bewegungen großen Zulauf. Nachdem der hybride „Bastard" zunächst im kolonialrassistischen Kontext eine negative Aufladung erhalten hatte, wurde seine Verurteilung durch die Wiederentdeckung der Mendelschen Gesetze zur letzten Jahrhundertwende noch erweitert und verstärkt. Obwohl die Ergebnisse der jahrelangen Experimente Mendels mit Bohnen und Erbsen 1866 in der Schrift „Versuche über Pflanzenhybride" veröffentlicht wurden, fanden sie unter den zeitgenössischen Fachgelehrten zunächst keine Beachtung. Wie der Zufall es wollte, wurde der Mendelsche Ansatz zur Ausbildung dominanter und rezessiver Vererbungsmerkmale erst um 1900 durch verschiedene Vertreter der aufkommenden Vererbungslehre wissenschaftlich anerkannt, die unabhängig voneinander Mendels Arbeit wiederentdeckten. Was wie ein Glücksfall der Wissenschaftsgeschichte anmutet, hatte im weiteren Verlauf weitreichende gesellschaftliche Auswirkungen, da ein Entwicklungsstrang direkt zur eugenischen „Rassenlehre" führte, die am Siedepunkt des imperialistischen und sozialdarwinistischen Zeitalters nahezu uneingeschränkt konsensfähig war. In der expandierenden rassistischen Bewegung, die sich sehr um eine wissenschaftliche Legitimierung bemühte, wurden Mendels Ideen dankbar als Bestätigung und Anregung aufgenommen. Dank der „Mendelschen Gesetze" erschien die Sicherung des „höherwertigen" Genpools der „überlegenen weißen „Rasse" nicht mehr als Herrschaftstechnik, sondern als ein zivilisatorisches und sittlich notwendiges Gebot für

---

42 Nachkommen eines Weißen mit einer *Mestizin* hießen *castizo* (alternativ auch *albino* oder *cuarterón*). Aus der Verbindung zwischen einer *castiza* und einem *Weißen* wurde wieder ein weißer *Kreole* bzw. Spanier. In der englischsprachigen Karibik hießen die Kinder von *Mulatten* und Weißen *Quadroons*. Hatten diese Nachwuchs mit Weißen, wurden sie *Okteroons* oder *Mustees* genannt. Gebaren *Mustees* mit Weißen Kinder, hießen diese *Mustefino*. Wenn *Mustefinos* mit Weißen eine Verbindung eingingen, galt ihr Nachwuchs legal wieder als Weiße (Kattmann 1973: 115; Konetzke 1998: 93).

die Höherentwicklung der gesamten Menschheit. Der *Schutz vor der völkischen Verunreinigung* durch Vermischung mit „minderwertigen Rassen" wurde daher zum „Überlebenskampf der weißen Rasse" stilisiert. Ihre akademischen Vertreter, die hauptsächlich aus den unterschiedlichen Bereichen der Anthropologie, Ethnologie, Biologie, Genetik, Philosophie, Linguistik, Soziologie, Psychologie und National-ökonomie kamen, versuchten um die Jahrhundertwende, Handlungsanweisungen für die praktische Umsetzung zu gewinnen (Grosse 2000). Die sozialdarwinistisch-rassistisch inspirierte Eugenik wurde zur modernen Leitidee einer gesamten euro-päischen Epoche, die ihre Kulmination im Nationalsozialismus fand.

Ab Anfang des 20. Jahrhunderts organisierten sich mit tatkräftiger Unterstützung vieler Wissenschaftler zuerst in Deutschland, England und den USA eugenische Gesellschaften. Angeregt durch den Genetiker und kolonialen Afrikareisenden Francis Galton versuchten sie, Charles Darwins These vom „Kampf ums Dasein" und Herbert Spencers Diktum vom „Überleben der Fähigsten" politisch umzu-setzen. Durch repressive Selektionsmaßnahmen und aktive Eingriffe in die indivi-duellen Reproduktionsrechte sollte der Genpool der Bevölkerung nach rassistischen und „sozialhygienischen" Kriterien „aufgewertet" werden. Dazu wurden in hoher Dosis „Rassenkunde" und Sozialdarwinismus mit technokratischem Optimierungs-wahn vermengt. Im Zusammenspiel mit vielen gesellschaftlich relevanten Macht-gruppen wurde dieser internationale wie transdisziplinäre Diskurs zur einer weit verzweigten und handlungsfähigen Ideologiemaschine. 1905 gründete der deutsche Arzt Alfred Ploetz die weltweit erste „Gesellschaft für Rassenhygiene". Da ihr Hauptziel in der „Aufartung", d.h. in der Reinhaltung und Dominanzsicherung der „weißen Rasse" lag, expandierte sie bereits nach zwei Jahren zur „Internationalen Gesellschaft für Rassenhygiene". Ihre deutsche Sektion zählte 1914 über 350 Mit-glieder, die hauptsächlich als Hochschullehrer in unterschiedlichen Fachbereichen arbeiteten. Der ebenfalls 1907 in England gegründeten „Eugenics Education Socie-ty" gelang es 1912 in London mit Unterstützung hochrangiger Förderer – darunter Winston Churchill, der Lordbischof von Oxford, Sir Thomas Burlow (Präsident des Royal College of Physicians) und der Schweizer Psychiater Auguste Forel – erst-mals einen internationalen eugenischen Kongreß mit über 700 Teilnehmenden zu veranstalten. Er führte ein sehr breites Bündnis von Wissenschaftlern aus den Be-reichen Medizin, Biologie, Psychiatrie, Statistik, Soziologie und Anthropologie mit Politikern, Militärs, kirchlichen Würdenträgern, Frauenrechtlerinnen und Sozial-reformern zusammen, die trotz ihrer Heterogenität erstaunlich viele gemeinsame Ziele feststellten (Kühl 1997: 22ff.).

Diese funktionelle Zusammensetzung der beteiligten Eliteakteure sollte auch für den weiteren Verlauf der eugenischen Bewegung charakteristisch bleiben und wesentlich zum rasanten Aufstieg der Eugenik vom wissenschaftlichen Ideologie-produkt zur gesellschaftlich relevanten Machtkonstellation beitragen. Wissenschaft-ler nahmen innerhalb der eugenischen Bewegung eine zentrale Rolle ein, zumal die Eugeniker in der ersten Hälfte des 20. Jahrhunderts keine Außenseiter in der Scientific Community waren. Eugeniker waren fast ausnahmslos weiße bürgerliche Männer, die wie Ruggles Gates, Herman Lundborg, Charles Davenport, Ronald A. Fisher, Herman Nilsson-Ehle, Harry Federly, Auguste Forel, Ernst Rüdin, August

Wimmer, Torsten Sjörgren, Eugen Fischer oder Otto Schlaginhaufen auf ihrem Fachgebiet als international führend galten. Im 1925 gegründeten Dachverband „International Federation of Eugenic Organizations" (IFEO), der im wesentlichen von Wissenschaftlern aus Deutschland, England und den USA angeführt wurde und uneingeschränkt von der kulturellen und intellektuellen Höherwertigkeit der „europiden Rasse" ausging, war die Erforschung der „Bastardisierung" von Anfang an ein Schwerpunktthema. Die „Rassenmischung" wurde grundsätzlich als ein zu vermeidendes Problem gesehen, das infolge der Internationalisierung von Migrationsbewegungen zu einer lebenswichtigen Bedrohung der Menschheit geworden sei. In Deutschland wurde die Eugenik als Wissenschaftsform vor allem von Anthropologen, Psychiatern und Humangenetikern vertreten. Diese Fachrichtungen trugen an den NS-Verbrechen auf seiten der Wissenschaften auch die Hauptverantwortung, zumal die „rassische" Anthropologie schon vor 1933 dominant war und im Nationalsozialismus sich ausschließlich als „Rassenbiologie und -hygiene" definierte (Lüddecke 2000).

Im Nationalsozialismus wurde durch eine Reihe von legislativen Maßnahmen wie dem „Gesetz zum Schutze des deutschen Blutes und der deutschen Ehre" (1935) das Delikt der „Rassenschande" erfunden. Häufig wurde die NS-Vernichtungspolitik gegen JüdInnen, Schwarze, „Slawen" sowie Sinti und Roma mit ihrem angeblichen Charakter als „Volksschädlinge" und „Bastarde" begründet. Dabei kam es immer wieder zu diskursiven und historischen Überschneidungen, die diese unterschiedlichen Opfergeschichten miteinander verbinden (Lauré al-Samarai 2004b). So gerieten die etwa 1000 afrodeutschen „Rheinlandbastarde", die zwischen 1919 und etwa 1927 aus Beziehungen zwischen deutschen Frauen und schwarzen Soldaten hervorgegangen sind, bereits 1928 ins Visier von Adolf Hitlers „Mein Kampf":

> „Juden waren und sind es, die den Neger an den Rhein bringen immer mit dem gleichen Hintergedanken und klaren Ziele, durch die dadurch zwangsläufig eintretende Bastardisierung die ihnen verhaßte weiße Rasse zu zerstören, von ihrer kulturellen und politischen Höhe zu stürzen und selber zu ihren Herren aufzusteigen".[43]

Die Geschichte der Hybridität ist untrennbar mit den Geschichten kolonialer Verbrechen, rassistischer Exotisierungsphantasien und Verunreinigungsängsten sowie den widerständigen Praktiken kolonisierter Subjekte verkettet. Diese disjunktiven Momente sind zu einer komplexen wie widersprüchlichen Konfiguration verwoben. Angesichts dieser historischen Kontexte wäre es sinnvoller, Hybridität nicht wie so oft präferiert als normativen, sondern als kritisch-analytischen Begriff zu verwenden. Gerade in diesem Kontext wäre es mehr als fragwürdig, ausgerechnet das Kriterium der „‚Mischehen' jeder Art ...[zur] Gretchenfrage des Multikulturalismus" (Leggewie 2000: 888) zu erheben – zumal diese Thematik auch mit Problemen globaler Ungleichheiten, mit Verfügungsmöglichkeiten über weibliche Sexualität aus Trikontgesellschaften und exotisierendem Differenzkonsum verbunden ist. Wie Edmund Stoibers Warnung vor einer „multinationalen Gesellschaft auf deutschem Boden, [die] durchmischt und durchrasst" (1988) sei, zeigt, ist die Frage der Hybridisierung immer noch ein Ort kolonialrassistischer Kämpfe um Repräsentation.

---

43 Zit. nach Ayim/Oguntoye/Schultz 1992: 53. Vgl. auch Grosse (2000) und El-Tayeb (2001).

## Entgrenzte Kulturen: Entortung, Hybridität und Mimikry

Die Entgrenzung setzt einen Raum zwischen den Kulturen, einen *Raum des Dazwischen* voraus, den der indo-angloamerikanische Literaturwissenschaftler Homi Bhabha in seiner einflußreichen Theorie über die Verortung der hybriden Kultur als "in-between-space" bezeichnet hat. Auch wenn Bhabha zugibt, daß aus einer marginalen Position heraus und im Kampf um die Ausgestaltung des Zentrums nicht auf den Anspruch auf Identität verzichtet werden kann, kann er sich andererseits genauso wie Hall „Einheit" nur noch abstrakt vorstellen. Sein „Beharren auf der jeweiligen Spezifik der Äußerungsposition geschieht in der Absicht, einen Prozeß in Gang zu bringen, in dessen Verlauf das objektivierte Andere sich in Subjekte ihrer Geschichte und Erfahrung verwandeln können" (Bhabha 1996: 349). Weil jede Kultur jeweils nur konstruiert ist, alle Traditionen erfunden wurden und essentialistische Gemeinschaften nie existiert haben, besteht die Notwendigkeit, Räume außerhalb des Satzes und des Fokus des Weißen Subjekts zu finden und theoretisch zu begründen. Die Sprache und der Blick, Metapher für Logozentrismus und Eurozentrismus, aber ebenso für Literatur/Theorie und Wahrnehmung/Image, sind immer noch durch Hierarchie und Vereinheitlichung gekennzeichnet. Sie müssen wie alle Machtapparate durch kontinuierliche Diskontinuität aufgebrochen werden. Durch Brüche in der Geschichte, den dominanten Diskursen und Praktiken können an dessen Bruchstellen, die bisher die Grenzen der Bedeutung markieren, durch Artikulation der marginalisierten Stimmen, Verschiebung der herrschenden Bedeutungen und Auflösung des Gegebenen neue Diskursräume und neue Subjekte entstehen.

In diesem Zusammenhang erleben wir eine Transformation des Raumes, dessen Konzeption als Naturkonstrukt angesichts der kulturellen Phänomene einer postmodernen Globalisierung überdenkenswert ist. Der Raum in seinen geographischen, sozialen und kulturellen Dimensionen kann angesichts der diagnostizierten Verdichtung von Raum und Zeit nicht länger als fixiert vorgestellt werden. Er ist vielmehr auf dem Weg, in Bewegung überzugehen. Mit der zunehmenden Geschwindigkeit aller mobilen Einheiten breitet sich auch der (Handlungs-)Raum immer weiter aus, während die Ent-Fernung paradoxerweise gleichzeitig auch immer kleiner wird. Dabei verringert der Raum den Abstand zur Zeit immer mehr, bis er irgendwann in Jetztzeit übergeht, weil er überall zu jeder Zeit verfügbar geworden ist. Statt als ewige Naturgesetze der Metaphysik müssen die Kategorien von Raum und Zeit heutzutage als soziale Konstrukte in all ihrer Porosität und Liquidität verstanden werden, die permanent dem historischen, sozialen und kulturellen Wandel ausgesetzt sind. Wenn die zeitliche und räumliche Wahrnehmung von Kultur und Identität z.B. in Form von Nation und Heimat bisher ohne Zweifel von etwas natürlich Gegebenem ausging, dessen Wurzeln tief in die Geschichte reichten und in der Gemeinschaft fest verankert waren, dann ist es Zeit, diese „roots" mit ihrem sprachlichen Doppelgänger, den anderen „routes", bekanntzumachen. Dieses andere, das lange von unserer Vorstellung von Kultur und Identität ausgeschlossen wurde, ist ein Signifikant für die soziale Konstruktion von Raum, Zeit und Ort. Die Verschiebung und gleichzeitige Rekonstitution dieser grundlegenden Koordinaten menschlicher Selbstverortung, Identitätskonstruktion

und Gemeinschaftsbildung ermöglichen das Unterwegs-Sein als ein Denken für
Veränderungen, Austausch und neue Möglichkeiten der Wahrnehmung.

„Dieser ‚Indeterminismus' kennzeichnet gerade den konfliktträchtigen und doch produktiven Raum, in dem die Willkür (und damit Veränderbarkeit) kultureller Bedeutungszuwei-
sungen aus den vorgeschriebenen Grenzen des gesellschaftlichen Diskurses heraustritt"
(Bhabha 1996: 345). *Warum muss Kultur immer "fest" sein (begrenzt)*

Der Entgrenzung geht immer eine *Entortung von Kultur* voraus, die mit der Anerkennung einer „ursprünglichen" Unreinheit einhergeht, einer Heimat, die seit jeher
eine Differenz beherbergt und sich nicht von ihr losgerissen hat. Neuere Arbeiten
von Kulturgeographen wie Edward Soja (1989; 1996) oder David Harvey (1996)
haben daher auf gravierende Verschiebungen und Modifikationen aufmerksam
gemacht, die das Bild einer zeitlosen, plazierten, als gegeben angenommenen Kultur erschüttern. Kultur ist vielmehr als ein flüchtiger, nie ganz bestimmbarer und in
dem Sinne auch heimatloser Ort zu verstehen, der in einem Raum aus imaginierten
und realen kulturellen Landschaften umherreist. Weit davon entfernt, nur materielle
Realitäten und reale Simulationen in sich zu bergen, sind Kultur und – in einem
noch größeren Maße – Identität zunehmend als fluktuierende, durchlässige Orte zu
beschreiben, die einer imaginären Welt der Erzählungen, Träume und Vorstellungen
Ausdruck verleihen. Durch die immer häufiger werdenden kulturellen Umbrüche in
immer kürzeren Zeitabständen haben sich ihr Aussehen und die Formen, mit denen
sie beschrieben werden können, in den letzten Jahrzehnten grundlegend gewandelt.
Das wohl sichtbarste Zeichen dieser Entwicklung scheint in der Entstehung virtu-
eller Räume zu liegen, die in einem Prozeß der ständigen Erneuerung ihrer internen
Struktur, ihrer Beziehungen nach außen und ihrer Erscheinungsform stehen. Ihre
totale Flexibilität scheint weniger in ihrer virtuellen Textur als in einer kulturellen
Umgebung begründet, die unaufhörliche Veränderungen und Aktualisierungen ihrer
Konfiguration erfordert. Diese Entwicklung ist durchaus ambivalent zu betrachten,
wenn Kultur und Identität in der radikalen Beliebigkeit und immateriellen Nichtig-
keit des Cyberspace verloren gehen und nicht mehr als Orte der politischen Kämpfe
zur Verfügung stehen. Mittlerweile sind wir – ob wir es wollen oder nicht – privilegierte Zeitzeugen bei der Geburt einer virtuellen Welt, die die Gleichzeitigkeit des
Globalen und Lokalen mit vielfältigen Gefahren und Banalitäten, aber auch neuen
Chancen für eine Politik der Repräsentation von Differenz verknüpft. Die Möglichkeiten, die sich durch unkontrollierte globale Kommunikation, Vernetzung und
Informationsausbreitung, durch Begegnung unterschiedlichster Menschen unabhängig vom Ort ihrer materiellen Existenz und gesellschaftlichen Positionierung,
durch Erfahrungsmöglichkeiten im Spiel mit Identitätswechsel und Geschlechter-
tausch, durch Entstehung neuer kultureller Räume, Lebenswelten, Praktiken und
Artikulationsformen ergeben, bleiben angesichts der Kommerzialisierung, Etablie-
rung neuer Ausschlüsse und allgegenwärtiger Unverbindlichkeit in einer manipula-
tiven Welt zwischen Supermarkt und Spielwiese weiterhin paradox. Die Radikalisierung der Raum-Zeit-Verdichtung im Cyberspace führt im schlechtesten Fall
dazu, daß in einer Welt der Simulationen konkrete Subjekte und reale Macht-

verhältnisse aus dem Raum des Sozialen zu verschwinden scheinen und in ihr nichts Geschichtliches mehr überlebt.

Kritische Politik kann sich aber nicht darauf beschränken, den moralischen Zeigefinger zu heben, sondern muß sich, will sie kritisch bleiben, der Auseinandersetzung stellen, was notwendigerweise ein Einlassen auf das Verstörende voraussetzt. Dazu gehört auch, daß wir uns fragen, welche Potentiale gerade in dieser Verstörung *versteckt* ruhen. Wenn durch technische Manipulationsmöglichkeiten und die erschreckende Perfektion kultureller Inszenierungen sich selbst die einstmals als ewig gesichert behauptete Unterscheidung zwischen kultureller Fiktion und gelebter Realität zweifellos verringert hat, so müssen wir selbstverständlich danach fragen, ob solche Ver-Fälschungen lediglich die Unterscheidung zwischen „falsch" und „wahr" aufheben. Denn sie würden damit die Möglichkeit substantieller Kritik hintertreiben, wenn in der indifferenten Atmosphäre des allgegenwärtigen Mißtrauens die Lüge zur Wahrheit und die Wahrheit zur Lüge werden kann. In der Unterschiedslosigkeit wird alles, werden selbst die grundlegendsten Kategorien nichtig. Was aber, wenn diese Unterscheidung schon jetzt obsolet geworden ist, weil in der medialen Gesellschaft der Zeichen und Symbole die Form über den Inhalt, die Verbreitungsgeschwindigkeit über die Verifizierbarkeit und der Marktwert sowie Machtinteressen über den politischen Gehalt einer Nachricht dominieren und sie vereinnahmen. In einer solchen Welt ist dagegen nicht auszuschließen, daß subversive Täuschungsstrategien dazu beitragen können, jede Aussage ideologiekritisch zu prüfen und, wenn wir noch einen Schritt weitergehen, die Unterscheidung von Aussagen und Menschen nach den totalitären und machtbesetzten Regeln des Wahrheitsregimes zurückzuweisen. Wenn solche Unterscheidungen nach ausschließlichen Kriterien eines Tages belanglos werden, dann könnte sich die Idee erfüllen, daß Geschlecht und Ethnizität nicht mehr unvermeidbare Kriterien zur Beschreibung von Menschen sind. Sie wären dann nicht mehr wie bisher *Schicksal*, sondern Bestandteil einer freiwillig angenommenen Identität.

Aber auch ohne den Hinweis auf das „World Wide Web" im Internet als eine sich in Entwicklung befindliche Form der dezentrierten Kultur, gibt es genügend stichhaltige Indizien dafür, daß wir uns Kultur und kulturelle Identität nur noch als eine Bewegung vorstellen können, deren Tempo sich immer stärker forciert. Wir sind gegenwärtig mit kulturellen Erschütterungen konfrontiert, deren politische und sozio-ökonomische Ursachen nicht zuletzt in der Kolonialisierung der außereuropäischen Welt mit ihren sich daraus ergebenden Brüchen und Wendungen angelegt sind: die heutige Form der politischen Weltwirtschafts(un)ordnung, nachhaltige Pathologisierung der kolonisierten Gesellschaften, weltweite Arbeitsmigrationen, kapitalistische Entwicklungsdynamik, Transformationsprozesse der Nationalstaaten, interkulturelle Gesellschaften etc. Diese Facetten einer in höchsten Maßen  dynamischen Globalisierung machen es dringend erforderlich, daß wir uns für eine Sicht auf Kultur und Identität öffnen, die nicht mehr auf die Beschreibung von Totalitäten und Wesensmerkmalen in Form von Nationen oder Ethnien angewiesen ist, sondern die kulturelle Differenz, die Ränder und ihre Überschneidungen zum *Ausgangspunkt* nimmt. „Die nichtsynchrone Zeitlichkeit globaler und nationaler Kulturen eröffnet einen kulturellen Raum – einen dritten Raum –, in dem die Verhandlung inkommensurabler Differenzen eine Spannung schafft, wie sie für Existenz(weis)en an der Grenze typisch ist" (Bhabha 2000: 326). Durch Globalisierung, interaktiven Cyberspace und transkulturelle Migrationen ist bereits heute ein "third space" im Entstehen, in dem die Differenz mitten in ihrem Zentrum ruht und die Verdoppelung von Zeit (Vergangenheit und Gegenwart), Ort (Zuhause und Fremde) und des Selbst (das Eigene und das Andere) als Ambivalenz spät- und postmoderner Lebensstile auszuhalten ist. „Dabei sollten wir immer daran denken, daß es das ‚inter' – das Entscheidende am Übersetzen und Verhandeln, am Raum *da-zwischen* – ist, das den Hauptanteil kultureller Bedeutung in sich trägt" (Bhabha 2000: 58). Kultur, aus ihren künstlich hergestellten Dichotomien befreit, wird in diesem third space zu einer fluktuierenden Bewegung, die zum Ausgangspunkt flottierender Identitäten wird und über einen *unscharfen Spielraum* zur Aushandlung, Übersetzung und Synkretisierung ihrer Vergesellschaftung verfügt. Dementsprechend äußerte Bhabha sich in einem Interview: "Hybridity is to me the 'third space' which enables other positions to emerge".[44]

Das Ertragen der Ambivalenz erfordert mehr Gleich-Gültigkeit und bedingungslose Offenheit, aber nicht eine Verankerung der Grenzen durch ihre Verlegung in die Vergangenheit, ihre Verstärkung bis zur Unvereinbarkeit und ihre kitschige Veredelung bis zur Wahnvorstellung einer „Reinrassigkeit". Glücklicherweise gibt es auch andere Möglichkeiten, mit der Zukunftsfrage nach Differenz umzugehen, als neue Grenzen zu ziehen und die bestehenden Mauern aufzustocken. Dieser andere Umgang mit dem Anderen versucht nicht die Idee des Nebeneinanderherlebens, sondern das miteinander Zusammenleben mittels Hybridität zu begründen. Aber wer dahinter einen neuen Aufguß der bundesrepublikanischen Multikulti-Diskussion der 1980er Jahre vermutet, muß enttäuscht werden. Der fatale Fehler dieser gutgemeinten, aber doch verfehlten Diskussion war, daß sie ein falsches, unwirkliches Idyll aufbaute, in der die Rhetorik des Dialogs und der Bereicherung über die real-existierende Ausschließung, Nicht-Repräsentation und Fremdbestimmung innerhalb der deutschen Gesellschaft als auch innerhalb dieses deutsch dominierten Diskurses hinwegtäuschte – anstatt diese zu benennen. Eine Folge dieses Projektes ist die Fetischisierung, Exotisierung und Verobjektivierung der MigrantInnen und Flüchtlinge als eine Form der „positiven" Diskriminierung, in der die Ausbeutung der Andersheit für die eigenen Wünsche und Projektionen zur politischen Korrektheit erklärt wird. Im Gegensatz zu dieser harmonisierenden wie homogenisierenden Vorstellung von multikultureller Gesellschaft, die als multiethnische mißverstanden wurde, versucht der postkoloniale Diskurs die Differenz als eine *politische Kategorie* der gesellschaftlichen Auseinandersetzung anzuerkennen. Diese Differenz ist nicht vornehmlich als eine kulturelle Differenz zwischen wesensfremden Gruppen zu verstehen, sondern sie ist eine Differenz, die in jeder politischen Analyse berücksichtigt werden muß, weil sie immer Teil der sozialen Konstruktion von Realität ist.

"The notion of difference has played an important role in making visible how power is inscribed differently in and between zones of culture; how cultural borderlands raise im-

---

44 Bhabha 1990a: 211 zit. nach Bachmann-Medick 1994: 603. Siehe auch Göckede 2004.

portant questions regarding relations of inequality, struggle, and history; and how differences are expressed in multiple and contradictory ways within individuals and between different groups" (Giroux 1992: 205).

Hinzu kommt, daß diese Differenz sich nicht innerhalb dualistischer Denkschemata bewegt, deren binäre Hierarchien und Antagonismen für die westliche Vorstellung von Kultur und Politik in der Moderne prägend geworden sind. Vielmehr sprengt die postkoloniale Differenz diesen Rahmen, indem sie mit einer politischen Agenda verknüpft ist, die die unterschiedlichen Geschichten und Kämpfe von Frauen, Homosexuellen, sozial Benachteiligten, MigrantInnen und Flüchtlingen in ihren jeweiligen Positionen und Kontexten miteinander in Beziehung setzt und die Widersprüche, die dabei entstehen, bewußt in Kauf nimmt. Wer die Kämpfe und die Marginalisierung dabei ignoriert, vergißt, daß das Leben *hart an der Grenze* seine eigenen Geschichten hervorbringt, die dem Subjekt eine bestimmte Position geben. Die Hybridität des Grenzlandes entspringt einer Grenzsituation, die keine einfache oder ahistorische Vermischung erlaubt.

„Die Grenzen kultureller Differenz sind immer nachrangig oder sekundär in dem Sinne, daß ihre ‚Hybridität' nie einfach eine bloße Vermischung vorgegebener Identitäten oder Wesenheiten darstellt. Hybridisierung ist die Verwirrung des Lebens, wenn die Darstellung der Lebensfülle unterbrochen wird; es ist ein Fall von Wiederholung im Diskurs der Minderheit, der Zeit des arbiträren Zeichens – das Minus im Ursprung – wodurch alle kulturellen Bedeutungsformen einer Übersetzung offen bleiben; denn ihre Artikulation widersetzt sich der Totalisierung".[45]

Hybridität ist, um im Sprachgebrauch der klassischen Migrationstheorie zu bleiben, weder ein Schmelztiegel noch ein Obstsalat, sondern eine Form, die außerhalb der uns geläufigen Ordnungen steht, weil sie keine Ordnung akzeptiert. Was aber könnte Hybridität sonst noch bedeuten? Zunächst wäre es ein sträflicher Fehler, Hybridität einfach mit einem neuen Schlüssel zu einem unwirklichen Platz zu verwechseln, der die festgefahrenen Pforten zu einer alten Sehnsucht, einer erlösenden Heilserwartung aufstößt: dem regenbogenfarbenen Paradies bzw. dem konfliktfreien Ort auf Erden. Eine solch kurzsichtige Sichtweise würde von einer unkritischen, ahistorischen und dichotomischen Einteilung von Homogenität und Heterogenität ausgehen und das rassistische Diktum „getrennter Welten" als wahr anerkennen: „Rassismus produziert und reproduziert immer die kulturalistische Ideologie der Herrschenden, die eine ‚Vermischung' mit der ‚Kultur' der Beherrschten als Verfall und Zersetzung darstellt" (Müller 1992: 34). Dieses Programm stellt – wie wir es bereits bei den auferzwungenen Hybridisierungspraktiken in der kolonialen Welt gesehen haben – nur eine ideologische Fiktion dar, wohingegen die rassistische Praxis, unabhängig von der nachweisbaren Doppelmoral des rassistischen Subjekts,[46] gegen das *verbotene Begehren* verstößt und der *Faszination des Unheim-*

---

45 Bhabha 1990b: 314 zit. nach Rowe 1994: 191. In der offiziellen deutschen Übersetzung von Bhabha (2000) fiel ausgerechnet diese Passage der Streichung zum Opfer.
46 Wir alle kennen Szenen, in denen Rechtsextremisten sich über „dreckige Ausländer/Türken/Neger/Fidschis" auslassen, während sie einen Döner essen. Und wie oft fangen rassistische Ergüsse mit: „Ich habe auch einen ausländischen Freund, *aber …*" an?

*lichen* anheimfällt. Noch während die rassistische Ideologie die Vermischung als Gift verdammt, wird das Andere schon dadurch als Fetisch vereinnahmt, weil es unverrückbar im Zentrum des rassistischen Diskurses steht. Es ist die zum Verwechseln gleiche Ähnlichkeit des Anderen, die immer wieder fremd gemacht werden muß, um sich der eigenen Identität zu vergewissern und das fremde Eigene zu unterdrücken. So gesehen ist die Vermischung, die der Rassismus verhindern will, seine Ausgangsposition, der er entfliehen möchte und wohin er aber immer wieder zurückkehrt, weil er, um existieren zu können, auf das Andere fixiert bleiben muß. Wie Balibar bereits für die historische Entwicklung von Nationalismus und Rassismus herausgearbeitet hat, wurde die Struktur dieser epochalen Gesellschaftsformationen in einem Prozeß mit Latenzphasen, Explosionen, Brüchen und Wendungen gebildet (Balibar 1990: 52f.). Ihre geschichtliche Entwicklung ist nicht stringent und einheitlich, sondern widersprüchlich, mehrdimensional und vieldeutig. Unabhängig davon, ob wir nun die Rolle der „African-Americans" im Diskurs über die amerikanische Nation oder die wechselvolle Geschichte des europäischen Chinabildes nehmen, immer wieder stellt sich heraus, daß die hegemonialen Diskurse sich verändern, verschobene Bedeutungen annehmen, mit unterschiedlichen Bildern und Begrifflichkeiten operieren, um sich jeweils anders mit dem Anderen ins Verhältnis setzen zu können.

In dem Aufsatz „Zeichen als Wunder", der aus einer historischen Perspektive argumentiert, erinnert Bhabha daran, daß die Kolonialisierung neben anderen Aspekten auch als eine gewaltsame Öffnung zu lesen ist, die die gegensätzlichen Elemente der brutalen Vergewaltigung wie der freiwilligen Vereinigung aufweist. Die Hybridisierung beschreibt einen machtbesetzten Prozeß. Sie ist eine gebrochene, im kolonialen Diskurs nicht anerkannte Ganzheit, ein Gefüge, das allerdings nicht mit einer Verschmelzung von Herr und Knecht, des Selbst mit dem Anderen oder der eigenen mit der fremden Kultur gleichzusetzen ist. Statt dessen wird sie wie ein unerwünschtes Kind behandelt, weil mit ihr eine *unheimliche Uneindeutigkeit* im kolonialen Diskurs auftaucht, die nicht mit der Kolonialmacht identisch, aber trotzdem zum Verwechseln ähnlich ist.

> „Erzeugt durch eine Strategie der Verleugnung, *bezieht sich* Diskriminierung immer auf einen Prozeß der Aufspaltung als der Vorbedingung von Unterwerfung: eine Diskriminierung zwischen der Mutterkultur und ihren entarteten Bastarden, dem Selbst und seinen Doppeln, wobei die Spur dessen, was verleugnet wird, nicht verdrängt, sondern als etwas *Differentes* – als Mutation, als Hybridform – wiederholt wird ... Hybridität repräsentiert jene ambivalente ‚Verwandlung' des Untertanen/Subjektes in das schreckenerregende, entstellte Objekt paranoider Klassifikation – eine beunruhigende Infragestellung der Bilder und Präsenzformen der Autorität" (Bhabha 2000: 165, 168).

Durch diese verletzende „Begegnung" innerhalb des kolonialen Diskurses wurden „Rassenbastarde" sowie gemischte Kulturen unter kolonialer Herrschaft ge- und erzeugt, die infolge der europäischen Massenmigrationen in die „Neue Welt" die Hybridisierung beschleunigt und globalisiert haben.

> „Hybridität ist das Zeichen der Produktion kolonialer Macht, ihrer flottierenden Kräfte und Fixpunkte; sie ist der Name für die strategische Umkehrung des Prozesses der Beherrschung durch Verleugnung ... Wenn wir die Wirkung der kolonialen Macht in der *Produk-*

*tion* von Hybridisierung sehen statt in der lautstarken Ausübung der kolonialistischen Autorität oder der stillschweigenden Unterdrückung einheimischer Traditionen, so hat das eine wichtige Veränderung der Perspektive zur Folge. Die Ambivalenz am Ursprung der traditionellen Diskurse über Autorität ermöglicht eine Form der Subversion, die auf der Unentscheidbarkeit beruht, die die diskursiven Bedingungen der Beherrschung in die Ausgangsbasis der Intervention verwandelt" (Bhabha 2000: 165f.).[47]

Hybridität kann so gesehen keine politische Esoterik sein, die das trügerische Versprechen nach Harmonie, Exotik und Hedonismus postmodern retuschiert. Statt dessen ist sie vielmehr ein Versuch, die Themen, Bühnen und Mittel für die Fortsetzung eines politischen Kampfes neu zu bestimmen, der 1492 mit dem Eintritt in die europäische Neuzeit unter spanischer Kolonialherrschaft in Form einer „Rassen-Kasten-Gesellschaft" einsetzte (Geiss 1988: 121ff.). Ein Blick zurück auf die *andere Geschichte* des kolonialen Widerstands kann gerade unter diesem Gesichtspunkt lehrreich sein.

Die Geschichte des Kolonialismus, der nie in der Lage war, seine Untertanen in den Kolonien *restlos* einzuverleiben und zu disziplinieren, war auch immer eine Geschichte des Widerstands in seinen unterschiedlichsten Facetten. Neben Verhandlung und Kompromiß, Kampf und Verteidigung, Organisierung und Rebellion, Flucht und Rückzug gehörten auch das Festhalten an den präkolonialen Traditionen, Wissensbeständen, sozialen Beziehungsformen, die Entwicklung kultureller Widerstandsformen im Tanz, in der Musik und den Erzählungen, alle Formen der Verweigerung und Täuschung durch Sabotage, Streik, Passivität, Schweigen, einschließlich Selbstverstümmelung, Abtreibung und Selbstmord zu diesem Arsenal.

"There is of course abundant evidence of native disaffection and dissent under colonial rule, of contestation and struggle against diverse forms of institutional and ideological domination. Inscriptions and signs of resistance are discernible in official archives and informal texts, and can be located in narrativised instances of insurrection and organised political opposition. Traces of popular disobedience can also be recuperated from unwritten symbolic and symptomatic practices in which a rejection or violation of the subject positions assigned by colonialism is registered" (Parry 1994: 173).

Während der antikoloniale Widerstand gewöhnlich als Gegendiskurs außerhalb der hegemonialen Diskurse und Machtapparate situiert wurde, besteht diese Möglichkeit, wenn wir Foucaults Machtanalyse ernst nehmen, für heutige Verhältnisse nicht mehr. Ein effektiver Widerstand muß in Gesellschaften, deren weitgehend anonyme Machtstrukturen zunehmend dezentraler und subtiler werden, vermehrt innerhalb der hegemonialen Diskurse agieren. Das ist der Hintergrund, vor dem die Auseinandersetzung mit Bhabhas Suche nach den Bruchstellen und Paradoxien innerhalb des kolonialen Diskurses nicht nur historisch, sondern gerade auch für die Politik in der Gegenwart interessant ist. Seine Art Widerstand innerhalb des kolonialen Diskurses zu lesen, bezieht sich auf die Möglichkeit der *Entstellung des Kolonialdiskurses* im Prozeß der Kolonialisierung selbst:

---

47 Im Gegensatz zu Bhabha glaubt Robert Young (1995), daß Hybridität durch seine Entstehungsgeschichte als koloniales Verlangen keine Möglichkeit einer kritischen Anknüpfung bietet (Hall 1997: 246).

„Widerstand ist weder zwangsläufig ein politisch motivierter oppositioneller Akt, noch stellt er einfach die Negation oder den Ausschluß des ‚Inhalts' einer anderen Kultur als einer einmal wahrgenommenen Differenz dar. Er ist das Resultat einer Ambivalenz, die innerhalb der Erkenntnisregeln der dominanten Diskurse produziert wird, während sie die Zeichen kultureller Differenz artikulieren und sie in die verschobenen Beziehungen der Kolonialmacht – Hierarchie, Normalisierung, Marginalisierung usw. – wieder einbringen" (Bhabha 2000: 163).

Durch diesen Perspektivwechsel wird der koloniale Diskurs nicht mehr *ausschließlich* als diktatorischer Monolog aufgefaßt, der die Macht des kolonialen Apparates totalisiert, indem er auf der einen Seite absolute soziale Kontrolle und auf der anderen Seite vollständige Unterordnung des Kolonisierten unterstellt. Die mit dieser Eindimensionalität einhergehende analytische Fixierung wird zugunsten einer dynamischen, widersprüchlichen und interaktiven Sichtweise aufgegeben. Bhabha ist in der Lage, die Kolonisierten innerhalb der hegemonialen Diskurse auch als handelnde Subjekte und nicht nur als passive Opfer von Machtpraktiken anzuerkennen. Indem die indigene, einheimische Bevölkerung den Erzählungen, der Erziehung, der Sprache, den Institutionen, der Geschichte und der Macht der fremden Eroberer und Besatzer unterworfen wird, findet mit zeitlicher Fortdauer auch eine Geschichte der Aneignung kolonialer Praktiken durch die Kolonisierten statt. Diese partielle, niemals harmonische Identifikation zwischen Herr und Knecht spielt sich neben den, genauer gesagt, inmitten all der altbekannten Hierarchien und inhumanen Exzesse der Kolonialgesellschaft ab. Koloniale Praktiken setzen sich, sobald sie in der *dunklen Wildnis* ihre Präsenz zeigen und ihr *aufklärerisches Werk* verrichten, gleichzeitig der Gefahr durch den Anderen und seinen Substituten, dem *Wilden, Primitiven* und *Eingeborenen*, aus. Die Gefährdung der kolonialen Mission bezieht sich nicht einzig auf die Ablehnung und Abwehr, die die Autochthonen in ihrer Unberechenbarkeit und Widerspenstigkeit immer wieder gegenüber den europäischen Eindringlingen zeigen. Antikoloniale Widerstandspotentiale können auch in ihrem gegenteiligen Moment, dem übersteigerten Erfolg des kolonialen Diskurses selbst, liegen. Durch die Ambivalenz der Kolonialherrschaft verwandelte sich Europa zum *Mutterland* und die Peripherie zur *Tochtergesellschaft*. Aber beide müssen jeweils auf ihre spezifische Art als Kolonialgesellschaften begriffen werden, die bei Beibehaltung der Hierarchie in einem gegensätzlichen Verhältnis von Interdependenz und Abhängigkeit zueinander stehen, da die eine ohne ihre andere Seite nicht hätte entstehen und existieren können. Daher ist es notwendig, den Kolonialdiskurs nicht wie bisher als eine Einbahnstraße aufzufassen, in der der Kolonialherr dem *Eingeborenen* Arbeit, Manieren, Gott, Kultur und Technik, oder kurz gesagt die Zivilisation aufzwingt. Mit dieser *reinen* Opferperspektive würden wir innerhalb der Aussagekraft der kolonialen Fiktion verbleiben, die bestrebt ist, die *produktiven Leistungen der Kolonisierten* nicht anzuerkennen. Die koloniale Fiktion inszeniert und hält eine Welt aus Stereo- und Archetypen am Leben, die sich verzweifelt an die Dichotomien weiß/schwarz, gut/böse, überlegen/minderwertig, zivilisiert/wild, rational/emotional, aktiv/passiv und Subjekt/Objekt wie an einen Rettungsring in schwerer See klammert. Solche Stereotype können nur dann unverändert überleben, wenn die Welt, für die sie geschaffen wurden, erstarrt, Raum und

Zeit als ein einziger Endpunkt ineinanderfallen sowie die Grenzen und Positionen im Diskurs sich verewigen. Sich von dieser Illusion zu verabschieden, heißt paradoxerweise den kolonialen Diskurs wirklich ernstzunehmen und sowohl seine Zwischenräume als auch die in ihm wohnende Ambivalenz an den Tag zu legen.

In seinem Aufsatz „Von Mimikry und Menschen" sieht Bhabha im Kolonialdiskurs *zwei unterschiedliche Formen des Verlangens*: einen Identifikationswunsch nach einem homogenen Ganzen, der sich den kolonialisierten Anderen als sein Ebenbild erschaffen will; und ein Bedürfnis, sich seines überlegenen Selbst zu vergewissern, indem sich das koloniale Subjekt durch Ausgrenzung des kolonialisierten Objekts definiert (Bhabha 2000: 125-136). Die Ambivalenz des kolonialen/rassistischen Diskurses produziert immer wieder Praktiken, in denen das Doppel aus Abspaltung und Identifikation auf der hegemonialen Seite eingeschrieben ist:

"There is a mode of appropriation that results in a form of imitation, based on a mimetic strategy of self-representation through which the white subject identifies with the devalorized term of black/white metaphor. In the iconic figure of the 'nigger minstrel', in which white actors are black-up to become other than what they are, there is a complex psychic economy in the masquerade of white ethnicity" (Mercer 1992: 432).

Ein bekanntes Beispiel aus der Filmgeschichte ist D.W. Griffiths "Birth of a Nation" (1915). In einer Episode des Films vergewaltigt ein geschwärzter Darsteller, in der Rolle eines freigelassenen Sklaven, ein weißes Mädchen, wodurch Schwarze als häßlich, brutal und unmenschlich erscheinen sollen (Pajaczkowska/Young 1992: 214f.). Diese Szene stellt die historischen Verhältnisse auf den Kopf, indem sie Ausnahmeerscheinungen zur gesellschaftlichen Regel erklärt. In Kolonial- und erst recht in Sklavengesellschaften sind weiße Frauen Mittäterinnen, über die kolonisierte und versklavte Männer weder Verfügungsrecht noch -gewalt besaßen. Daher ist diese Gewaltszene in diesem Kontext als eine Wunschprojektion weißer Männer zu lesen, die ihre außerehelichen Vergewaltigungsphantasien damals ohne jegliche Strafandrohung an schwarzen und indigenen Frauen begehen konnten. Sich als Schwarzer zu verkleiden, verleiht ihnen die Möglichkeit, diesen Wunsch im Rollenspiel zu realisieren, ohne Sanktionen durch andere weiße Männer befürchten zu müssen, die sich in ihren Rechten als Väter, Ehemänner, Brüder und Söhne verletzt sehen. Der Reiz des Verbotenen ist hier evident und wird noch dadurch gesteigert, daß der weiße Mann sich die zugeschriebene sexuelle Hyperaktivität und animalische Triebhaftigkeit schwarzer Männer zu eigen macht, die unter anderen Umständen Anlaß für Kastration, körperliche Peinigung bis hin zum Lynchmord des Geschlechtskonkurrenten bieten.

Auf der anderen Seite produziert die zweifache Artikulation aus Identifikation und Abspaltung aus sich selbst heraus eine Differenz im kolonialen Diskurs, die nach ihrer *Verdoppelung in der Wiederholung* durch den Kolonisierten weder originär noch identisch sein kann, sondern zwischen einer Erscheinung der kolonialen Autorität und ihrer differenten Artikulation durch den Kolonisierten pendelt. Es handelt sich um die Repräsentation einer Differenz, die durch Ähnlichkeit operiert, ohne jemals gleich sein zu können. In diese Wiederholung schleichen sich unwillkürlich Verzerrungen und Verdrehungen ein, die den Diskurs der Kolonialmacht entstellen, indem sie sein Monopol auf Wahrheit, Besitz, Identität und damit ganz grundsätzlich seine Überlegenheit in Frage stellen (Bhabha 1985: 168ff.).[48] Obwohl Fanons Denken noch in einen Rahmen eingebunden war, der nur zwischen Übernahme und Ablehnung kolonialistischer Praktiken zu unterscheiden wußte, hat er doch ein Phänomen der Wiederholung und Verdoppelung beschrieben, das für die Analyse aktueller Kultur- und Diskursstrategien von besonderer Relevanz zu sein scheint:

> „Der Blick, den der Kolonisierte auf die Stadt des Kolonialherrn wirft, ist ein Blick geilen Neides. Besitzträume. Aller Arten von Besitz: sich an den Tisch des Kolonialherrn setzen, im Bett des Kolonialherrn schlafen, wenn möglich mit seiner Frau. Der Kolonisierte ist ein Neider. Der Kolonialherr weiß das genau. Wenn er jenen Blick unversehens überrascht, stellt er mit Bitterkeit, aber immer wachsam fest: ‚Sie wollen unseren Platz einnehmen‘" (Fanon 1981: 33).

Diese Form der Nachahmung hat er allerdings als ein sich „Weiß-Waschen" und damit als eine Auswirkung des internalisierten Kolonialismus/Rassismus gedeutet, anstatt sie wie Bhabha als Mimikry zu interpretieren (Bhabha 2000: 125ff.).[49] Mimikry ist eine Form der strategischen Kriegsführung für Unterlegene, die die Ambivalenz des kolonialen Diskurses zur *Alltagslist* der Irreführung, Täuschung und Tarnung für sich ausnutzen. Sie ist ein intimes Wissen, das trotz aller systematischer Ausschlüsse von der unvermeidlichen Nähe und Innigkeit mit dem vertrauten Feind in der kolonialen Situation zeugt und sich nun gegen den Kolonialisierer selbst, den Hüter des Wissens und der Rationalität, wendet. In diesem Licht gesehen, erfährt Fanons berühmte Allegorie „schwarze Haut/weiße Masken" eine dramatische Umwertung. Stand diese Beschreibung des kolonisierten Selbst, das sich unter der Duplizität von Macht und Wissen als ein Anderes erfuhr, bisher nur für *innere Kolonialisierung* oder bestenfalls für eine *defensive Überlebenstechnik* durch Selbstaufgabe, kann sie unter der neuen, dritten Lesart auch als *subversiver Widerstand* innerhalb des Systems der dominanten Diskurse aufgefaßt werden. In der Zwischenstellung und Fluktuierung zwischen diesen beiden gegensätzlichen Interpretationen der Mimikry entsteht eine immanente Unsicherheit, die in ihrer

---

48 Anhand historischer Missionsberichte, die Fragen über die ethnisch-kulturelle Zugehörigkeit von Gott, religiöses Auserwähltsein und rapide Bibelverbreitung behandelten, geht Bhabha auch empirisch dem Kolonialdiskurs nach, der gerade durch seinen Erfolg in Frage gestellt wird (Bhabha 1985: 180ff.). Ein anderes historisches Beispiel für die Ambivalenz des kolonialen Diskurses findet sich auch in dem einzigartigen, über 1200 Seiten langen Brief des Indigenen Felipe Guaman Poma de Ayala an den spanischen König. Mittels der Verunreinigung und Entstellung der Kolonialsprache durch Elemente des Quechua und grammatikalische Verkehrungen findet eine Aneignung der Herrensprache statt. Die entstellte Sprache ist dann nicht mehr notwendigerweise Instrument der Kolonialherrschaft, sondern kann auch Mittel des politischen Kampfes, der eigenen Geschichtsschreibung, der moralischen Anklagen und politischen Forderungen sein. Es ist der Beginn eines Gegendiskurses, der den Kolonialdiskurs und den Kolonisator dezentriert (Pratt 1994).

49 Siehe ferner Scherpe (1996), der Bhabhas Mimikrybegriff vor dem Hintergrund früherer Arbeiten von Theodor W. Adorno und Walter Benjamin, aber auch zeitgenössischen Werken entfaltet.

Uneindeutigkeit eine produktive Ambivalenz schafft. Mimikry stellt sich so als eine *Trope des Tricksters* dar, einer literarischen Figur, die durch ihre unberechenbare Narrenfreiheit, Gaunerhaftigkeit und Vielgestaltigkeit besticht. In der Mimikry selbst ist nun ein Prozeß der Wiederholung und Umkehrung des Dominanten im Gange, der für viel Aufregung verantwortlich ist. So schreibt Jean-Paul Sartre über den eigentlichen „Skandal" bei Fanon: „Ein ehemaliger Eingeborener ‚französischer Zunge' biegt diese Sprache zu neuen Forderungen um, benutzt sie und wendet sich nur an die Kolonisierten: ‚Eingeborene aller unterentwickelten Länder, vereinigt euch!' Was für ein Abstieg!" (Sartre 1981: 9).[50]

Die kritische Funktion von Hybridität und Mimikry ergibt sich weniger aus ihrer Vermischung als aus ihrer Unreinheit und *entblößenden Imitation*, die die hegemonialen Diskurse vergiftet und der Lächerlichkeit preisgibt. Diese Form der Zersetzung kann sich historisch auf jene Praktiken und Erzählungen von SklavInnen und Kolonisierten beziehen, die den sorgsam gepflegten Überlegenheitsmythos ihrer weißen Damen und Herren schon dadurch entzauberten, indem sie diese Figuren und die Heuchelei ihrer wunderbaren kolonialen Welt als Vorlagen für ihre eigenen Inszenierungen verwendeten, sie „nachäfften" und dadurch ihre ganze Schwäche schonungslos entblößten:

"Black folks have, from slavery on, shared with one another in conversations 'special' knowledge of whiteness gleaned from close scrutiny of white people. Deemed special because it was not a way of knowing that has been recorded fully in written material, its purpose was to help black folks cope and survive in a white supremacist society. For years black domestic servants, working in white homes, acted as informants who brought knowledge back to segregated communities – details, facts, observations, psychoanalytic readings of the white 'Other'" (hooks 1992: 338).

Oft entpuppt sich kolonialer Widerstand so in Form eines öffentlichen Straßentheaters, das sich einem Rollenspiel gleich mit Kostümen, Masken, Tänzen, Ritualen, Sprechakten, Körpereinsatz und Musik in Szene setzt. Der Karneval, wie er auf Trinidad als ein spektakuläres Volksfest zelebriert wird, kann als paradigmatisches Beispiel für diese Methode im langen Kampf gegen Sklaverei, Klassen- und Kolonialgesellschaft gelten. Charakteristisch ist auch, daß der Karneval dort im 18. Jh. von der französischen Elite eingeführt, aber mit der Zeit von der schwarzen Bevölkerung vereinnahmt und verfälscht wurde. Sie reicherten ihn dabei mit eigenen Elementen wie der Straßenmaskerade, dem mitternächtlichen Fackelzug, dem Stockkampftanz, Verbalduellen und Stahltrommelbands an. Diese Praktiken stellen eine Mischung aus abgewandelten afrikanischen Ritualen und Traditionen mit lokalen Innovationen dar, die aus den trinidischen Bedingungen hervorgegangen waren. Der Karneval wurde von ihnen zu ihrem politisch-kulturellen Ausdruck gemacht, der der Erinnerung an die Sklavenbefreiung gewidmet wurde. Die närrische Zeit

---

50 Mit ähnlicher Gewitztheit äußerte sich vor einigen Jahren der populäre afroamerikanische Theologe Cornel West: „Wenn Du Afro-Amerikaner und Opfer des Kapitalismus bist, und ein jüdisch-europäischer Typ namens Karl Marx, der im katholischen Rheinland geboren wurde und als Lutheraner aufwuchs, bietet Dir gewisse Werkzeuge an, dann hältst Du Dich an ihn" (Berman 1992: 330 zit. nach Sollors 1994: 55).

mit ihrer beißenden Satire an den gesellschaftlichen Verhältnissen und Macht-
habern wurde in der Geschichte Trinidads immer wieder zu einem Kulminations-
punkt der Rebellion. Trotz aller administrativen Verbote, die zu offenem Protest
oder zu weiteren Neuentwicklungen führten, konnte sich diese karibische Wider-
standskultur bis in die heutige Zeit halten und muß sich nun der Herausforderung
durch die Kommerzialisierung stellen (Gilbert/Tompkins 1996: 78ff.).

Auf eine ähnlich subversive Geschichte verweist der karibisch-britische *Notting
Hill Carnival* in London, dessen politische Ausrichtung sowohl durch die Kolonial-
als auch durch Migrationssituation in der Metropolengesellschaft geprägt wurde.
Auch wenn inzwischen eine gewisse Entpolitisierung eingetreten ist und die Party-
stimmung im Vordergrund steht, sind die Schwarzen Communities in der Auseinandersetzung mit dem britischen Rassismus, der Arbeitslosigkeit und der Polizei-
brutalität gegen kriminalisierte Jugendliche immer noch verpflichtet, für ihre Situation einen geeigneten Ausdruck zu finden. In bestimmten Situationen entwickelten
sich in den 1970er und 1980er Jahren radikale Aktionsformen, die vom Verbrennen
der britischen Flagge bis zu mehrtägigen Straßenkämpfen mit staatlichen Repräsentanten reichten. Im lokalen Kontext bleibt zu hoffen, daß der junge Karneval der
Kulturen der Welt in Berlin sich zumindest nicht zu einer belanglosen Unterhal-
tungs- und ohnmächtigen Konsumveranstaltung mit multikulturellem Streichelzoo
entwickelt, sondern diese öffentliche Bühne als eine selbstbewußte Plattform für
politische und kulturelle Selbstrepräsentationen nutzt. Wie Kerstin Frei in ihrer des-
illusionierenden Untersuchung des Berliner Karnevals ironisch feststellt, werden
bisher aber nur diejenigen „integriert", die sich traditionell maskieren (Frei 2002).

Dagegen versucht die Bhabhasche Widerstandsperspektive der Mimikry, die
hegemoniale Macht durch den geschickten Einsatz von Ironie, Persiflage und Satire
im Spiel eines postkolonialen Eulenspiegels herauszufordern.

> „Im rastlosen Streben nach kultureller Übersetzung treiben hybride Orte eine spaltende
> Öffnung in die Sprache der Kultur; dies legt den Gedanken nahe, daß die Ähnlichkeit des
> *Symbols*, das durch kulturelle Orte hindurchgleitet, nicht die Tatsache verschleiern darf,
> daß die Wiederholung des *Zeichens* in jedem einzelnen konkreten Fall gesellschaftlicher
> Praxis sowohl different als auch differentiell ist" (Bhabha 2000: 243).[51]

Bhabha ist selbst ein gutes Beispiel dafür, was damit gemeint ist. Er, der sich selbst
auf die französischen Dekonstruktivisten und Poststrukturalisten bezieht und sich
damit das Nonplusultra der zeitgenössischen Kulturphilosophie des Westens aneignet, hat in einem Aufsatz Derridas (1981) „Dissemination" (Zerstreuung) zu „DissemiNation" (Bhabha 1990b) verfremdet.[52] Durch diese Verwandlung und trans-

---

51 Eine elegantere Übersetzung dieser Passage findet sich bei Rowe 1994: 191.

52 Bhabha hat in Bombay und Oxford studiert, lange Jahre an der Sussex University gelehrt,
bevor er hochangesehene Professuren an der University of Chicago, in Princeton und in
Harvard annahm. Es entbehrt nicht einer gewissen Selbstironie, wenn Bhabha feststellt,
daß der postkoloniale Bourgeois einem westlichen Intellektuellen unheimlich ähnlich ist
(Bhabha 1994: 50). Er spielt damit auf Kritiken aus dem Trikont an, denn "critics such as
Bhabha and Spivak have been accused of being too strongly influenced by western schools
of thought, especially by those of French poststructuralist origin" (Michel 1993: 12).

formierende Übersetzung konnten eine neue Perspektive gewonnen, ein neuer Raum besichtigt und eine neue Bedeutung kreiert werden. In dieser mimetischen Wiederholung werden durch Fragmentierung im Ursprung des Wortes eine ambivalente Verdoppelung und Aufspaltung der Bedeutung erreicht. Dadurch wird eine Differenz erzeugt, welche mit dem Original nicht ganz, aber fast identisch ist. Es ist dieser feine Unterschied in diesem durch den postkolonialen Diskurs eröffneten Zwischenraum, der uns mit jenem unbekannten Grenzland konfrontiert, in dem feststehende Bedeutungen in Aufruhr versetzt und endgültige Begriffe in den Strudel des Zweifels gerissen werden. Viele postkoloniale Texte, die in dieser Widerstandstradition stehen, können daher als Gegendiskurse zum europäischen Kanon gelesen werden, indem sie die vermeintliche Überlegenheit der europäischen Klassiker als Teil der ideologischen Mythen des Kolonialsystems ablehnen. Statt dessen dienen diese Klassiker nunmehr als Vorlage für die eigenen Zwecke. Die ungezählten Adaptionen, Revisionen, Gegendarstellungen, Abwandlungen, Auseinandersetzungen und Antworten sind Formen der Kulturaneignung und Kritik, die die kolonialisierende Kultur von ihrem hohen Sockel stößt, sie unerbittlich indigenisiert und lokalisiert. Beim Umschreiben der unantastbaren Autoritäten halten sie sich, wie die Ironie der Geschichte es will, ausgerechnet an William Shakespeares Vermächtnis, der in dem Kolonialklassiker „Der Sturm" (1611) den Eingeborenen Caliban zu seinem weißen Meister Prospero sagen läßt: „Ihr lehrtet Sprache mir, und mein Gewinn / Ist, daß ich weiß zu fluchen. Hol' die Pest Euch / Fürs Lehren Eurer Sprache!".[53] Vielleicht hat die kanadische Literaturwissenschaftlerin Linda Hutcheon nicht ganz unrecht, wenn sie sagt, daß es sich beim Postkolonialismus „um einen Begriff [handelt], der sowohl einen Dialog mit der Geschichte eingeht, als auch gleichzeitig als ‚befreiende' Geste fungiert, indem er die psychische Befreiung von der Herrschaft der Alten Welt und ihrer kognitiven Codes ermöglicht" (Hutcheon 1994: 163).

So anregend diese Gedanken insgesamt auch sind, so sehr drängen sich andererseits auch kritische Fragen auf, falls Subversion und Widerstand nur noch als Gestik oder symbolische Handlungen verstanden werden sollten. „Diese fragwürdige Form von ‚Subversion' wird jedoch in der Theorie nicht oder nur selten von der historisch nachweisbaren Sprengkraft hybrider und der Zensur zum Opfer gefallenen historischen Dokumente unterschieden; aus historischer Sicht ist Bhabhas Theorie daher zu allgemein und letztendlich unbefriedigend" (Mackenthun 1996: 377). Ein anderes, vielleicht schwerwiegenderes Problem ist Bhabhas Analyse des kolonialen Diskurses, die von zwei umstrittenen Annahmen ausgeht. Ihm wurde vorgeworfen, daß er zum einen eine *Einheit des kolonialen Subjekts* unterstellt, das sowohl den Kolonisator als auch den Kolonisierten umfaßt und zum anderen die *Ambivalenz des kolonialen Diskurses* annimmt. Eine solche weitreichende Hypothese, die den Antagonismus von Ausbeutung und Herrschaft im Kolonialismus in Frage stellt, dürfte jedoch nicht nur behauptet, sondern müßte vor allem bewiesen werden. Beide Annahmen sind nicht zuletzt deshalb so provozierend, weil sie

---

53 Eine umfangreiche Diskussion postkolonialer Dramen, die sich der Subversion des europäischen Kanons verschrieben haben, leisten Gilbert/Tompkins (1996: 15-52).

*sicher* geltenden Grundlagen zuwiderlaufen, wie der These, daß koloniale Macht und kolonialer Diskurs sich *ausschließlich* im Besitz des Kolonisators befinden und einzig von ihm bestimmt werden. Ein besonders entzürnter Kritiker warf ihm vor, sich systematisch einer herrschaftskritischen Analyse zu entziehen und in seiner „naiven" Sicht des kolonialen Diskurses als „Machtvakuum" die Opfer der Kolonialgeschichte ein zweites Mal zu mißachten (JanMohamed 1985: 78f.).

Eine solche Kritik mißdeutet meiner Meinung nach das spezifische Interesse Bhabhas am kolonialen Diskurs und nimmt es nicht wahr. Bhabha schreibt dazu:

> "To recognize the stereotype as an ambivalent mode of knowledge and power demands a theoretical and political response that challenges deterministic or functionalist modes of conceiving of the relationship between discourse and politics. The analytic of ambivalence questions dogmatic and moralistic positions on the meaning of oppression and discrimination. My reading of colonial discourse suggests that the point of intervention should shift from the ready recognition of images as positive or negative, to an understanding of the processes of subjectification made possible (and plausible) through stereotypical discourse" (Bhabha 1994: 66f.).[54]

Bei Bhabha geht es nicht um die Rehabilitation des Kolonialismus als historisches Zivilisationsprojekt. Sein besonderes Interesse für Kreuzungen, Knotenpunkte und Überlagerungen innerhalb des ambivalenten Kolonialdiskurses will an dessen Rissen, Spalten und Öffnungen einen produktiven Raum für *effektiven Widerstand* freilegen. Die Aneignung dieser Räume, die zwischen den festgelegten Signifikanten verortet werden, bietet Chancen für eine neue Politik, deren Konturen sich zur Zeit nur schemenhaft abbilden. Abgesehen davon, daß ich den Vorwurf einer folgenlosen dekonstruktivistischen Subversion für Bhabha nicht teile, stimme ich auch nicht der Kritik zu, daß Bhabhas Theorie schon im jetzigen Stadium ihres Entwurfs, ihres Aufbaus zu verwerfen ist. Wir würden uns dadurch auf fahrlässige Art und Weise die Chance vergeben, die Potentiale und Erweiterungsfähigkeit seiner z.T. schwerverständlichen und ungewohnten Gedankengänge auszuloten. Sicherlich können theoretische Konstrukte nur praktisch-politische Relevanz gewinnen, wenn sie so konkret sind, daß eine Übertragung auf Praxen kultureller Selbst-Repräsentationen möglich wird. Diese Einsicht hat auch Bhabha selbst zum selbstkritischen Nachdenken verleitet, wenn er fragt:

> „Ist es möglich, sich geschichtlichen Handlungsspielraum vorzustellen als diesen unbestimmten und heterogenen Diskursraum außerhalb des Satzes? Ist das alles nicht ein bloßes Stück theoretischer Phantasterei, die jede Art politischer Kritik auf einen Tagtraum reduziert?" (Bhabha 1996: 352).

Ausgehend von dieser Frage versuche ich nun, die postkolonialen Thesen vom Ende der Einheitlichkeit, der kulturellen Ver- und Entortung mit Leben zu füllen und die Diskurse der kulturellen Vermischung und Nachahmung, wie sie u.a. von Anzaldua und Bhabha beschrieben wurden, in den kulturellen Selbstdarstellungen von People of Colors und MigrantInnen in Filmen, Texten und im Alltag der Subkulturen aufzuspüren.

---

54 In der deutschen Übersetzung dieses Aufsatzes fehlt leider diese zentrale Textaussage.

## Problematische Aspekte der deutschen Hybriditätsrezeption

Seit Ende der 1990er Jahre sind Cultural und Postcolonial Studies vornehmlich in ihrer anglo-amerikanischen Ausformung im deutschsprachigen Raum auch über die „angestammten" Fachgrenzen der Literaturwissenschaft, Amerikanistik und Kulturwissenschaften bekannt und im Zuge dessen verstärkt aufgegriffen worden. So sind erst in der letzten Zeit die theoretischen und methodologischen Grundlagentexte aus den letzten 40 Jahren in einer Reihe von Einführungen und zusammenfassenden Best-of-Sammelbänden – oft in deutscher Erstübersetzung – veröffentlicht worden.[55] Nach dieser rasanten Popularisierungsphase sind zentrale Termini aus den Cultural und Postcolonial Studies im heutigen akademischen Diskursfeld über Migration, Globalisierung, interkulturelle Kommunikation, Ethnizität und kulturelle Identität kaum mehr wegzudenken. Vor allem die Idee der Hybridität ist im Rahmen des Trends zur Neuausrichtung der Geistes- und Sozialwissenschaften, dem „cultural turn" (Eickelpasch 1997; Lackner/Werner 1999: 22-42), zum neuen Schlüssel- und Modebegriff avanciert.

> „Innerhalb philosophischer, soziologischer, medien- und auch kunstwissenschaftlicher Diskurse wird zunehmend von Prozessen der Hybridisierung gesprochen. Hybridisierung kann sich dabei auf Materialien und Medien, Symbolsysteme und Codes, Lebensstile und Wertsysteme beziehen. Auffallend ist: Nicht trennscharfe Distinktionen und Definitionen sind derzeit entscheidend, sondern Vermischungen" (Schneider 2000: 175), die die „Hybridisierung als Signatur der Zeit" erscheinen läßt.

Auch auf der alltagsweltlichen Ebene hat ein universalisiertes Verständnis von Hybridität eine bemerkenswerte Begriffskarriere ermöglicht: Während der Begriff „hybrid" – der außerhalb der Biologie bis dato extrem ungebräuchlich war – heute als Schlagwort im Feuilleton fungiert, bedient sich die Marketingsprache seiner, um Produkte wie das Hybridauto mit einem kulturellen Mehrwert und innovativen Image aufzuladen: „Hybrid meint: ein Produkt ist effizienter, schneller und multifunktionaler verwendbar. Hybrid referiert auf ökonomische Sachverhalte, codiert Marktchancen" (Schneider 2000: 175).[56]

---

55 Siehe etwa Bromley/Göttlich/Winter (1999), Hörning/Winter (1999) und Hepp/Winter (2003) für deutsche Übersetzungsreader und Jürgen Kramer (1997), Rolf Lindner (2000) sowie Stuart Hall (2000) für deutschsprachige Einführungen in die Cultural Studies. Verglichen mit diesem starken Interesse der deutschen Akademie an Cultural Studies sind die Postcolonial Studies diskursiv wie institutionell nur im zweiten Glied positioniert. Viele deutschsprachige Rezeptionen und lokale Transplantationen postkolonialer Perspektiven sind wie bei Ina Kerner (1999), Kien Nghi Ha (1999) und Anette Dietrich (2000) aus Magister- und Diplomabschlußarbeiten hervorgegangen. Bei Encarnación Gutiérrez Rodríguez (1999) und Fatima El-Tayeb (2001) waren es Dissertationen. Daß diese mehrfache Marginalisierung auch als produktive Kritikfreiheit gewendet werden kann, zeigt der Sammelband „Spricht die Subalterne deutsch? Postkoloniale Kritik und Migration" (2003), der von Encarnación Gutiérrez Rodriguez und Hito Steyerl herausgegeben wurde.

56 Eine kulturgeschichtliche Spurensuche und Analyse postmoderner Hybriditätskonzepte im Rahmen spätkapitalistischer Verwertungsprozesse wird als Aufsatz „Die schöne neue Welt der Hybridität" (Ha 2004b) und Frühjahr 2005 ausführlicher als Monographie unter dem Titel „Hype um Hybridität" (Ha 2005a) erscheinen.

Dieser Beitrag problematisiert analoge Tendenzen in der sozialwissenschaftlichen Rezeption von Hybridität im deutschsprachigen Raum. Ich gehe von der Beobachtung aus, daß Hybridität nicht selten ohne ihre grundlegenden historischen und politischen Kontexte als Modell „kultureller Vermischung" vorgestellt und euphorisch als neuartiger Vergesellschaftungsmodus zelebriert wird. Aus diesem Grunde wird hier die These vertreten, daß diese Konzeption von Hybridität den zugrundeliegenden Problemstellungen und Intentionen des postkolonialen Diskurses zuwiderläuft. Bei dieser Bedeutungsverschiebung postkolonialer Terminologien handelt es sich weniger um ein Phänomen des „lost in translation", das immer dann auftreten kann, wenn ein Diskurs in einen anderen übersetzt wird. Vielmehr ist von einer Mißrepräsentation bei dieser Form der Aneignung postkolonialer Kritik auszugehen. Durch die *diskursive Einverleibung* des Anderen drohen historische Kontexte und politische Positionierungen verlorenzugehen, die für das kritische Potential des postkolonialen Diskurses wesentlich sind. Nicht zuletzt verweist die einseitige Rezeptionsweise auf bestehende Machtverhältnisse und Zugangsbeschränkungen für Immigrierte und Andere Deutsche, deren verhallenden Stimmen in den dominanten Diskursen wie in der Gesellschaft wenig Geltung besitzen. Angesichts dieser Situation erscheint es sinnvoll, den Hybriditätsbegriff kritisch zu durchleuchten und lokale Übertragungen im Hinblick auf problematische Verkürzungen, Auslassungen und Funktionalisierungen zu diskutieren. Dabei ist es besonders interessant, prominente Stimmen im Wissenschaftsdiskurs zu untersuchen, da ihre Präsenz und ihr Einfluß für den weiteren Rezeptionsprozeß nicht zu unterschätzen sind.

Obwohl Bhabha Hybridität weniger als poststrukturalistische Kulturtheorie, sondern im Rahmen kolonialer Diskurse und Praktiken ausgearbeitet hat, wird dieser sehr vielschichtig angelegte Hybriditätsbegriff in einem beachtenswerten Teil der deutschsprachigen Rezeption mit Vorliebe zu einem postmodernen „third space"-Ansatz verkürzt. Bereits zum Auftakt wurde diese Richtung in der Einleitung des weitverbreiteten Sammelbandes „Hybride Kulturen" eingeschlagen, der „erstmals Texte der maßgeblichen anglo-amerikanischen Theoretiker in deutscher Sprache" (Bronfen u.a. 1997: Klappentext) vorlegte und daher einen Sonderstatus genießt. Anstatt postkoloniale Kritik als Anstoß für die Revision kolonialer Geschichtsbilder aufzugreifen, die sich nicht zuletzt der Mittel der Verharmlosung und Relativierung bedienen, bestätigen die Herausgeber dominante Geschichtsrituale durch die Behauptung: „Eine koloniale Vergangenheit im großen Stil hatte Deutschland nicht gehabt" (Bronfen/Marius 1997: 8). Obwohl diese enthistorisierende Perspektive die Irrelevanz kolonialer Verhältnisse in Form einer Tatsachenbeschreibung attestiert, ist sie doch eine strategisch motivierte Option, um den postkolonialen Blick auf die hierzulande wirklich interessierenden Themenfelder umzulenken: „Erst in dieser Rekonfiguration wird die Debatte für den deutschen Sprachraum wirklich interessant, weil sie nun die genannten realgeschichtlichen Phänomene der postmodernen Welt – Massenmigration, globale Zirkulation von Waren, Dienstleistungen, Zeichen und Informationen – soziologisch und kulturtheoretisch untersucht" (ebd.: 9). Dabei entsprechen die Privilegierung der postmodernen Kondition und die Entthematisierung kolonialer Beziehungen durchaus den gesellschaftlich dominanten Koordinaten – obwohl die koloniale Präsenz etwa in der deutschen Arbeitsmigrationspolitik gesellschaftliche Praxis geblieben ist (Ha 2003).

Durch diese entproblematisierende Geschichtsnarration wird – wie ein aufmerksamer Rezensent bemerkt – „die eigene koloniale Geschichte mit einem Satz fortgewischt" (Terkessidis 1997: 55). Diese Adaption muß um so mehr überraschen, *Anpassung* als darin eine Negation von Bewußtseins- und Erinnerungspolitik zum Ausdruck kommt, die die Beweggründe des postkolonialen Projektes in einem entscheidenden Punkt umkehrt:

> „‚Post‘kolonial bezieht sich weder auf eine vergangene historische Periode, noch beinhaltet der Begriff eine regionale ‚Dritte-Welt‘-Beschränkung; vielmehr wird zum Ausgangspunkt von Kritik eine historische Erfahrung – die des Kolonialismus –, deren Fortwirken sich in der Auseinandersetzung um westlich geprägte sozio-kulturelle Hegemonie und Interpretationsmuster niederschlägt" (Küster 1998: 179).

Selbst in der zeitgenössischen Histographie ist es ein übliches Verfahren, die Bedeutung des deutschen Kolonialismus durch Vergleich mit vermeintlich „größeren" oder „wichtigeren" Imperialmächten zu relativieren, um mittels Auf- und Abrechnung „Umfang und Bedeutung des deutschen Kolonialbesitzes ... [als] erheblich bescheidener" (Görtemaker 1989: 353) darzustellen. Durch diesen Kunstgriff, der Kolonialpraktiken als bescheidene Gesten abtut, wird „die absolut wie relativ geringe Bedeutung der Kolonien für Deutschland" (ebd.: 354) suggeriert. Eine ausschließlich ökonomische und geopolitische Bilanzierung – die sich statt an den Opferperspektiven erneut an einem kolonialen Referenzsystem orientiert – ignoriert, daß bereits die *Idee* des Kolonialismus weitreichende Auswirkungen hatte. Selbst wenn die Kolonialisierung eine rein kulturelle Erscheinung gewesen wäre, die sich nur auf die Bereiche der Ideologieproduktion und der diskursiven Ereignisse erstreckt, hätten ihre soziokulturellen Profite erheblich zu individuellen wie nationalen Überlegenheitsgefühlen und zur Ausbildung einer Kolonialkultur beigetragen. Entsprechend hinterließ die Kolonialbegeisterung nachhaltige Folgen in der deutschen Gesellschaft. Um so bezeichnender ist es, daß der bekannte Geschichtsprofessor Görtemaker am Schluß seines Dreischritts die deutsche Kolonialzeit in einer entmenschlichten und euphemisierenden Betrachtungsweise tendenziell in Schall und Rauch aufzulösen versucht:

> „Bei Licht gesehen, war alles hübsch bescheiden. Nirgendwo ein Indien, ein Indochina oder ein Kongo. Und keine Reichtümer, keine Schätze. Nur ein bißchen Kupfer und ein paar Diamanten in Südwestafrika. Nichts, was der deutschen Wirtschaft zu Hause neue Impulse hätte geben können, wenn sie es gebraucht hätte. Was blieb, waren große Worte" (Görtemaker 1989: 355).

Trotz dieser und anderer Mängel – wir finden eine wohlwollende Kurzbiographie des wegen grausamer Amtsführung entlassenen Kolonialabenteurers Carl Peters, der durchgängig als „Afrikaforscher" vorgestellt wird, oder eine Inszenierung von Paul von Lettow-Vorbeck als kolonialer Weltkriegsheld; die Kolonisierten sind hingegen weder als handelnde Subjekte noch als Opfer der Erwähnung wert (selbst das Genozid an den Herero und Nama wird verschwiegen) – förderten die Bundes- und Landeszentralen für politische Bildung die Weiterverbreitung dieses Buches durch

Sonderausgaben. Obwohl dieses einflußreiche Buch sich 1989 bereits in der 3. überarbeiteten Auflage befand und 1996 bei Leske+Budrich die 5. Auflage erreichte, fiel den Beteiligten diese Problematik nicht auf. In diesem Sinne scheint eine eurozentristische und bagatellisierende Histographie deutscher Kolonialgeschichte keine Ausnahmeerscheinung zu sein, sondern eine Normalitätsvorstellung zu repräsentieren, die nicht weiter hinterfragt und als problematisch empfunden wird.

Eine *nicht-historisierende*, d.h. wirklich offene Aufarbeitung setzt einen Perspektivwandel voraus, der es gestattet, koloniale Diskurse so ins Blickfeld zu rücken, daß nicht nur die Oberfläche des Gegenwärtigen, sondern auch seine Tiefenstruktur sichtbar wird. Fehlendes Bewußtsein für koloniale Denkmuster geht oft mit einer Dominanzsprache einher, die Sprachlosigkeit produziert und keine kritischen Interventionen zuläßt. Um diesen Zustand aufzubrechen, ist ein gesellschaftlich relevanter und anerkannter Raum nötig, der eine enttabuisierte und nicht angefeindete Auseinandersetzung mit den post-/kolonialen Aspekten der deutschen Gesellschaft erlaubt. In der deutschen Gesellschaft ist die kritische Reflexion kolonialer Praktiken und Diskurse um so dringlicher, als der ausgelebte Glaube an die koloniale Mission Deutschlands als „ideologischer Konsensus" (Wehler 1985) nachhaltige Breiten- und Langzeitwirkungen entfalten konnte, die seine formale Epoche überdauert haben. Die Überzeugungs- und Integrationskraft kolonialer Ideologie war im imperialen Deutschland so allgegenwärtig, daß liberale und sozialdemokratische Kritiker die deutsche Kolonialpolitik nicht grundsätzlich, sondern eher in ihren unschönen „Auswüchsen" ablehnten.[57] Prominente Fürsprecher der „Expansionsagitation" (Wehler 1985: 139-155), in der nationalistische Machtphantasien für eine sozialimperialistische Eroberungs- und Ausbeutungspolitik massiv propagiert wurden, konnten weite Teile der deutschen Öffentlichkeit in einen nahezu gemeinschaftlichen „Kolonialrausch" versetzen (Wehler 1985: 464-485).[58] Wenn wir den kolonialen Herrschaftstraum als massenwirksame Sozialpathologie und kollektivierte, wenn auch verdrängte und unaufgearbeitete Geschichts- und Erinnerungslandschaft klassifizieren, dann ergeben sich ganz andere Geschichtszugänge.

Daher ist es problematisch, die Bedeutung kolonialer Dominanz anhand von scheinbar objektiven ökonomischen, demographischen und geopolitischen Kennziffern zu messen. Solche Vorgehensweisen lassen die Wirkungsmächtigkeit und die Nachhaltigkeit kolonialer Denkweisen im ideologischen und kulturellen Bereich außer acht. Zudem reproduziert dieser abstrahierender Reduktionismus eine Machtstruktur, die auf den Ausschluß subalterner Subjekte und ihrer Perspektiven aus der Wissensproduktion hinausläuft. Daß der deutsche Kolonialismus in der BRD als unbedeutende Randfrage behandelt wird, während er etwa für die Herero eine *axiomatische Genoziderfahrung* war, liegt nicht in der Ereignisgeschichte begründet. Vielmehr spiegeln historische Diskursformationen die Durchsetzungsmöglichkeiten unterschiedlicher Betroffenheiten und Interessen und das heißt auch

---

57 Vgl. die Arbeit von Schwarz (1999), die aufgrund ihrer unkritischen Analyse hauptsächlich als Quellensammlung interessant ist.

58 Leider hat sich Wehler in der aktuellen politischen Debatte mit problematischen Positionen zu Wort gemeldet, die geeignet sind, seinen wissenschaftlichen Ruf in Zweifel zu ziehen. So geht er von der Unintegrierbarkeit eines selbst geschaffenen „Türkenproblems" aus.

immer Machtfragen wider, die nicht über den Dingen stehen, sondern im sozialen und geschichtlichen Prozeß verortet sind. Wie stark dominante Positionierungen und koloniale Blicke in der lokalen Kontextualisierung postkolonialer Kritik eingeschrieben sind, läßt sich exemplarisch im Werbetext auf dem Buchrücken von „Hybride Kulturen" ablesen: „Deutschland hatte kaum Kolonien, die heute das öffentliche Klima mitbeeinflussen und beleben könnten" (Bronfen u.a. 1997). In dieser Formulierung klingt zum einen fast ein Bedauern darüber an, daß koloniale Ressourcen nicht zur gesellschaftlichen Belebung zur Verfügung stehen; zum anderen wird der Wunsch artikuliert, Kolonien als Quelle von Produktivität und „die Fremden" als „Chance" nutzen zu wollen. Auch als kulturelles „Mißverständnis" sind solche Formulierungen signifikant und keineswegs beliebig. Ob „die Fremden" sich tatsächlich als Fremde begreifen und als Chance für die deutsche Gesellschaft instrumentalisiert werden wollen, bleibt zudem dahingestellt.

Eine eurozentrierte Perspektive findet sich auch bei Claus Leggewie, der den „Grund für die Überzeugungskraft des amerikanischen Traums ... [in seiner] hybride[n] Mischung aus allen möglichen Kulturen der Welt" sieht: „Faktisch zeichnete eher Kreolisierung, verstanden als kulturelle Überlappung und Vermischung, die Amerikanisierung aus, und eben diese spezifische Genese der ‚ersten neuen Nation' (Seymour M. Lipset) erklärt die stupende weltweite Anschlußfähigkeit ... in anderen Gesellschaften, die historisch gesehen allesamt Herkunftsnationen der Vereinigten Staaten von Amerika sind" (Leggewie 2000: 886).

Dieses romantisierende Geschichtsbild funktioniert allerdings nur, wenn man das prä-europäische Amerika als „menschenleeres Land" konstruiert sowie die Genozide, die unfreiwilligen Migrationen und die rassistische Ausschließung asiatischer EinwanderInnen als nicht wesentlich einschätzt.

Die von Bronfen und Marius gewählte Rezeptionsstrategie der Rekonfiguration ist kein Einzelfall. Obwohl der postkoloniale Diskurs sich grundlegend auf koloniale Verhältnisse bezieht und koloniale Präsenzen in der Gegenwart untersucht, wird diese Fragestellung zum Teil vollständig ausgeblendet. Dieses zentrale Machtaxiom der Moderne ist beispielsweise auch beim Leiter des Instituts für Kulturpolitik der Kulturpolitischen Gesellschaft kein Thema. Zwar interessiert sich Bernd Wagner bei seiner Einleitung zum Verhältnis von „Globalisierung" und „Hybridisierung" für Kreolisierungsprozesse in der Karibik, verliert aber in seiner rein kulturalistischen und ästhetisierenden Deutung, in der politische und ökonomische Verhältnisse außen vor bleiben, kein Wort über ihre Kolonialgeschichte. Der immanente Kontext von Deportation, Ausbeutung und Gewalt gegen schwarze und indigene Menschen, die der Kreolisierung vorausgingen und sie prägten, bleibt *verborgen*. Statt dessen wird Kreolisierung wie bei Leggewie als harmonische kulturelle Begegnung konstruiert, die als „Metapher für Mischung afrikanischer und europäischer Sprache, Abstammung und kulturellen Gebräuchen" (Wagner 2001: 18) steht. Entsprechend fällt seine Definition aus: „Hybridisierung meint die Vermischung verschiedener kultureller Stile, Formen und Traditionen, aus der etwas Neues entsteht, eine ‚globale Melange'" (Wagner 2001: 17).

Da Hybridität im Anschluß an Bhabhas einflußreiche „third space"-Metapher primär als Raum zwischen den Kulturen rezipiert wird, werden der offene und dialogische Kulturaustausch sowie seine Dynamik in der globalisierten Weltgesellschaft betont. Kulturentwicklung scheint in eine postmoderne Konstellation eingetreten zu sein, in der das Crossover zum Strukturprinzip gehört. Begriffe wie transnationale Grenzüberschreitung, kulturelle Grenz- und Zwischenräume, Deterritorialisierung, Synkretismus, multiple Identitäten, Inter- und Transkulturalität bilden in diesem Kontext nur die geläufigsten Stichwörter bzw. Denkmodelle, die mittlerweile auch im deutschsprachigen Wissenschaftsdiskurs Einzug gehalten haben. Im Kontrast zur fortgeschrittenen Terminologie wirken konkrete Beschreibungen von Hybrid-kulturen zuweilen recht banal. Zu den üblichen Verdächtigen gehört Salman Rush-die, der für viele den „hybriden, postkolonialen Künstler zwischen verschiedenen Kulturen" (Wagner 2001: 21) verkörpert und dessen Romane oft als grenzüber-schreitende Visionen gelesen werden (Wicker 2000: 206f., 213). Rushdies „Liebes-lied für Bastarde"[59] gehört zweifellos zu den am häufigsten zitierten Beschrei-bungen kultureller Hybridität. Es ist signifikant, daß Wagner ausgerechnet jene Passagen aus Rushdies Roman „Der Boden unter den Füßen" (1999) als kulturelle Hybridisierung vorstellt, die eher an eine Aneinanderreihung multikultureller Ste-reotypen erinnern. Hybridisierung ist anscheinend, wenn ethnisch-nationale Eigen-schaften sich eklektisch verbinden, wenn in Rushdies Worten „die Trommeln Afrikas ... Die polnischen Tänze, die italienischen Hochzeiten, die Sorbas-zithernden Griechen. Die trunkenen Rhythmen der Salsa-Heiligen ... die Sexyneß der kubanischen Blechbläser, die faszinierenden Rhythmen der brasilianischen Trommeln"[60] miteinander verschmelzen. In anderen Diskursen wurden Rushdie und weitere postkoloniale Intellektuelle mit dem Vorwurf konfrontiert, die Bedürf-nisse eines ethnographischen Tourismus zu bedienen.[61] Wenn solche Klischees als Grundlage für die neuen hybriden Vermischungen genommen werden, dann wirken sie nicht hybrid, sondern allenfalls ethnisierend und exotisierend. Offensichtlich greifen solche Wahrnehmungen, der modernisierten Terminologie zum Trotz, immer noch auf ein Denken zurück, in der multikulturelle Pluralität als ethnisch-kulturelles Abgrenzungsmodell funktioniert. Denn die Vermischung setzt – wie nicht nur Wagner meint – die „Betonung des Eigenen und Originären" (Wagner 2001: 23) voraus. Eine solche Wahrnehmungsweise kann binäre Kultur- und Identi-tätsschemata verfestigen, da die Kategorien des „Eigenen" und des „Anderen" nicht hinterfragt werden. In einem solchen Modell wird kulturelle Differenz nicht im Selbst lokalisiert, sondern als äußerliche Differenz angesehen, die sich an natio-nalen oder ganzheitlichen Grenzziehungen orientiert.[62] Die Betonung von Authen-tizität und Kultureigenheiten als Voraussetzung für Hybridisierung führt zu einem modernisierten Multikulturalismus. Der Fokus ist dann nicht mehr auf das Neben-einander, sondern auf die gegenseitige Befruchtung homogener Kultureinheiten

---

59 Dieses „Liebeslied" zitiere ich in diesem Buch ausführlich auf Seite 170.
60 Zit. nach Wagner 2001: 21.
61 Vgl. etwa Schmidt-Haberkamp (2000) und Graham Huggans (2001) Studie über die post-koloniale Vermarktung von Exotismus im Literaturbetrieb. John Hutnyk (2000) hat ähn-liche Kommodifizierungstrends im Musikbusineß kritisiert. Siehe auch Ha (2005a).
62 Vgl. zur Konzeption von Hybridität als Bikulturalität etwa Robertson (2000). Tradierte Kulturmodelle sind auch im Diskurs über Interkulturalität häufig präsent (Schoen 1999).

gerichtet, die aber dichotomische und statische Kulturen voraussetzen. „Positiv besetzt sei in Zusammenhang mit der postkolonialen Theorie hingegen der Schlüsselbegriff der Hybridität. Nicht Abgrenzung, nicht Assimilation, sondern eine wechselseitige Durchdringung unterschiedlicher Kulturen sei damit angesprochen, vorausgesetzt sei allerdings die Existenz mehr oder weniger stabiler Kulturen".[63] Wenn Hybridität als reine Vermischungen ganzer Kulturen/„Rassen" gedacht wird, dann mißdeutet man Bhabha gründlich:

> Sein Third Space thematisiert eine Perspektive, die „den Weg zur Konzeptualisierung einer *inter*nationalen Kultur weisen könnte, die nicht auf der Exotik des Multikulturalismus oder der *Diversität* der Kulturen, sondern auf der Einschreibung und Artikulation der *Hybridität* von Kultur beruht. Dabei sollten wir immer daran denken, daß es das ‚inter' – das Entscheidende am Übersetzen und Verhandeln, am Raum *da-zwischen* – ist, das den Hauptteil kultureller Bedeutung in sich trägt. Dadurch wird es uns möglich, Schritt für Schritt nationale, anti-nationale Geschichten des ‚Volkes' ins Auge zu fassen. Und indem wie diesen Dritten Raum erkunden, können wir der Politik der Polarität entkommen und zu den anderen unserer selbst werden" (Bhabha 2000: 58).

Im deutschen Kontext ist dagegen ein Hybriditätsverständnis populär, das das Lob der kulturellen Vermischung in den Mittelpunkt stellt. Dabei kommt es zu einer Entthematisierung gesellschaftlicher Machtverhältnisse, die durch die Betonung der ästhetischen und konsumtiven Aspekte kultureller Hybridisierung ersetzt werden.[64] So wird im gesamten Text von Wagner nur einmal im Nebensatz die Ausgrenzung und Diskriminierung von Migrierten angedeutet, obwohl diese Erfahrungen für die Betroffenen elementar sind. Statt dessen konzentriert sich sein Interesse auf den Spaßfaktor migrantischer Subkulturen (Beispiel: HipHop), die als die „heutigen Zentren der Hybridisierung" (Wagner 2001: 19) angesehen werden. „Die Volkskultur der Vorstädte holt sich aus der Massenkultur, was ihr gefällt, setzt diese Elemente anders zusammen und gibt sie in Gestalt von trickreichen Kombinationen und witzigen Einfällen an die riesige Maschine unserer gemeinsamen populären Kultur zurück".[65] Die Inszenierung von Hybridität im Bild eines bunten Völkerfestes und lustigen Kulturkonsumbetriebs, in dem sich jeder frei und kreativ im Rahmen seiner ethnisch-kulturellen Ressourcen einbringt, erinnert an jene grenzenlose Party, die einer „Utopie in Metaphern des Feierns Ausdruck verleihen [soll] ... ich würde hier nicht so sehr an das Modell ‚Multikulti-Gartenfest' denken, auf dem Folklore dargeboten wird und in der das politische Subjekt durch den Anderen seine Korrektheit genießen kann, sondern eher an eine Club-Nacht, in der nationale

---

63 Peter Stachel (Österreichischen Akademie der Wissenschaften) zit. nach Ernst 2001: 2. www.kakanien.ac.at/beitr/materialien/PErnst1.pdf

64 Vgl. hierzu die kritischen Medien- und Kunstanalysen von Mark Terkessidis (1999) Hito Steyerl (2003b; 2004b) und Ha (2004c), die das Verhältnis zwischen kultureller Konsumtion, Institutionalisierung und ethnisierenden Stereotypisierungen untersuchen. Durch kulturalistische Verwertungen migrantischer Ressourcen werden kulturrassistische Bedürfnisse und der nationale Standort im globalen Konkurrenzkampf verstärkt. Daher stellt sich für Steyerl nicht die Frage, ob die Subalternen sprechen oder *sogar deutsch* können, sondern, ob ihre Stimmen, die unentwegt sprechen, in der Dominanzgesellschaft gehört werden.

65 Heinz Bude zit. nach Wagner 2001: 19.

und (sub-)kulturelle Differenzen ... produktiv eingesetzt werden" (Bronfen/Marius 1997: 12). Wir lernen, daß Hybridität uns zwar bereichert, aber uns nicht in unserer Substanz bedroht. Das Interesse an den neuen Migrationskulturen beruht zudem auf einem klassischen Mißverständnis, denn es unterstellt, daß junge MigrantInnen „Rückhalt in einer Herkunft und Spaß am Konsum"[66] suchen, obwohl gerade migrantische Kulturschaffende der zweiten und dritten Generation sich explizit gegen ethnisierende Zuschreibungen wehren und durchaus politische Ansprüche erheben (Ayata 1999). Es stellt sich daher die Frage, warum die Perspektiven der Betroffenen erneut ignoriert und sie zu unterhaltsamen Exoten reduziert werden.

Offensichtlich wird Hybridität zunehmend als eine begehrenswerte Ressource konstruiert, die nicht den Marginalisierten alleine überlassen werden kann. Rekurrierend auf Rushdies „Mischmasch, ein bißchen von diesem und ein bißchen von jenem" wird Hybridität oftmals als „Auflösung und Zerstörung von Tradition beschrieben, die permanente Mischung und Verbindung, die kreative Praxis von Fusion und Collage, und in Operationen wie diesen überträgt sich die einst ganz marginale Erfahrung von Migranten in eine universale Standarderfahrung" (Leggewie 2000: 885). Diese Universalisierung hat etwa die feministische Sozialwissenschaftlerin Helga Bilden am eigenen Beispiel lokalisiert:

> „Vielleicht gefällt mir das Konzept der Hybridität so gut, weil es meine eigene bürgerlich-kleinbäuerlich gemischte Herkunft und meine gemischte Geschlechtsidentität positiv aufnimmt? Heute ... fühle ich mich nicht ‚identitätsgestört', sondern „richtig", in meiner Nichtübereinstimmung bekräftigt, theoretisch legitimiert – und schadenfreudig. Es geht mir wie Stuart Hall, dem schwarzen britischen Soziologen karibischer Herkunft" (Bilden 1999: 9).

Hybridität scheint ein Mittel zu sein, die eigenen Herkünfte aufzuwerten und sich selbst in Schwarze Positionen zu verorten, um durch vermischte Differenzen die Möglichkeiten der Selbstdefinition zu erweitern. Der Wunsch, sich selbst als hybrid zu entdecken und in hybriden Kulturen zu leben, geht mit einem Verständnis nivellierter Differenzen und Selbstinszenierungen einher, in der die Gefahren der Überidentifikation und Vereinnahmung des Anderen immanent sind. Im Gegensatz zur Position von rassistisch Marginalisierten stellen universale Hybriditätsformen einen (ab-)wählbaren Lebensstil dar, der auf der Entscheidungsfreiheit basiert, die Differenz oder die Identität zur Dominanzkultur (Rommelspacher 1995) zu betonen. Karnevaleske Identitätsspiele beruhen auf einer Rhetorik maskenhafter Blackness, die nicht die realen Folgen Schwarzer Gesellschaftspositionen zu ertragen braucht. Für Mitglieder der Dominanzgesellschaft hat die Entdeckung der eigenen Hybridität neben spielerischen auch entlastende Funktionen. Der Verweis auf die eigene Hybridität hat den angenehmen Effekt, sich als authentisches Subjekt des Zeitgeists zu erfahren und die gesellschaftlich zugeschriebene „Whiteness" (Frankenberg 1993) zu verleugnen, die auch ungewollt Privilegien ermöglicht. Wenn wir heute alle so hybrid sind, wer ist dann noch Weiß, wer Schwarz, wer rassistisch unterdrückt und wer nicht? Eine Umgangsweise, die eher den gesellschaftlichen Prioritäten gerecht wird, hat Wolfgang Riedel (2002: 249) vorgeschlagen: Statt erbau-

---

66 Heinz Bude zit. nach Wagner 2001: 19.

liche Hybriditätsdiskurse zu entwerfen, sollten Weiße sich vorrangig mit institutionalisierten Diskriminierungen auseinandersetzen.

In der kulturalistischen Perspektive werden individuelle Handlungsräume stark betont und positiv konnotiert. Anscheinend lösen Hybriditätskonzepte, die mit grenzenlosen Identitätsspielräumen für das Individuum und offener Kulturentwicklung für die Gesellschaft assoziiert werden, eine große Faszination aus. Es erstaunt, wenn eine ansonsten kritische Sozialwissenschaftlerin die Idee der Identitätsdiffusion nahezu obsessiv aufgreift. In einem einzigen Absatz betont sie die Vision, statische Identitäten aufzulösen, insgesamt 19mal mit den Adjektiven „lustvoll", „spielerisch" und „kreativ" (Bilden 1999: 9f.). Identitätsprozesse per se zu einem postmodernen Gesamtkunstwerk zu erklären, macht mißtrauisch, wenn Macht, Marginalisierung und Dominanz nicht länger als präsent oder beschränkend erachtet werden. Merkwürdig ausgeblendet bleibt bei dieser Euphorie die Frage, wer überhaupt die Möglichkeit für anerkannte Identitätsinszenierungen hat und welche Bedeutungen und Kontexte sie für die jeweiligen AkteurInnen haben. Während Identitätsspiele für Mitglieder der Dominanzgesellschaft eher den Charakter lustgewinnender Experimente annehmen, werden sie von Marginalisierten erheblich ambivalenter und riskanter erlebt. Kulturelle Identitätsentwicklung kann auch eine schmerzliche Erfahrung sein, die aus der Notwendigkeit entstanden ist, in deklassierten Gesellschaftspositionen zu überleben und Strategien im Umgang mit Ausgrenzungen zu entwickeln. Ob hybride Identitäten eher in ihren zwanghaften oder befreienden Momenten erlebt werden, hängt wesentlich von der Subjektposition in den Gesellschaftsstrukturen ab, deren Zugänge und Ausschließungen durch die machtvollen Überschneidungen von Gender, „race" und Klasse permanent neu konstituiert werden (Bromley 2000: 194-197).

Sicherlich hängen die Rezeptionsprobleme in Deutschland nicht nur mit lokalen Bedingungen zusammen. Zwar ist es kein Zufall, daß im hiesigen Kontext ein Trend existiert, der bevorzugt jene Aspekte der Hybridität betont, die innerhalb des postkolonialen Diskurses Gegenstand der Kritik sind.[67] Aber auch im postkolonialen Diskurs wird der Hybriditätsbegriff teilweise in einer „affirmativen und unkritischen Weise verwendet" (Bromley 2000: 194), in der sich die Differenz zwischen marginalisierten Subjekten und postkolonialen Metropolen-Intellektuellen reproduziert. So fühlen sich viele nicht repräsentiert, wenn Edward W. Said – der kürzlich leider nach langer schwerer Krankheit verstarb – sich für einen fröhlichen Identitätswechsel aussprach:

> „Die Funktion von Menschen wie mir, die tatsächlich vielen Kulturen angehören, muß sein, immer wieder zu betonen, daß es keine Notwendigkeit gibt, sich für die eine oder andere Kultur zu entscheiden. Ich bezeichne mich weder als Araber oder Orientalen, noch als Westler oder Amerikaner. Anstelle des ‚oder' setze ich das ‚und' … wir müssen eine neue Art Begeisterung erzeugen, die einen Identitätswechsel zur Sehnsucht und nicht zu einer dramatischen Erfahrung macht" (Said 1995: 40f.).

Postkoloniale Kritiker des postkolonialen Diskurses problematisieren solche Positionen als elitären Kosmopolitismus, der aus einer privilegierten Position heraus die

---

67 Vgl. die kritischen Beiträge in Pnina Werbner/Tariq Modood (1997).

Notwendigkeit von Empowerment durch Identitätspolitik negiert. Sie weisen darauf hin, daß bestimmte soziale und kulturelle Voraussetzungen vorliegen müssen, um Identität nicht als letztes Mittel zur Verteidigung der persönlichen Integrität nutzen zu müssen. Obwohl Said Bindestrich-Identitäten befürwortet, was eine harmonisierende und essentialistische Position sein kann, haben MigrantInnen – je stärker sie rassistisch marginalisiert werden – nicht die Möglichkeit, sich mit Dominanzkulturen zu identifizieren. Statt Fragen der kulturellen Zugehörigkeit, fordern marxistische Kritiker wie Aijaz Ahmad (1992) oder Arif Dirlik (1997) drängende materielle Probleme generell stärker zu berücksichtigen.

Im Unterschied zu BeobachterInnen, die den mangelhaften „gesellschaftskritischen Impetus" und die „difference sells"-Haltung beim Theorieimport der Cultural Studies monieren (Löchel 1999), wäre es sicherlich irreführend, die hier diskutierte Rezeptionstendenz von Hybridität als entpolitisierend zu bezeichnen. Zum einen ist auch die angebliche „Entpolitisierung" höchst politisch, zum anderen enthalten die vorgestellten Anwendungsansätze explizit oder implizit politische Zielvorstellungen. Nur unterscheiden sich diese in größerem oder geringerem Umfang von den zentralen Forderungen postkolonialer Kritik. Vielleicht erinnerte Robert Young deshalb ausgerechnet auf dem deutschen Anglistentag eindringlich an die politischen Verpflichtungen postkolonialer Diskurse. Robert Young, der als Referenzautor und als Herausgeber des "Oxford Literary Review" und der nicht weniger wichtigen "Interventions" nicht ohne weiteres ignoriert werden kann, sprach in einer für den deutschen Wissenschaftsdiskurs ungewohnten Deutlichkeit:

"Postcolonial critique is therefore a form of activist writing that looks back to the political commitment of the anti-colonial liberation movements and draws its inspiration from them whilst recognizing that they often operated under conditions very different from those that exist in the present. Its orientation will change according to the political priorities of the moment, but its source in the revolutionary activism of the past gives it a constant basis and inspiration: it too is dedicated to changing those who were formerly the object of history into history's new subjects. Postcolonial critique focuses on forces of oppression and coercive domination that operate in the contemporary world: the politics of anti-colonialism and neo-colonialism, race, gender, nationalisms, class and ethnicities define its terrain" (Young 2000: 241).

Auch wenn anti-koloniale Bewegungen und revolutionäre Aktivitäten hinsichtlich ihrer Fehler und repressiven Auswirkungen zu hinterfragen sind, bleibt festzuhalten, daß der postkoloniale Diskurs ein politisches Projekt ist, der nicht ohne die selbstreflexive Auseinandersetzung mit den multiplen Facetten gegenwärtiger Machtdimensionen gedacht werden kann.[68] Wie Eske Wollrad in ihrer kritischen Lesart bemerkt, kommt es darauf an, den Blick auf jene Subjekte zu richten,

„die als ‚Mischlinge' stigmatisiert und zu den Clubnächten und Hybriditätsfeiern gar nicht erst eingeladen werden, weil ihre Erzählungen den unbekümmert metaphorisierenden Gebrauch des Begriffs ‚Mischling' unterbrechen, indem sie auf seine Gewalttätigkeit und die Gewaltstrukturen hinweisen, innerhalb derer er erschaffen wurde" (Wollrad 2002: 22).

---

68 „Kolonial-rassistisch – subversiv – postmodern: Hybridität bei Homi Bhabha und in der deutschsprachigen Rezeption" (Ha 2004a) ist eine leicht erweiterte Fassung dieser Kritik.

# Kulturelle Reflexionen postkolonialer Identitäten

## Imaginationen der Grenzüberschreitungen und Übersetzungen

Wie Edward Said im Abschlußkapitel "Freedom from Domination in the Future" seiner hochgelobten Studie „Culture and Imperialism" schreibt, sind es die "renewable, almost sporty discontinuities of intellectual and secular impurities – mixed genres, unexpected combinations of tradition and novelty", die als "hybrid counterenergies" (Said 1994: 336) von Bedeutung sind. Dabei ist zu bedenken, daß Said selbst in sozialer und kultureller Hinsicht mehrfach gespalten war: Einerseits war er ein international angesehener Professor für Englisch und Vergleichende Literaturwissenschaft an der Columbia Universität und galt als intimer Kenner westlicher Kulturgeschichte; andererseits war er *nur* ein anglisierter palästinensischer Flüchtling, der an der Schwelle zur „Marginalität" im New Yorker Exil überwinterte.[1]

Wie Markus Schmitz schreibt, ist Said „ein besonders interessantes Beispiel des diasporischen oder exilierten Intellektuellen. Seine historische Herkunft, sein politisches Engagement und seine kritische Praxis erlauben, die Figur des postkolonialen Intellektuellen gleichzeitig als Subjekt und Objekt des zeitgenössischen Diskurses im Nahen Osten und in den euro-amerikanischen Metropolen zu analysieren" (Schmitz 2004b).

Vielleicht sind es gerade diese Zwischenposition und die *Gegensätzlichkeit der Grenzerfahrungen*, die ihm eine Einsicht vermittelt haben, welche zum zentralen Ausgangspunkt postkolonialer Repräsentationspraktiken geworden ist:

"No one today is purely one thing. Labels like Indian, or woman, or Muslim, or American are no more than starting-points, which if followed into actual experience for only a moment are quickly left behind. Imperialism consolidated the mixture of cultures and identities on a global scale. But its worst and most paradoxical gift was to allow people to believe that they were only, mainly, exclusively, white, or black, or Western, or Oriental. Yet just as human beings make their own histories, they also make their cultures and ethnic identities" (Said 1994: 336.).

Aus diesem Grunde kann die moderne Schwarze Identität in der Diaspora sich nicht auf die Suche nach einer verloren geglaubten Einheit und Reinheit begeben, ohne sich darin zu verirren. Reaktive Re-Identifizierungen in Form religiöser Fundamentalismen, tribalistischer Traditionalismen und separatistischer Ethnizismen, die nicht nur in der Weißen Mehrheitsgesellschaft, sondern auch in den migrantischen und schwarzen Gemeinschaften aufleben, stehen in der politischen Kultur nicht ohne Alternativen da. In den medialen Selbstdarstellungen von People of Colors und MigrantInnen existieren bereits die vielversprechenden Ansätze einer grenzüberschreitenden *Kultur der Hybridität*, die sich durch die Anerkennung der Differenz von hegemonialen und ethnozentrischen Horizonten verabschiedet hat.

So ist in Britannien nach drei Generationen unleugbar ein Schwarzes London entstanden, in dem es möglich geworden ist, „Schwarz" *und* „britisch" zu sein. Ein farbiger Alltag und eine junge, dynamische Kunstszene haben sich trotz aller Widerstände und Widrigkeiten inzwischen etabliert (Gates 1997). Indem sie ihre

---

1 Vgl. Dawson 1995: 60 und Said im Interview mit Rushdie 1992: 205ff.

Geschichten und Körper rekonstruieren, ihre Gedanken und Erfahrungen erzählen,[2] Filme und Musik kreieren, entdecken sie sich gesellschaftlich mit diesem perspektivischen "turning point" zum ersten Mal in der eigenen Historiographie. Damit erschließen sie ihre jeweiligen spezifischen kulturellen Fundamente, definieren über die Differenz des genauen Blicks für sich, was es konkret heißt, Asian/Black, Frau/Mann, MigrantIn und Black oder Asian Briton zu sein. Sie erkennen auch, daß ihr kollektives *Wir* eine soziale Differenzierung beinhaltet, die illegalisierte ArbeiterInnen, anerkannte Persönlichkeiten des öffentlichen Lebens, aber auch alle anderen Positionen dazwischen umschließt. Fast noch wichtiger ist aber, daß sie mit ihren Bedürfnissen und Potentialen, Phantasien, Ängsten und Hoffnungen ernsthaft „spielen" und sich darüber auch immer wieder neu (er)finden. Im Gegensatz zu früheren isolationistischen und separatistischen Auffassungen dringen ihre Stimmen heute eher in die Öffentlichkeit ein und können dadurch den Mainstream partiell hinterfragen und möglicherweise auch verändern. Indem diese MigrantInnen und Schwarzen BritInnen sich der gesellschaftlichen Auseinandersetzung stellen, haben sie die Chance, ihr kritisches Potential zu entfalten und können über diesen Weg in die politischen Debatten eingreifen.

> „Sie [die jungen schwarzen KünstlerInnen, KNH] werden die thatcheristische Vorstellung des Englischseins bekämpfen, weil sie sagen, daß dieses Englischsein schwarz ist. Sie werden die Vorstellung des Schwarzseins bekämpfen, weil sie eine Unterscheidung zwischen Schwarzen aus verschiedenen Gesellschaften treffen möchten" (Hall 1994: 86).

Diese kulturellen Praktiken der Repräsentation können als *Wissenspolitik* charakterisiert werden, die die Gestalt der Gegenerzählung zur bisher vorherrschenden Narration der britischen Nation annimmt. In dem Maße, in dem sie versuchen, sich selbst als die andere Seite Britanniens zu repräsentieren, arbeiten sie auch an der Revision der nationalen Geschichtsschreibung, in der sie entweder gar nicht oder nur als Unterlegene und Minderwertige vorkommen. In diesem Kampf um Wissen und Macht geht es nicht zuletzt um die *Deplazierung bzw. Neuverortung einer hegemonialen Erzählung,* die Dezentrierung ihrer Macht und die Suche nach Alternativen zur Nation. Optimistische Einschätzungen gehen davon aus, daß durch die Entmarginalisierung der Marginalisierten sowie die Dezentrierung der privilegierten Subjekte und dominanten Diskurse des Ethnozentrismus und Nationalismus wichtige Säulen der Legitimation moderner Macht grundsätzlich in Frage gestellt werden können. Unter der Voraussetzung der Destabilisierung herrschender Autoritäten scheint auch die Neuverteilung der Zugänge zu den Positionen innerhalb der entscheidenden gesellschaftlichen Institutionen, den Zentren politischer Macht, öffentlichen Verwaltungen, Massenmedien, Universitäten, Museen und Galerien etc. möglich zu sein (Baker u.a. 1996: 6f.; Julien/Mercer 1996: 194f.). Es ist wichtig, sich darüber im klaren zu sein, daß solche kulturpolitischen Subversionsstrategien den Bereich der kapitalistischen Produktions- und daraus folgende Ungleichheits- und Machtverhältnisse nicht direkt tangieren. Aber eine Kulturpolitik, die aus der Position der Marginalisierung spricht, hat nicht den Anspruch, kritische Gesellschaftspolitik zu ersetzen, sondern zu ergänzen und zu beeinflussen.

---

2  Siehe zu „Black British Literature" auch Gohrisch (1994).

In den Arbeiten dieser entwurzelten Menschen mit mehreren Heimaten spiegelt sich das *Wissen über die Brüche* in ihren Biographien wider, werden die verschieden gespeisten Herkünfte deutlich und die gesellschaftlichen Auflösungsprozesse fester Zusammenhänge vor dem Hintergrund der eigenen Erfahrungen reflektiert. Beispielsweise zeigen Stephen Frears (Regie) und Hanif Kureishi (Drehbuch) in ihrem Film „Mein wunderbarer Waschsalon" (1985) zwei schwule Männer, die im thatcheristischen England zusammenleben. Der eine ist ein britischer, der andere ein pakistanischer Brite, der die für ihn arrangierte Heirat innerhalb des pakistanischen Familienclans sabotiert und dessen Onkel die schwarzen BewohnerInnen aus Profitgier aus seinem Miethaus wirft. Die einzige Sicherheit, die dieser Film liefert, ist die Erkenntnis, daß all diese Menschen bleiben werden, daß sie nicht mehr aus London wegzudenken sind. „In diesem verdammten Land, das wir hassen und doch lieben, kannst Du erreichen, was Du willst. Du brauchst nur zuzugreifen. Deshalb glaube ich an England" (Aus: „Mein wunderbarer Waschsalon"). Es ist kein schöner Film, denn *niemand* kann sich einfach damit identifizieren und die aufgezeigten Unterschiede ignorieren. Gerade deshalb erzielt dieser Film eine zersetzende Wirkung, weil er aus einer genauen Perspektive die Differenz in ihren vielfältigen Mischformen darstellt und dadurch die gewohnten Wahrnehmungsschablonen und die Tradition der Stereotypen in ihren gut- wie bösartigen Erscheinungen in Frage stellt.[3] Sowohl konservative Kritiker wie der Oxforder Historiker Norman Stone (1988) und der Publizist James Park (1990), die die sozialkritische Darstellung von Gewalt, Rassismus, Armut und sexueller „Andersheit" als Brüskierung des thatcheristischen Großbritanniens empfinden, als auch Sprecher britisch-pakistanischer Organisationen wie Mahmood Jamal (1988), der die gezeigte Homosexualität als Tabubruch und die z.T. negativen pakistanischen Charaktere als Verrat betrachtet, lehnen diesen Film ab. Von dieser grundlegenden Problematik sind auch andere Filme des "Black British Cinema" wie "Handsworth Song" (Black Audio Film Collective, 1985/6), "Passion of Remembrance" (SANKOFA – the Black Film and Video Group, 1986), „Sammy und Rosie tun es" (Stephen Frears/Hanif Kureishi, 1987) oder "Looking for Langston" (Isaac Julien, 1989) betroffen. Schwarze Intellektuelle, die von der eigenen Community angegriffen werden, wehren sich wie der afroamerikanische – eigentlich cherokee-irisch-yorubastämmige – Schriftsteller Ishmael Reed mit dem Verweis auf ihre Funktion als Kritiker:

> „Ich glaube, wir sind in einer Position, aus der heraus man provozieren muß und keine Gefangenen machen darf, weil man die Wahrheit sagt. Wie ein Trickster eben. Das bringt einen natürlich überall in Schwierigkeiten. Der Trickster hat die Aufgabe, eine Stinkbombe in die Cocktailparty zu werfen".[4]

Die Eigenschaft, beweglich zu sein und sich nicht einordnen zu lassen, machen diese unbequemen Filme zu postkolonialen Imaginationen der Selbstbespiegelung und Grenzüberwindung. Sie verwirren und verunsichern damit einen hegemonialen Diskurs, dessen Ordnung auf Unveränderlichkeit und Festlegung des konstruierten Anderen aufbaut:

---

3   Vgl. Böhner 1996: 16, 58ff., 122, 212f., Shohat/Stam (1994) und Messerschmidt (2003b).
4   Reed zit. nach Klinkmann/Schneider 1995: 58.

„Ein wichtiges Merkmal des kolonialen Diskurses besteht in seiner Abhängigkeit vom
Konzept der ‚Festgestelltheit' in der ideologischen Konstruktion des Andersseins. Festgestelltheit als Zeichen kultureller/historischer/ethnischer Differenz im Diskurs des Kolonialismus ist eine paradoxe Form der Repräsentation: sie bezeichnet Starre und eine
unwandelbare Ordnung, zugleich aber auch Unordnung, Degeneriertheit und dämonische
Wiederholung. Auch das Stereotyp als Hauptstrategie dieses Diskurses ist eine Form der
Erkenntnis und Identifizierung, die zwischen dem, was immer ‚gültig' und bereits erkannt
ist, und etwas, was ängstlich immer von neuem wiederholt werden muß, oszilliert ... als ob
die wesensmäßige Doppelzüngigkeit des Asiaten oder die tierische sexuelle Freizügigkeit
des Afrikaners, die an sich keines Beweises bedürfen, innerhalb des Diskurses doch nie
wirklich bewiesen werden könnten" (Bhabha 2000: 97).

Es ist daher nicht verwunderlich, daß die Protagonisten in Hanif Kureishis Roman
"Buddha of Suburbia" (1990) das subversive Spiel der Identitäten als Gegendiskurs
aufführen, um durch Camouflage und Mutation selbstkonstruierte Identitäten zu
finden. Weil sie nicht den kolonialen Regeln festgelegter Grenzen und unveränder-
licher Identitäten folgen (Elwert 1989: 13ff.), können sie hinterlistig die altehrwürdigen imperialen Herrenidentitäten dezentrieren und sich an ihre Stelle setzen:
"Yeah, sometimes we were French, Jamie and I, and other times we were black
American. The thing was, we were supposed to be English, but to the English we
were always wogs and nigs and Pakis and the rest of it".[5]
   Solche Phänomene und Strategien werden in der afroamerikanischen Literatur-
theorie „Passing" genannt, wobei es vornehmlich um den Übergang von einzelnen
Menschen von schwarz in weiß geht.[6] In einer Zeit, in der „Rasse" noch als natur-
wissenschaftlich fundierte Tatsachenbeschreibung galt, konnte Passing bereits die
soziale Kontruiertheit des Rassenbegriffs aufzeigen: „Rasse in ‚Passing' ist eine
Maske und vor allem eine Inszenierung – eine Frage von richtigem Kostüm, den
richtigen Bühnen, dem richtigen Text, den richtigen Gesten" (Koenen 1995: 125).
Welchen Konfusionen die derzeitige anthropologische Landkarte und unsere darauf
basierende Weltanschauung durch derartige *Denaturalisierungsprozesse* ausgesetzt
sind, die in Verbindung mit fortschreitender High-Tech sich zukünftig noch weiter
verselbständigen könnten, zeigt der Fall des Mega-Pop-Stars Michael Jackson.

---

5  Kureishi 1990: 53 zit. nach Böhner 1996: 293. Ishmael Reed, der sich zu den kulturellen
   Strategien der Verfremdung und „Denunziation" bekennt und in den USA für seine scharf-
   züngigen Attacken bekannt wie gefürchtet ist, brachte diese Taktik der Täuschung und
   Irreführung des Tricksters bündig auf den Begriff: „Dem Sklavenhalter den Kopf ab-
   schneiden und ihn glauben machen, er bekäme Pralinen" (Reed zit. nach Klinkmann/
   Schneider 1995: 59).
6  „Passing" wurde in der afroamerikanischen Literatur seit langer Zeit immer wieder thematisiert: James Weldon Johnson: "The Autobiography of an Ex-Colored Man" (1912); Jessie
   Fauset: "Plum Bun" (1928); Nella Larsen: "Passing" (1929), John Howard Griffin: "Black
   Like Me" (1960) für den selteneren Fall eines Übergangs eines Weißen in die Black Community und zuletzt Toni Morrison: "Playing in the Dark" (1992). Beispiele für Identitätswechsel finden sich auch in der feministischen Literatur durch Verkleidung und Ge-
   schlechtsumwandlung wie in „Orlando" (1928) von Virginia Woolf oder als Transvestie,
   Trans- und Intersexualität bspw. im Dokumentarfilm "Paris is Burning" (1991) von Jennie
   Livingston über schwarze Drag Queens. Vgl. die Kritik von bell hooks 1994a: 179-193.

Obwohl er als Kind im Afro-Look zu klassischem Motown-Soul auftrat und die Weiße Vorstellung über einen typischen Schwarzen verbildlichte, hat er sein Äußeres inzwischen durch das chemische Ausbleichen seiner schwarzen Hautpigmente und chirurgische Eingriffe radikal ummodeliert. Er konnte damit beweisen, daß bei entsprechender gesellschaftlicher Stellung selbst sichtbare biologische „Rassenschranken" nicht mehr existieren, eine Geste, die durch die zwischenzeitliche Ehe mit der Tochter von Elvis Presley noch symbolisch unterstrichen wurde. Die Reaktion in der schwarzen Community ist geteilt und unerwartet paradox: Während altgediente Linke nicht mit Urteilen wie „krankhafte Verwüstung seiner afrikanischen Physiognomie", „Verrat an der Community" oder „Ausverkauf von ‚schwarzer' Kultur" sparten (Tate 1993b: 145ff.), sahen eher konservative Kritiker darin einen „Ausdruck der Freiheit, die eigene Identität neu zu erfinden" und eine „subversive Lust zur Maskerade" (Crouch 1993a: 149ff.).

Auch auf der anderen Seite gab es Versuche, die „Rassengrenze" zu überschreiten, wobei die Anstrengungen privilegierter Weißer oft mit dem Wunsch gekoppelt waren, sich Schwarze Kultur anzueignen. In der Figur des Hipsters, den Norman Mailer als "White Negro" (1957) bezeichnete, wurde die existentialistische Suche nach einem berauschenden Leben am Rande der Gesellschaft als Ausbruch aus der Spießigkeit und den Konventionen des berechenbaren, gesicherten aber langweiligen Lebens eines weißen Durchschnittsamerikaners deutlich. Die Schwarzen Musikhelden des Bebop und Jazz, ihr Stil und Image, die abgeklärte Coolness und gefährliche Ästhetik Schwarzer Alltagskultur wurden dagegen als Vorbilder eines intensiven, hedonistischen, rebellischen Außenseiterlebens glorifiziert, mit denen sich der Weiße Hipster nur allzu gern identifizieren wollte.

Die karnevalhafte Maskerade dieser unterschiedlichen Tricksterfiguren bedient sich einer Uneindeutigkeit, die in der kulturellen Hybridität selbst eingeschrieben ist. Sie dehnt diesen Raum, in der sich das Subjekt positioniert hat, über die Grenzen der rassistischen Diskurse aus, um durch diese *Übersteigerung* die Irrelevanz und Widersprüchlichkeit der kolonialen und rassistischen Stereotypen in ihrem Ursprung aufzuzeigen. Eine Identitätspolitik, die die kulturelle Differenz ernst nimmt, schließt eine Sichtweise aus, in der wir einfach mit uns selbst identisch sein können. Statt dessen nimmt sie eine Einsicht auf, die davon ausgeht, daß Menschen in der modernen Welt nicht mehr mit einer einzigen Identität leben. Wie Gayatri Spivak erläutert, entfaltet sich kulturelle Identität abhängig von dem situationalen Kontext, in dem wir uns bewegen oder von anderen betrachtet werden: "When I'm constructing myself as an Indian in reaction to racism, I am very strongly taking distance from myself. If an Indian ask me what I am, I'm a Bengali, which is very different" (Spivak 1990: 39).

Der Prozeß der chamäleonhaften Veränderung und Wandlung wird als durchgängiges Motiv in dem Roman „Jasmine" (1989) von Bharati Mukherjee, einer indo-amerikanischen Autorin, thematisiert, wo der Weg der unaufhörlichen Migration mit einem stetigen Identitätswechsel radikal zusammenfällt. Die Heldin lebt zu Beginn des Romans als hinduistisches Dorfmädchen Jyoti an einem Ort, der für sie von Anfang an keine Heimat darstellen konnte. Ihre vertriebene Familie blieb durch die indisch-pakistanische Flüchtlingstragödie zu Beginn der postkolonialen

Ära auf dem Subkontinent im indischen Teil des Punjab fremd. Die ursprüngliche Heimat im pakistanischen Lahore konnte daher immer nur eine imaginäre Erzählung, ein Verlangen nach einem Leben in Übereinstimmung mit der Gemeinschaft abbilden, während sie als Frau, als verfluchte fünfte Tochter, ein Leben in der feudalen Dorfstruktur führte, in der sie keinen würdigen Platz beanspruchen durfte. Später wird sie als Jasmine die Braut eines Elektrikers in der modernen Großstadt Amritsar, der, noch bevor beide in die USA ausreisen können, bei einem Terroranschlag eines extremistischen Sikh sein Leben verliert. Nun hält sie nichts mehr in Indien, und sie beschließt den gemeinsamen Plan alleine umzusetzen. Am ersten Tag nach der illegalen Ankunft in Florida per Schiff wird sie vergewaltigt, kann aber ihren Peiniger umbringen und vernichtet daraufhin ihre alte geschändete Identität in einer rituellen Verbrennung. Sie schlägt sich bis nach New York City durch, taucht in einem ärmlichen, indisch geprägten Stadtbezirk unter.

> Dort „lernt [sie] die Kunst dessen, was Homi Bhabha postkolonialistische Mimikry nennt. Sie eignet sich eine amerikanische Art des Gehens, des Sprechens und des Kleidens an, so daß man sie für eine gebürtige Amerikanerin hält. Damit verwandelt sie sich in die lebende Verkörperung einer weiteren Duplizität – eine Figur, die jegliche klare Kategorien dessen, was amerikanisch sei, unterminiert" (Bronfen 1995: 26).

Dermaßen umgeschult und mit einer amerikanischen Identität ausgestattet, beginnt ihr unaufhaltsamer Aufstieg von der Tagesmutter im Auftrag eines Professors, der sie später unter dem Kosenamen Jase zu seiner Geliebten macht, zur Gattin eines deutschstämmigen Bankiers aus Baden im Bundesstaat Iowa, das mitten im Herzen der USA liegt. Aber auch das Leben als Jane Ripplemeyer ist nur eine vorübergehende Episode auf ihrem Weg. Am Ende des Romans steht ein neuer Aufbruch zur Westküste an, der das offene Ende ihrer Identitätsentwicklung symbolisiert. Wie schon zuvor in New York ist es die Wiederkehr des Vergangenen, die gravierende Veränderungen auslöst. Gerade in dem Moment, in dem sie scheinbar alle indischen Seiten aus ihrer aktuellen Identität getilgt hat, kehrt ihre Vergangenheit in Gestalt eines unerwarteten Zusammentreffens mit dem Mörder ihres ersten Mannes zurück. Das ist der Anlaß für eine Reflexion, in der sie sich erinnert, wie ein Astrologe ihr vor langer Zeit im Dorf das Schicksal einer Witwe im Exil prophezeite und sie daraufhin so unglücklich stürzte, daß ein Zweig ein sternförmiges Zeichen auf ihre Stirn einritzte. Sie erkennt nun, daß diese bleibende Narbe, die unentrinnbaren Erinnerungen wie auch das „J" als konstante Signaturen ihrer Identität alle Metamorphosen überlebt haben, sie bei aller Entortung ihrer Identitäten geblieben sind. Wie Elisabeth Bronfen in ihrem Aufsatz feststellt, beinhaltet diese Konstellation

> „eine nicht auflösbare Dialektik von Verortung und Entortung, ein rastloses, stets zirkulierendes Spiel der Selbsterfahrung und Selbstvermittlung, in dem sich eine authentische Erfahrung mit narrativen Konstruktionen der Identität immerfort abwechselt. Diese Literatur verweist auf die Krise, die dem Versuch, ein sogenanntes intaktes Selbstbild herzustellen, innewohnt, wie auch jedem Versuch, dieses Selbst diskursiv neu zu entwerfen" (Bronfen 1995: 10).

Ein anderer Schriftsteller mit indisch-pakistanischen Verbindungen ist der in England lebende Literat und Essayist Salman Rushdie, der in dem Roman „Scham und

Schande" (1985) die Migration im metaphorischen Sinne als zuweilen überlebensnotwendige Verwirklichung des Menschheitstraums vom Fliegen preist:

> „Wir kennen die Wirkung der Schwerkraft, aber nicht ihren Ursprung; um uns zu erklären, warum wir an unserem Geburtsort hängen, geben wir uns als Bäume aus und sprechen von Wurzeln. Schauen Sie unter Ihren Füßen nach. Sie werden keine knorrigen Wurzeln sehen, die aus den Sohlen sprießen. Wurzeln, so denke ich manchmal, sind ein Mythos des Bewahrens, der uns an unserem Platz festhalten soll. Die der Schwerkraft und der Zugehörigkeit komplementär entgegengesetzten Mythen haben denselben Wortstamm: Flug, Flucht … Fliegen und fliehen: zwei Möglichkeiten, die Freiheit zu suchen" (Rushdie 1985: 102f.).

Aus Argwohn vor Authentizität, die er als moderne Version des kolonialen Exotismus mißtraut,[7] erwächst die Phantasie der "imaginary homelands". Für ihn ist Migration vor allem Über-Setzung in diesem doppelten, geographischen und kulturellen Sinne, so daß er die heutigen Migranten auch als "translated man" bezeichnet: „Da wir quer über die Welt getragen wurden, sind auch wir selbst ‚translated' – übertragene Menschen. Normalerweise wird vorausgesetzt, daß bei der Übersetzung immer etwas verloren geht; ich halte hartnäckig an der Auffassung fest, daß genauso etwas gewonnen werden kann" (Rushdie 1992: 31). Schon allein deswegen kann es nicht um das alte Entweder-Oder, die Entscheidung für oder gegen die alte/neue Heimat gehen, genausowenig wie eine wirkliche Rückkehr und eine Zurückgewinnung der einst „verlorenen" Reinheit möglich ist. Weil die Heimat, mit der wir problemlos identisch sein können, sich für immer von uns entfernt hat, plädiert Rushdie dafür, die begonnene Wanderung fortzusetzen, um zu neuen Ufern, neuen Horizonten und Ideen zu gelangen.

> „Diese Literatur stellt Fragen, statt Antworten zu geben. Sie zieht in Zweifel, statt Gewißheit zu geben; dazu gehört auch, daß der Gestus des Künstlers von Selbstzweifel statt von Selbstgewißheit bestimmt wird. Diese Literatur ist auf Unruhe statt auf Beschwichtigung aus. Sie verficht die Utopie statt der Illusion" (Rathjen 1996: 402).

Diese Würdigung des bisherigen Werkes von Rushdie verstehe ich als Ermutigung und nicht als Kritik, weil sie die Stärken, die produktive Kritikfähigkeit und die Möglichkeit einer *transnationalen Ortlosigkeit* als strategischer Ort herausstreicht. Diese Dislozierung ist um so interessanter, wenn wir uns vergegenwärtigen, daß Salman Rushdie selbst „unwiderruflich das Produkt mehrerer ineinandergreifender Geschichten und Kulturen" (Hall) und ein übergesetzter Übersetzer ist, der die Kunst des Brückenbauens zwischen den Kulturen in seinen Werken verherrlicht. Er

---

7   Edward Said hat in „Orientalismus" (1981) und „Kultur und Imperialismus" (1994) die kolonialen Imaginationen am Beispiel literarischer Texte als mal sehnsüchtige, mal häßliche Spiegelung Europas im Anderen aufgezeigt, die dadurch erst als Orientalen oder Exoten erschaffen wurden. Daß dieses Thema aktuell ist, zeigen die Veröffentlichungen von David Spurr "The Rhetoric of Empire" (1994) und der von Badenberg u.a. zusammengestellte Sammelband „Tropische Tropen – Exotismus" (1995). Vgl. auch JanMohamed (1996), der wie Said die Konstruktion des Anderen in den kolonialen Romanen von Joseph Conrad, E.M. Forster, Rudyard Kipling u.a. thematisiert, und den Beitrag von Akashe-Böhme (1992) über Exotismus und Naturschwärmerei.

lebt wie die anderen Menschen der postkolonialen Migration mit mehreren Identitäten in mehreren Kulturen, die durch Vermittlung und Übersetzung miteinander verbunden sind:

> „Jene, die den Roman heute am heftigsten bekämpfen, sind der Meinung, daß ein Vermengen mit anderen Kulturen unweigerlich die eigene Kultur schwächen und ruinieren muß.[8] Ich bin genau der entgegengesetzten Meinung. Die Satanischen Verse feiern die Bastardisierung, die Unreinheit, die Mischung, die Verwandlung, die durch neue, unerwartete Kombinationen von Menschen, Kulturen, Ideen, politischen Richtungen, Filmen oder Liedern entsteht. Das Buch erfreut sich am Mischen der Rassen und fürchtet den Absolutismus des Reinen. Mischmasch, ein bißchen von diesem und ein bißchen von jenem, das ist es, wodurch das Neue in die Welt tritt. Hierin liegt die große Chance, die sich durch die Massenmigration der Welt bietet, und ich habe versucht, diese Idee in meinem Buch umzusetzen. Die Satanischen Verse plädieren für Veränderung durch Fusion. Veränderung durch Vereinigung. Sie sind ein Liebeslied auf unser Bastard-Ich" (Rushdie 1992: 457f.).

Angesichts der ästhetischen Instrumentalisierung in der deutschen Hybriditätsrezeption ist es heute nötiger denn je zu betonen, daß die produktiven und kritikfähigen Potentiale kultureller Hybridität nicht in der organischen „Bastardisierung" und dem „Mischen der Rassen" liegen können. Selbst wenn im Englischen Begriffe wie „race" keine nationalsozialistische Vernichtungspolitik gesteuert haben und bei ihnen eher kulturelle Bedeutungskomponenten mitschwingen, bleiben der rassentheoretische und der koloniale Kontext bestehen. Daher stellt sich gerade für über-(ge)setzte postkoloniale Metropolen-Intellektuelle die öffentliche Aufgabe, nicht den marktgängigen Exotisierungen und ethnisierenden Kategorisierungen anheimzufallen, die sie in anderen Situationen so rigoros zu bekämpfen pflegen, wenn diese aus europäischen Mündern kommen. Zu den bisherigen Stärken postkolonialer Diskurse zählt jedoch auch die ermutigende Tatsache, daß ihre schärfsten KritikerInnen oftmals selbst postkoloniale Intellektuelle sind.

> „Über Subalternität zu reden, heißt über Macht und Repräsentation zu sprechen. Macht selbst stellt die Frage nach der Wirkungsmächtigkeit von Repräsentationen, d.h. welche Formen der Repräsentation sich als kognitive Autorität oder als Bewahrung der vorherrschenden Kräfteverhältnisse durchsetzen und welche Artikulationsformen aus dem öffentlichen Reden ausgeschlossen werden. Zugleich erfolgt die Verstummung der subalternen Stimme nicht nur durch Aussonderung, Ausklammerung, sondern gegebenenfalls auch über die Vereinnahmung der Stimme selbst" (Gutiérrez Rodriguez 2003: 30).

Eine „Politik der Unreinheit" (Mecheril 2003) erfordert daher eine Hinterfragung der für selbstverständlich erklärten Matrix, die ihre Überzeugungskraft nicht zuletzt durch Konsens und Affirmation der traditionellen Institutionen herstellt. Statt der vorgegebenen Sicherheit exotisierender Ideen und pathologisierender Diktionen zu folgen, müssen wir uns dem riskanten Unternehmen aussetzen zu widersprechen. Die Grundlage kultureller Identität und politischer Interventionen besteht in der unbequemen Suche nach aufrührerischem Dissens. Welche transgressiven Ansätze und *Strategien der Unordnung* effektiv sei können, möchte ich jetzt diskutieren.

---

8  Vgl. Baringhorst (1990) zu den Hintergründen der Ablehnung in Teilen der muslimischen Gemeinden in Britannien.

## Ansätze kultureller Subversionen und Dezentrierungen

Auch wenn die befreiende Hybridität in den grenzlosen Borderlands bisher eher eine Vision geblieben ist, die den rassistischen Alltag in den Metropolen nicht häufig aufzuheitern vermochte, sollte der Einfluß des postkolonialen Diskurses auf die *realen* Lebensbedingungen von People of Colors in den Zentren nicht unterschätzt werden. Die postkoloniale Literatur, wie sie von Toni Morrison, Derek Walcott, Wole Soyinka und vielen anderen geschrieben wird, hat inzwischen nicht nur die höchsten Auszeichnungen erhalten, – was als historischer Durchbruch durch die hartnäckige Phalanx des westlichen Kulturimperialismus gewertet werden kann –, sondern konnte darüber hinaus auch die bisherige Vorstellung von „wertvoller" Literatur verändern. Indem sie moderne Klassiker geschaffen hat, hat sie auch den alten Kanon um die Werke der "dead white males", deren Themen von Plato bis NATO reichen, in den Seminarlehrplänen an den anglo-amerikanischen Universitäten zumindest erweitert, z.t. auch in Frage stellen und ersetzen können.[9]

Zum Teil geschah auch das, was Bhabha sich erhofft hatte: Die englische und US-amerikanische Literatur wurden *von innen heraus* in Frage gestellt, indem das, was als originär amerikanisch oder englisch galt, durch die mimetische Aneignung desselben Mythos seiner reinen Substanz beraubt wurde. So hat der in England aufgewachsene und lebende „Japaner" Kazuo Ishiguro mit „Was vom Tage übrigblieb" eine „brillante Subversion" (Rushdie) der viktorianischen Bildungsromane von Pelham G. Wodehouse geschaffen, indem er sich seiner englischen Requisiten bedient. Dafür wurde er auch noch mit dem britischen Literatur-Oscar, dem altehrwürdigen Booker Prize, und einer aufwendigen Kinoverfilmung in internationaler Starbesetzung belohnt. Mit vielleicht noch größerem kommerziellem Erfolg wurde Michael Ondaatjes „Der englische Patient" in Szene gesetzt, der 1992 ebenfalls den Booker Prize gewinnen konnte. Ondaatje, der aus Sri Lanka stammt, auf Ahnen mit indischen, holländischen und englischen Namen zurückblicken kann, in Großbritannien erzogen wurde und seit langer Zeit im kanadischen Toronto lebt, hat in dieser Novelle einen Inder zum Leben erweckt, der noch englischer ist als ein echter „Englishman" (Iyer 1996: 9ff.).

Durch diese *semiotische Unterwanderung* wird jede Vorstellung fester Identitäten ausgehöhlt, weil sich die heutigen Kolonisatoren in einer Welt ohne verbindliche Parameter kollektiver Minderwertigkeit ihrer „rassischen" und kulturellen Über-

---

9  Diese Fragen um Kultur, Identität, Wissensproduktion und Machtverteilung bilden gegenwärtig einen Hauptbestandteil der kontrovers geführten Diskussionen um Multikulturalismus und seine institutionelle Implementierung in Nordamerika. Diese Debatte ist zu wichtig, um sie zu ignorieren, und zu umfangreich, als daß es möglich wäre, sie an dieser Stelle abzuhandeln. Daher bleibt hier nur die Möglichkeit, auf weiterführende Literatur hinzuweisen. Zu Fragen kultureller Wertigkeit aus sozialphilosophischer Warte vergleiche Charles Taylor (1993: 59-71), der eine „differenzierte" Bewertung befürwortet, und dem kritischen Kommentar von Susan Wolf (1993) im gleichen Band, die an einer kulturrelativistischen Position festhält. Amy Gutman (1993) dagegen versucht zu „vermitteln", indem sie auf dem Vorrang universalistischer Werte insistiert und dabei Universalismus und westlichen Liberalismus gleichsetzt. Zu den politischen Fronten und den gesellschaftlichen Akteuren in diesem Streit siehe Carby (1992), Puhle (1994) und Hinderer (1996).

legenheit nicht mehr sicher sein können. Wenn sich selbst schon ein (un)gewisser Lord Taylor of Warwick, Mitglied des House of Lords, erst beim Zusammentreffen als Sohn schwarzer MigrantInnen aus Jamaika erweist, dann ist keine Form der Weißen „Englishness" vor ihnen mehr sicher.[10] Marginalisierte MigrantInnen können und brauchen sich auch nicht mehr auf ihr Opferdasein zurückzuziehen, weil ihnen *trotz allem* neue Möglichkeiten an Ausdrucksformen und erweiterte Zugänge zu gesellschaftlichen Räumen offenstehen. Wie Lord Taylor haben die postkolonialen AutorInnen auf dem literarischen Feld das binäre Prinzip der doppelten Originalität aufgebrochen und Grenzen überwunden. Statt diese nochmals literarisch zu duplizieren, haben sie es vorgezogen, die koloniale und rassistische Arroganz *in ihrem ureigensten Feld mit ihren eigenen Waffen* zu schlagen.[11] Indem sie sich der Sprache ihrer ehemaligen Herren bemächtigen, um sie darin noch zu übertreffen, schaffen sie durch widersprüchliche Strategien der Verfremdung und Aneignung etwas „Bef*reigenes*" und unerhört Spannendes.

Es sind diese „kosmopolitischen Autoren, die der englischen Literatur die innovativsten Werke der letzten Jahre beschert haben. Angeregt von der Virtuosität, mit der Salman Rushdie mit den Grenzen zwischen Traum und Realität, Mitte und Rand, Fiktion und Geschichte spielt, haben sie die Sprache Shakespeares und Virginia Woolfs im Sturm erobert, um Bombay und Oxford in ihr zu vereinen" (Chanda 1995: 8).

Das Englisch als ehemalige Kolonialsprache des britischen Empire wird dabei mehr und mehr durch die Aufnahme von und die Synthese mit Wörtern aus den Sprachen der ehemals Kolonisierten wie auch darauf anspielende Wortmutationen selbst „bastardisiert".

„Eine ganze Reihe kultureller Formen besitzt eine ‚synkretistische' Dynamik, die die Elemente der herrschenden Codes der dominanten Kulturen kritisch aneignet und ‚kreolisiert', vorgegebene Zeichen desartikuliert und ihre symbolischen Bedeutungen reartikuliert. Die subversive Kraft dieser hybridisierenden Entwicklung zeigt sich besonders deutlich gerade auf der Ebene der Sprache; dort sind es Kreolisch, Patois und schwarzes Englisch, die die linguistische Dominanz des ‚Englischen' – der Nationalsprache des Herren-Diskurses – durch strategische Flexionen, Akzentverschiebungen und andere performative Umbrüche in den semantischen, syntaktischen und lexikalischen Codes dezentrieren, destabilisieren und karnevalisieren".[12]

Für Rushdie ist das Englische eine „Sprache, die durch falsche Begriffe und den angehäuften Schutt der ungesühnten Vergangenheit ihrer Eigentümer vergiftet ist, diesem Angrezi,[13] in dem ich schreiben muß, so daß ich ewig verändere, was

---

10 Vgl. Gates 1997: 204f. Mir geht es hier nicht darum, die undemokratische Institution des Oberhauses zu problematisieren, deren lebenslange Mitgliedschaft durch Erbschaft oder königliche Ernennung ermöglicht wird, sondern die Infiltration eines der letzten nationalen Bastionen der Weißen Englishness aufzuzeigen, die inzwischen möglich geworden ist.

11 Diese Strategie ist so effizient und erfolgversprechend, daß sie inzwischen von RassistInnen kopiert wird, um Schwarze und linke Symbole zu okkupieren (Schröder 2000).

12 Mercer 1988: 57 zit. nach Hall 1994: 41.

13 Dieser Begriff ist wahrscheinlich als Verballhornung des Anglizismus gemeint, der normalerweise die Erscheinung der englischen Sprache in einer anderen Sprache bezeichnet.

geschrieben ist" (Rushdie 1985: 46). Angesichts der Aussicht, daß das einstmals weltbeherrschende Oxford Standard Englisch demselben Schicksal wie die lateinische Sprache erliegen könnte, die sich nach dem Zerfall des römischen Imperiums in die verschiedenen romanischen Sprachen und ihre Dialekte aufspaltete, kämpfen britische Erzkonservative und Nationalisten um Enoch Powell spätestens seit den 1980er Jahren einen verzweifelten Abwehrkampf für ihre linguistischen „Besitzrechte" und gegen die *Hybridisierung der ehemaligen Kolonialherrensprache.*[14] Während früher viele BritInnen noch stolz darauf waren, daß ihre Sprache, ihre Kultur und ihre Institutionen einen umfangreichen Beitrag zur „Zivilisierung der Wildnis" leisteten und sie sich durch die Vorgabe der Standards ihrer kulturellen Überlegenheit versichern konnten, fühlen sie sich heute angesichts der weltweit englischsprechenden Mehrheit aus der Peripherie zunehmend in ihrer „eigenen" Sprache fremd und bedroht.

Aber selbst wenn weiße NationalistInnen ihre imperialen Ansprüche aufgeben und sich auf die „Verteidigung" ihrer Nationalheiligtümer umstellen sollten, wird es für nationalistisch Gesinnte in einer postkolonialen Welt keine Ruhepause geben. Eingefleischte BritInnen werden sich daran gewöhnen müssen, daß die transkulturelle Migration trotz neuer Grenzregime zum Alltagserlebnis geworden ist und sie auf der größten Insel der Karibik leben, wenn als Maßstab die Anzahl ihrer „westindischen" BewohnerInnen genommen wird. „Nach der Volkszählung von 1991 leben hier (in London) 37 verschiedene Gruppen mit jeweils mehr als zehntausend Mitgliedern. Jeder fünfte Bürger der Metropole, mehr als eine Million Bürger der Stadt, rechnet sich selbst zu den ethnischen Minderheiten, und das sind natürlich überwiegend Menschen, die ihre Wurzeln im ehemaligen Commonwealth haben" (Kröncke 1996: 119). Das weiße England wird mit verstörenden Imaginationen und einer allgegenwärtigen Differenz und Dezentrierung leben müssen, wie Timothy Mo in "Sour Sweet" (1982) für London beschrieben hat, dessen Zentrum Chinatown zu sein scheint und Weiße nur noch als namenlose StatistInnen kennt.

Ich denke, daß die durch diese Auseinandersetzung mit anderen Lebenswelten ausgelöste *Befremdung* ein wichtiger Lernprozeß auf dem Weg in eine dezentrierte Gesellschaft darstellt. Zu lange hat sich Europa zum Zentrum der Geschichte gemacht, alles auf sich beziehen können, andere überwältigt und zum Stillhalten gezwungen. Nun ist es an der Zeit, daß das alte Europa seine historische Rolle als Kolonialmacht auch im Innern aufgibt und dabei lernt, Aufnahmen vom „europäischen Haus" zu akzeptieren, in dem der vermeintliche „Hausherr" nicht mehr im Mittelpunkt steht (Steyerl 2004a). Gleichzeitig müssen MigrantInnen, wollen sie nicht länger in der Unterordnung verharren, ihre Stellen als Bedienstete kündigen und der unwirtlichen Verhältnisse zum Trotz die Kraft aufbringen, sich selbständig zu machen. Nur von einer *unabhängigen Position* aus ist es möglich sich die Freiheit zu nehmen, eine eigene Version der Wirklichkeit zu verkünden. Diesen Pluralismus anzunehmen und ihn als eine produktive Herausforderung zu verstehen, könnte auch für das alte Europa eine große Erleichterung sein, da sie einer Entlas-

---

14 Vgl. Ahrens 1995: 471f. Weiterführende Literatur bei Strevens 1982, McCrum u.a. 1986, Kachru 1992 und Hansen 1996.

sung aus der inzwischen undankbaren Rolle des Vorsprechers gleichkommt. Dazu bedarf es der selbstverständlichen Gelassenheit, anderen die Möglichkeit zum Reden zu geben, sich zurückzunehmen und einfach zuzuhören, um aus den Geschichten dieser postkolonialen GrenzgängerInnen möglicherweise eine eigene gesellschaftliche Vision abzuleiten. Sie könnte so lauten:

> „Mitten in der Fremde. Sie ist unsere neue Heimat. Ihre Mitte ist überall. Akzeptiert man die Fremde als Heimat, ist man überall im Zentrum. Das ist die Rest-Utopie der Stadtnomaden, der Multi-Kultis, aller freiwilligen und unfreiwilligen Reisenden in diesem zu Ende gehenden Jahrhundert der Migranten … Jeder ist ein Fremder irgendwo: Das ist nicht mehr nur ein Ausdruck für Fremdheit und Andersheit, sondern auch für Heimatgefühle. In dem Maße, wie an die Stelle von Heimat multikulturelle Zentren getreten sind, ist unsere Mitte ins Ausland verlegt worden" (Heinrichs 1992: 7).

Nicht zuletzt kann das spätmoderne und spätkapitalistische Europa durchaus darauf hoffen, daß sich die Eingewanderten aus den Peripherien durch die Erfahrungen der Migration von seinen kolonisierenden Identifikationsmodellen in Form von Nationalismus und Rassismus emanzipiert haben. Diese Menschen mit mehreren Heimaten werden sich der Probleme Europas annehmen, selbst dann, wenn der „Westen" die Chancen einer Politik der Anerkennung und des gleichberechtigten Dialogs nicht aufgreift. Denn Europa ist *längst* auch ihre Sache geworden. Sie haben *Rechte an dieser Gesellschaft*, und sie wollen Veränderungen und nicht den Status quo. Es ist einfach notwendig anzuerkennen, daß diese Menschen aus Afrika, Asien und Lateinamerika inzwischen ein integraler Bestandteil der Antwort auf die Frage nach der Gestalt, der Kultur und der Identität Europas am Anfang des neuen Millenniums sind. Der Titel eines in der BRD erschienenen Bandes über neue Impulse für die deutschsprachige Gegenwartsliteratur mit lauter „fremdländischen" Namen hört sich wie eine programmatische Devise an: „Leben – einzeln und frei wie ein Baum und geschwisterlich wie ein Wald ist unsere Sehnsucht. Türkei, Deutschland, Europa" (Sareiha u.a. 1996). Der postkoloniale Diskurs ist, wie es scheint, auch in Deutschland im Aufkommen und wird von vergleichbaren Intellektuellengruppen getragen, auch wenn hier die Bedingungen für Selbstrepräsentationen in den Medien, an den Universitäten und in der Politik viel schlechter gestellt sind. Was aber am meisten zählt, ist jedoch die Chance, daß der Postkolonialismus einem Wunsch Ausdruck verleiht, der von den „einfachen" Menschen kommt:

> „In den Augen der Deutschen mögen die Türken nichts zählen. Ich habe aber Hoffnung und Glauben, eine Sehnsucht nach einer besseren Welt; und was noch schöner ist, ich befinde mich in einer gesellschaftlichen Auseinandersetzung. Aus diesem Grunde fühle ich mich den Deutschen gegenüber verantwortlich".[15]

Die Hoffnung auf einen postkolonialen Alltag, der seine eigene Kolonialität überwindet, verbindet sehr unterschiedliche Positionen und Geschichten der Marginalität mit ihren unterschiedlichen Zeitlichkeiten und Lokalitäten. Das Herausfallen aus der Geschichte ermöglicht den Beginn neuer Geschichten der Grenzüberschreitung.

---

15 Ayse Tümen (Arbeiterin): Ich fühle mich auch den Deutschen gegenüber verantwortlich; zit. nach Akcam 1993: 13.

## Postkoloniale Alltagskultur und der Signifying Monkey im Rap

Zum Schluß meiner Ausführungen werde ich meinen Blick auf einige Entwicklungen in den urbanen Subkulturen der Metropolen richten. In diesen Zentren der interkulturellen Zwischenräume und Kommunikation bilden sich neue Formen von Hybridität und Mimikry in der transnationalen Alltagskultur am Rande lebender Bevölkerungsgruppen aus. Auch wenn deren gesellschaftspolitischen Auswirkungen noch nicht eindeutig abzuschätzen sind, sehe ich darin doch ein beträchtliches Potential der Mobilisierung und Gegenerzählung. Hybride Kulturproduktionen und grenzüberwindende Identitätsbildungen könnten über diesen Weg den engen Kreis einer professionellen Kulturelite verlassen und zu einer gelebten „Normalität" werden. In dieser *disruptiven Normalität* wären – so die visionäre Aporie – disziplinierende, uniformierende Normierungsverhältnisse aufgehoben, die die Differenz bisher immer unterdrückt haben. Die Alltagsrelevanz postkolonialer Theorie aufzuzeigen, halte ich auch aus dem Grunde für wichtig, weil sie dann nicht länger als ein Privileg einer Avantgarde der Hochkultur fungiert oder aber als eine abstrakte, aber harmlose Spielerei des Intellekts abgetan werden kann.

Los Angeles ist vielleicht das „Beispiel einer fortschreitenden Globalisierung urbaner politischer Ökonomie und zugleich Paradebeispiel für die ‚Ethnisierung der Weltarbeitskraft' (Wallerstein)" (Sträter 1994/5: 14). Darin ist diese Einwandererstadt, trotz Vorreiterrolle aufgrund lokaler Besonderheiten, mit vielen anderen Weltmetropolen vergleichbar, so daß das Gesagte prinzipiell auch für andere Städte gilt (Hennig 1996). In diesen städtischen Zusammenballungen existieren neben den zum Teil mit Gewalt ausgetragenen „interethnischen Konflikten" zwischen den verschiedenen Einwanderungsgruppen, die zum bevorzugten Spielball rassistischer Machenschaften geworden sind, auch Beispiele transkultureller Zusammenarbeit und Gemeinschaftsbildung. Graffiti-Gruppen wie „Alza" (Akronym für „Asian, Latino, Zulu, Anglo"), was im Spanischen soviel wie „erhebe dich" bedeutet, „verbinden Regeln der euro-amerikanischen Malerei mit einer Farbgebung und Symbolik aus der mexikanischen Kultur; hinzu kommt eine aus der schwarzamerikanischen Sprache und Jazz-Musik stammende Kunst, mit Buchstaben und Wörtern zu improvisieren" (Lipsitz 1993: 144). In den Häuserschluchten dieser Megalopolis des 21. Jahrhunderts manifestiert diese Gegenkultur ihre oppositionelle Existenz durch die Umgestaltung der kommerziellen Ästhetik an ihren glatten, sauberen, von jedem Widerspruch bereinigten Fassaden. Diese unübersehbaren Bilder und Zeichen markieren einen Bruch in der konformen Optik und schaffen durch die Technik der Improvisation und der stetigen Variationen auf der Grundlage des Alten etwas gänzlich Neues: Wände, Häuserreihen, sogar ganze Stadtteile werden metaphorisch umgeschrieben und recycelt, als sozialer, kultureller und imaginärer Lebensraum rekonstruiert und virtuell den eigenen Wünschen nach umgebaut. Daher kann diese öffentliche Ausstellung von Kunst, Information, Poesie und Agitprop als ein Artikulationsversuch gewertet werden, *Identifikationsmöglichkeiten für ausgeschlossene Gruppen* in städtischen Räumen zu erschließen. Sonst würden diese Räume, die gewöhnlich jenen, die ohne Anerkennung und Beachtung am Rande oder außerhalb der Gesellschaft leben, verschlossen bleiben. Indem diese besitzlosen AlltagskünstlerInnen ihre Namen, ihre Ideen und ihre Wahrnehmungen auf diese Weise veröffentlichen, entwerfen sie gleichzeitig ein Gegenmodell zu den anerkannten Inhalten und Formen in den exklusiven Museen und Galerien. Statt nur für bestimmte gesellschaftliche Gruppen zugänglich zu sein, schaffen sie eine Form von unzensierter und unselektierter *Öffentlichkeit*, die im urbanen Alltag verankert ist. Die Kriminalisierung seitens staatlicher Institutionen, die dieses Medium seit seiner Entstehung verfolgt hat, verdeutlicht um so stärker seinen politischen Charakter. Die konkrete Subversion dieser graphischen Imaginationen besteht darin, daß sie es wagen, die Insignien der Macht durch die Verletzung von Eigentumsrechten und das Übertreten von staatlichen Verboten zu mißachten. In dieser Wendung gegen die autoritäre Hegemonialmacht, und zwar aus der dissidenten Position des Außenseiters und Unangepaßten heraus, liegt wohl das Potential zu dem, was Umberto Eco einst – in einem etwas anderen Kontext – als „semiologische Guerilla" (1967) bezeichnete. (Lindner 1995: 43). Oppositionelle Kultur kann sich nur durch die Setzung von Differenz gegen die Dominanzkultur konstituieren. Dazu muß sie sich ihre eigenen Zeichen schaffen und über diese frei verfügen, denn *ohne Zeichen der Differenz ist keine Subversion möglich.*

Graffiti ist aber nur eine besonders sichtbare Ausdrucksmöglichkeit aus einer breiten Palette von Repräsentationen und Symboliken Schwarzer Gegenkulturen, die sich auch in der Sprache und der Musik wieder(er)finden. Wie beim Graffiti auf der Ebene der Zeichen geht es beim Rap auf der sprachlichen Ebene und beim Breakdance auf der Ebene der Körpersprache um Verschiebungen und Manipulationen innerhalb der Semantik der herrschenden Ordnung. Ihre erstarrte Struktur wird durch einen *dissidenten Lebensstil* in Frage gestellt, die die eigenen Traditionen mit Elementen der Schwarzen Widerstandsgeschichte und kulturellen Innovationen synthetisiert. Rap erklärt genauso wie die inzwischen verebbte Punk-Bewegung den herrschenden Zeichen den Krieg, wenn auch von einer ganz anderen Perspektive und kulturellen Tradition aus. Als urbane Kraft konnten diese Subkulturen zumindest in ihren Anfängen mit ihrer provokanten Ästhetik und ihren überlegenen Codes verwirrende Rollen- und Verwechslungsspiele mit dem erschlafften Mainstream treiben – im Punk z.B. durch die konterkarierende Bemächtigung des Hakenkreuzes. Das Risiko durch Popularisierung zu scheitern, ist immer gegeben.

Rap und Breakdance entstanden bekanntlich im Verlauf der späten 1970er Jahre in der South Bronx (eines der afroamerikanischen Stadtvierteln New Yorks), als der Sprechgesang eines MCs (Master of Ceremony) mit Breakbeats gemischt wurde. Sie zelebrierten mit dieser Praxis ein Lebensgefühl, das durch Kontinuität und Bruch, Ausweglosigkeit und Hoffnung, aber auch durch die einfache Lust am Reden, Tanzen und Lachen gekennzeichnet ist. In seinen Anfangsjahren war Rap als Gemeinschaftserlebnis in erster Linie eine musikalische Narration von urbaner Lebenslust und kommunikativen Bedürfnissen marginalisierter Jugendlicher, die sich in Party und Tanz auslebten. Die Lust, den eigenen Körper zu spüren, die eigene Stimme zu hören, ist für Schwarze Menschen ein Akt der Entdeckung des eigenen Selbst. Für Subjekte, die mit Erinnerungen an die Kolonialisierung des eigenen Leibes aufgewachsen sind, ist die Möglichkeit, sich selbst zu feiern, nicht nur eine befriedigende, sondern auch befreiende Erfahrung. Als kulturelle Praxis im Alltag konstruierte sie Kollektivität und Gruppenzusammenhalt in einer Lebenswelt, die nachhaltig durch Deformierungserfahrungen geprägt ist. Diese Aktivitäten verbanden sich mit körperlichen Inszenierungen und einer bewegenden Musiksprache zu Riten des Kampfes und der Selbst-Verteidigungsbereitschaft.[16]

> „Ohne Zweifel entstanden ‚breakdance' und ‚rap' im Leid und Überlebenskampf, aus Armut, Entbehrung und Mangel, alles bezeichnend für die Situation am Rande der Gesellschaft. In den armen nichtweißen Vierteln der Großstadt, wo ‚breakdance' und ‚rap' zuerst aufkamen, beschrieben die TeilnehmerInnen sie als ‚Rituale'. Ihre Ausübung bot einzelnen die Möglichkeit, öffentliche Anerkennung zu erlangen und sich Gehör zu verschaffen" (hooks 1994a: 50).

Der zunächst implizit politische Charakter im Rap als kulturelles Alltagshandeln von Marginalisierten wurde bald durch politische Artikulationen explizit. Waren die ersten Rap-Platten vielfach fun-betonend, kam mit "The Message" (1982) von Grandmaster Flash & The Furious Five der erste politische Rap in die Hitparade. Er kommentierte aus der Perspektive schwarzer Unterschichtsmänner die anbrechende neoliberale Ära der Reaganomics und ihre Politik der verschärften unsozialen Umverteilung. Das klassische Ghettobild als bedrohlicher wie desolater Lebens- und Erfahrungsraum wurde im Rap nun durch das Sinnbild für den Überlebenskampf von benachteiligten Jugendlichen in den schwarzen Lebenswelten der Innenstädte verdoppelt. Trotz der harten, aber realen Themen waren die Lyrics oft humorvoll, (selbst-)ironisch, „street wise", so daß sie den Betroffenen ein ermächtigendes Gefühl der Bestätigung und Anerkennung vermittelten. Message-Rap gab Vertretern einer ausgeschlossenen Generation junger schwarzer Männer die Möglichkeit, ihre Wahrnehmungen in ihrer Sprache zur Geltung zu bringen. Dadurch wurden sie Teil eines öffentlichen Diskurses, in dem sie zuvor als sprechende Subjekte nicht existierten. Rap wirkte identitätsstiftend, da er soziale Orte und kulturelle Praktiken zuließ, mit denen die AkteurInnen selber bestens vertraut waren. Diese Neuausrichtung der Perspektive, die die Mitglieder der schwarzen Communities in den Mittelpunkt stellte, kam einer Aufwertung von Blackness und einer Abkehr von der entfremdenden Ausrichtung auf die dominante Mittelstandskultur des White America gleich. Blackness als Message bedeutet "a story that must be told".

Rap gab einem afroamerikanischen Bewußtsein der urbanen Marginalisierung, das in dieser spezifischen historischen Periode auftauchte, einen entsprechenden kulturellen Ausdruck, indem er in diesem Moment kulturelle Codes erfand, deren Muster bereits in dieser Lebenssituation angelegt waren. Es ist kein Zufall, daß Rap ganz bestimmte Gruppen und subkulturelle Szenen anspricht und ihre Artikulation mit einer langen Geschichte afroamerikanischer Traditionen verbindet. Trotz dieser Tradierungen ist zu betonen, daß kulturelle Praktiken jeweils historisch kontextualisiert werden müssen, weil sie sich sonst der Gefahr aussetzen, in Form einer

---

16 Gates beschreibt diesen Tanzstil folgendermaßen: "At first, men face each other, dancing, but in postures that are menacing rather than erotic. It's as if they were shadowboxing to the heavy bass beat. Few couples dance together; instead, the genders divide and watch each other, with the men engaged in active display. A man moves in and out of another man's place, mimicking and exaggerating the other's moves. Again, it's pretend sparring" (Gates 1997: 198).

wesenseigenen schwarzen Ästhetik naturalisiert zu werden. Wie jede kulturelle Repräsentation steht auch Rap in diesem *Spannungsverhältnis der historischen Verortung*. In der Retrospektive von Außenstehenden erscheint es dagegen oft so, als ob Rap ohne jeden historisch-kulturellen Kontext 1979 plötzlich aus dem Stadtdschungel mit dem ersten Rap-Hit "Rapper's Delight" von der *Sugar Hill Gang*[17] auftauchte und seinen globalen Siegeszug antrat. Die Geschichte reicht indes viel weiter zurück wie die Namen der Rap-Pioniere *Grandmaster Flash* und *Afrika Bambaataa* andeuten, deren Pseudonyme auf die kulturellen Ursprünge verweisen. Rap als Sprechakt kann bis zu einem gewissen Grad als fiktive Wiederentdeckung von älteren afrikanischen Narrationsweisen verstanden werden, die die Figur des Griots, des fahrenden Geschichtenerzählers und kommunalen Nachrichtensprechers für sich reanimiert. Daneben finden sich auch schwarze Traditionen der Sprachwettkämpfe und genauso auch die alltäglichen Redensarten der Prahlerei, Übertreibung und Angeberei. Musikalisch knüpft Rap in unterschiedlichen Anteilen an Scat, Jive, Jazz, Soul, Gospel, Rhythm & Blues, Funk, Disko, Reggae und jamaikanische DJ-Kultur mit ihren jeweiligen musikalischen Motiven und Techniken an. Rap reiht sich in diese weitverzweigte Familie der afroamerikanischen Populärmusik als dessen jüngster Sproß ein (Toop 1994).

Rap tauchte zu einer Zeit auf, als die populäre schwarze Kultur durch die Übermacht einer technisch hochgerüsteten, monotonen und betont yuppiehaften Diskoclubkultur langweilig zu werden drohte. Nur mit zwei Plattenspielern und einem Mischpult hemdsärmelig ausgestattet, brachte er Spontaneität, Improvisation und die Kunst der Verwandlung wieder in die Popkultur zurück. Die Grundidee bei der Entstehung des Rap bestand darin, den *Break*, also jene Passage eines Musikstücks, die *Flow* und *Power* enthält, immer weiter auszudehnen und in seinen Grenzbereichen mit anderen Breakbeats zu mischen.

"Playing copies of one record on twin turntables, the street jocks cut back and forth between the same few bars, extending the break into an instrumental. Soon – in an virtuoso show of manual dexterity, a mocking parody of the advanced multitrack technology that had first created the records – they were scratching, repeating beats, breaks, words, and phases on the same record, and mixing beats and breaks from different record" (Williams 1992: 164f.).

Musikarchive werden auf diese Weise aus ihrer geschichtlichen Abgeschlossenheit herausgerissen, an die Gegenwart gebunden und können dadurch, ob sie es wollen oder nicht, als Grundlage einer neuen Musik verwendet werden. Durch Recycling und Blending können musikalische Narrationen revitalisiert und thematisch wie ästhetisch neu erschlossen werden. Durch diese Collage mit ihren Wiederholungen, Verdoppelungen, Übergängen und Brüchen entsteht im kreativen Prozeß des

---

17 Obwohl sich der Name dieser von einer Produzentin zusammengewürfelten Gruppe auf einen Ortsteil in Harlem bezieht, um Authentizität für sich reklamieren zu können, wurde sie von den B-Boys, den echten Rap-Fans der damaligen Zeit, nicht anerkannt. Statt dessen wurden Vorwürfe von Underground-DJs laut, die sie des Plagiats beschuldigten und als Fake, als einen großen kommerziellen Betrug ablehnten. Aber das ist wiederum eine andere Geschichte.

Mischens eine Montage, die die Autorenschaft und Originalität des Alten bestreitet. Indem sie Erkennungsmerkmale des vorgeblichen Originals verwenden, können diese „Imitate" sich an ihre Stelle setzen. Durch diesen frevelhaften Akt wird die bisher unbezweifelte Einheit und Einmaligkeit des ikonisierten Originals entweiht. Die unhinterfragte Identität der Musik mit sich selbst wird im hegelianischen Sinne reproduziert, negiert und auf eine höhere Stufe gehoben. Mit Rap trat keine Technik, aber erstmals eine *Kunstform* auf die Bühne, die sich musikalische De- und Rekonstruktion zu eigen machte, um nicht wie im Punk die alte Ordnung einfach zu zerstören, sondern um schwarze Erfahrungen kulturell neu zu verarbeiten und zu vermitteln. Durch die Weiterentwicklung und Perfektionierung verschiedener Tonerzeugungs- und Mischtechniken[18] konnten Rap, HipHop sowie ihre diversen Spielarten gerade auf der musikalischen Ebene Sprachartikulation in Verbindung mit den technischen Möglichkeiten des Sampling, des Remix, des Cut-N-Mix und des Crossovers zur *Repräsentation und Politisierung* nutzen.[19] Diese Methoden ermöglichen eine Nachahmung bzw. verzerrte Kopie des Originals, dessen melodische Grundsubstanz als sog. Bassline eine tragende Hauptrolle einnimmt oder als kurzes Zitat nur einen geräuschvollen Spezialeffekt abgibt. In beiden Fällen bleibt die Verbindung zwischen den Generationen zwar einerseits erkennbar, aber die „Kopie" wird andererseits durch die weitere Bearbeitung und Performativität soweit verselbständigt, daß sie am Ende als autonomes Gebilde akzeptiert werden muß. Im Gegensatz dazu wird die Autorität des Originals durch die Übersetzung, die auch immer eine eigenständige Kopie ist, in Frage gestellt. Diese Verfahren haben zu heftigen Auseinandersetzungen geführt, wobei von etablierter Seite der Vorwurf des geistigen Diebstahls geäußert wurde. Dieser Schritt der Kulturaneignung durch Recycling wird nicht zuletzt deshalb so rigoros bekämpft, weil er anzeigt, daß jedes vermeintliche Original *Opfer seines eigenen Mythos* geworden ist. Er verdrängt die simple Tatsache, daß Musik als immaterielle Kunst höchst flüchtig ist und jedes Original nur die Reproduktion eines Ursprungs sein kann, der bereits im Moment seiner Entstehung vergeht und Teil der Geschichte wird. So gesehen ist Reprise und Verfälschung ein Kampf, in dem sich das scheinbar Minderwertige durch die Aneignung von Geschichte gegen das scheinbar Erhabene und das Wahre auflehnt. Durch Umkehrung wird das Einzigartige dekonstruiert, während die Nachahmung sich dabei emanzipiert, weil sie sich sowohl im Vergangenen wiedererkennt, als auch die Notwendigkeit einsieht, sich neu zu erschaffen.

Dies ist für mich ein Beispiel, wie Hybridität und mimetische Kulturaneignung als kreative Umdeutungspraxen sich artikulieren können. Jede Kopie oder jede Übersetzung ist in diesem metaphorischen Sinne ein Akt des Diebstahls und des Betrugs. Gleichzeitig sind diese Zitate der Verfremdung in Wirklichkeit noch viel mehr. Sie sind vor allem ein Prozeß der Übersetzung und zugleich auch der dekonstruktiven Destruktion, weil Originalität als Essentialismus oder Authentizität verstanden nach dem Auftreten ihrer Verdoppelung in der Differenz nicht mehr

---

18 Vgl. etwa die detailreiche Darstellung von Poschardt 1997: 166-177.

19 Die Ästhetik des Raps ist eigentlich noch viel komplexer, weil auch das gesamte Ineinanderspielen von Ton, Musik, Text und Bild mit ihren vielfältigen Stilen, Figuren und performativen Methoden zu berücksichtigen ist. Vgl. Karrer 1996: 25-41.

glaubhaft zu vertreten ist. Ihre formale Struktur und ihr musikalisches Aussehen (akustischer Inhalt) werden durch Mix und Remix so weit fragmentiert und durch neue Verbindungen, die auf die Einflüsse des Crossovers zurückzuführen sind, so weit verändert, daß die Frage nach Originalität *tendenziell bedeutungslos* wird. Diese Ähnlichkeit zwischen Original und Kopie, die auf dem entstellenden Effekt der Verfremdung oder Mutation basiert, schafft eine Unsicherheit, die das System der genuinen Unität auf beiden Seiten der Grenze dekolonisiert. So gehen kontinuierliche Ent- bzw. Aneignung Hand in Hand, werden die Grenzen zwischen dem Eigenen und dem Anderen mehr und mehr zur Unkenntlichkeit verwischt.

Obwohl Rap in seiner Anfangsphase durch die Figur des DJ bestimmt wurde, ist er inzwischen ohne seine *Oralität* nicht mehr vorstellbar. Ohne das Sprechen wird Rap heutzutage als unvollständig empfunden, weil die wörtliche Rede wie die „human beatbox" selbst zu einem integralen Teil des Rhythmusgefüges geworden sind. Kaum eine andere Musikform ist so stark wortlastig und so nachhaltig durch die Verwendung der Sprache definiert. Im Unterschied zu melodischen Popliedern ist Rap viel stärker selbstreflexiv angelegt und konzentriert sich auf das eigene Ich und die Bedingungen des musikalischen Handelns. Es ist häufig darauf hingewiesen worden, daß Rap an die unterschiedlichen männlichen Redefiguren der afroamerikanischen Geschichtserzählung – des afrikanischen Griots, des wissenden Predigers und des listigen Straßenganoven – anknüpft, um ihre Stimmen für die Artikulation der eigenen Erfahrungen zu nutzen. Rap-Lyrics sind oft aus diesen unterschiedlichen Stilelementen zusammengesetzt, enthalten neben eigenen Lobpreisungen, Respektbezeugungen, Belehrungen auch Anmache und Widerstreit. Als Nachhall auf die eigene Geschichte sprechen sie nicht nur den Stil an, da sich hinter den expressiven Gesten ein weitreichender Bezug auf die „oral history" der Black Community verbirgt, deren Sprachcodes Kollektivität und kulturelle Identität aus einer gemeinschaftlichen Leidens- und Widerstandsgeschichte heraus erzeugen. Zu rappen bedeutet nicht irgendeine Geschichte zu erzählen, sondern die Geschichte aus der eigenen Perspektive zu interpretieren und neu zu erzählen. Erinnerung ist aber nur möglich, wenn sie in der eigenen Sprache erzählt wird. Durch den Rückgriff und die gleichzeitige Weiterentwicklung des "black vernacular", das nicht auf eine Art von mißgebildeten Ghettoslang reduziert werden kann, positioniert sich die eigene Schwarze Sprache als ein *selbständiges* "American-English" im gesellschaftlichen Diskurs. Die Sprache als Selbst-Repräsentationsform ist daher zu einem kulturellen Schlachtfeld geworden, auf dem um Bedeutungen, Macht und Zugangsrechte gestritten wird.

> „Das Rappen der eigenen Sprache und die Suche nach einer eigenen Semantik brachte auch eine wachsende Aufmerksamkeit für die Sprache der Gegner und Feinde mit sich. Sprachkritik und damit auch Geschichtskritik des herrschenden weißen Amerikas war eine neue Herausforderung, nachdem die eigenen Worte ein Medium der Agitation gefunden hatten" (Poschardt 1997: 152).

Der afroamerikanische Musikkritiker Greg Tate hat anhand von Rap-Lyrik, Rhythmus und Präsentationsformen aufgezeigt, wie sie die Existenz von Autorenschaft anzweifeln und damit Authentizität und Essentialismus in Frage stellen. Rap versucht mehrdeutige Bedeutungen zu schaffen und damit Homogenität und Eindeutigkeit zu konterkarieren. Rapper machen sich gerne über den Vorwurf des geistigen Diebstahls durch Sampling lustig und nutzen teilweise das Medium der Musikvideos statt als Werbung oder Ware auch für politische Agitationen und kritische Geschichtsaufarbeitungen.[20]

Diese Phänomene stehen für das *Signifying* des schwindelnden, sinnverstellenden und realitätsverzerrenden Tricksters, der die Wörter soweit zum Tanzen bringt, daß sie aus der Reihe springen. Mit dem afroamerikanischen Trickster ist in diesem Fall eine Redefigur gemeint, die sich auf den *Signifying Monkey* bezieht, der zunächst in der Yoruba-Mythologie in Nigeria entstanden ist und sich in verschiedenen Varianten in den schwarzen Kulturen auf dem gesamten amerikanischen Kontinent wiederfindet.

„Er ist die ironische Umkehrung der uralten, rassistischen, westlichen Vorstellung vom Schwarzen als Affen. Der Signifying Monkey lebt in den Zwischenbereichen der Diskurse, verdreht die Wörter und spielt mit ihnen, er bildet Wortfiguren und zeigt die Ambiguitäten der Sprache auf, indem er ihr ihre Eigentümlichkeit nimmt. Der Signifying Monkey ist also unsere Trope der Wiederholung und Umkehrung, im Grunde die Trope des Chiasmus selbst, weil er in ein und demselben Akt geschickt wiederholt und zugleich umkehrt" (Gates 1993c: 178).

Eines der populärsten Beispiele für eine solche doppelbödige Umkehrung und Wiederholung ist sicherlich in der Verwandlung des rassistischen „Niggers" zum „Nigga" zu sehen, womit Schwarze nicht nur sich selbst, sondern auch ihre Freunde, aber ebenso ihre Feinde bezeichnen. Der Trick bei der ganzen Sache ist, daß die Grenzen aufgelöst werden, denn das Schwarze „Nigga" kann je nach Kontext auch Weiße und alle anderen meinen. Ice-T, einer der bekanntesten Rapper, erklärt seinen Gebrauch dieses inzwischen so vieldeutigen Begriffs im "black English":

"We have very different definitions of words. For example, I don't have a problem with the word 'nigger'. Early on, it was used as a derogatory term for a black person. You had the 'house niggers' and the 'field niggers'. The house nigger would be the one who was inside making beds, cooking the food, kissing ass. The field nigger was in the field fuckin' shit up. They couldn't conform. They were the real niggers. I wear that term like a badge of honor. If some square Tom politician is not a nigger, then I am a nigger, you understand? I am not what you want me to be. I'm the worst side of it. The field niggers are my niggers. In ghetto dialect, we'll call white people niggers. It doesn't mean color. In my song 'Straight Up Nigga', I went through a lot of uses for the word".[21]

Letztlich, auch wenn es oft nicht erkannt wird, geht es weniger um eine Umkehrung als vielmehr um die *Befreiung von Begriffen*. Der Trickster versucht durch die

---

20 Vgl. Tate 1993a: 51ff. Für ein "close reading" ausgesuchter Lyrics siehe Salaam (1996a), der sich auch zu einigen Fragen der ästhetischen Grundzüge von Rap-Musik äußert. Ich verzichte an dieser Stelle bewußt auf ein "name dropping", da nicht genug Platz vorhanden ist, um auf einzelne Rap-Lyrics und Videoanalysen einzugehen.

21 Ice-T 1994: 105 zit. nach Zips 1996: 51f. Der Begriff "square Tom" spielt auf den als spießig-unterwürfig aufgefaßten „Onkel Tom" in dem gleichnamigen, von liberalen Weißen verehrten Antisklaverei-Roman von Harriet Beecher Stowe aus dem Jahre 1852 an.

Gleichzeitigkeit von Ambivalenzen, durch die sprachliche Verwandlung eines fest-stehenden Topos in einem sich widersprechenden Oxymoron und einem nicht denkbaren Paradoxon *Freiräume* für offenstehende, ungesicherte und vielsagende Bedeutungen zu erzeugen. Statt wie bisher Wörter und Begriffe erobern, besetzen und verteidigen zu wollen, geht es beim Signifying um die Auflösung der dualen Schemata von gut und böse, schwarz und weiß, real und fiktiv. Die Verdrehung der Wörter in diesem linguistischen Wettstreit führt zu einer Verunreinigung des rassi-stischen Reinheitsgebots und einer Verunsicherung des dazugehörigen Besitz-standsdenkens. Sie löst die festgefahrenen Bedeutungen auf, übersetzt sie in eigene Kontexte und zeigt eine Verdoppelung auf, die keine einfache Wahrheit mehr zuläßt. Durch die Forcierung ihrer in sich eingeschriebenen Ambivalenz soll die herrschende Sprache in die Sinnlosigkeit und den wahnhaften Zusammenbruch ge-trieben werden, um ihr ihre eigenen Widersprüche vor Augen zu führen. Signifying heißt die eingefahrenen Gleise verlassen, ein Versteckspiel aufziehen, das Gegenteil von dem sagen, was gemeint ist oder auch nur bewußt-unbewußtes "shit talkin'".

Allerdings ist das Signifying rassistischer Bezeichnungen in der Schwarzen Com-munity keinesfalls unumstritten, sondern stellt nur eine mögliche Wahrnehmungs-weise und Schwarze Widerstandslogik dar. Daneben bestehen auch noch andere Schwarze Perspektiven, die alle People of Colors und Schwarze – unabhängig von ihren jeweiligen persönlichen Einschätzungen – anerkennen sollten. So betont die Schwarze Psychologin Grada Kilomba Ferreira in ihrer Analyse die traumatischen Effekte und inneren Verletzungen, die die koloniale Wiederaufführung des Begriffs „Neger" bei schwarzen Menschen wachruft.

> „In dem Moment, wo Kathleen als ‚Negerin' bezeichnet wird, platziert man sie plötzlich in eine koloniale Szene, da dieser Begriff die Beziehung zwischen Weißen und Schwarzen beschreibt, welche seine Wurzeln in einer Herr und Knecht (Meister-Sklave) Dichotomie hat. Jene, die ‚Negerin' rufen, wiederholen in diesem Moment eine Sicherstellung ihrer Macht (als Weiße Herrscher), und sie erinnern Kathleen an den Ort, den sie betreten darf – den Platz des ‚Negers', d.h. den Ort der Unterlegenheit" (Ferreira 2004).

Grada Kilomba Ferreira spricht damit einen Punkt an, der meiner Meinung nach blinde Flecke und eingebaute Gefahren in der Konzeption des Signifying Monkey aufzeigt. Wenn wir den Prozeß der Neubesetzung und Rekonfiguration der herr-schenden Sprache als politisches Projekt ernst nehmen wollen, dann müssen wir uns die wichtige Frage nach den Konsequenzen eines tabubrechenden Sprachspiels stellen. In diesem Zusammenhang muß selbstverständlich auch nach politischer Verantwortung und ethischen Grenzen gefragt werden, an der das Produktive und Herausfordernde dieses Ansatzes in Fremdbestimmung und Reaktion *umschlägt*. Misogynie und Selbstverachtung zeigen die Risiken dieser „gefährlichen" Diskurs-politik auf, die immer eine Gratwanderung darstellt. Um darauf eine Antwort zu finden, ist es notwendig eine – wenn auch nicht leicht zu beantwortende – Frage aufzuwerfen: *Wer darf für wen mit welchem Ziel wann wie mit was signifizieren?* Die multiplen und voneinander abhängigen Variablen dieser Frage deuten an, wie komplex das diskursive Geflecht ist, das jede einfache Antwort oder kontextfreie Strategie als unmöglich zurückweist.

## Gangstarism und Sexismus als Probleme des Signifying

Gegenwärtig stellt sich das Problem, daß oftmals (schwarze) Männer glauben, unter Hinweis auf das "shit talkin'" und Signifying sexistische Texte und Artikulationen rechtfertigen zu können. Durch das angebliche Referieren auf einen afroamerikanischen Alltagscodex, den sie stillschweigend als gegebenen Konsens innerhalb der Black Community voraussetzen, meinen sie alle sprachlichen Grenzen übergehen zu können. Eine solche Haltung nimmt offensichtlich die feministische Kritik schwarzer Frauen nicht wahr oder ernst. Unter dem Vorzeichen des Signifying hat sich ein Backlash vollzogen, der destruktive Enthemmungen fördert und freisetzt, wie die schwarze Literaturwissenschaftlerin Sherley Anne Williams erzählt:

"It's the so-called fantasies about pulling 'a trigger on some nigger' that concerns me, the ones about the 'gang-banging' ho' and the 'ghetto bitch' the rapper feels perfectly justified in 'stickin dick' to that frighten me. These are the realities I see enacted in the streets in my part of the city" (Williams 1992: 171).

Hatte die Ghetto-Metapher im frühen Message-Rap noch aufklärerisch-reflexive und bewußtseinsfördernde Intentionen, so verschob sich die Aussagekraft im Ende der 1980er Jahre aufkommenden Gangsta-Rap merklich. Mit dem Aufstieg des Westcoast-Rap wurde der Großraum L.A. mit den Stadtteilen South Central und Compton zum einträglichen Markenzeichen, da sich die „Gewalt des Ghettos" angeregt durch Filme wie "Colors" (1988) äußerst gut verkaufen ließ (Forman 2000: 76f.). Die Anfänge des G-Rap, der wegen seiner z.t. melodisch-soften Beats auch G-Funk genannt wird, werden auf das Jahr 1988 datiert, als NWA (*Niggaz with Attitude*) "Straight outta Compton" veröffentlichten. Wie Ice Cube, einer der Megastars dieses Subgenres, in "Gangsta, Gangsta" auf selbigem NWA-Longplayer kategorisch proklamierte, bedeute "life ain't nothin' but bitches and money". Dieser LP folgte eine Flut von Platten, die das coole Image des bewaffneten Homeboys pflegten, dessen ghetto-zentrisches Leben mit seinen "Boyz'N the Hood"[22] anscheinend nur aus Drogengeschäften, Drive-by-Shooting-Events und last but not least aus (sexueller) Gewalt gegen Frauen zu bestehen schien. Die nahezu obligatorische Mißachtung vor allem von schwarzen Frauen als „Hündin und Hure" (bitch)[23] ist oft mit homophoben Einstellungen und einer Neigung zu einer gewaltbejahenden „Konfliktlösungsstrategie" verbunden, die viele Texte von Ice Cube, Snoop Dog, Dr. Dre, Geto Boys, Too Short, Compton's Most Wanted, NWA, Ice-T, 2Pac usw. durchziehen.

G-Rapper verweisen darauf, daß die Demonstration von männlicher Stärke, gewalttätiger Härte, körperlicher Durchsetzungsfähigkeit ebenso wie die Angabe mit Straftaten, das Luxusgehabe und die Erniedrigung von Frauen nur die Werte der Homeboys in den Hoods widerspiegeln, sie und ihr Ghetto-Diskurs „real" seien

---

22 So lautete nicht nur ein Songtitel von Eazy-E (Mitglied von NWA), sondern auch der gleichnamige Film von John Singleton aus dem Jahre 1991.

23 Der Ausdruck „bitch" bezeichnet eigentlich eine Hündin, aber in der Gangsta-Rap-Kultur sind Frauen damit gemeint. Neben der Abwertung spielen auch Gefügigkeitsphantasien (Frauen als „männergeile Huren", wie sie im Slangbegriff „gang-banging ho" vorkommen) und Wunsch nach Dominanz (Frauen „von hinten nehmen", Penis als Waffe) eine Rolle.

(Memrath 2001). Denn Sexismus, Gewalterfahrungen, Verbrechen gegen andere Schwarze, Ausbeutung und Armut seien in Black Communities seit langem realer Alltag, der im Rap lediglich dokumentiert würde. Daher sollte die schlechte Nachricht nicht mit ihren Überbringern verwechselt werden (Loza u.a. 1994). Es gibt jedoch unkritische, sexistische und autodestruktive Tendenzen in der Rap-Kultur, speziell in einem weitgehend kommerziell orientierten Teil des G-Rap-Subgenres, der seine Legitimation aus dem Verweis auf „authentische Erfahrungen" mit Gangs, Drogen, Mord, Sex etc. im „Ghetto" bezieht. Die Ästhetisierung der Gewalt und die Idealisierung des Gangstas hat das „Ghetto" in eine konsumierbare Ware verwandelt, das seinen Schrecken längst verloren zu haben scheint. Es besteht kein Grund, die Darstellungen des Ghettolebens im G-Rap unhinterfragt als authentisch aufzuwerten. Marginalisierte Black Communities werden im G-Rap höchst selektiv repräsentiert, der z.T. zirkulierende Vorurteile über pathologische Schwarze und ihre Kultur befriedigt. Dazu paßt, daß viele Gangsta-Raps mit ihren proletenhaft wirkenden Macho-Prahlereien genau solche rassistisch unterfütterten Stereotype des gefährlichen, hyperpotenten und animalischen Schwarzen bedienen, dem Moral und zivile Werte fremd sind. Es ist auffällig, wie stark die Suche nach den „real Niggaz" im G-Rap im Vordergrund steht. Die ökonomische Verwertungslage führt im G-Rap-Diskurs zu publikumswirksamen Identifikationsangeboten, die zwischen Authentizitätszwang und selbstinszeniertem Gangsta-Hype oszillieren. In der Stilisierung als Ghetto-Gangsta inszenieren sich Rapper, indem sie die gültigen Werte der neoliberal-egozentrierten/sozialdarwinistischen Ellenbogengesellschaft konsequent bis zum Exzeß performieren. In solchen Inszenierungen vermischt sich auf widersprüchliche Weise Kritik am gesellschaftlichen Ausschluß mit einem lustvollen Verlangen, an der strukturellen Gewalt, die diese Ausschlüsse fabriziert hat, teilzuhaben. Letztlich produzieren gesellschaftliche Gewaltverhältnisse die sozialen Grundlagen, auf die diese Rapper in ihren z.T. ästhetisierenden, z.T. parodierenden Bildern des eiskalten Killers, der yuppiehaften Zuhälter, hippen Drogenfreaks, entschlossenen Ultramachos und Markennamen-Fetischisten zurückgreifen.[24] Solche Identitätsinszenierungen, die Begehren und erfrischenden Horror auslösen, machen G-Rap als wilden „joy ride" für die Unterhaltungsindustrie verwertbar und für deren überwiegend weiße männliche Kundschaft besonders anziehend. Das moralisch Verbotene verspricht für die einen Extraprofit und für das zahlungskräftige Publikum einen abenteuerlichen Konsum-Kick. Als Outlaws sind G-Rapper trotz ökonomischer Vereinnahmung politisch gesehen absolute Outsider, die außerhalb der gesellschaftlichen Ordnung stehen. Diese Ambivalenz ermöglicht der Mainstreamgesellschaft, sich über ihre Negierung zu definieren. Als das vermeintlich Andere der aufgeklärten Vernunft der Zivilgesellschaft stellt G-Rap das Asoziale, Krankhafte und Geschmacklose in der schwarzen Kultur dar. So gesehen wirken G-Rapper nicht subversiv, sondern dienen der Dominanzgesellschaft, ihr wohlgefälliges Selbstbild als freie Demokratie aufrechtzuerhalten.

---

24 Je nach Kontext kann dahinter auch ein Signifying stehen, das sich durch Nachahmung über diese Stereotypen lustig macht. Die Grenzen sind aber oft sehr verschwommen, so daß nur *situationsabhängig* ein Urteil gefällt werden kann.

Hinter dem Rollenspiel der Macho-Posen des dekadenten „players", des von Frauen umworbenen „hustlers" oder des mächtigen „dealers" steht sicherlich *auch* die unbefriedigte Phantasie rassistisch unterdrückter Männer, endlich in die Selbstbedienungsabteilung des Supermarkts der unbegrenzten Möglichkeiten im patriarchalen und kapitalistischen Amerika eingelassen zu werden. Die Armut und Unterprivilegierung wird dadurch nicht mehr sozialkritisch aufgearbeitet, sondern durch die Forderung nach Teilhabe an der Kontrolle von Macht, Geld und Sexualität im Rahmen der bestehenden Gesellschaftsverhältnisse ersetzt, wobei das Recht dazu in erster Linie aus ihrer Männlichkeit abgeleitet wird (Jacob 1996: 173-179).

Public Enemy und Paris, die politisch für einen ideologisch fusionierten Nationalismus aus Nation of Islam, Malcolm X und Black Panther stehen, werfen Gangsta-Rappern vor, ein Fake der Musikindustrie zu sein. G-Rap sei nur eine Marketingstrategie: denn je härter die Texte, desto authentischer das eigene Image und desto verkäuflicher die Musik. In Wirklichkeit seien viele wie Ice Cube bürgerliche "Studio-Gangstas", die als gesetzestreue Multimillionäre in einer gut bewachten Villa in einer weißen Nachbarschaft leben. G-Rap würde die Mentalität des "house nigga" repräsentieren, die durch die Verherrlichung von Selbsthaß die Weiße Machtstruktur unterstütze. Durch die Propagierung von "black-on-black crimes" und obsessivem Drogenkonsum wäre G-Rap zudem selbstdestruktiv und würde den Black Communities schaden (Ogbar 1999: 173-176). Kulturkritiker wie Robin Kelley (1996) können dagegen den Stilisierungen des G-Rap durchaus Positives abgewinnen, vermittle diese Musik doch „gelebte Erfahrungen" einer tabuisierten sozialen Wirklichkeit aus erster Hand. In dieser Lesart ist Gangsta-Rap ein angemessener Ausdruck einer antagonistischen Gesellschaft, verursacht aber deren Probleme nicht. Vielmehr reflektieren diese Probleme die massiven Konflikte, die sich aus der heutigen Konfiguration einer rassistisch-patriarchalischen Klassengesellschaft amerikanischen Typs für Unterdrückte ergeben. Daher sollten Rapper als Pop-Repräsentanten eines subalternen Wissens betrachtet werden, die als organische Intellektuelle der innerstädtischen Marginalisierten im Kulturkrieg Position beziehen.[25] Junge schwarze Männer tauchten ansonsten medial oft nur im staatlich/polizeilich inszenierten Kriminalisierungsdiskurs stereotypisch in Täterrollen auf (Lusane 1993: 49f.).

Die Ablehnung Weißer Institutionen, besonders der Polizei, die der rassistischen Unterdrückung durch systematische Kriminalisierung, Brutalität und Morde an schwarzen Männern angeklagt wird, ist ständiges Thema im G-Rap. Bereits 1988 im ersten G-Rap griff NWA dieses Thema auf: "Fuck tha police coming straight from the underground / A young nigga got it bad 'cause I'm brown / I'm not the other color / Some people think / They have the authority to kill a minority". Ähnlich kritisierte auch Ice Cube in "Endangered Species" (1990) tödliche Polizeigewalt, die nicht einmal eine Anklage, geschweige denn eine Verurteilung wegen Mordes nach sich zieht. Durch den Fall „Rodney King" in Los Angeles erhielt das Thema rassistische Polizeigewalt landesweite Publizität und verfestigte das Miß-

---

25 Vgl. hierzu auch Jeffrey Louis Decker (1993: 58ff.), der Rapper im Anschluß an Antonio Gramscis Konzept als organische kulturelle Intellektuelle analysiert.

trauen der schwarzen Gemeinde gegenüber staatlichen Institutionen und rechtsstaatlichen Verfahren aufgrund deren Bias. Aus der Perspektive der Rapper bestä-
tigte sich einmal mehr die offenkundige Beziehung zwischen Staatsgewalt, Justiz
und Rassismus. In Folge des Aufstands in Los Angeles 1992 steigerte sich die Kritik zu Forderungen nach Gerechtigkeit und Selbstverteidigung. Ice-T löste mit "I'm
'bout to bust some shot off / I'm 'bout to dust some cops off / Cop killer, better you
than me / Cop killer, fuck police brutality" eine heftige Debatte über die Zensur von
Rap und der schmalen Grenze zwischen Notwehr und Mordaufruf aus. Auch die
Gerechtigkeitsforderung erwies sich im G-Rap als umstritten. Statt struktureller
Reformen wurde oft nur die Mißachtung des staatlichen Gewaltmonopols
gefordert, um schwarze Interessen durchzusetzen. In "We Had To Tear This Motherfucker Up" (1992) von Ice Cube wird die Hauptforderung "No justice – No
peace" als Aufforderung zur Selbstjustiz und Todesstrafe für Rassisten interpretiert.
Gewaltakte und Plünderungen weißer Geschäfte werden legitimiert, da es mit dem
ganzen „rassistischen System" angefangen von den Angeklagten über die Weißen
Polizisten bis zum Präsidenten Bush abzurechnen gelte.

Was sich im G-Rap zunächst so militant anti-rassistisch anhört, ist bei genauerer
Betrachtung manchmal nicht einmal pro-black, sondern eine autoritäre Ideologie
zur Verteidigung der Interessen schwarzer Männer. Oft werden weder die Interessen von schwarzen Frauen noch anderer gesellschaftlich hergestellter Minderheiten
berücksichtigt. Statt dessen sind die Texte vieler G-Rapper nicht nur sexistisch,
sondern enthalten auch antisemitische, homophobe und rassistische Einstellungen
und Drohungen. „Schwarzer Rassismus" meint nicht die Kritik gegen Weiße, sondern Angriffe gegen andere marginalisierte Minoritäten und neue MigrantInnengruppen. Ein bekanntes Beispiel ist „Black Korea" (1991), wo Ice Cube zum Boy-
kott von „koreanischen" Geschäften aufruft und androht sie niederzubrennen, falls
„Koreaner" weiterhin „überteuert" verkaufen und schwarze Gemeinden „überfrem-
den" (Chang 1993). In dieser Rhetorik vermischen sich Bilder des Wucherers und
Betrügers, die aus dem Antisemitismus bekannt sind, mit ethnisierten Territorial-
vorstellungen einer Apartheidsgesellschaft. Dieser Logik verhaftet, bleibt für Ice
Cube letztlich nur die Vernichtung des Anderen als „Problemlösung" übrig. Anstatt
die Konkurrenzsituation zwischen marginalisierten Gruppen als rassistisches
Machterhaltungs- und Profitaneignungsinstrument zu kritisieren, wird in „wohl-
standschauvinistischer" Manier nur auf die rücksichtslose Durchsetzung der
eigenen Interessen geachtet.

Die Schwierigkeit, in dieser unübersichtlichen Diskurssituation eine angemessene Position einzunehmen, hat sicherlich dazu beigetragen, auf eine kritische Auseinandersetzung zu verzichten. Leider sind es in der Regel allein schwarze Frauen,
die eine selbstkritische Reflexion einfordern, so daß zu befürchten ist, daß die Last
dieser unpopulären Aufarbeitung ihnen aufgebürdet wird. Die afroamerikanische
Literaturwissenschaftlerin Sherley Anne Williams klagt die weitverbreitete Zurück-
haltung und Ignoranz der Black Community und ihrer Repräsentanten scharf an:

"But precisely because rap is as black as the blues, as jazz, as R&B and because, until
quite recently, its production, distribution, and promotion, as well as its composition and
direction, were under black control … black people have to ask ourselves why so much of

it has become so vehemently misogynistic, violent, and sexually explicit, so soaked in black self-hatred? Why have black academics, critics, and intellectuals been so willing to talk about the brilliant and innovative form of rap? Proclaiming rap's connection to traditional wells of black creativity and thus viewing even its most pornographic levels as 'art', intellectuals have been slow to analyze and critique rap's content. We have, by and large, refused to call that content, where appropriate, pathological, anti-social, and anti-community" (Williams 1992: 167f.).

So wichtig diese Kritik ist, so falsch wäre jedoch die Konsequenz, Rap und HipHop generell als sexistisch abzustempeln. Diese fatale Mißdeutung würde sich letztlich an den falschen Adressaten wenden, denn Rap reflektiert und greift häufig nur jene Präsenzen und Praktiken auf, die im Alltag der afroamerikanischen Communities *bereits* vorhanden sind. Diese spezielle Form der afroamerikanischen Subkultur steht in einer längeren Tradition einer afrozentrierten Ideologie des afrikanischen Kriegers und potenten Schwarzen, deren Bilder auf rassistischen Stereotypen über schwarze Primitivität und sexuelle Hyperaktivität basieren. Solche Versuche, abwertende Begriffe positiv umzudeuten, sind verstörend, aber auch riskant, denn Umkehrungen bewegen sich immer auf einem ideologischen Terrain, das keine eindeutigen Markierungen oder Orientierungsschilder mehr aufweist. Die Gefahr eines Absturzes ins Reaktionäre ist damit stets gegeben. So ist die sich in den Bilder des „Black Macho" ausdrückende Selbstverherrlichung schwarzer Männlichkeit einerseits phallozentristisch, homophob und frauenfeindlich, andererseits auch selbstzerstörerisch. Zum Teil schlagen solche Ansätze in neue Konkurrenz zwischen schwarzen Männern um Geld, Macht und Frauen um und enden unter Umständen in mörderischen „Revierkämpfen" und *black on black crimes* (hooks 1994b: 73ff.).

Meinem Eindruck nach wurden diese Tendenzen des Rap jedoch erst im Laufe der Kommerzialisierung durch die von Weißen und ihren Geschäftsinteressen beherrschte Massenkulturindustrie im *vollen* Umfang aktiviert, als deren Sinn für das schnelle Geld die Figur des „Black Macho" als Marketingstrategie perfektionierte und zum dominanten Ton ausbaute (Salaam 1996b: 13ff.).[26] Allerdings ist zu ergänzen, daß Rap entgegen der üblichen Sichtweise nicht erst durch das Weiße Musikbusineß angeeignet und industrialisiert wurde, sondern Produzenten und Unternehmer wie Russell Simmons (Def Jam Records) aus der schwarzen Mittelklasse bereits seit Anfang der 1980er Jahre an der Kommerzialisierung arbeiteten. Um dieses Ziel zu erreichen, ist es unabdingbar, das weiße kaufkräftige Massenpublikum anzusprechen (Negus 1999: 496f.). Rap-Produkte, die wie Junk-Food für

---

26 Als Beispiel für diese These wird häufig die Konzeption des Macho-Image für den afroamerikanischen Rapper "Tone Loc" durch zwei weiße Produzenten genannt, dessen Album "Loc-ed after Dark" 1988 als erste Rap-Longplayer auf Platz 1 der US-Popcharts gelangte. Der daraus entnommene Hit "Wild Thing" (Umschreibung für Geschlechtsverkehr) wurde von der rechtskonservativen "Moral Majority" durch die Erfindung des "wilding" für den "Central Park Jogger Incident" vom 21.4.1989 verantwortlich gemacht. In diesem Fall, der landesweit sehr kontrovers diskutiert wurde, weil er rassistische Vorurteile zu bestätigen schien, wurde eine weiße Frau mit Yale-Abschluß und Arbeitsplatz an der Wall Street durch eine schwarze Jugendgruppe schwer verletzt und mehrfach vergewaltigt (Wölffel 1996: 80f., 92ff.).

den reibungslosen Massenkonsum konzipiert werden, sind sicherlich Bestandteil des Rap-Diskurses und müssen immer wieder auf ihre Intentionen, Zusammenhänge und Inhalte hin befragt werden. Angesicht der Vielfalt im Rap scheint aber insgesamt die Annahme gerechtfertigt, daß er nicht auf ein klischeehaftes Muster reduziert werden kann und daher noch eine diskursive und ästhetische Plattform für subversive Politik darstellt, deren Möglichkeiten auszuloten sind.

Männliche Dominanz und misogyne Frauenbilder sind nicht auf das Rap-Genre begrenzt. Die gesamte Massen- ebenso wie die elitäre „Hochkultur" ist mit Genderdiskriminierung in unterschiedlichsten Formen durchzogen, weil sie in allen Lebensbereichen präsent ist. Wenn (schwarzer) Sexismus mit Rap gleichgesetzt wird, dann würde eine solche Verlagerung die Sexismus- und Patriarchatskritik auf einen Nebenkampfplatz der Diskurse abschieben und damit ungewollt zu einer Verschleierung oder Verharmlosung der zugrundeliegenden gesellschaftlichen Strukturen beitragen. Aus diesem Grunde "it is critical to understand that male rappers did not invent sexism. Black practices have been openly sexist for a long time, and in this regard they keep solid company with many other highly revered dominant Western practices" (Rose 1992: 226). Da Sexismus ähnlich wie Rassismus in den USA durch westlich-kapitalistische Vergesellschaftungsformen institutionalisiert und vermittelt wird, ist er keinesfalls spezifisch für schwarze Kulturen. Viele strukturelle Erscheinungsformen, die wie Unterrepräsentation und -bezahlung de facto legal sind, äußern ihre Frauenbenachteiligung leise und sind oftmals rhetorisch raffiniert mit vereinnahmenden Rechtsvorstellungen garniert. Wohlerzogene Weiße Mittelstandsmänner können es sich leisten, Frauen im Allgemeinen und marginalisierte Frauen im Besonderen allein mit abschätzigen Blicken zu bestrafen. Solche Männer haben die Möglichkeit, selbst durch Schweigen Ignoranz und Macht zu demonstrieren. Als Politiker, Manager, Bürokraten oder Richter sind sie in der Position, Frauen zustehende Ressourcen zu verweigern. Dazu müssen sie nicht einmal ihre persönliche Involvierung und ihre Identität als Weiße Männer kenntlich machen, da sie auf professionellem Wege ihre Entscheidungen abstrakt über andere treffen. Sexismus hat jeweils soziokulturell ausgeprägte Erscheinungsbilder und verdeckt sich oft hinter juristischen Masken, da Sexismus ähnlich wie Kriminalität auch eine Frage von Definitionsmacht ist. Im Gegensatz zu subtileren Ausdrucksformen tritt Sexismus bei rassistisch ausgegrenzten und sozial deklassierten Männern, etwa über G-Rap kulturell vermittelt, oft roh und ungeschminkt auf. Daher bietet sich G-Rap als politische Zielscheibe und als Projektionsfläche zur Externalisierung von Sexismus aus der Gesellschaft an. Frauenfeindlicher Rap kann als ein offiziell nicht-tolerierter Ausdruck eines gesellschaftlich tolerierten Sexismus betrachtet werden. Er ist eine spezifische, d.h. kulturell und sozial kodierte Form von Sexismus, der außerhalb der erlaubten Norm des Weißen Mittelstands operiert. Für die politische Elite ist Rap als ständiger „Infektionsherd", der die Moral und Tugend der Weißen Jugend unterminiert, skandalös und unerträglich. Daher muß Rap als „schwarze Gefahr" kontrolliert und eingedämmt werden. Bei der Kontroverse um Rap, die Mitte der 1990er Jahre ihren Höhepunkt hatte, ging es aber nicht nur um Familienwerte und Political Correctness, sondern auch um die Weiße Abwehr von Schwarzer Kritik.

Die Dominanz schwarzer Maskulinität ist keine Erfindung des G-Rap, sondern strukturell im Rap verankert. Trotzdem waren von Anbeginn auch Frauen wie Sha-Rock, Zulu Queens oder Mercedes Ladies involviert, als Rap in der South Bronx entstand. Obwohl female Rappers auf der Bühne wie auch im Produktions- und Managementbereich deutlich unterrepräsentiert sind, sind sie keine passiven Opfer des Rap-Diskurses. Womanists, die wie Salt'n'Pepa, MC Lyte und Queen Latifah erfolgreiche Künstlerinnen sind und Ansehen in der Szene haben, bilden aber nach wie vor Ausnahmen. Daß männliche Stimmen und Positionen, Themen und Wahrnehmungen im Rap eingeschrieben sind, hängt auch mit schwarzen Kulturtraditionen und patriarchalischen Gesellschaftsstrukturen zusammen. So steht der rappende Master of Ceremony aus musikethnologischer Sicht mit der männlichen Figur des westafrikanischen Geschichten- und Nachrichtenerzählers, des Griots, in performativer Beziehung. Auch sind im Rap die historisch wirksamen Rollenmodelle für afroamerikanische Männer wie die des Straßengauners und Lehrers präsent, an deren sozialen Funktionen heutige MCs anknüpfen. Die Vielzahl von konkurrierenden, sich gegenseitig beleidigenden und mit Übertreibungen herausfordernden Sprachspielen und -strategien spiegelt nicht nur Blackness, sondern auch Männlichkeit in der oralen Expressivität von Rap wieder. Female Rappers versuchen diese Strukturen aufzubrechen, indem sie männliche Sprechweisen für sich instrumentalisieren und ihre Counterparts lächerlich machen oder übertrumpfen.[27]

Unverhohlener Sexismus mit Titeln wie "Treat Her Like a Prostitute" (Slick Rick) oder "Get Off My Dick and Tell Yo Bitch To Come Here" (Ice Cube) sprechen eine offene Sprache. Solche Herausforderungen sind im Rap-Diskurs nicht unbeantwortet geblieben. Schwarze Frauengruppen wie *Hoes With An Attitude* haben die ihnen zugewiesenen Rollen parodiert, alternative Frauenbilder entworfen, Macho-Rapper verspottet und auch mit Gegengewalt gedroht. Gleichwohl sind schwarze Feministinnen über die exzessive sexuelle Verobjektivierung des Frauenkörpers besorgt. Sie alarmiert die Vorstellung, daß in Rap-Texten Sex als Waffe gegen Frauen eingesetzt wird z.B. durch die Darstellung von Vergewaltigungen (Lusane 1993: 53f.). Der Hinweis, daß einige Gangsta-Rapper wie 2Pac in "Dear Mama" (1995) ihnen nahestehende Frauen, die viel für sie getan haben, auch achten und ehren können, verschafft unter diesen Umständen nur wenig Erleichterung. Manchmal hat Gangsta-Rap jedoch selbstironische und -kritische Seiten, wenn etwa Ice Cube auf der eigenen CD die Rapperin YoYo in "It's a Man's World" zu einem Streitrap einlädt. Während sie sich darin als "intelligent black woman" vorstellt, greift sie seine chauvinistisch hergestellte Männlichkeit an, indem sie seine sexuelle Potenz hinterfragt und seine vermeintliche Stärke sich so unversehens als verwundbarste Stelle entpuppt. Daher ist die plakative Formel „Gangsta-Rap = Sexismus" in jedem Fall eine zu einfache Rechnung.

Zu einer *kontextsensiblen* Deutung gehört auch, daß nicht jeder Rap, der „bitch" oder „motherfucker" verwendet, schon aufgrund des formalen Ausdrucks als sexi-

---

27 In einer Analyse von Musikvideos von Rapperinnen wie Queen Latifah, MC Lyte, Boss und Conscious Daughters zeigt Marla Shelton (1997), wie diese Frauen sich durch Performanz und den Einsatz unterschiedlicher Repräsentationsstrategien neue Räume und unkonventionelle Rollen aneignen.

stisch gelten muß. Einige Lyrics zeichnen sich durch ihr *Spiel mit Doppeldeutigkeit*, mit einer nicht festgelegten Bedeutung aus. So kann ein vordergründiger Sexismus gegenüber weißen Frauen wie im Lied „KKK Bitch" von Ice-T beim close reading und listening auch als provokante Grenzüberschreitung verstanden werden, die in Erinnerung an die Massenvergewaltigungen des Ku-Klux-Klan an schwarzen Frauen dieses Unrecht des White America verdeutlicht, indem der Text sich an weißen Frauen „abarbeitet". Dieser Hinweis soll nichts rechtfertigen, will aber darauf aufmerksam machen, daß provokante Texte in ihrem Kontext und ihrer Sprache gelesen werden müssen und der Streit darüber auch produktiv sein kann. Wer aus der vermeintlich moralisch sicheren Position der westlichen Aufklärung diese Sprache nach seinen partikulären Maßstäben wertet, wird z.B. nicht verstehen können, daß dieser Diskurs wiederum von schwarzen Rapperinnen aufgegriffen wird. Der Begriff „bitch" wird bewußt als Selbstbezeichnung übernommen, um es wie bei YoYo als "Bytches With Problems" zu parodieren oder wie bei Roxanne als "The Bitch is Back" wieder umzucodieren. Genauso findet aber auch ein Gegendiskurs statt, in der "female rappers" dem von Männern gemachten Bild der „Hure/Schlampe" das auf Respekt und Anerkennung abzielende Modell der "lady" und ihre Solidarität als "sistas" entgegensetzen wie Queen Latifah im Duett mit Monie Love in "Ladies First" einfordern. Ihre Kritik an dem mißachtenden und sexuell verobjektivierenden Blick des Männlichkeitswahn im HipHop verstehen sie als eine innere Angelegenheit innerhalb der Community. Sie ist ein Dialog in der oralen Tradition der schwarzen Kultur mit den Mitteln des "dissin'" (Streitgespräch mit Abwertung des anderen bei gleichzeitigem Eigenlob) und des "playin' the dozens" (einander mit Witzen und Übertreibungen herausfordern und übertreffen), der auch ihr Bewußtsein als Frau und Schwarze miteinbezieht.

Aus dieser komplexen Verflechtung von Sexismus und Rassismus heraus hat sich bei den meisten schwarzen Frauen trotz aller Differenzen und Gegensätzen ein „pro-Black-Bewußtsein" entwickelt. Konkret bedeutet diese Einstellung, daß Kritik, die von Außenstehenden (staatlichen Repräsentanten, religiösen Rechten etc.) kommt, nicht unterstützt wird, wie es im Streit um die „obszönen" Texte der *2Live Crew* auf ihrer LP "As Nasty As They Wanna Be" (1989) der Fall war (Glowania/Heil 1996: 103-109). Wie schwierig diese Frage zwischen politischer Zensur und Meinungsfreiheit, Kunst und kommerzieller Ausbeutung weiblicher Sexualität (Pornographie) zu entscheiden ist, zeigen auch die gegensätzlichen Ansichten der führenden Meinungsmacher in den African-American Studies zu diesem Fall. Während Henry Louis Gates in seinem Gutachten zugunsten der Angeklagten vor Gericht auf die orale schwarze Kultur des Signifying Monkeys hinwies, der als gerissener Gauner andere „reinlegt", sich nicht zu erkennen gibt und andere parodiert (Gates 1993c), sieht Houston A. Baker den Vorwurf der Obszönität als bewiesen an (Baker 1993). Auch bell hooks teilt diese Vorwürfe und verbreitet eine Meinung weiter, die hinter der Verteidigung der Meinungsfreiheit bei Gates vor allem patriarchale Komplizenschaft vermutet, ohne sich allerdings zu dieser Position offen zu bekennen (hooks 1994b: 64). Vor Gericht wurde der Angeklagte

Luther Campbell, der sich von Anfang an auf seine Redefreiheit berief, allerdings freigesprochen (Campbell 1992).[28]

Sobald vom Verhältnis zwischen Rap und Politik die Rede ist, ist die Gefahr groß, dem linken Mißverständnis aufzusitzen, in dem Rap auf einen authentischen Ausdruck von revolutionärer Wut, schwarzem Selbstbewußtsein und politischer Subversion unterdrückter „Schwarzer aus dem Ghetto" reduziert wird. Ebenso fragwürdig ist es, wenn Rap vom christlich-fundamentalistischen bis zum liberal-feministischen Lager beiderseits der „color line" generell als extremistisch, gewaltverherrlichend oder obszön verurteilt wird. Dagegen verteidigen viele schwarze Feministinnen trotz ihrer internen Kritik selbst Macho-Rapper aufgrund eines problack-Bewußtseins. Andere schwarze Feministinnen haben dagegen für Sexismus im Rap absolut kein Verständnis.[29] Die geläufigen politischen Grenzziehungen greifen nicht mehr, wenn es um Gangsta-Rap geht, wo Identitätspolitik durch die ambivalenten Loyalitäten und spannungsreichen Überlagerungen von Gender, „race" und sozialer Lage ausgehandelt wird. Angesichts der politischen Vielgestaltigkeit im Rap wie in den widersprüchlichen Botschaften einzelner Rapper besteht kein Grund, den Diskurs im Rap von außen zu vereinheitlichen. Um eine einseitige Rezeption in schwarz-weiß-Mustern zu vermeiden, ist zu beachten, daß Rap immer mehr als im engen Sinne politisch und nie statisch war. Die Dynamik im Rap, seine dialogische und selbstreferentielle Struktur, die jeweilige Sprechposition der AkteurInnen, aber auch seine schwarzen Sprachspiele und die damit zusammenhängenden Strategien der Umkehrung und Verschiebung von feststehenden und dominanten Bedeutungen machen jedes eindeutige Urteil zum kontextfreien Vorurteil.[30]

---

28 Ähnlich, was Pornographie und Forderung nach staatlicher Zensur angeht, aber viel komplexer und widersprüchlicher gelagert, liegt der Fall bei Robert Mapplethorpe, der – aus dem Blick eines weißen Schwulen mit subkulturell-avantgardistischem Hintergrund – in seinen Fotografien afroamerikanische Homosexualität, Maskulinität und Körperlichkeit vor allem durch den Fokus auf die Genitalien repräsentiert. Und doch hat diese Obsession mehr als die Ausbeutung und Verobjektivierung schwarzer Homosexueller zu bieten, weil sie das latente und doch kaum aussprechbare Stereotyp „schwarze Hypersexualität" zum Thema öffentlicher Auseinandersetzung macht und uns zu Stellungnahmen zwingt. Diese Ambivalenz gilt es hinter den Fassaden der politischen Korrektheit anzuerkennen (Mercer 1996).

29 Diese Divergenz innerhalb des schwarzen feministischen Diskurses kann exemplarisch an den Positionen von Ransby/Matthews (1993) und Joan Morgan (1995) nachvollzogen werden. Während erstere patriarchalische bzw. sexistische Rapper kompromißlos kritisieren, versucht letztere die menschlichen Qualitäten solcher Rapper hinter ihren misogynen Masken aufzuspüren. Schwarzer Sexismus ist für Morgan vor allem eine selbstdestruktive Auswirkung der "white power structure". Auch würden schwarze Frauen Mitverantwortung an den negativen Frauenbildern im Rap tragen, denn "we are complicit in our own oppression. Men's exploitation of our images and sexuality in hip hop is, in many ways, done with the permission and cooperation of our sisters" (Morgan 1995: 156).

30 Ein Teil dieses Abschnitts ist in einer umgestellten Form zuerst als „Menace 2 the Groove: „Ghetto", Gender und Gewalt im Gangsta-Rap" (Ha 2002b) erschienen.

## Kanakisierung als postkoloniales Signifying

So wie Rap als kulturelle Praxis trotz seiner Verbindung zu Sexismus von schwarzen Frauen decodiert und angeeignet werden kann, so wenig können antisemitische und afrozentrierte Inhalte in einem Teil des schwarzen Rap-Diskurses die kulturelle Praxis des Signifying als Infragestellung und Verunsicherung hegemonialer Diskurse diskreditieren. Außerdem sind infolge der Globalisierung des Rap und der wachsenden interkulturellen Zusammenarbeit größere Teile der weltweiten HipHop-Community dabei, sich von älteren Konzepten der afrozentrierten *Zulu-Nation* oder dem *HipHop nationalism* unter der geistigen Führungsrolle der *Nation of Islam* zu lösen. Rap-Kultur kann dann als ein offenes Projekt verstanden werden, in dem es möglich geworden ist, daß schwarze Eastcoast-Rapper aus New York als *Wu-Tang-Clan* auftreten, weil sie ihre Lebensmaximen aus chinesischen Kung-Fu-Filmen beziehen, während einige Nachfahren südkoreanischer EinwanderInnen aus Kalifornien ihren Rap unter dem Label *Seoul Brothers* produzieren und eine weiße Crew sich *Young Black Teenagers* nennt – trotz der bekanntlich weitverbreiteten Anfeindungen zwischen diesen Gruppen. Diese Sprachspiele sind sicherlich nur plakative Beispiele für einen umfassenderen Prozeß einer grenzüberschreitenden Transkulturalität, die zunehmend kulturelle Symbole aus ihren gewohnten „traditionellen" Zusammenhängen von Zeit, Ort und Gemeinschaft herauslöst und neu situiert, wodurch neue Kulturträger und Bedeutungen geschaffen werden.

Der schwarze Kulturwissenschaftler Houston Baker, dessen Wort als früherer Vorsitzender der *Modern Language Association of America* durchaus gewichtig ist, geht beim Rap von einer postmodernen Hybridität aus, die die kulturelle Genese neuartiger Techniken der Synthese hervorbringt. Als Collage ermöglicht sie eine synchrone Darstellung von Geschichte, in der Rap als immaterielles Archiv, kollektives Gedächtnis und historisches Bewußtsein fungiert und durch seine de- wie rekonstruierende Ausrichtung eine Modifizierung des Vergangenen im Bestehenden ermöglicht (Baker 1993). Mit dieser These schließt Baker sich einer poststrukturalistischen Sichtweise an, die letzte Wahrheiten ablehnt und die Konstrukthaftigkeit heutiger Kulturlandschaften betont.

> „Das moderne Alltagsleben ist nicht mehr in ideologiekritischen Begriffspaaren – auf der grundlegenden Unterscheidung von wahr und falsch – aufzuschlüsseln. Neue Sprachen und Codes, frei verfügbar gewordene Symbole in der ‚Welt der Bilder' (Lefebvre) und Neu-Besetzungen haben die ehemalige ‚Echtheit' des Gegenstandes aufgehoben. Es ist ein ‚Text' entstanden, der veränderte Lesarten erfordert" (Heinrichs 1992: 186).

Ein solcher Gedanke legt nahe, daß – obwohl Rap-Musik unzweifelhaft von ihrer Geschichte her ein Teil der schwarzen Kultur ist – sie als Kulturform nicht exklusiv ist, sondern egalitäre und inklusive Entwicklungsmöglichkeiten anbietet. Anstatt andere kulturelle Kontexte zu dominieren, läßt Rap in seinen nicht industrialisierten Formen Raum zur Artikulation lokaler Besonderheiten und spezifischer Bedürfnisse. Heutzutage hat Rap sich nahezu weltweit über alle nationalen Grenzen und „Kulturtraditionen" hinweg in lokale Sprachen und Musikstile übersetzt und gerade auch in der europäischen Diaspora der MigrantInnengemeinden spannende Resultate erzielt.

„Daß ‚indische' EngländerInnen, ‚algerische' FranzösInnen Sitar-, Funk- und Rai-Rap für sich wählten, hat seinen Grund: HipHop als Lebensstil hat keine Eingangskontrolle, bei der mittelständische, bürgerliche Konventionen abgeprüft werden. Die Codes waren/sind den Kids zugänglich, die durch Anbindung an traditionellere Kultur nicht im Pop-Kontext stehen und leben. Das wiederum hat Gründe, die hier nur zu skizzieren sind: Der Bezug des Grooves, der sprachlichen Flows, der Erzählstruktur und der Inhalte kommen beim HipHop/Rap nicht aus einem westeuropäischen Kontext, sie leiten sich aus der Tradition afrikanischer Spottgesänge ab, dem gegenseitigen Sich-Anmachen und verbal Über-trumpfen" (Weber 1995: 16).

Die Inklusivität und Offenheit des Rap hängt stark mit seiner sozialen Entstehungs-geschichte zusammen, weil er als selbstorganisierte, low- oder non-profit Block-party-Bewegung in öffentlichen Räumen wie den Parks, Straßen und kommunalen Zentren anfing und eine Gegenveranstaltung zu den kommerziellen Diskotheken mit ihren Gesichtskontrollen und dress codes darstellte. Von seiner Struktur her ist diese Kultur für alle offen, die daran partizipieren wollen. Rap ist vom Prinzip her einfach zu produzieren, erfordert weder großes Spezialwissen noch teueres Studio-equipment. Vielmehr lebt er von der Interaktion und spontanen Improvisation mit dem Publikum, seinen Rollenspielen und Ritualen und den gruppenintegrativen Prozessen. Im Umkreis der Musik gibt es viele verschiedene Funktionen, so daß praktisch jeder eingebunden werden kann – egal ob als DJ, MC, Breakdancer oder Sprayer. All das hat aber nicht die Tatsache verhindert, daß Frauen immer noch un-terrepräsentiert sind und Rap – wie die Gesellschaft – selbst männlich dominiert ist.

Rap-Musik hat seit ihren Anfängen vor allem jugendliche MigrantInnen und schwarze Randexistenzen in ihren Bann gezogen, die darin eine der wenigen Mög-lichkeiten sahen, ihr „eigenes Ding zu drehen". Taner Celebi, der heute Mitarbeiter des Kreuzberger Jugendzentrums *Naunyn-Ritze* ist und auf eine Karriere als *Streetfighter* bei den *36er Boys*[31] zurückblicken kann, beschreibt seine Reaktion auf den 1982 erstmals gesendeten Film *Wild Style* zum Thema afroamerikanische Rap-Kultur: „Ich habe sofort angefangen, die Schriftzüge der Graffiti-Sprüher nachzu-machen, und ich bin voll auf die Musik abgefahren" (Kreye 1995: 134).[32]

Darüber hinaus ist Rap auch offen für „viele weiße Jugendliche, die über das Weißsein hinauskommen wollen. Sie sind kritisch gegenüber dem weißen Imperialismus und ‚fah-ren' auf Anderssein ,ab'. Sie wünschen sich kulturelle Räume, wo Grenzen überschritten und neue und andersartige Beziehungen eingegangen werden können" (hooks 1994a: 52).

Auch aufgrund dieser Translationen und Mischungen ist Rap zum universellen Zeitgeist geworden und hat in einer dreisten Umkehrung der bestehenden Macht-verhältnisse und geschichtlichen Abläufe selbst die europäische Klassik als Roh-stoffquelle der Inspiration erschlossen.

---

31 Der Name bezieht sich auf die alte Postleitzahl jenes Unterbezirks von Kreuzberg, der im deutschen Volksmund als „Klein-Istanbul" verrufen ist.

32 „Wild Style zeigt nicht nur die Gesichter und Gesten der Mitbegründer der HipHop-Kultur, ihre Kleider, ihre Waffen und ihre Wohnungen, ihre Jams und Werkzeuge, sondern ins-gesamt das Bild einer Subkultur, die auf dem Sprung ist, die Welt zu erobern" (Poschardt 1992: 220).

Es gibt auch entgegengesetzte Einschätzungen: „Der besitzergreifende Blick deutscher Popszenen auf die afroamerikanische ‚Gegen- und Minderheitenkultur' bereitete in den letzten Jahren den Boden für eine erschreckende Gleichgültigkeit gegenüber der Rassifizierungspraxis ... Weil im ‚subkulturellen' Konzept einer symbolischen Dissidenz Unverwechselbarkeit grundsätzlich positiv bewertet wurde, sind amerikanische Minderheiten ... einfach als weitere attraktive Orte der Differenz wahrgenommen worden, an denen vor allem die ‚dissidenten Anteile' und der ‚Ethno-Charme' interessierten, nicht jedoch das problematische Verhältnis von Fremd- und Zwangsethnisierung" (Jacob 1995: 43).

Auch wenn die Zukunft des Rap zur Zeit uneindeutig ist, scheint eine Tatsache geklärt zu sein. Es ist anzuerkennen, daß Rap auch in seiner Hardcoreversion längst aus dem Underground hervorgetreten ist und zum frei flottierenden Mainstream gehört. Damit zusammenhängend ist auch die Schwächung jener Tendenzen zu sehen, die Rap als Mittel der politischen Bewußtseinsbildung und gesellschaftlichen Kritik ansehen. Dieser Prozeß der Entpolitisierung wurde durch die Hinwendung zum kommerzialisierten Gangsta-Rap weiter verstärkt. Dessen misogynen Elemente und Ghettogeschichten sind für den großen Erfolg entscheidend, weil sie die bestehenden Bedürfnisse des zahlungskräftigen, d.h. nicht zuletzt weißen, männlichen, mittelständischen Publikums befriedigen. Andererseits wird es immer kreative Elemente gaben, die diese Dominanz durch eine Weiterentwicklung der ästhetischen Kunstform des HipHop brechen (Wiene 1996: 144ff.). Solange die sozio-kulturelle Basis in den Communities weitgehend unverändert bestehen bleibt, wird Rap das Potential behaupten können, aus sich selbst heraus neue kritische Perspektiven und Praktiken zu entwickeln. Rap kann jedoch keine revolutionäre Einheit und auch keine Unschuld mehr für seine Äußerungen beanspruchen, weil auch diese Kultur in einen Machtdiskurs involviert ist, in dem unterschiedliche Interessen unterschiedliche Themen und die Mittel ihrer Beschreibung vorgeben. Daher stellt sich immer die Frage neu, ob Rap als kulturelle Praxis trotz seiner breiten Kommerzialisierung und Ausbeutung als banaler Party-Gag im Mainstream noch ein zeitgemäßes Medium für eine anti-rassistische, eine gesellschaftsrelevante Politik ist und sein kann.

Falls die Ansicht des Berliner Journalisten Seidel-Pielen zutrifft, dann müßte die zuletzt aufgeworfene Frage für die Verhältnisse in der BRD negativ beantwortet werden:

„Die augenblicklich sichtbarsten Anzeichen für das, was bei Jugendlichen an Neuem entsteht, sind beispielsweise die HipHop-Szene (mit ihren Rappern, Graffiti-Künstlern, Scratchern und Breakdancern) und die bundesweit von der Werbewirtschaft organisierten Streetball-Events; all das eben, was in links- und rechtskonservativen Kreisen vorschnell als Amerikanisierung und Trivialisierung der deutschen Kultur beschrieben wird. MTV, der Rap, die Graffiti sind die Medien, mit Hilfe derer sich Jugendliche über alle Grenzen hinweg als Bestandteil einer Weltgesellschaft begreifen und sowohl deutsch-völkische Traditionen als auch die Selbstethnisierung eines Teils der Einwanderer aus der Türkei unterlaufen" (Seidel-Pielen 1995: 36f.).

Statt kritischer Artikulation findet sich hier nur die Illusion der schönen neuen Welt, die genau das Gegenteil von dem darstellt, was diskursive Politik beinhalten sollte. Ihr Ziel ist nicht die warenförmige Herstellung von Bedeutungsleere, von

Verpackungen ohne Inhalte, sondern plurale Selbstrepräsentationen, um vom gesellschaftlichen Monolog zum Polylog zu gelangen. Der Entpolitisierungsprozeß durch die Kommerzialisierung wird in dieser Rezeption nahezu ausgeblendet, genauso wie das Ausschlachten der sozialen Marginalität als Freizeitvergnügen für die deutsche Mehrheitgeselllschaft offensichtlich keinen Anstoß erregt. Da mir diese Antwort insgesamt zu eingängig und unkritisch erscheint, greife ich nun einige lokale Entwicklungen in Berlin auf, um mögliche Alternativen aufzuzeigen – womit die Betrachtung wieder zu ihrem Ausgangspunkt gelangt und zirkulär wird, ohne identisch zu sein. Durch die Rückkehr zum Anfang möchte ich auch das letzte fehlende Glied in diesem Kreis schließen, indem postkoloniale Theorie erneut mit einer für uns bedeutenden Realität in der Marginalität konfrontiert wird.

Wie in anderen europäischen Metropolen ist Rap in Berlin bereits seit Anfang der 1980er Jahre von migrantischen Jugendlichen aus der 2. Generation rezipiert worden (Kinzel/Maier 1993; Loh/Güngör 2002). Diese Musikkultur erlaubt eine Perspektive auf die Dominanzgesellschaft, mit der sie sich solidarisieren können. Außerdem stellt sie eine Form von kultureller Repräsentation dar, die für deutsch-türkische Jugendliche im Gegensatz zu Punk, Alternativkult und Hardrock zugänglich ist und mit denen sie sich identifizieren können.

„Während die Faszination von Rap für deutsche Interpreten aber in der Wiederkehr eines Ernstes lag, den Pop längst verloren hatte, und sich nicht wenige schon wieder mitten in die Herzen der Marginalisierten und Unterdrückten hineinträumten, war HipHop für die Kinder türkischer Eltern eher ein befreiendes Wiedererkennen. ,Sicherlich kann man die Geschichte der afrikanisch-amerikanischen Leute in den USA nicht mit der Situation der Türken in Deutschland vergleichen. Aber es gibt Strukturen, Ausschlußmechanismen und Kriminalisierungstaktiken, die genau gleich funktionieren‘, meint Erci E., ein Rapper aus Berlin" (Weber 1995: 16).

Rap-Musik ermöglicht offenbar eine Artikulation und *Reinterpretation der Erfahrungen mit Rassismus* und Diskriminierungen im Großstadtalltag. Die Direktheit der Sprache, der ununterbrochene Fluß des Rhythmus und das Außenseiter-Image entsprechen vielfach der Wut und Frustration, in einer marginalisierten Position in der geteilten Stadt leben zu müssen. Schon damals war Rap mit einer kriminalisierten Subkultur verbunden, die durch das Rumhängen, ihre Präsenz an öffentlichen Plätzen, die aktuelle Frage „Wem gehört die Stadt?" (Blum 1996) aufstellte. Die Jugendlichen drückten mit dieser Musik ihren Protest gegen die fortschreitende „Fragmentierung von Stadträumen" (Hennig 1996), gegen erneute soziale Ausgrenzung und rassistische Segregation, gegen die Vertreibung mißliebiger Gruppen aus den „sicheren" und sauberen Konsum- und Dienstleistungszentren durch Polizei, private Ordnungsdienste und eine entsprechende architektonische Gestaltung aus.

Obwohl die Marginalität im Kiez nach wie vor besteht, die sozialen Lebensbedingungen dort immer noch unterdurchschnittlich sind, hat es auch eine Verschiebung in der Perspektive gegeben. Die politischen Fronten, die durch das Anzeigen einer selbstbewußten Differenz/Opposition und das Aufstellen von Ansprüchen gegenüber dieser Gesellschaft aufgeworfen werden, kündigen damit den migrationspolitischen Stillstand der 1980er Jahre auf. Dieses Stillschweigen beruhte aufgrund der überwältigenden Ungleichheitsverhältnisse einerseits auf erzwungenen gesellschaftlichen Harmonievorstellungen und andererseits auf dem leisen Leiden am erkauften Schweigen (Kürsat-Ahlers 1991: 144). Es ist anzunehmen, daß ein solcher Prozeß des Heraustretens aus dem Schweigen einen wichtigen Schritt darstellt, um Ansätze zur Politisierung der Alltagskultur und darauf aufbauende soziale Bewegungen zu bilden. Während Kreuzberg 36 bspw. noch vor wenigen Jahren als abschreckendes Sinnbild des verfallenden Ghettos in einer deutschen Großstadt galt, wird es inzwischen in aufgeklärteren Kreisen mitunter als postmoderner urbaner Raum gefeiert. Es wird als faszinierendes Stadtbiotop modelliert, das trotz aller bestehenden Probleme auch Freiräume für das bereichernde Zusammenleben der Wohnbevölkerung mit politischen, sexuellen und ethnischen Subkulturen schafft. Auch wenn dieses Modell einer interkulturellen, wenn nicht gar postnationalen Stadtkultur einerseits verführerisch ist und andererseits aufgrund seiner modischen Aufmachung mißtrauisch macht, kann es zur Zeit sowieso nur unter dem Vorbehalt seiner zukünftigen Verwirklichung gedacht werden. Zuvor müßten wir allerdings die entsprechenden gesellschaftlichen Voraussetzungen schaffen.

Was aber bereits zur Zeit zu beobachten ist, ist die punktuelle Verarbeitung des postkolonialen Diskurses im lokalen Kontext der kulturellen Repräsentationen deutsch-türkischer MigrantInnen wie anderer People of Colors. In alltäglichen Redewendungen wie *„Wenn wir nicht hier wären, dann wäre Berlin bestimmt nicht Berlin"* (Trüper 1993: 95) wird die imaginative Re-Konstruktion kultureller Räume, die Re-Lokalisierung spätmoderner Urbanität durch die Folgen transnationaler Migrationen und die Re-Territorialisierung städtischer Landschaften zum Ausdruck gebracht.

> „Man gleicht manchmal deutsche Orts-, Gebäude- und Platznamen dem phonetischen und semantischen Bau der türkischen Sprache an. Und manchmal gibt man ihnen türkische Namen, zum Beispiel dem Görlitzer Bahnhof einen Frauennamen wie ‚Gülizar Bahnhof‘; man macht Hermann des Hermannplatzes zu ‚Harman‘ (das Dreschen) und spricht es mit türkischem Akzent wie ‚Harmanplats‘, d.h. Dreschplatz; und man improvisiert für Gedächtniskirche einen türkischen Namen wie ‚Yikik Kilise‘ (Die Zerrissene Kirche)" (Özata 1993: 101).

In Sinan Cetins Film „Berlin in Berlin" (1992) ist Berlin nicht mehr (das alte) Berlin, sondern das *andere* Berlin (Wingender 1995). Dabei wird auf der filmischen Ebene nicht nur eine deutsche Stadtlandschaft „türkisch" koloriert, sondern in subversiver, geradezu vermeintlich *erschreckender* Weise die Wirkung von Mimikry szenisch durch Rollentausch umgesetzt. Durch die Wiederholung und gleichzeitige Verschiebung einer altbekannten rassistischen Praxis wird eine Umkehrung der Betroffenheit erreicht, die die völlige Absurdität dieser Normalität offenbart. Die Umkehrung des *selbstverständlichen* Herrschaftsverhältnisses Deutscher/Ausländer ermöglicht es, diesen Alltag mit anderen Augen zu sehen:

> „Linie 1, Berlin-Kreuzberg. Mürtüz sitzt in der U-Bahn, ihm gegenüber ein Deutscher. Der Einheimische schaut nicht böswillig, eher gedankenverloren. Es gibt also keinen Anlaß zu einer Szene. Mürtüz macht trotzdem eine. Er behelligt den Deutschen, starrt ihn an, schneidet Grimassen, macht Drohgebärden. Er hat seine Rolle satt. Ausländersein, der ‚Andere‘, der ‚türkische Mitbürger‘, der angestarrt wird wie ein Tier im Zoo, es reicht ihm. Jetzt glotzt er zurück und macht den Deutschen zum Affen" (Peitz 1994: 15).

Thomas, das „deutsche Opfer" im Film, muß sich dagegen vor seinen „türkischen Verfolgern" ausgerechnet in deren Wohnung in Sicherheit bringen, wo er das rigoros durchgesetzte Gastrecht „genießt". Mit fortschreitender Aufenthaltsdauer entsteht eine unerträgliche Situation in der Normalität deutscher Migrationsrealität:

> „So ist der Deutsche bei sich daheim unversehens allein in der Fremde: Gast unter Gastarbeitern. Er versteht die Sprache nicht, lernt eifrig Türkisch (aber schafft nur ein paar Brocken), gewöhnt sich an den Tagesablauf, Machtgefüge, Familienrituale … Verkehrte Welt: Nun sind die Ausländer die Einheimischen, und der Deutsche paßt sich an. Der gewitzte Filmplot stellt das von den Behörden erwünschte ‚Miteinanderleben' auf den Kopf. Thomas benimmt sich genauso, wie Ausländerbeauftragte sich ‚unsere Mitbürger' vorstellen. Er hockt brav in der Ecke, repariert den Fernseher, spielt hübsch Gitarre und spricht nur, wenn er gefragt wird. Ein Muster-Asylant. Integration, zur Kenntlichkeit entstellt. Mürtüz und seine Brüder leben derweil zwischen den Welten. Ein ungemütlicher Ort, … aber man richtet sich ein so gut es eben geht …" (Peitz 1994: 15).

Wie dieser Ort des Dazwischens aussehen könnte, erkundet ein junger deutschtürkischer Autor, der in der *Selbstinszenierung* mit dem Schein des Authentischen spielt. Feridun Zaimoğlu, der in Bolu (Anatolien) geboren wurde und nach Berlin, Ankara, München, Bonn-Bad Godesberg jetzt in Kiel zu Hause ist, versteht sich als ein Kulturarbeiter, der versucht, die marginalisierten Geschichten und Erzählungen der jungen MigrantInnen als *Mißtöne* in den gesellschaftlichen Diskurs hineinzutragen. Ihr auffälligstes Merkmal ist ihre unreine, kreolisierte Sprache, die nach Zaimoğlu Ähnlichkeit mit dem *Free-Style-Sermon* im Rap haben soll. Durch kulturelle Codes in Texten, Verhaltensweisen, Kleidungsstilen und Sprachidiomen als Zeichen der Selbstinszenierung strebt ihre Alltagssprachkultur die *Karnevalisierung und Dezentrierung* des herrschenden Subjektes und seiner Herrensprache an: Vor allem durch die innovative Kraft der 3. Generation entsteht eine Mischsprache, die weder rein türkisch noch rein deutsch ist, sondern irgendwo dazwischen liegt und durch den „black American"-Slang der globalen HipHop-Community (Freddy 1995) angereichert wird.

> „Sie besitzen einen eigenen Sprachkosmos, in dem Wendungen aus dem ländlichen Türkisch der frühen Immigranten Allianzen mit deutschem und amerikanischem Metropolen-Jargon eingehen. Das Ungeklärte ihrer Verhältnisse und das Unbehagen an einer Gesellschaft, die sich vor ihnen verschließt, sorgt für einen explosiven Ton. Etwas Forciertes steckt darin, wie in jeder sprachlichen Separation. Bildhaftigkeit von biblischer Wucht und orientalischer Anmut wechseln mit Comic-Luftblasen-Poesie und dem krassen Rotwelsch der Diskotheken-Ganoven" (Tuschick: ZB6).

Es handelt sich um eine Alltagssprache in lokalen Klangfarben mit einem chaotisch anmutenden Rhythmus, deren verwirrende kultureklektische Semantik und deren eigenwilligen grammatikalischen Regeln die spezifischen Erfahrungen dieser Generation beschreiben, die uns auf den ersten Sinn so fremd und entfernt und dann doch bekannt und nah vorkommen, weil auch wir Teil dieser Erfahrungen sind. Einen schrägen Eindruck von dieser Sprache, allerdings in ihrem scherzhaften Kiez-Feuilletonstil, findet sich bspw. in einem Briefwechsel der Kauderzanca-Redaktion (Berlin-Schöneberg) mit Feridun Zaimoğlu (Kiel), der durch sein veröffentlichtes *Kanak Sprak* ihr erstmals einen literarischen Rang verschafft hat:

„Bürülün, 31.5.97 / Bruder Feridun, Seiest du gegrüsst, moruk. Ih hoffe, das war doch nit zu direkt. Wir von den Bürülünern gecekondu-firteln sind halt eben so, imma een bissl misafirpervers. Nims lokka vom hokka. Komt varschaynlich ogn bisl fon unsrer anadolischen hefe …" (Halil Can in Kauderzanca 1997: 21; vgl auch Can 1998).

Der Name dieser Zeitschrift für Interkultur ist Programm und setzt sich aus den Begriffen „Kauderwelsch" und „Tarzanca" zusammen, die in ihrer Sprache die gleiche Bedeutung haben. Diese hybride Form spiegelt ihre Lebenssituation und Politik wieder, zu denen sie sich in ihrem Selbstverständnis bekennen:

„Die MacherInnen dieser Zeitschrift sind junge Leute, die zwischen den Kulturen stehen oder zwischen den Kulturen aufgewachsen sind. Es ist unser Anliegen mit der Herausgabe dieser Zeitschrift einen Beitrag für das zwischenkulturelle Zusammenleben in einer noch zu entwickelnden gleichberechtigten multikulturellen Gesellschaft zu leisten" (Kauderzanca 1997: 2).

Als „Alamanci" („Deutschländer"), wie die Deutschtürken in der Türkei genannt werden, haben sie einiges zu sagen. Durch den Akt des Redens versuchen die Marginalisierten, ihr eigenes Ich, ihre Geschichte und einen Ort des befreiten und befreienden Sprechens zu finden. Dabei findet eine grundlegende Verschiebung der Perspektive statt: Das eigene Selbstverständnis wird nicht mehr wie bisher durch die kolonisierenden Begrifflichkeiten der abgewerteten – bestenfalls exotischen – Andersartigkeit und aufoktroyierten – bestenfalls tolerierten – „Fremdheit" geprägt. Statt dessen können sie dazu übergehen, sich über das Recht auf Selbstkonstruktion und autonome Vergesellschaftung zu definieren[33] und dieses durch die Ansprüche auf gesellschaftliche Zugehörigkeit und gleiche Teilhabe zu vervollständigen.

Zaimoğlus Buch „Kanak Sprak" (1995), das unter den jungen deutsch-türkischen MigrantInnen der 2. und 3. Generation vielleicht weniger Kultstatus besitzt als im Feuilleton der *FAZ* oder der *ZEIT*, richtet sich an die eigenen Schicksalsgenossen, die er „Bastarde aller Couleur" nennt. In Anlehnung an die Black-Consciousness-Bewegung in den USA will Zaimoğlu die Entstehung einer neuen entmystifizierten Ethnizität unter türkischen MigrantInnen seiner Generation offenlegen, die weder in völkische Festlegungen flüchtet noch die universalistische Identitätslosigkeit sich leisten kann. Statt dessen nehmen ihre Kanak-Subidentitäten, wie er ihre Differenz zum Mainstream bezeichnet, „eine eigene innere Prägung und ganz klare Vorstellungen von Selbstbestimmung (auf). Sie bilden die eigentliche Generation X, der Individuation und Ontogenese verweigert worden sind" (Zaimoğlu

---

33 So schrieb der deutsch-türkische Publizist Zafer Senocak seine ersten Gedichte über das pessimistische Lebensgefühl von Großstadtjugendlichen für Münchener Punk-Fanzines Anfang der 1980er Jahre, anstatt die bitteren Erfahrungen türkischer Gastarbeiter aufzugreifen. Anstatt wie erwartet sich für die großen türkischen Autoren wie Yasar Kemal oder Nazim Hikmet interessieren zu müssen, las er zunächst Franz Kafka und Albert Camus (Senocak 1993: 14f.). Jede Generation und jedes Individuum verfügt über dieses Recht auf Selbstaneignung, die über die qua Geburt festgelegte ethnische Zugehörigkeit hinweg die gesamte Palette aneigbarer kultureller Identitäten und ihre Mischbildungen umfaßt. Auch die Möglichkeit zur Assimilation wie zur Ausbildung reaktiver Ethnizitätsformen sind nicht auszuschließen.

1995: 12f.). Seine zentrale Botschaft, die er in eine weitere Anspielung einpackt, lautet: „Glaubt nicht, daß ihr bloß in der Liga der Verdammten auflaufen dürft. Nehmt euch die Freiheit, einen eigenen Weg zu beschreiten" (ebd.: 17).

Der Gedanke, das *Recht auf Selbstdefinition* ernst zu nehmen, wird auch in der Rap-Musik junger MigrantInnen propagiert, wo die Umbesetzung des „Kanaken" zum „Kanak" bzw. „Kanaksta" vorgenommen wird. Wie in einem Glossar neorassistischer Feindbilder erwähnt, entstand der im Alltagsdeutsch menschenverachtend verwendete Begriff „Kanake" als Synonym für türkischer Migrant vermutlich aus dem Zusammenschluß tiefverwurzelter Ablehnung gegenüber „slawischen Kosaken" und „Polacken" mit dem hierzulande seit der deutschen Kolonialexpansion in den pazifischen Raum gepflegten Mythos des „Kannibalen" (Gerhard/Link 1991: 147).[34] In Anlehnung an amerikanische Vorbilder wie NWA (Niggaz Wit' Attitude), die mit der verstörenden Nachahmung und Umdrehung einer alten rassistischen Bezeichnung als selbstgewählte Identität provozieren, hat sich eine Berliner Rap-Posse aus dem Umfeld des Kreuzberger Kulturprojektes Naunyn-Ritze von ihrem früheren Name *Islamic Force* getrennt. Mit ihrer neuen Selbstbezeichnung „KanAK"[35], das im Türkischen soviel wie „Fließendes Blut" heißt, versuchen sie durch Nachahmung und die in dieser Abänderung enthaltene Differenz gegen die rassistische Konnotation dieses Begriffs anzuspielen (Greve 1996: 15). Giò Di Sera, ein junger Kreuzberger italienischer Herkunft, der als Diskjockey der Sendung „Radio Kanaka International" tätig war und selbst bei der Kreuzberger "To Stay Here Is My Right-Posse" mitrappt, erklärt die Strategie, sich als „Kanake" zu outen, so: „Der Gedanke ist: Jeder ist ein Kanake, überall. Das hat nicht nur mit Türken zu tun, sondern mit allen Ausländern und auch den Deutschen". Daher ist dieses Selbstbild für ihn „kein Opfer-Ding", sondern der Versuch, rassistische Verbalattacken „locker zu nehmen". Schließlich geht es „um eine ironische Operation zur Entnegativisierung des Begriffs" (Bax 1996: 28).[36]

Selbst-Kanakisierung als strategische Diskurspolitik geht von der zentralen Einsicht aus, daß rassistisch Marginalisierte von der Dominanzkultur als „Kanaken" mit all seinen negativen Abwertungen konstruiert werden. Das heißt, ob sie sich selbst als Kanaken bezeichnen oder nicht, ist letztlich unerheblich, für die deutsche Mehrheitsgesellschaft bleiben sie immer Kanaken. Bei der Aneignung und Umkehrung des Kanakendiskurses geht es daher gerade nicht um eine freie Identitätswahl,

---

34 Vgl. auch Imran Ayata (1999) und vor allem „Fear of a Kanak Planet" (2002) von Hannes Loh und Murat Güngör, die eine gute Übersicht über die bisherige Entwicklung geben.

35 Nach einer Auflösung im Frühjahr 1998 formierte sich die Gruppe Ende desselben Jahres wieder unter ihrem alten Namen „Islamic Force".

36 Inzwischen hat sich neben dem kulturpolitischen Netzwerk unter dem „Kanak Attak"-Label auch eine kleine „Kanak-Kulturindustrie" entwickelt. Neben Zaimoglu, dessen „Kanak Sprak" bereits von Lars Becker als „Kanak Attack" (2000) für das Kino verfilmt wurde und der mit den Büchern „Koppstoff. Kanaka Sprak vom Rande der Gesellschaft" (1998) sowie „Kopf und Kragen. Kanak-Kultur-Kompendium" (2001) weiter populärkulturell an diesem Thema arbeitet, sind vor allem auch die „Kanakman"-Comics von Muhsin Omurca oder die Realsatire „Kanaken-Gandhi" (1998) von Osman Engin nennenswert. Ebenso wird auch im Hip-Hop-Bereich mit dem Kanak-Label operiert.

sondern darum, ein aufgezwungenes Selbstbild subversiv zu unterlaufen. Da Marginalisierte nicht über die Macht verfügen, den fremdbestimmten Kanakendiskurs zu beenden, versuchen sie innerhalb der rassistischen Diskurse zu intervenieren. Gerade in seinen Anfängen konnte die offensive Übernahme der Selbstdefinitionsmacht für Überraschungseffekte sorgen und zur diskursiven Entschleierung beitragen. In diesen Situationen wurden die Machtansprüche des liberalen Diskurses und die etablierten rassistischen Konventionen mit einer Präsenz konfrontiert, die sich weigert, den ihr zugewiesenen Platz einzunehmen. Indem das kanakische Sprechen über ethnisch-nationale Begrenzungen hinweggeht und identitätspolitische Verbote ignoriert, wird es für die bestehenden Ordnungsmuster der deutschen Gesellschaft *gefährlich fremd.* Entgegen dem kosmopolitischen Selbstbild achten die weisungsberechtigten Instanzen und deutschen Alltagsregulationen sehr sorgfältig auf die Zuschreibung und Bewahrung ethnisierender Differenzierungen. Schließlich bildet die Wiedererkennbarkeit nationalstaatlich produzierter Identitätspositionen die politische Geschäftsgrundlage der westlichen Moderne. Vor dem Hintergrund dieses Ordnungsgefüges lösten die kanakischen Grenzverletzungen des deutschen Reinheitsgebots auf wundervolle Weise verwirrte, oftmals auch aggressive Reaktionen auf deutscher Seite aus, die um Fassung und Kontrolle rangen. Diese unangepaßten Identitätsverschiebungen riefen mit ihrer Uneindeutigkeit eine neue Unübersichtlichkeit in der Kartographie identitärer Geopolitik ins Leben. Sie verursachte eine verstörende Unsicherheit und zog Betriebsunfälle und Kollateralschäden im Zirkus der durchorganisierten Verwaltung nationaler Zugehörigkeiten nach sich. Dadurch konnten sie für kurze Augenblicke den allgegenwärtigen, sich liberal und staatstragend gebenden Rassismus zum Vorschein bringen. Wie provokant kanakische Selbstinszenierungen für deutsche Gutmenschen in ihren besten Momenten sein können, läßt sich erahnen, wenn wir den Schlagabtausch zwischen Feridun Zaimoğlu und Heide Simonis, Norbert Blüm sowie Wolf Biermann in einer Fernsehtalkshow von Radio Bremen am 8.5.1998 verfolgen. Diese Interventionspolitik wirkte verstörend, weil die kanakische Selbstbenennungspraxis die Grenzen zwischen dem Eigenen und Fremden hinterfragt und die eingefleischten Muster der Subordi*Nation* konterkariert. In diesen seltenen Momenten der geglückten Sub*version* werden aus Sprechakten tatsächlich gesellschaftlich relevante SprachAttakken (Ha 2003c).

Begriffe an sich, d.h. als ein formales Ensemble von bestimmten Zeichenkombinationen, sind zunächst bedeutungslos und haben weder eine positive noch negative Konnotation. Erst die Inhalte, die gesellschaftlich über diskursive Definitionsmacht vermittelt werden, geben den Wörtern ihre jeweiligen aktuellen Bedeutungen. Da Bedeutungen durch Machtverhältnisse sozial hergestellt werden, sind sie nicht festgelegt, sondern unterliegen dem sozialen und kulturellen Wandel. Die Richtung dieses Wandels hängt im Sinne Antonio Gramscis nicht zuletzt vom Kampf um kulturelle Hegemonie ab,[37] bei dem Diskurse und Gegendiskurse um Deutungsmacht ringen. Um Begriffe inhaltlich neu zu besetzen, ist es unabdingbar, sie in andere Kontexte zu setzen. Kampfbegriffe werden dem politischen Gegner abgenommen,

---

37 Als Einführung in Gramscis Verständnis von praktischer Philosophie und Kulturpolitik siehe die Beiträge in Holz/Prestipino (1992) und Hirschfeld/Rügemer (1990).

während man sich ein neues ideologisches Diskursterrain aneignet. Das Feindesland wird befriedet und zur eigenen Heimat umgebaut. Aus Fremdbezeichnungen werden so Selbstbeschreibungen, aus negativen werden positive Zuschreibungen, aus eindeutigen werden vieldeutige Inhalte. Schließlich geht es darum, rassistische Begriffe zu entschärfen, ironisch zu brechen und ins Leere laufen zu lassen, indem diese von den Betroffenen z. B. als Ehrenbezeichnung mißbraucht werden. Der Kanakendiskurs rassistisch Unterdrückter ist eine verbale Notwehr. In solchen Situationen ist es ein bedeutsamer Unterschied, ob man Angreifer oder Angegriffener ist.

Aus diesem Grund gelingt diese Aneignungsstrategie nur, wenn die Betroffenen sich dieses Begriffs selbst bemächtigen, während Weiße Trittbrettfahrer mit ihren unreflektierten Kanakensprüchen, auch wenn sie sich dabei ganz subversiv vorkommen, in Wirklichkeit nur eine rassistische Struktur reproduzieren. Denn nur diejenigen, die als Opfer angesehen werden, können durch den *Mißbrauch* des rassistischen Begriffs auch seine rassistische Konnotation verdrängen und überschreiben. Die Selbstevidenz der Normalität wird durch den Tabubruch rissig, beginnt an Konsistenz zu verlieren und wird schließlich *erklärungsbedürftig*. In dieser diskursiven Subversion, die einzelne Versatzstücke der Normkultur aus ihrem gewohnten Kontext entwendet, um über ihren unkonventionellen bzw. verbotenen Gebrauch eine Differenz zur Normalisierung sichtbar machen zu können, wird ihre Ablehnung der dominanten Normkultur deutlich. Dick Hebdige hat in seiner bekannten Studie über die Subversivität der Punk-Subkultur einen Aspekt erwähnt, der hier ebenfalls bedeutungsvoll erscheint:

> „Man kann sagen, daß Subkulturen die Grenze der ‚zweiten Natur‘ des Menschen überschreiten. Indem sie die Waren anders einsetzen und in einen anderen Zusammenhang bringen, indem sie ihren konventionellen Gebrauch untergraben und neue Gebräuche erfinden, bezichtigen die Stilisten der Subkultur die von Althusser so genannte ‚Öffentlichkeit des alltäglichen Lebens‘ der Lüge. Sie öffnen die Welt der Objekte für neue und gegensätzliche Lesarten. Damit steckt hinter den Stilen aller auffälligen Subkulturen der primäre Sinn, einen bedeutungsvollen Unterschied (und parallel dazu eine Gruppenidentität) mitzuteilen".[38]

In einer Fernsehreportage des Westdeutschen Rundfunks vom 2.6.1997 unter dem Titel „‚Wir sind stolz Kanaken zu sein'. Türkische Rapper in Berlin-Kreuzberg" erklären Mitglieder von „KanAK", daß dieser Begriff für sie zum Einstieg in eine Auseinandersetzung mit Themen wie soziale Gerechtigkeit, Drogen, Gewalt, Rassismus und Identität geworden sei. Die Ambivalenz, die bei der Neubesetzung des Begriffes „Kanake" entsteht, drückt die Widersprüchlichkeit ihrer eigenen Lebenswelt aus, in der Authentizität zunehmend konstruiert werden muß und sie selbst Grenzgänger sind. Einerseits gehören sie einer globalen Metropolensubkultur an, die durch die obligatorischen Accessoires des HipHop wie das modische Kapuzen-Sweatshirt, überdimensionierte Goldketten und Skimütze den Nachweis von "street credibility" und „Männlichkeit" erbringt, andererseits bleiben sie den „traditionellen" Werten von Respekt und Ehre und den türkischen Teehäusern verhaftet, wo

---

38 Hebdige 1979: 93f. zit. nach Böhner 1996: 266.

sehr unterschiedliche Generationen deutsch-türkischer Männer noch unter sich sind. Diese außerordentlich verschiedenartigen Einflüsse machen sich auch in ihrer Musik bemerkbar, die in internationaler Zusammenarbeit mit schwarzen DJs, deutschen Tontechnikern, türkischen Managern etc. eine transkulturelle Musikmischung produzieren: Traditionelle türkische Instrumentalklänge und arabeske Gesänge werden mit modernen türkisch-arabisch-internationalen Poprhythmen aufgepeppt und durch Elemente aus Reggae, Ragga und Rap verfremdet. Auch ihre Texte laufen mit ihren synkretisierten, hybriden und unkonventionellen Formen der Alltagssprache den Standardnormen in Englisch, Deutsch und Türkisch entgegen.

Die bisher kommerziell erfolgreichste Gruppe aus dem Umkreis des „Oriental Rap" wertet ihre eigenen multiplen Identitäten und widersprüchlichen Bezüge in einer Pressemitteilung positiv: „Cartel sind Wanderer zwischen den Kulturen. Ausländer der Zweiten Generation. Nicht deutsch, nicht türkisch. Sie wollen sich abgrenzen, nicht ausgrenzen. Cartel begreifen ihre Identität als deutsche Ausländer auch als Chance" (Weber 1995: 16). Ihr Manager Ozan Sinan präzisiert in einem Interview mit dem SPIEGEL die Ablehnung ethnischer Einteilungsraster und plädiert für das Recht auf Selbstkonstruktion: „Wir dürfen uns nicht mehr mit den Identifikationsmodellen abfinden, die man uns bisher angeboten hat. Wir sind keine Türken, wir sind keine Deutschen, wir sind wir. Und wer wir sind, müssen wir mal definieren" (Kreye 1995: 132). Das Gemeinschaftsprojekt „Cartel", bestehend aus „Da Crime Posse" (Kiel), „Erci E." (Berlin) und „Karakan" (Nürnberg), ist – wie die Namen andeuten – selbst ein Symptom für die Uneindeutigkeit multipler Identitäten und ihrer unterschiedlichen politischen Horizonte. Für diese Generation ist Rap-Kultur eine Möglichkeit, die geforderte Assimilationsintegration des Staates wie die Apathie und Bescheidenheit der Eltern für sich abzulehnen und sich gegen Rassismus und vermeintlich traditionelle Zwänge aufzulehnen.

Die Vorstellung vom politischen Widerstandspotential bewußt hybrid konstruierter und im Wandel begriffener Identitäten und Kulturen gilt es meiner Auffassung nach gegenüber einer Kritik zu verteidigen, die glaubt, daß

> „die subversive Umkehrung der rassistischen Zuschreibung für die Marginalisierten (sich) immer wieder als Täuschung über die realen Machtverhältnisse darstellt ... Was die Zeichen bedeuten – und die Marginalisierten sind ja ganz unabhängig von jedem frei gewählten Bekenntnis selbst lebende Zeichen – entscheiden zuallerletzt die Marginalisierten. Sie haben beispielsweise nicht die Macht, sich die Medien gefügig zu machen. Und deshalb können sie die Zuschreibungen nicht beliebig besetzen, umcodieren und subversiv gegen die hegemonialen Kräfte wenden" (17°C 1994/5: 6).

Angesichts des Ausbleibens anti-rassistischer Revolten gibt es keine andere Alternative als den rassistischen Zustand durch die Auflösung von Zwangsvergemeinschaftung und kultureller Normierung prozeßhaft zu zersetzen und an ihre Stelle Menschen in ihrer endlosen Variabilität zu setzen. In Form der kulturellen Identität besteht die Möglichkeit, die Zusammenhänge von Rassismus und Nationalismus, von sozio-ökonomischer Ausbeutung und geschlechtsspezifischer Abwertung zu rekonstruieren und zu repräsentieren. Als ihre spezifische Artikulation kann kulturelle Identität die Basis für eine selbstbestimmte Vergesellschaftung stellen.

# Zusammenfassung

Diese Arbeit wurde mit der Forderung, die Perspektive umzudrehen und vom Standpunkt des Anderen aus auf die Differenz zu schauen, eingeleitet. Mit diesem ersten Schritt wurde versucht, die Erfahrungserzählungen der 1. Generation in ihren subjektiven, d.h. eigenen Ausdrucksformen als eine *rekonstruierte Historiographie* zur Sprache zu bringen. In ihrer Selbstwahrnehmung als eine verlorene Generation, die fern der durch Rückkehrillusionen mythisch überhöhten Heimat die soziale Kälte in einem vielfach rassistisch geformten Umfeld zu ertragen hat, kommt die konfliktträchtige Ambivalenz und gegenseitige Durchdringung der Selbst- und Fremdethnisierung zum Vorschein. So war auch die „selbstbestimmte" Abgrenzung, die Sehnsucht nach einer glorreichen nationalen Vergangenheit nur ein Mechanismus zur Erhaltung der eigenen Würde, da sie als Reaktion auf die realitätsstrukturierende Ausgrenzung und die fremdbestimmte Vergesellschaftung in Deutschland erfolgte. Besonders die Identitätsausbildung der 1. Generation ist in diesem Spannungsfeld zwischen Migrationsprozeß und Rassismus zu verorten. Eine häufige Folge dieser seit Jahrzehnten andauernden Situation ist politische Apathie, Rückzug ins Private und eine über essentialistische Ursprungsmythen hergestellte Anbindung an die Herkunftsgesellschaft.

Während dieser regressive, z.T. auch reaktionäre und repressive Begriff ethnischer Zugehörigkeit für die 1. männliche Generation trotz aller Kosten noch *funktional* war, ist er mittlerweile mit seinen autodestruktiven und totalitären Tendenzen nicht mehr zu retten. Heute kann es im politischen Kampf nicht mehr nur um das buchstäbliche Überleben gehen. Eine zeitgemäße Vorstellung von emanzipatorischer Politik schließt die viel weitergehenden Forderungen nach universeller radikaler Demokratisierung im Gesellschaftlichen, Gleichheit der Resultate im Sozialen und Recht auf Differenz im Kulturellen mit ein. Um diesen Bedeutungswandel und die Artikulation unterdrückter Stimmen zu ermöglichen, ist es notwendig, *bedeutsame Differenzen* innerhalb jener als organisch konstruierten und zeitlich nahezu als unveränderlich vorausgesetzten „Ethnie" aufzuzeigen. In einem vielschichtig angelegten Dekonstruktionsprozeß, der das homogene Bild von gemeinsamer Herkunft, Geschichte und Erfahrung hinterfragt, ging es zuerst darum, die Vorstellung einer einheitlichen türkischen Migrationsgemeinschaft in der deutschen Diaspora durch den empirischen Hinweis auf bestehende politische Gegensätze, sich vergrößernde soziale und sich verkleinernde regionale Unterschiede zu verunsichern. Noch schwerwiegender als dieser offensichtliche Sachverhalt aus der Sozialstatistik ist der Gedanke, daß jede Erzählung einer essentialistischen Homogenität *fiktiv* ist und die Sicherheit eines imaginierten Ursprungs auf der Verdrängung einer immer schon dagewesenen Differenz beruht. Sogar die gemeinsame Erfahrung der Einwanderung erweist sich als eine Gemeinsamkeit, die unrein ist, weil sie differente Erfahrungen in sich trägt. Schließlich gab es nicht nur eine einzige Einwanderungsgeschichte, sondern mehrere, die die Immigrierten an unterschiedliche Ausgangspunkte und rechtlich-soziale Positionen in der Einwanderungsgesellschaft plazierten. Diese unterschiedlichen Situierungen haben entscheidend ihre individuelle Existenz und ihre Erfahrungen als Migrant oder Migrantin in dieser Gesellschaft mitgeprägt. Auch deshalb ist es wichtig, die Geschichten türkischer Migrantinnen gesondert zu beachten. Wie die kulturelle Dynamik des Migrationsprozesses und die geschlechtsspezifische Auseinandersetzung mit ethnisch geteilten Arbeitsmärkten und sexistischen Diskriminierungen aufzeigen, sind „die türkischen MigrantInnen" eine heterogene Gruppe, die viele verschiedene Erfahrungshintergründe und Positionen in sich vereinigt. Diese Vielfalt und Unterschiedlichkeit zu übergehen, hieße neues Unrecht und neue Auslassungen zu produzieren, die ihre politische Legitimität mittels totalitärer Einschreibungen durchsetzen müßten, wobei die dabei entstehenden Widersprüche niemals vollständig unterdrückt werden könnten.

Die *Anerkennung innerer Differenzen* ist daher immer unumgänglicher geworden, auch weil die Brüche und Verwerfungen innerhalb der kulturellen Identifikationsmuster zwischen den Generationen mit der Zeit erheblich gewachsen sind. Für viele aus dieser nachfolgenden Generation gibt es weder die Gewißheit einer Heimat noch die glückverheißende Rückkehrillusion ihrer Eltern. Sie müssen in einer Welt ohne Sicherheiten leben, weil sie in einer Situation des Dazwischen aufgewachsen sind. In ihrer paradoxen Situation ist der unerreichbare Wunsch, als Deutsche mit all den verbundenen Privilegien akzeptiert zu werden, genauso gegenwärtig, wie der aus dieser Ernüchterung erfolgende Rückzug in einen künstlich hergestellten Nationalismus der Unterdrückten. Im Widerspruch zur deutschen Ausländersoziologie, die in dieser mit Phänomenen der „Kriminalität" und Gewalt einhergehenden Ambiguität mehrheitlich eine pathologische Identitätsstörung sah und den dahinter stehenden *gesellschaftlichen Konflikt um Marginalität und Repräsentation* dadurch entpolitisierte, wurde hier darauf hingewiesen, daß diese Spannung zwischen der Notwendigkeit zum Überleben und dem Wunsch, aus der ethnischen Fluchtburg auszubrechen, auch *produktiv* sein kann. Da die Ethnizität dieser MigrantInnen sich in einer Position befindet, in der der dynamische Prozeß der kulturellen Anpassung, der Anknüpfung und des Neuentwurfs gleichzeitig in all seiner ungleichzeitigen Ambivalenz ausgetragen wird, ergeben sich aus ihr Ansätze einer auf Differenz beruhenden Entwicklung *hybrider Identitäten*. Gerade in diesem Jahrzehnt sind diese *komplexen Identitäten* als Grundlage für einen Politisierungsprozeß der Alltagskultur bedeutsam geworden. In ihr geht die subversive kulturelle Praxis dieser Jugendlichen mit *Formen autonomer Selbstvergesellschaftung* einher, wodurch das einfache binäre Differenzmuster überschritten wird, auf das rassistische Zuschreibungen wie auch ältere Modelle ethnischer Solidarität zurückgreifen müssen.

Mit der Aufgabe der aufgedrängten Entscheidungsfindung zwischen essentialistischem Selbstverständnis und Assimilation beginnt die Suche in einem offenen politischen Feld der Selbstinszenierungen. Der Kampf um diskursive Bedeutungen und Bilder, um eine Neubestimmung des Verhältnisses zwischen Gemeinsamkeit und Differenz wird von der Hoffnung begleitet, Positionen im politischen Raum zu gewinnen, die gesellschaftliche Interventionen ermöglichen:

> "Yet, it is no exaggeration to say that liberation as an intellectual mission, born in the resistance and opposition to the confinements and ravages of imperialism, has now shifted from the settles, established, and domesticated dynamics of culture to its unhoused, decentred, and exilic energies, energies whose incarnation today is the migrant, and whose con-

sciousness is that of the intellectual and artist in exile, the political figure between domains, between forms, between homes, and between languages" (Said 1994: 332).[1]

Der postkoloniale Diskurs in den anglo-amerikanischen Cultural Studies, dessen Beiträge – unter anderem von KulturkritikerInnen und LiteraturwissenschaftlerInnen wie Homi Bhabha, Henry Louis Gates, Stuart Hall, bell hooks, Edward Said, Gayatri Spivak, sowie SchriftstellerInnen wie Gloria Anzaldua, Maxine Hong Kingston, Hanif Kureishi, Toni Morrison, Bharati Mukherjee, Salman Rushdie oder Derek Walcott – den marginalisierten Gruppen viele eindrucksvolle Stimmen in den USA, Großbritannien und der Karibik verliehen haben, wo die Debatte um die Definition von Postnationalismus am weitesten vorangeschritten ist, greift dabei von unterschiedlichen kulturellen Traditionen kommend und von feministischen, sozialistischen und post-marxistischen Denkrichtungen ausgehend kritisch Thesen des Poststrukturalismus bzw. Postmodernismus auf.

Postmoderne Theorien haben Prozesse der Globalisierung und Dezentrierung als Anzeichen eines neuen Zeitalters oder zumindest als Boten einer anderen Moderne gedeutet, in der die bisherige herrschende Bedeutung der Nation durch Transkulturalität, Grenzöffnung und globale Differenz fragmentiert werden könnte. Während einige postmoderne Visionäre schon heute enthusiastisch unstrukturierte Gesellschaften der postnationalen Minderheiten und individuellen Kulturen beschreiben, die durch die Auflösung kollektiver Identitäten und die Dezentrierung struktureller Unterdrückungsformen möglich geworden seien, möchte ich daran erinnern, daß die gegenwärtige Globalisierung mit kapitalistischen und neoimperialen Verwertungsprozessen einhergeht. Diese globale Dominanz zieht weiterhin ungleichzeitige Entwicklungen, sozio-ökonomische Ausbeutung und neuartige Formen kulturrassistischer Ausschließungen nach sich. Im Bestreben, Differenz in all ihren unterschiedlichen Erscheinungsformen erfassen zu wollen, werden oftmals gerade die entscheidenden über Geschlechterverhältnis, Rassismus und soziale Klassenzugehörigkeit vermittelten gesellschaftlichen Kategorien zu machtlosen Konstrukten mit virtuellen Bedeutungen reduziert.

Nicht weniger problematisch ist die These vom Verschwinden des Subjekts der Geschichte, weil Marginalität und Differenz total geworden seien und kein Subjekt eine Autonomie beanspruchen könne, die nicht durch die Autorität einer Meta-Erzählung korrumpiert sei. Die Kritik an einer postmodernen Beliebigkeit ist sicherlich berechtigt, weil in ihr die Unterschiede so universell geworden sind, daß sie keinen Unterschied mehr bedeuten und diese absolut radikale Setzung von Differenz dadurch sich selbst rücksichtslos nivelliert. Trotzdem ist zu bedenken, daß das Aufwerfen der Frage nach Differenz im postmodernen Diskurs als grundlegende Vorarbeit wichtig war, um sich heute mittels feministischer und postkolonialer Kritik auf das Erkennen wesentlicher Differenz zu konzentrieren. Ebenso ist

---

1 Eine weniger selbstbeweihräuchernde Sichtweise des „marginalisierten Intellektuellen" würde allerdings ebenfalls das Dilemma thematisieren müssen, nicht nur „organischer" Katalysator oppositioneller Politik im Sinne Antonio Gramscis zu sein, sondern würde sich zusammen mit Michel Foucault eingestehen, auch in den Wahrheitsregimen der etablierten Institutionen mitverstrickt zu sein (West 1993: 29-36).

zu beachten, daß die Negation eines Subjekts der Befreiung einer postmodernen Version der liberalen These vom „Ende der Geschichte" gleichkommt, die in das Dilemma der politischen Lethargie führt. Mit dem Verlust *der kritischen Funktion von Utopie* geht auch eine Schwächung emanzipatorischer Bewegungen einher, welche auch in Zukunft auf die Kraft einer de-konstruktiven Identitätspolitik und den Schutz kollektiver Solidarität angewiesen sind.

Ethnische Identität als ein solches Kollektiv, wie sie in den 1960er Jahren propagiert wurde, hat rassistisch Unterdrückten eine Kultur des Überlebens ermöglicht. Sie steht in einem engen Verhältnis mit den historischen Erfahrungen, die die heutigen MigrantInnen und People of Colors aus ehemals offen kolonisierten Gesellschaften und Gemeinschaften als kollektives Bewußtsein in sich tragen. In diesem historischen Komplex tritt auch die Geschichte des europäischen Kolonialismus in Erscheinung. Die Begegnung zwischen postkolonialen MigrantInnen und Weißen sowie ihren Institutionen wird immer noch durch die durchschimmernde Folie kolonialer Beziehungen vorstrukturiert, ohne jedoch dieses Verhältnis vollkommen bestimmen zu können. Aber ohne Bezugnahme auf diese so verheerende Beziehung zwischen Kolonisator und Kolonisiertem zum Schaden des Letzteren kann weder die Fortdauer eines internalisierten Rassismus noch die Flucht in eine transzendentale Vorstellung von Ethnie zur Genüge erfaßt werden. Der Versuch, rassistische Ausgrenzungen und Benachteiligungen durch eine positive Neubesetzung des Rassenbegriffs in Form eines schwarzen Nationalismus abzuwehren, kann jedoch keine Lösung darstellen. Ein defensives schwarzes Bewußtsein, das festgelegt ist und sich in der Suche nach Ursprung und Reinheit verliert, kann leicht in neue Ungerechtigkeit und interne Repression umschlagen. Doch ist davon auszugehen, daß Ethnizität als politische und kulturelle Ressource für rassistisch Diskriminierte angesichts der geschichtlichen wie aktuellen Erfahrungen im politischen Ringen um gesellschaftliche Gleichstellung nach wie vor unverzichtbar ist. Im Anschluß an Frederik Barths Definition von Ethnizität als eine Form der Grenzziehung ist es nötig, unser Verständnis von Ethnizität für Pluralität, Differenz und sozialen Wandel zu öffnen. Mit diesem Schritt tritt ein Denken in Kraft, in dem Ethnizität als eine kulturelle Identitätspolitik verstanden wird, die versucht, einen gangbaren Mittelweg zwischen postmoderner Subjektlosigkeit und unversöhnlichem Gegennationalismus aufzuspüren.

In dieser Situation habe ich auf Stuart Hall verwiesen, dessen Arbeiten eine politische Alternative repräsentieren, in der Schwarze Identitäten von biologischen Garantien befreit als bewußte kulturelle Konstruktionen mit historischen Brüchen und sozialen Dissonanzen verstanden werden. Ohne die tiefgreifenden Erschütterungen der sozialen Antagonismen der Moderne zu ignorieren, versucht er eine Position zu finden, in der Differenz und Gleichheit aus ihren alten entgegengesetzten Bezügen gelöst und situativ definiert werden. Mit den neuen Formen von hybriden kulturellen Identitäten, in denen die Erfahrungen und Erinnerungen von gestern und heute zusammenfließen, in denen die Komplexität, Widersprüchlichkeit und Differenz der Moderne in den Kategorien Klasse, Ethnizität und Geschlecht sich unmittelbar auf das Individuum auswirken und seine Positionierung beeinflussen, hat sich der Abschied vom homogenen Kollektivsubjekt vollzogen.

So wie Hall die verschiedenen kulturell und historisch sich überlagernden Präsenzen der Karibik identifiziert, miteinander in Beziehung setzt und kulturkritisch dekonstruiert hat, so hat auf der literarischen Ebene der karibische Poet Derek Walcott mit sprachlichen Mitteln gezeigt, welche neuartigen und fruchtbaren Übersetzungsmöglichkeiten hybride Kulturen bieten können. Sie sind aus den schmerzlichen Erfahrungen einer namenlosen Existenz, einer ungenannten Marginalität heraus entstanden. Gerade deshalb fühlen sich solche Existenzformen dem Prinzip der kulturellen Selbst-Repräsentation verpflichtet, um einen Ausweg aus dem ewigen Kreislauf des Machtwechsels, der zwangsläufig Dominanz und neues Schweigen produziert, zu suchen. Es war und bleibt weiterhin die zentrale Aufgabe der postkolonialen Literatur, viele Stimmen, einen unüberhörbaren Chor für diejenigen hervorzurufen, die bisher dazu gezwungen wurden, sich nicht zu bewegen, unauffällig und leise zu sein. Denn wer nicht spricht, kann sich nicht mitteilen, sich auf andere beziehen, sich einbringen und mitmischen, kann keine Ansprüche stellen, ja nicht einmal Fragen aufwerfen. Daher war der *Akt des Sprechens* so wichtig und so grundlegend, weil alles andere, jeder Versuch der Befreiung davon abhängt, dadurch erst möglich und denkbar wird.

Natürlich wurde zuerst über die Vergangenheit gesprochen, weil die postkolonialen Stimmen parallel zu und zusammen mit dem feministischen Diskurs erkannten, daß diejenigen, die bisher aus der Geschichte ausgeschlossen wurden, keine benennbare Vergangenheit besaßen. Mit dem Wissen über die *eigenen Geschichten*, die den Marginalisierten so lange vorenthalten wurden, blieb die Vergangenheit nicht länger als ein dunkles Geheimnis verschlossen. Die Geschichte konnte nicht länger als gefürchtetes Tabu dienen, das bisher dazu benutzt wurde, über diejenigen zu herrschen, die nicht darüber verfügen durften. Endlich konnte dieses Museum der Identitäten erkundet und angeeignet werden. Diejenigen, die an diesem Rundgang, an dieser Reise durch die Geschichte teilnahmen, entschlossen sich, das altehrwürdige Museum durch eine moderne, unkonventionelle, politische Spielbühne zu bereichern, um subversive Stücke schreiben zu können. Sie drückten in diesen Aufführungen ihre Lust aus sich auszuprobieren, Mißrepräsentationen zu revidieren und neue kulturelle Sprachen zu entwerfen. Die Geschichte zu kennen, wurde so zu einer kraftvollen Waffe, weil sie zum ersten Mal nicht dazu benutzt wurde, das Andere festzulegen und abzuwerten. Statt dessen verwandelte sie sich zu einer erfrischenden Quelle der Inspiration, die Rushdie "imaginary homelands" taufte.

Mit der auferzwungenen und doch eigenen Vergangenheit vertraut und vielleicht auch versöhnt, wurde es möglich, die vielschichtigen Seiten der Marginalität zu akzeptieren und aufzuwerten. Ihre Erlebniswelten sind für MigrantInnen und andere Existenzen an der gesellschaftlichen Peripherie längst zum Bestandteil der eigenen Biographie, zur ungeliebten und doch vertrauten Heimstätte geworden. So gesehen stand Marginalität nicht länger ausschließlich für das kollektive Leid und die gesellschaftliche Ohnmacht. Grenzgängertum konnte auch einfach nur bedeuten, nicht im imperialistischen Zentrum zu stehen, das bisher unfähig war, die Begegnung mit dem Anderen nicht als Chance zur Eroberung, Unterwerfung und Kolonisation mißzuverstehen. Sich nicht im Zentrum dieser Praxen zu befinden, war eine große Erleichterung und ging mit dem Erkennen einer kulturellen Freiheit einher, die *befreiende Potentiale* in sich birgt: Denn wer am Rand lebt, wird am ehesten mit anderen kulturellen Zwischenräumen konfrontiert, kann sich nicht verwurzeln, so daß er oder sie frei und fähig ist, sich auf das jeweils Andere einzulassen und sich darauf zuzubewegen. Die BewohnerInnen der Grenzräume haben durch ihre *double vision* die Möglichkeit, sich vielfältig zu entwickeln, weil sie mit einer gesellschaftlichen Stellung konfrontiert sind, in der unterschiedliche Geschichten zusammenfließen.

Es waren dann Kulturschaffende wie Gloria Anzaldua, eine feministische Chicana mit sehr differenten, nicht immer harmonischen kulturellen Herkünften, die das neue *Identitätskonzept der Borderlands* formulierten und dieser historischen Erfahrung und dem damit verbundenen alltäglichen Lebensgefühl eine aufregende Vision und eine eigene sprachliche Dimension gaben. Dabei ging es um nichts weniger als um eine Entgrenzung der festgefügten kulturellen Identitäten aus ihren ethnischen Befestigungen, ohne dabei unkritisch in eine kommerzielle und ethnozentrierte Multikulturalität zu verfallen. Das *Grenzland* als ein dezentrierter Raum, als ein Raum zwischen den Kulturen, setzt allerdings die Entortung des Kulturbegriffs selbst voraus. KulturkritikerInnen wie Homi Bhabha haben in Anknüpfung an postmoderne Skizzen von fluktuierenden, nie gänzlich determinierten Kulturgeographien die Vorstellung eines third space formuliert, in dem die Differenz nicht mehr außerhalb des Zentrums zu verorten ist, sondern die Bedeutung von Kultur in sich trägt. Wenn Kulturen keinen vorgegebenen, historisch verankerten Mustern mehr folgen – falls sie es jemals taten –, dann können ihre Bedeutungsfragmente immer erst im Moment ihrer Aushandlung, Übersetzung und Hybridisierung entstehen und sich zusammensetzen. Diese Idee eines Kulturbegriffs ist radikal, weil sie keine Fixpunkte und Garantien mehr anbietet, unsere Identitäten von einem bestimmten Punkt an dem freien Fall in einem diskursiven Spiel mit offenem Ausgang aussetzt und uns ein befremdendes Leben ohne Sicherheitsleine und doppelten Boden zumutet. Das ist die Freiheit und vielleicht auch der Preis einer kulturellen Unterwanderung im Namen der Hybridität. Es ist aber nicht verwunderlich, daß ausgerechnet marginalisierte Menschengruppen dieses Risiko auf sich nehmen, denn sie müssen schließlich mit ihr leben, weil Hybridität ein Kennzeichen der Marginalität ist.

Bhabha ist daher realistisch und kritisch genug, Hybridität nicht als eine neue Endstation Sehnsucht auf dem schnellebigen Markt der soziologischen Moden anzubieten. Schließlich war es die Kolonialpolitik, die die transkontinentale Migration zu Beginn der Neuzeit von Europa aus in die Welt einführte und die Prozesse der Kreolisierung und „Bastardisierung" durch Grauen erzwang oder mit Liebe versüßte. Genauso trägt das koloniale Europa die historische Verantwortung für die Errichtung multipler Diasporagemeinden der Peripherie in der Peripherie. Die diasporischen Topographien entstanden infolge der Ausbeutung des globalen Arbeitskräftereservoirs, wie die Geschichten der afrikanischen und indianischen SklavInnen oder der indischen und chinesischen „Kulis" zeigen. Dieses historische Wissen nicht zu vergessen ist wichtig, weil wir sonst nicht begreifen, daß die kulturellen und menschlichen Keimzellen einer globalen Hybridität ihrem Ursprung nach eine Art Kolonialware, ein kulturelles Produkt der europäischen Präsenz in den kolonisierten Gebieten und vice versa sind. Ein unkritisch gebrauchter Begriff der Hybridität als „reine Vermischung" kann dagegen auch eine postmoderne Verwestlichung der „Restwelt" oder ein buntes Multi-Kulti-Spektakel meinen, wobei ausgeblendet bleibt, daß diese Art der Vermischung häufig immer noch mit den unterschiedlichen Facetten der Gewalt Hand in Hand geht. Hybridität im kolonialen Diskurs zeigt vielmehr einen Prozeß an, in dem durch Erziehungs-, Missionierungs- und Zivilisierungspraxen eine Tendenz angelegt ist, die ihre eigene Version der Verunsicherung der kolonialen Autoritäten produziert. Wenn Menschen und kulturelle Praktiken nicht mehr eindeutig als minderwertig bzw. überlegen zu identifizieren sind, dann wird im Grunde das binäre System des Kolonialismus an die Grenze seines Differenzierungsvermögens gebracht und gerät ins Schwanken. Das ist – stark vereinfacht gesagt – der Grund, warum *Widerstand* durch Mimesis und Mimikry möglich ist. In der Wiederholung, die auch eine verzerrte Nachahmung und Verdoppelung des Kolonialdiskurses durch die Kolonisierten beinhaltet, tritt eine *Ambivalenz* auf, die das, was als originär, genuin oder einzigartig gilt, in Zweifel zieht. Die Hegemonie der kolonialistischen Macht wird gerade durch ihren zwiespältigen Erfolg, ihr Spiegelbild auf der Seite jener Unterdrückten, die den Wunsch internalisiert haben, nicht nur wie der Kolonialherr sein zu wollen, sondern ihn gleich zu ersetzen, in Frage gestellt. Damit taucht eine Differenz auf, die zur Metamorphose des Widerstands wird, weil in der Verdoppelung eine Differenz erscheint ist, die mit der Kolonialmacht nur *fast identisch* ist. Während der Kolonisierte die Präsenz kolonialer Autoritäten wie die Kolonialsprache oder den christlichen Gott für sich beansprucht, findet der Kolonialist trotz aller Ausstoßung auch immer Gefallen am Anderen, mit dem er sich in der widersprüchlichen Kolonialwelt partiell identifiziert. Wie beim freudigen, schadenfreudigen oder lächerlich machenden Lachen findet dieses subversive Potential immer dort seinen Ausdruck, wo der performierte Unterschied nur eine Frage der nuancierten Abweichung von der geforderten Norm ist. Auch das Lachen hat für Kolonisierte immer eine Verdoppelung zur Folge: Als eine versteckte Form der spöttischen Verhöhnung ist es für Unterlegene eine mimetische Form des Widerstandes, und als Befreiung ist es zugleich eine Sprache, aus der die unkontrollierbare Lebensfreude unvermittelt ausbricht. Beides spendet Lebenskraft und ermöglicht Selbstvergewisserung. Die Uneindeutigkeit, die in dieser Verdoppelung liegt, läßt eine Unsicherheit entstehen, die den Blick auf die nackte, ungeschminkte und nicht festlegbare Hybridität und die in ihr wohnende Differenz ohne Ursprung und Bestimmung freigibt.

Anhand von filmischen, literarischen und musikalischen Reflexionen über kulturelle Identitäten wurde dann aufgezeigt, wie diese soeben entfaltete postkoloniale Konzeption von Grenzüberschreitung, Hybridität und Mimikry konkretisiert und wie Theorie und kulturelle Praxis aufeinander bezogen werden können. Dabei wurde die Aufmerksamkeit zuerst dem postkolonialen Diskurs in der anglo-amerikanischen Diaspora gewidmet, weil hier die Diskussion am weitesten vorangeschritten ist und die innovativsten kulturellen Repräsentationen von People of Colors produziert werden. Meine Auswahl – ich gebe es gerne zu – ist willkürlich und wird sicherlich nicht der großen Bandbreite und den reichhaltigen Imaginationen gerecht. Das Anliegen beschränkte sich hier darauf, jeweils exemplarische

Schwerpunkte zu setzen. So hat Hanif Kureishi in seinen Filmen und Erzählungen *verstörende Bilder* eines anderen London aufgeworfen, in dem nichts, zumindest kein Klischee mehr stimmt und keine einfache Identifikation mehr möglich ist. Um in einer so komplexen und ambivalenten Welt zu überleben, sind Marginalisierte darauf angewiesen, sich zu verändern. Sie *müssen sich neu entwerfen*, auch wenn sie ihre Vergangenheit dadurch nicht abschütteln können, wie Bharati Mukherjee anhand einer indoamerikanischen Migrationsgeschichte ihrer nomadischen Heldin mit sich ständig verwandelnden Identitäten zeigt, in der das Sein nur noch als Unterwegs-Sein erfahren werden kann. Diese Verschmelzung und Gleichzeitigkeit unterschiedlicher Zeiten, Welten, Erfahrungen und Identitäten in der kulturellen Hybridität hat seine populäre Ausformung in Salman Rushdies „Loblied auf unser Bastard-Ich" gefunden. Obwohl die verändernde Kraft in diesem Loblieb viele nach wie vor fasziniert, ist dieses Umdeutungskonzept auch wegen seiner biologistisch verbrämten Anspielungen zu kritisieren.

Auch wenn der postkoloniale Kampf um Bedeutungen und Zeichen bisher ohne größere blutige Revolten und den üblichen Bürgerkriegslärm ausgekommen ist, heißt es nicht, daß dieser Konflikt nicht längst erbittert an den Akademien, in den Medienindustrien und im gewöhnlichen Alltag ausgetragen wird. Mal kommt die postkoloniale Kritik als schleichende Unterwanderung des Kanons der toten weißen Männer daher. Mal mimt sie in einem populären Kostüm die hegemoniale Identität und läßt das beifallklatschende Publikum glauben, die Szenerie wäre nur surreale Unterhaltung, bis diese nationalen Geister des britischen Englishness einem schwarzen Lord im Oberhaus begegnen und sich dann verwirrt oder todernst über den schwarzen britischen Humor beklagen. Ein anderes Mal sind sie über die befremdliche Übernahme „falscher Dialekte" in ihre reine englische Hochsprache bestürzt oder finden sich in den neuen kulturellen Geographien der alten Städte nicht mehr zurecht. Aber statt diesen überfälligen Prozeß des Wandels und der Erneuerung als Bedrohung aufzufassen, könnten diejenigen, die von imperialistischen Expansionsgelüsten zur (euro)nationalistischen Festungsmentalität übergegangen sind und diese nicht weniger aggressiv vertreten, von den ehemals Kolonisierten und heute Marginalisierten lernen, wie es ist, dezentriert am Rand ohne Privilegien, die auf die Unterprivilegierung anderer aufbauen, und Sicherheiten, die auf der ungesicherten Existenz anderer beruhen, zu leben. Das wäre in der Tat eine schöne Aussicht auf die Zukunft – für beide Seiten.

Am Ende meiner Arbeit wandte ich mich der Rap-Kultur zu, um zu demonstrieren, daß Postkolonialismus sich nicht nur in den akademischen Elfenbeintürmen oder der nicht weniger elitären Hochkultur abspielt, sondern auch als ein populärer Lebensstil von vielen Marginalisierten zu begreifen ist. Mit dieser Betrachtung wurde in Erinnerung gerufen, daß aller hochfliegenden Theorie zum Trotz der postkoloniale Diskurs auch in den Ideen dieser urbanen Subkulturen des gewöhnlichen Lebens verankert ist und dort *ausgetragen* wird. In den großen Metropolen über den gesamten Globus verteilt, hat sich eine junge Kultur mit vielfältigen Mustern eingerichtet, die ihre uneinheitlichen Gesichter mit veränderlichen Lokalkoloriten maskiert. So wie in Los Angeles über alle rassistischen Segregationen und sozioethnischen Feindschaften hinweg kulturell gemischte Graffiti-Aktionsgruppen entstanden sind, so hat sich auch die Rap-Musik in den letzten 20 Jahren für vielfältige Schwarze Identifikationsmuster in sehr unterschiedlichen Schattierungen geöffnet. Während der Rap verbal dazu einlädt, mit afroamerikanischen Präsenzen zu experimentieren, um dadurch neue Praktiken und Gemeinschaften zu konstruieren, geht er gleichzeitig mit einer soziokulturellen Bewegung einher, die aus dem lokalen Zusammentreffen und den globalen Vermischungen unterschiedlichster Geschichten, Herkünfte und Stile entstanden ist. Es ist daher überhaupt kein Zufall, daß sich in diesen Formen ein Potential für eine kritische Gegenkultur und eine oppositionelle Politik in den repräsentativen Praktiken ihres Alltags entwickelt hat. Auf der musikalischen Ebene wenden sie die Mittel der Karnevalisierung durch Nachahmung und eine respektlose, höchst eklektische Vermischung von Fragmenten aus verschiedenen kulturellen Stilen an. Diese zielen allesamt darauf ab, das hermetische Prinzip der Echtheit zu hinterfragen und an ihre Stelle offene Transkulturalität und dialogische Grenzüberschreitung zu setzen. Deshalb und weil diese Musik von ihrer Geschichte her aus einer marginalisierten Position heraus agiert, spricht sie all die Gruppen an, die noch nie die Gelegenheit hatten, im Zentrum zu stehen. Gleichzeitig darf die Begeisterung für die kreativen Potentiale der Rapkultur nicht dazu führen, daß wir darauf verzichten, Fehlentwicklungen selbstkritisch zu problematisieren. Durch die kommerzialisierte Verherrlichung des Gangstarism bleiben sexistische Bilder und internalisierte Rassismen sowie latenter Antisemitismus vielerorts aktuelle Problemfelder des Rapdiskurses.

Am Ende meiner Ausführungen wandte ich mich wieder unserem lokalen Raum zu, wo die „ganze Geschichte", diese Arbeit, ihren Anfang genommen hatte und nun zum Ausgangspunkt für Entdeckungen in einem unentdeckten Raum an einem dritten Ort geworden ist. Es ist der Raum der kulturellen Überschneidungen und historischen Verflechtungen, der in Berlin genauso gegenwärtig und existent ist wie woanders. In den Filmen, der Literatur und der HipHop-Musik deutsch-türkischer MigrantInnen – auch wenn ihre Produktion und Veröffentlichung hier aufgrund der schlechter ausgebauten Infrastruktur sich wahrscheinlich doch schwieriger gestaltet als woanders – kommt es zu einer Beschäftigung mit Themen und Methoden, die sich von den lokalen Bedingungen her an eine postkoloniale Topographie annähern. Auch in diesem Diskurs geht es um umcodierende Effekte der Nachahmung und um Fragen der Selbstdefinition.

Wie alle diese Beispiele mit ihren Kämpfen an den verschiedenen Stellen des Diskurses zeigen, hat sich die *Notwendigkeit* zu Intervention und Repräsentation in den Machtapparaten und kulturellen Praktiken bisher nicht überlebt. Postkoloniale TheoretikerInnen versuchen eine Politik des Lokalen zu formulieren, in der sich diese neuen Identitätsformen produktiv repräsentieren und ihre konzeptionelle Stärke der Offenheit durch ständige Ergänzung und Erneuerung ausspielen können. Kulturelle Identität, weil sie hybrid zusammengesetzt ist und verschiedene Geschichten in sich vereinigt, kann der politische Raum sein, in dem Kritik und Utopie formuliert, Selbstreflexion befördert, Ambivalenz und Differenz ausgehalten und bestehende Ansätze von Widerstandskulturen kreativ weiterentwickelt werden.

*Ich danke für Ihre geduldige Aufmerksamkeit!*

# Epilog

*Fae Myenne Ng* ist eine sinoamerikanische Schriftstellerin aus der 2. Generation. Ihr Debütroman „Bone" (1993) wurde in den USA von der Kritik wie auch von der Leserschaft stark beachtet und ist schließlich für den angesehenen PEN/Faulkner-Preis nominiert worden. Sie erzählt darin eine moderne Migrationsgeschichte einer Familie im „working-poor"-Milieu, die mit ihren Nöten und Konflikten, mit ihrer Hingabe und Liebe füreinander in Chinatown von San Francisco lebt. Um dieses Buch schreiben zu können, mußte sie eine eigene Sprache erfinden, indem sie das Chinatown-Kantonesisch ins Englische übersetzte und dabei das „ganze überflüssige Fett abschnitt" (Fae), um an die Stammsüße des Knochenmarks erinnern zu können. Obwohl sie mit der Metapher des Substantiellen operiert und in ihrem Streben, durch Reduktion auf das Wesentliche zu kommen, eine minimalistische Sprache entwickelt, bricht sie entgegen den allgemeinen Erwartungen radikal mit den exotischen Zutaten der ethnischen Literatur. Indem sie bewußt auf jegliche Klischees aus der bunten und geheimnisvollen Mythologie aus der alten und doch unbekannten Heimat verzichtet, gelingt es ihr, ihr Augenmerk auf die politisch, sozial und emotional ungesicherte Lebenssituation der Amerasian an der Westküste zu fokussieren. Dadurch ist sie in der Lage, einen Alltag in den Straßen mit einer atmosphärischen Dichte zu beschreiben, wie sie sonst in der chinesischen Migrationsliteratur nur noch in Timothy Mos Stadttopographie von London zu finden ist.

Das Prinzip, sich nicht auf Klischees festlegen zu lassen, wird auch im vieldeutigen Zitat deutlich. Auch wenn die Ich-Erzählerin am Anfang unter Berufung auf ihren chinesischen Vater Leon glaubhaft versichert, daß ihr Innerstes unveränderbar in sich ruht und sich nicht preisgibt, wird diese essentialistische Wahrheit der väterlichen Autorität zum Schluß indirekt doch in Frage gestellt. In einem verbindenden Zusatz, der die Gegensätze miteinander vermittelt, gibt sie an, daß die Versprechen aus der Vergangenheit und die auf die Zukunft gerichteten Hoffnungen durch das Ereignis der transpazifischen Überseemigration in Bewegung geraten sind. Diese „chinesische" Art, den anderen höflich Glauben zu machen, diskret etwas vorzutäuschen, ist eine trickreiche Form des Signifying, wenn die determinierten Bedeutungen aufgelöst werden. In diesem Sinne ist auch die deutsche Übersetzung des Buchtitels (1994) mit ihrer verstohlenen Freude an der Verfremdung eine passende Metapher für diesen gesamten Prozeß und erinnert daran, daß in der Übersetzung nichts verloren gehen muß, sondern durchaus auch Neues entsteht.

*"This is the inside view of Chinatown, one never presented before so eloquently. Fae Myenne Ng is a writer with no pretensions and enormous talent. A whole teeming world comes alive under her pen. Through the power of her imagination she has invented a homeland for a dispossessed generation."* — Edmund White

*"An instant classic. Bone is a stunning first novel, a work of great wisdom and compassion. It is simple in the way that Mozart's music is simple: entire lifetimes of living, suffering, and loving have gone into the crafting of everyday words into profound, artless-seeming art."* — Sau-ling C. Wong (UC Berkeley)

# Bibliographie

**17°C Redaktion** (1994/5): Gesetzlich garantiert: „Ethnische Identität", in: 17°C – Zeitschrift für den Rest, H. 9: 6-7

**Abali, Marie-Luise** (1983): Entwicklungsprobleme bei türkischen Kindern und Jugendlichen in Berlin: Psychologische Aspekte der Identitätsbildung; in: Elsas, Christoph (Hg.): Identität. Veränderungen kultureller Eigenarten im Zusammenleben von Türken und Deutschen, Hamburg: 174-226

**Adam, Ian/Tiffin, Helen** (Hg.): Past the last Post. Theorizing Post-Colonialism and Post-Modernism, Calgary 1990

**Adelson, Leslie A.** (1991): Migrantenliteratur oder deutsche Literatur? TORKANs „Tufan: Brief an einen islamischen Bruder"; in: Lützeler, Paul Michael (Hg.): Spätmoderne und Postmoderne. Beiträge zur deutschsprachigen Gegenwartsliteratur, Frankfurt a.M.: 67-81

**Adorno, Theodor W.** (1951): Minima Moralia; in: Ders.: Gesammelte Schriften, Bd. 4, Frankfurt a.M. 1980

**Ahmad, Aijaz** (1992): In Theory. Classes, Nations, Literatures, London

**Ahrens, Rüdiger** (1995): Typen des ästhetischen Diskurses: nationaler, post-kolonialer und post-strukturalistischer Diskurs im Englischen; in: Anglia. Zeitschrift für Philologie, Jg. 113, H. 4/1995: 464-487

**Akashe-Böhme, Farideh** (1992): Exotismus, Naturschwärmerei und die Ideologie von der fremden Frau; in: Foitzik u.a.: 113-124

**Akcam, Dursun** (Hg.): Deutsches Heim – Glück allein. Wie Türken Deutsche sehen, Göttingen 1993 (1982)

**Aktion Courage – SOS Rassismus** (Hg.): Rassismus am Pranger – Internationale Organisationen klagen an, Bonn 1998

**Albrecht, Peter-Alexis/Pfeifer, Christian** (1979): Die Kriminalisierung junger Ausländer. Befunde und Reaktionen sozialer Kontrollinstanzen, München

**Allinger, Elke/Kim-Morris, Soon Im** (1993): Die Koreanische Frauengruppe in Berlin; in: Berliner Geschichtswerkstatt: 75-79

**Anderson, Benedict** (1988): Die Erfindung der Nation. Zur Karriere eines erfolgreichen Konzepts, Frankfurt a.M. - New York

**Anthias, Floya** (1992): Parameter kollektiver Identität: Ethnizität, Nationalismus und Rassismus; in: Rassismus und Migration: 88-103

**Antifa-Beilage (Junge Welt)/Herzschläge**. Zeitung gegen die Kriminalisierung von AntifaschistInnen (1994); in: Junge Welt 17.9.1994

**Anzaldua, Gloria/Morenga, Cherrie.** (Hg.): This Bridge Called My Back. Writing by Radical Women of Color, New York 1983

**Anzaldua, Gloria** (1987): Borderlands/La Frontera: The New Mestiza, San Francisco

**Ashcroft, Bill/Griffiths, Gareth/Tiffin, Helen** (Hg.): The Empire Writes Back. Theory and Practice in Post-Colonial Literatures, London 1989

**Ashcroft, Bill/Griffiths, Gareth/Tiffin, Helen** (Hg.): The Post-Colonial Studies Reader, London – New York 1995

**Asian Women Writers Collective** (1993): Women who define themselves and who redefine writing; in: Glage u.a.: 105-108

**Ates, Banam** (1993): Die zweifache Diskriminierung von Flüchtlingsfrauen. Erfahrungen aus der Arbeit mit Türkinnen und Kurdinnen; in: Wicker: 95-107

**Attia, Iman/Marburger, Helga** (Hg.): Alltag und Lebenswelten von Migrantenjugendlichen, Frankfurt a.M. 2000

**Auernheimer, Georg** (1992): Ethnizität und Modernität; in: Rassismus und Migration: 118-132

**Autrata, Otger/Kaschuba, Gerrit/Leiprecht, Rudolf/Wolf, Cornelia** (Hg.): Theorien über Rassismus. Eine Tübinger Veranstaltungsreihe, Hamburg - Berlin 1989

**Ayata, Imran** (1999): Kanak-Rap in Almanya – Über die schweren Folgen Deutschlands; in: Dominik, Katja/Jünemann, Marc/Motte, Jan/Reinecke, Astrid (Hg.): Angeworben – eingewandert – abgeschoben. Ein anderer Blick auf die Einwanderungsgesellschaft Bundesrepublik Deutschland, Münster: 273-287

**Ayim (Opitz), May/Oguntoye, Katharina/Schultz, Dagmar** (Hg.): Farbe bekennen. Afrodeutsche Frauen auf den Spuren ihrer Geschichte, Berlin 1992/1986

**Baaba-Folson, Rose** (1994): Auswirkungen von rassistischer Gewalt; in: Fuchs u.a.: 28-38

**Bachmann-Medick, Doris** (1994): Multikultur oder kulturelle Differenzen? Neue Konzepte von Weltliteratur und Übersetzung in postkolonialer Perspektive; in: Deutsche Vierteljahresschrift für Literaturwissenschaft und Geistesgeschichte, Jg. 68, H. 4/1994: 585-612

**Back, Les** (1995): 'Pale Shadows': Racism, Masculinity and Multiculture; in: Harzig u.a.: 71-85

**Bade, Klaus J.** (1983): Vom Auswanderungsland zum Einwanderungsland. Deutschland 1880-1980, Berlin

**Bade, Klaus J.** (1993): „billig und willig – die ausländischen Wanderarbeiter im kaiserlichen Deutschland; in: Ders. (Hg.): Deutsche im Ausland – Fremde in Deutschland, München: 311-324

**Bade, Klaus J.** (Hg.): Die multikulturelle Herausforderung. Menschen über Grenzen – Grenzen über Menschen, München 1996

**Bade, Klaus J.** (2000): Europa in Bewegung, München

**Badenberg, Nana/Honold, Alexander/Parr, Alexander/Schwarz, Thomas** (Hg.): Tropische Tropen – Exotismus, Essen 1995

**Bader, Veit-Michael** (1995): Rassismus, Ethnizität, Bürgerschaft. Soziologische und philosophische Überlegungen, Münster

**Baker, Houston A. Jr.** (1993): Black Studies, Rap, and the Academy, Chicago

**Baker, Houston A. Jr./Best, Stephen/Lindeborg, Ruth H.** (Hg.): Black British Cultural Studies. A Reader, Chicago 1996

**Baker, Houston A. Jr./Best, Stephen/Lindeborg, Ruth H.** (1996): Introduction: Representing Blackness/Representing Britain: Cultural Studies and the Politics of Knowledge; in: Baker u.a.: 1-15

**Balibar, Etienne/Wallerstein, Immanuel** (1990): Rasse Klasse Nation. Ambivalente Identitäten, Hamburg - Berlin 1990

**Balibar, Etienne** (1990): Rassismus und Nationalismus; in: Ders. u.a.: 49-84

**Balke, Friedrich/Habermas, Rebekka/Nanz, Patrizia** (Hg.): Schwierige Fremdheit. Über Integration und Ausgrenzung in Einwanderungsländern, Frankfurt a.M. 1993

**Barber, Benjamin R.** (1991): Djihad or McWorld: Does Democracy Have a Global Future (The Undemocratic World of McWorld); in: The Atlantic, Fall/Winter 1991

**Baringhorst, Sigrid** (1990): Das Rushdie-Tribunal – ein kurzer Prozeß; in: Leggewie, Claus: Multi Kulti. Spielregeln für die Vielvölkerrepublik, Berlin: 88-96

**Baringhorst, Sigrid** (1993): Multikulturalismus und Anti-Diskriminierungspolitik in Großbritannien; in: Robertson-Wensauer: 193-211

**Barker, Francis/Hulme, Peter/Iversen, Margaret** (Hg.): Colonial Discourse/Postcolonial Theory, Manchester 1994

**Barth, Frederik** (1969): Introduction; in: Ders. (Hg.): Ethnic Groups and Boundaries. The Social Organization of Culture Difference, Oslo - London: 9-38

**Barthes, Roland** (1964): Mythen des Alltags, Frankfurt a.M.

**Basrawi, Claudia** (1995): Gustave unter Schleiern; in: KONKRET, H. 3/1995: 22-23

**Bauer, Martin/Wittstock, Uwe** (Hg.): Der Postkoloniale Blick – Eine neue Weltliteratur?; Die Neue Rundschau, Jg. 107, H. 1/1996, Frankfurt a.M.

**Bauman, Zygmunt** (1989): Modernity and the Holocaust, Oxford (dt.: Dialektik der Ordnung. Die Moderne und der Holocaust, Hamburg 1992)

**Bauman, Zygmunt** (1991): Moderne und Ambivalenz; in: Bielefeld: 23-49

**Bauman, Zygmunt** (1995): Making and Unmaking of Strangers. Fremde in der Postmodernen Gesellschaft; in: Harzig u.a.: 5-25

**Bax, Daniel** (1996): Mit erweitertem Kanakenbegriff; in: taz 25.5.1996: 28

**Benhabib, Seyla** (1986): Kritik des ‚postmodernen Wissens' – Eine Auseinandersetzung mit Jean-François Lyotard; in: Huyssen, Andreas/Scherpe, Klaus R. (Hg.): Postmoderne – Zeichen eines kulturellen Wandels, Reinbek

**Benhabib, Seyla/Butler, Judith/Cornell, Drucilla/Fraser, Nancy** (Hg.): Der Streit um Differenz. Feminismus und Postmoderne in der Gegenwart, Frankfurt a.M. 1993

**Benhabib, Seyla** (1993): Feminismus und Postmoderne. Ein prekäres Bündnis; in: Dies. u.a.: 9-30

**Benz, Wolfgang** (Hg.): Integration ist machbar. Ausländer in Deutschland, München 1993

**Berliner Geschichtswerkstatt** (Hg.): „... da sind keine Ausländer mehr". Eingewanderte ArbeiterInnen in Berlin 1961-1993, Berlin 1993

**Berloge, Sabine** (1993a): Aber heute bin ich still. Exil in Deutschland; in: Benz: 124-131

**Berloge, Sabine** (1993b): Niemand möchte immer fremd sein. Die Familie Emirler in Berlin; in: Benz: 154-160

**Berman, Paul** (Hg.): Debating P.C.: The Controversy over Political Correctness on College Campuses, New York 1992

**Bernhardt, Hans-Michael/Heimpel, Heike/Schulzke, Leyla** (1993): Minderheit in der Mehrheit: Schulalltag in Kreuzberg; in: Benz: 132-144

**Bhabha, Homi K.** (1985): Signs Taken for Wonders: Question of Ambivalence and Authority under a Tree outside Delhi, May 1817; in: Gates: 163-184

**Bhabha, Homi K.** (1990a): The Third Space. Interview with Homi Bhabha; in: Rutherford, Jonathan (Hg.): Identity, Community, Culture, Difference, London 1990: 207-221

**Bhabha, Homi K.** (1990b): DissemiNation: Time, Narrative, and the Margins of the Modern Nation; in: Ders. (Hg.): Nation and Narration, London - New York 1990: 291-322

**Bhabha, Homi K.** (1992): Postcolonial Authority and Postmodern Guilt; in: Grossberg u.a.: 56-68

**Bhabha, Homi K.** (1994): The Location of Culture, New York - London

**Bhabha, Homi K.** (1996): Postkoloniale Kritik. Vom Überleben der Kultur; in: DAS ARGUMENT, Nr. 215: 345-359

**Bhabha, Homi K.** (1997): Die Frage der Identität; in: Bronfen: 97-122

**Bhabha, Homi** (2000): Die Verortung der Kultur, Tübingen (engl.: The Location of Culture)

**Bielefeld, Ulrich** (Hg.): Das Eigene und das Fremde. Neuer Rassismus in der Alten Welt?, Hamburg 1991

**Bielefeld, Ulrich** (1991a): Einleitung; in: Ders.: 9-19

**Bielefeld, Ulrich** (1991b): Das Konzept des Fremden und die Wirklichkeit des Imaginären; in: Ders.: 97-128

**Bielefeld, Ulrich** (1994): Selbstverständnis und Rassismus. Die Krise des Antirassismus als Krise seiner Theorie und Praxis; in: Jansen, Mechthild/Baringhorst, Sigrid (Hg.): Politik der Multikultur: Vergleichende Perspektiven zu Einwanderung und Integration, Baden-Baden: 47-68

**Bilden, Helga** (1999): Geschlechtsidentitäten. Angstvolles oder lustvolles Ende der Eindeutigkeit?; www.lrz-muenchen.de/~Reflexive_Sozialpsychologie/Bilden/geschlechtsidentitaeten.pdf

**Blaschke, Jochen/Greussing, Kurt** (Hg.): „Dritte Welt" in Europa, Frankfurt a.M. 1980

**Blaschke, Jochen/Greussing, Kurt** (1980): Einleitung: Arbeitsmigranten – Klasse im Übergang; in: Ders. u.a.: 7-20

**Blauner, Robert** (1976): Colonized and Immigrant Minorities; in: Bowker, G./Carrier J. (Hg.): Race and Ethnic Relations. Sociological Readings, London

**Blum, Elisabeth** (Hg.): Wem gehört die Stadt? Armut und Obdachlosigkeit in den Metropolen, Basel 1996

**Boehmer, Elleke** (1995): Colonial and Postcolonial Literature, Oxford

**Boerdner, Sonja** (1996): Rezension: Bhabha, Homi K.: The Location of Culture; in: DAS ARGUMENT, Nr. 215: 457-459

**Böhner, Ines Karin** (1996): My Beautiful Launderette und Sammy and Rosie Get Laid: Filmische Reflexion von Identitätsprozessen, Frankfurt a.M.

**Bojadžijev, Manuela** (2002): Antirassistischer Widerstand von MigrantInnen in der Bundesrepublik; in: Bratić: 13-31

**Boos-Nünning, Ursula** (1986): Lebenssituation und Deutungsmuster türkischer Mädchen in der Bundesrepublik Deutschland; in: Yakut, Attila/Reich, Hans H./Neumann, Ursula/Dies. (Hg.): Zwischen Elternhaus und Arbeitsamt. Türkische Jugendliche suchen einen Beruf, Berlin: 84-99

**Brantlinger, Patrick** (1985): Victorians and Africans: The Genealogy of the Myth of the Dark Continent; in: Gates: 185-222

**Bratić, Ljubomir** (2002): Landschaften der Tat. Vermessung, Transformationen und Ambivalenzen des Antirassismus in Europa, St. Pölten

**Bremer, Peter** (1999): Arbeitsmigranten und die nachfolgenden Generationen zwischen Integration und Ausgrenzung, Elektronische Dissertation an der Universität Oldenburg, http://docserver.bis.uni-oldenburg.de/publikationen/dissertation/brearb99/inhalt.html

**Breuer, Ingeborg/Leusch, Peter/Mersch, Dieter** (1996): Welten im Kopf. Profile der Gegenwartsphilosophie Frankreich/Italien, Hamburg

**Bromley, Roger/Göttlich, Udo/Winter, Carsten** (Hg.): Cultural Studies. Grundlagentexte zur Einführung, Lüneburg 1999

**Bromley, Roger** (2000): Multiglobalismen – Synkretismus und Vielfalt in der Populärkultur; in: Robertson/Winter: 189-205

**Bronfen, Elisabeth** (1995): Ein Gefühl des Unheimlichen. Geschlechterdifferenz und kulturelle Identität in Bharati Mukherjees Roman „Jasmine"; in: Kessler u.a.: 9-30

**Bronfen, Elisabeth/Marius, Benjamin/Steffen, Therese** (Hg.): Hybride Kulturen: Beiträge zur anglo-amerikanischen Multikulturalismusdebatte, Tübingen 1997

**Bronfen, Elisabeth/Marius, Benjamin** (1997): Hybride Kulturen. Einleitung zur anglo-amerikanischen Multikulturalismusdebatte, in: Dies.: 1-29

**Bukow, Wolf-Dietrich/Llaryora, Roberto** (1988): Mitbürger aus der Fremde. Soziogenese ethnischer Minderheiten, Opladen

**Bukow, Wolf-Dietrich/Yildiz, Erol** (1997): Marktschreierisches. Die aufklärerische Absicht der Heitmeyer-Studie wendet sich in ihr Gegenteil und skandalisiert; in: taz 29.4.1997: 14

**Bürkner, Hans-Joachim** (1987): Rückkehrzwänge und Motivstrukturen türkischer Migranten. Zum Problem der Freiwilligkeit von Remigrationsentscheidungen; in: Zeitschrift für Bevölkerungswissenschaft, Jg. 13, H. 4/1987: 451-472

**Butler, Judith** (1991): Das Unbehagen der Geschlechter, Frankfurt a.M.

**Butler, Judith** (1993): Kontingente Grundlagen: Der Feminismus und die Frage der „Postmoderne"; in: Benhabib u.a.: 31-58

**Çağlar, Gazi** (2002): Der Mythos vom Krieg der Zivilisationen. Der Westen gegen den Rest der Welt, Münster

**Campbell, Luther/Miller, John R.** (1992): As Nasty As They Wanna Be. The uncensored Story of Luther Campbell of the 2Live Crew, Fort Lee/NJ

**Can, Halil** (1998): Ich spreche x-linguisch; in: Castro Varela, María do Mar/Attia, Iman (Hg.): Suchbewegungen – Interkulturelle Beratung und Therapie, Tübingen

**Carby, Hazel V.** (1992): The Multicultural Wars; in: Dent u.a.: 187-199

**Carmichael, Stokely** (1969): Dritte Welt, unsere Welt. Thesen zur Schwarzen Revolution, Berlin

**Castles, Stephen** (1991): Weltweite Arbeitsmigration, Neorassismus und der Niedergang des Nationalstaats; in: Bielefeld: 129-156

**Castles, Stephen** (1996): Multikulturalismus als Gesellschaftskonzept – der australische Weg; in: Bade: 167-187

**Celikel, Mehmet** (1993): Traumatische Fluchterfahrungen, Krankheitsverhalten sowie psychosomatische Reaktionen bei türkisch-kurdischen Migranten im Interaktionsprozeß; in: Wicker: 150-161

**Chanda, Tirthankar** (1995): Die Zerrissenheit fremder eigener Sprachwelten. Vom Brodeln in der indoenglischen Literatur; in: Le Monde Diplomatique (taz), 16.6.1995: 8-9

**Chang, Jeff** (1993): Race, Class, Conflict and Empowerment: On Ice Cube's "Black Korea"; in: Amerasia Journal, 19, 2/1993: 87-107

**Chu, Gloria** (1991): The High Note of the Barbarian Reed Pipe: Maxine Hong Kingston; in: The Journal of Ethnic Studies, Jg. 19, H. 3/1991: 85-94

**Cil, Nevim** (2000): Überlegungen zum intergenerativen Verhältnis in türkischen Familien im Migrationsprozeß; in: Attia/Marburger: 127-138

**Cinanni, Paolo** (1979): Emigration und Arbeitereinheit. Zur politischen Problematik des „Gastarbeiters", Frankfurt a.M.

**Clifford, James** (1992): Traveling Cultures; in: Grossberg: 96-112

**Cohen, Phil** (1991): Wir hassen Menschen, oder: Antirassismus und Antihumanismus; in: Bielefeld: 311-335

**Cohn-Bendit, Daniel/Schmid, Thomas** (1992): Heimat Babylon. Das Wagnis der multikulturellen Demokratie, Hamburg

**Crouch, Stanley** (1993a): Man in the Mirror; in: Diederichsen: 149-154

**Crouch, Stanley** (1993b): Narrennationalismus; in: Diederichsen: 191-203

**Czock, Hans** (1988): Eignen sich die Kategorien „Kultur" und „Identität" zur Beschreibung der Migrationssituation?; in: Informationsdienst zur Ausländerarbeit, H. 1/1988: 76-80

**Davis, Angela Y.** (1993): Schwarzer Nationalismus in den 60ern und 90ern; in: Diederichsen: 205-210

**Dawson, Layla** (1995): Schlachtfeld Kultur. Über Edward W. Said und seine Studie zur Rolle der westlichen Kultur bei der Eroberung der Welt; in: KONKRET, H. 11/1995: 60-63

**Decker, Jeffrey Louis** (1993): The State of Rap: Time and Place in Hip Hop Nationalism; in: Social Text, 34, 1/1993: 53-84

**Deleuze, Gilles/Guattari, Felix** (1974): Anti-Ödipus. Kapitalismus und Schizophrenie, Berlin

Deleuze, Gilles/Guattari, Felix (1977): Rhizom, Berlin

**Deleuze, Gilles** (1979): Nomaden-Denken; in: Nietzsche. Ein Lesebuch, Berlin: 105-122

**Dent, Gina/Wallace, Michele** (Hg.): Black Popular Culture, Seattle 1992

**Derrida, Jacques** (1981): Disseminations, London (dt.: Dissemination, Wien 1995)

**Derrida, Jacques** (1985): Racism's Last Word; in: Gates: 329-338

**Derrida, Jacques** (1988): Am Nullpunkt der Verrücktheit – Jetzt die Architektur; in: Welsch: 215-232

**Derrida, Jacques** (1992): Das andere Kap/Die vertagte Demokratie. Zwei Essays zu Europa, Frankfurt a.M.

**Diederichsen, Diedrich** (Hg.): Yo! Hermeneutics! Schwarze Kulturkritik. Pop, Medien, Feminismus, Berlin - Amsterdam 1993

**Dietrich, Anette** (2000): Differenz und Identität im Kontext postkolonialer Theorien, Berlin

**Dirlik, Arif** (1997): The Postcolonial Aura. Third World Criticism in the Age of Global Capitalism, Boulder

**Djoun, Maryam** (Hg.): Leben im kalten Paradies. Lebensläufe und Meinungen von Menschen aus anderen Kulturen und Nationen, die in Deutschland leben, Hamburg 1994

**Dohse, Knuth** (1985): Ausländische Arbeiter und bürgerlicher Staat. Genese und Funktion von staatlicher Ausländerpolitik und Ausländerrecht. Vom Kaiserreich bis zur Bundesrepublik Deutschland, Berlin

**Donald, James/Rattansi, Ali** (Hg.): "Race", Culture and Difference, Milton Keynes 1992

**DuBois, W.E.B.** (1989): The Soul of Black Folks, Harmondsworth

**Düvell, Franck** (1992): England: Krise, Rassismus, Widerstand, Berlin - Göttingen

**Eco, Umberto** (1967): Für eine semiologische Guerilla; in: Ders. (1987): Über Gott und die Welt, München: 146-156

**Eickelpasch, Rolf** (1997): „Kultur" statt „Gesellschaft"? Zur kulturtheoretischen Wende in den Sozialwissenschaften; in: Claudia Rademacher/Gerhard Schweppenhäuser (Hg.): Postmoderne Kultur? Soziologische und philosophische Perspektiven, Opladen: 10-21

**Elschenbroich, Donata** (1986): Eine Nation von Einwanderern. Ethnisches Bewußtsein und Integrationspolitik in den USA, Frankfurt a.M. - New York

**El-Tayeb, Fatima** (2001): Schwarze Deutsche. Der Diskurs um „Rasse" und nationale Identität 1890-1933, Frankfurt a.M.

**El-Tayeb, Fatima** (2003): Begrenzte Horizonte. Queer Identity in der Festung Europa; in: Gutiérrez Rodriguez/Steyerl: 129-145

**Elwert, Georg** (1989): Ethnizität und Nationalismus. Über die Bildung von Wir-Gruppen, Berlin

**Emmer, Piet C.** (1991): Migration und Expansion: Die europäische koloniale Vergangenheit und die interkontinentale Völkerwanderung; in: Kälin, Walter/Moser, Ruprecht (Hg.): Migrationen aus der Dritten Welt. Ursachen und Wirkungen, Bern: 95-103

**Enzensberger, Hans Magnus** (1993): Aussichten auf den Bürgerkrieg, Frankfurt a.M.

**Ernst, Petra** (2001): Kulturwissenschaftliche Perspektiven auf Wien und Zentraleuropa um 1900; in: Newsletter Moderne, 2/2001: 2-5

**Esser, Hartmut** (1993): Ethnische Konflikte und Integration; in: Robertson-Wensauer: 31-61

**Fanon, Frantz** (1980/1952): Schwarze Haut, weiße Masken, Frankfurt a.M.

**Fanon, Frantz** (1981/1961): Die Verdammten dieser Erde, Frankfurt a.M.

**Farin, Klaus/Seidel-Pielen, Eberhard** (1991): Krieg in den Städten. Jugendgangs in Deutschland, Berlin

**Ferreira, Grada** (2002): Die Farbe unseres Geschlechtes. Gedanken über „Rasse", Transgender und Marginalisierung; in: polymorph (Hg.): (K)ein Geschlecht oder viele? Transgender in politischer Perspektive, Berlin: 117-128

**Ferreira, Grada** (2003): Die Kolonisierung des Selbst – der Platz des Schwarzen; in: Gutiérrez Rodriguez/Steyerl: 146-165

**Ferreira, Grada Kilomba** (2004): "Don't You Call Me Neger!". Das Wort „Neger", Trauma und Rassismus; in: www.cybernomads.de, Online-Dossier der Bundeszentrale für politische Bildung zur Geschichte und Gegenwart schwarzer Menschen in Deutschland

**Fillitz, Thomas/Gingrich, Andre/Rasuley-Paleczek, Gabriele** (Hg.): Kultur, Identität und Macht. Ethnologische Beiträge zu einem Dialog der Kulturen der Welt, Frankfurt a.M.

**Fillitz, Thomas** (1993): Das gemeinsame Feld und die eigenen Pfade in das Unbekannte; in: Ders. u.a.: 311-328

**Fink-Eitel, Hinrich** (1997): Michel Foucault zur Einführung, Hamburg

**Foitzik, Andreas/Leiprecht, Rudolf/Marvakis, Athanasios/Seid, Uwe** (Hg.): „Ein Herren-volk von Untertanen". Rassismus – Nationalismus – Sexismus, Duisburg 1992

**Foucault, Michel** (1974): Die Ordnung der Dinge. Eine Archäologie der Humanwissen-schaften, Frankfurt a.M.

**Foucault, Michel** (1978): Dispositive der Macht. Über Sexualität, Wissen und Wahrheit, Berlin

**Foucault, Michel** (1980): Power/Knowledge. Selected Interviews and Other Writings 1972-1977, New York

**Foucault, Michel** (1994/1976): Überwachen und Strafen. Die Geburt des Gefängnisses, Frankfurt a.M.

**Forman, Murray** (2000): "Represent": Race, Space and Place in Rap Music; in: Popular Music, 19, 1/2000: 65-90

**Frankenberg, Ruth** (1993): White Women, Race Matters. The Social Construction of Whiteness, Minneapolis

**Fraser, Nancy** (1993): Falsche Gegensätze; in: Benhabib u.a.: 59-79

**Freddy, Fab 5** (1995): HipHop-Slang: englisch-deutsch, Frankfurt a.M.

**Frei, Kerstin** (2002): Wer sich maskiert, wird integriert. Der Karneval der Kulturen in Berlin, Berlin

**Friedrich, Carl J.** (1971): La crise de l'égalitarisme; in: Revue Internationale de Philosophie, H. 97: 263

**Fuchs, Gabriele/Schratz, Michael** (Hg.): Interkulturelles Zusammenleben – aber wie?, Innsbruck 1994

**Fukuyama, Francis** (1992): The End of History and the Last Man, London

**Funke, Hajo** (1993): Brandstifter. Deutschland zwischen Demokratie und völkischem Natio-nalismus, Göttingen

**García, Ignacio M.** (1997): Chicanismo. The Forging of a Militant Ethos among Mexican Americans, Tucson

**Gates, Henry Louis Jr.** (Hg.): "Race", Writing and Difference, Chicago 1985

**Gates, Henry Louis Jr.** (1985): Editor's Introduction: Writing "Race" and the Difference It Makes; in: Ders.: 1-15

**Gates, Henry Louis Jr.** (1993a): Writing "Race" and the Difference It Makes. Die Unter-scheidung zwischen „Rasse" und Rasse; in: Diederichsen: 71-88

**Gates, Henry Louis Jr.** (1993b): Talkin' that Talk. Diese Sprache sprechen; in: Diederichsen: 97-104

**Gates, Henry Louis Jr.** (1993c): Das Schwarze der schwarzen Literatur. Über das Zeichen und den ‚Signifying Monkey'; in: Diederichsen: 177-189

**Gates, Henry Louis Jr.** (1997): Black London; in: The New Yorker, 28.4.-5.5.1997: 194-205

**Gebauer, Guido F./Taureck, Bernhard H.F./Ziegler, Thomas** (1993): Ausländerfeindschaft ist Zukunftsfeindschaft. Plädoyer für eine kulturintegrative Gesellschaft, Frankfurt a.M.

**Geiger, Klaus F.** (1991a): Die Marginalisierung der EinwanderInnen und ihrer Erforsche-rInnen; in: Leveau, Rémy/Ruf, Werner (Hg.): Migration und Staat. Inner- und intergesell-schaftliche Prozesse am Beispiel Algerien, Türkei, Deutschland und Frankreich, Münster: 132-147

**Geiger, Klaus F.** (1991b): Migrationsforschung – MigrantInnenforschung – Analyse der Ein-wanderungsgesellschaft; in: Haller u.a.: 3-23

**Geiss, Imanuel** (1988): Geschichte des Rassismus, Frankfurt a.M.

**Geißler, Rainer/Marißen, Norbert** (1990): Kriminalität und Kriminalisierung junger Aus-länder; in: Kölner Zeitschrift für Soziologie und Sozialpsychologie, H. 4/1990: 663-687

**Gellner, Ernest** (1991): Nationalismus und Moderne, Berlin

**Georgi-Findlay, Brigitte** (1995): Rezension: Spivak, Gayatri Chakravorty. Outside in the Teaching Machine; in: Harzig u.a.: 167-168

**Gerhard, Ute/Link, Jürgen** (1991): Kleines Glossar neorassistischer Feindbild-Begriffe; in: Boehnke, Heiner/Wittich, Harald (Hg.): Bundesdeutschland. Ansichten zu einer multikulturellen Gesellschaft, Reinbek: 138-147

**Ghosh-Schellhorn, Martina** (1993): Post-Colonial Literature?; in: Glage u.a.: 37-43

**Giddens, Anthony** (1989): Sociology (Kap. 8: Ethnicity and Race), Oxford

**Giddens, Anthony** (1995): Konsequenzen der Moderne, Frankfurt a.M.

**Gikandi, Simon** (1990): Narration in the Post-Colonial Moment; in: Adam u.a.: 13-22

**Gilbert, Helen/Tompkins, Joanne** (1996): Post-colonial Drama. Theory, Practice, Politics, London

**Gilroy, Paul** (1992): The End of Antiracism; in: Donald u.a.: 49-61

**Gilroy, Paul** (1996): British Cultural Studies and the Pitfalls of Identity; in: Baker u.a.: 223-239

**Giroux, Henry** (1992): Resisting Difference: Cultural Studies and the Discourse of Critical Pedagogy; in: Grossberg u.a.: 199-212

**Glage, Lieselotte/Michel Martina** (Hg.): Postkoloniale Literaturen. Peripherien oder neue Zentren?, Hamburg - Berlin 1993

**Glatzer, Wolfgang** (1996): Zivilisation – das verbindende Element verschiedener Kulturen?; in: Kroker u.a.: 33-48

**Glazer, Nathan/Moynihan, Daniel P.** (Hg.): Ethnicity. Theory and Experience, Cambridge 1976

**Glowania, Malgorzata/Heil, Andrea** (1996): Das Persönliche und das Politische: Frauen im Rap; in: Karrer: 99-118

**Göckede, Regina** (2004): Der dritte Raum, in: Eugen Blume, Gabriele Knapstein, Joachim Jäger (Hg.): Friedrich Christian Flick Collection im Hamburger Bahnhof,), Berlin: 29-32

**Göckede, Regina** (2005): Adolf Rading (1888-1957). Exodus des Neuen Bauens und Transgress des Exils, Berlin [im Druck]

**Goffman, Erving** (1967): Stigma. Über Techniken der Bewältigung beschädigter Identitäten, Frankfurt a.M.

**Gohrisch, Jana** (1994): (Un)Belonging? Geschlecht, Klasse, Rasse und Ethnizität in der britischen Gegenwartsliteratur: Joan Riley Romane, Frankfurt a.M.

**Goméz-Pena, Guillermo** (1993): Warrior for Gringostroika. Essays, Performance Texts and Poetry, Saint Paul

**Goméz-Pena, Guillermo** (1996): Inventing Cultural Encounters; in: Ibieta, Gabriella/Orvell, Miles (Hg.): Inventing America: Readings in Identity and Culture, New York: 23

**Gordon, Milton M.** (1978): Human Nature, Class and Ethnicity, New York

**Görtemaker, Manfred** (1989): Deutschland im 19. Jahrhundert, 3. überarb. Aufl., Opladen

**Goulbourne, Harry** (1993): Aspects of Nationalism and Black-Identity in post-imperial Britain; in: Keith u.a.: 177-192

**Greve, Martin** (1996): „Freßt, freßt, freßt, bis ihr platzt!". Unter dem Namen KanAK startet die Kreuzberger Rapgruppe Islamic Force in die Türkei; in: taz 9.7.1996: 15

**Grossberg, Lawrence/Nelson, Cary/Treichler, Paula A.** (Hg.): Cultural Studies, New York - London 1992

**Grosse, Pascal** (2000): Kolonialismus, Eugenik und bürgerliche Gesellschaft in Deutschland 1850-1918, Frankfurt a.M.

**Gutiérrez Rodriguez, Encarnación** (1999): Intellektuelle Migrantinnen. Subjektivitäten im Zeitalter von Globalisierung, Opladen

**Gutiérrez Rodriguez, Encarnación/Steyerl, Hito** (Hg.): Spricht die Subalterne deutsch? Postkoloniale Kritik und Migration, Münster 2003

**Gutiérrez Rodriguez, Encarnación** (2003): Repräsentation, Subalternität und postkoloniale Kritik; in: Gutiérrez Rodriguez/Steyerl: 17-37

**Gutmann, Amy** (1993): Kommentar; in: Taylor: 117-145

**Ha, Kien Nghi** (1999): Ethnizität und Migration, EINSTIEGE: Grundbegriffe der Sozialphilosophie und Gesellschaftstheorie, Bd. 9, Münster

**Ha, Kien Nghi** (2000): Ethnizität, Differenz und Hybridität in der Migration. Eine postkoloniale Perspektive; in Prokla, Nr. 120, 3/2000: 377-397

**Ha, Kien Nghi** (2002a): Identität und antirassistische Identitätspolitik unter den Bedingungen kolonialer und rassistischer Präsenzen; in: Bratić: 33-46

**Ha, Kien Nghi** (2002b): Menace 2 the Groove: „Ghetto", Gender und Gewalt im Gangsta-Rap; in: diskus – Zeitschrift der StipendiatInnen der Heinrich Böll Stiftung, H. 12, 7/2002: 77 - 83

**Ha, Kien Nghi** (2003a): Die kolonialen Muster deutscher Arbeitsmigrationspolitik; in: Gutiérrez Rodriguez/Steyerl: 56-107

**Ha, Kien Nghi** (2003b): Hybride Bastarde. Identitätskonstruktionen in kolonial-rassistischen Wissenschaftskontexten; in: Eva Kimminich (Hg.): Kulturelle Identität. Konstruktion und Krise, Frankfurt a. M.: 107-160

**Ha, Kien Nghi** (2003c): Sprechakte – SprachAttakken: Rassismus, Konstruktion kultureller Differenz und Hybridität in einer TV-Talkshow mit Feridun Zaimoğlu; in: Fröhlich, Margrit/Messerschmidt, Astrid/Walther, Jörg (Hg.): Migration als biografische und expressive Ressource. Beiträge zur kulturellen Produktion in der Einwanderungsgesellschaft, Frankfurt a. M.: 123-149

**Ha, Kien Nghi** (2004a): Kolonial-rassistisch – subversiv – postmodern: Hybridität bei Homi Bhabha und in der deutschsprachigen Rezeption; in: Habermas, Rebekka/von Mallinckrodt, Rebekka (Hg.): Interkultureller Transfer und nationaler Eigensinn, Göttingen: 53-69

**Ha, Kien Nghi** (2004b): Die schöne neue Welt der Hybridität. Epistemologischer Wertewandel und kulturindustrielle Vermischungslogik im Spätkapitalismus; in: Merz-Benz, Peter-Ulrich/Wagner, Gerhard (Hg.): Kultur in Zeiten der Globalisierung, Weilerswist [im Druck]

**Ha, Kien Nghi** (2004c): „Germany 12 Points!" – Integration als nationale Modernisierung und kulturelle Bemächtigung; in: Bratić, Ljubomir/Koweindl, Daniela/Schneider, Ula (Hg.): living-room SOHO, Wien [im Druck]

**Ha, Kien Nghi** (2005a): Hype um Hybridität. Kultureller Differenzkonsum und postmoderne Verwertungstechniken im Spätkapitalismus, Bielefeld [im Druck]

**Ha, Kien Nghi/Schmitz, Markus** (2005b): Der nationalpädagogische Impetus deutscher Integrations(dis)kurse im Spiegel post-/kolonialer Kritik; in: Mecheril, Paul/Witsch, Monika (Hg.): Cultural Studies und Pädagogik [in Vorbereitung]

**Haberl, Othmar Nikola** (1986): Die Bundesrepublik Deutschland – ein Einwanderungsland der Türken; in: Meys u.a.: 157-188

**Hardt, Michael/Negri, Antonio** (2002): Empire. Die neue Weltordnung, Frankfurt a.M.

**Haley, Alex** (Hg.): Malcolm X: Die Autobiographie, München 1992

**Halfmann, Jost** (1992): Die Dialektik der Zivilisierung. Zur Erzeugung minoritärer Kulturen in Nordamerika; in: Vollmer: 23-38

**Hall, Stuart** (1989): Ausgewählte Schriften, Hamburg

**Hall, Stuart** (1992): What Is This "Black" in Black Popular Culture; in: Dent u.a.: 21-33

**Hall, Stuart** (1994): Rassismus und kulturelle Identität. Ausgewählte Schriften 2, Hamburg

**Hall, Stuart** (1995): Kultur, Community, Nation; in: Harzig u.a.: 26-42

**Hall, Stuart** (1996): Minimal Selves; in: Baker u.a.: 114-119

**Hall, Stuart** (1997): Wann war „der Postkolonialismus"? Denken an der Grenze; in: Bronfen: 219-246

**Hall, Stuart** (2000): Cultural Studies. Ein politisches Theorieprojekt, Hamburg

**Haller, Ingrid/Geiger, Klaus F.** (Hg.): Ethnische Minderheiten und Industriegesellschaften, Kassel 1991

**Haller, Ingrid** (1991): Nicht-deutsche eingewanderte Minderheiten in einer nationalstaatlichen Mehrheitsgesellschaft; in: Kiesel u.a.: 67-82

**Hamm, Bernd** (1994): Kanadische Multikulturalismuspolitik – Ein Überblick; in: Reinarz, Manuela/Thomas, Simona (Hg.): Multikulturalismus, Trier: 128-148

**Hannerz, Ulf** (1995): „Kultur" in einer vernetzten Welt. Zur Revision eines ethnologischen Begriffs; in: Kaschuba: 64-84

**Hansen, Klaus** (1996): Die Differenzierung des Englischen, Berlin

**Hansen, Roland** (1989): Türkische Deutsche, deutsche Türken oder „ein bißchen von da und ein bißchen von da. Re-Migration und Identitätskonflikte türkischer Jugendlicher aus Izmir, Saarbrücken - Fort Lauderdale

**Haraway, Donna** (1989): A Manifesto for Cyborgs: Science, Technology and Socialist Feminism in the 1980s, in: Nicholson

**Harris, Leonard** (1993): Postmodernism and Utopia, an unholy Alliance; in: Keith u.a.: 31-44

**Härtling, Heike** (1994): Das Imperium schreibt zurück. Postkoloniale Literaturen aus Großbritannien; in: taz 26.5.1994: 22

**Harvey, David** (1989): The Conditions of Postmodernity, Oxford

**Harvey, David** (1994): Klassenbeziehungen, soziale Gerechtigkeit und die Politik der Differenz; in: Ostendorf: 205-227

**Harvey, David** (1996): Justice, Nature and the Geography of Difference, Oxford

**Harzig, Christiane/Räthzel, Nora** (Hg.): Widersprüche des Multikulturalismus, Hamburg - Berlin 1995

**Hassan, Ihab** (1988): Postmoderne heute; in: Welsch: 47-56

**Hättich, Manfred** (1996): Überfremdungsängste und deutsche Identität; in: Kroker u.a.: 145-151

**Hebdige, Dick** (1979): Subculture: the Meaning of Style, London (dt.: Diederichsen, Diedrich/Ders./Marx, Olaph-Dante (1983): Schocker. Stile und Moden der Subkultur, Reinbek)

**Heckmann, Friedrich** (1980): Einwanderung als Prozeß; in: Blaschke u.a.: 95-125

**Heckmann, Friedrich** (1985): Die Bundesrepublik – ein Einwanderungsland?, Stuttgart

**Heckmann, Friedrich** (1991): Ethnos, Demos und Nation oder: Woher stammt die Intoleranz des Nationalstaats gegenüber ethnischen Minderheiten; in: Bielefeld: 51-78

**Heckmann, Friedrich** (1992): Ethnische Minderheiten, Volk und Nation. Soziologie interethnischer Beziehungen, Stuttgart

**Hegel, Georg Wilhelm Friedrich** (1970): Philosophie der Geschichte; in: Ders.: Werke in zwanzig Bänden, Bd. 12, Frankfurt a.M.

**Heinrichs, Hans-Jürgen** (1992): Inmitten der Fremde. Von In- und Ausländern, Reinbek

**Heitmeyer, Wilhelm/Müller, Joachim/Schröder, Helmut** (1997a): Verlockender Fundamentalismus, Frankfurt a.M.

**Heitmeyer, Wilhelm** (1997b): Entwicklungen ernster nehmen; in: taz 22.4.1997: 10

**Hennig, Eike** (1996): Fragmentierte Stadträume und Stadtdiskurse: Amsterdam, Frankfurt/Main und Los Angeles; in: DAS ARGUMENT, Nr. 217: 757-773

**Hepp, Andreas/Winter, Carsten** (Hg.): Die Cultural-Studies-Kontroverse, Lüneburg 2003

**Herbert, Ulrich** (2001): Geschichte der Ausländerpolitik in Deutschland, München

**Hill, Paul B./Schnell, Rainer** (1991): Was ist „Identität"; in: Esser, Hartmut/Friedrichs, Jürgen (Hg.): Generation und Identität. Empirische und theoretische Beiträge zur Migrationssoziologie, Opladen: 25-42

**Hinderer, Walter** (1996): Im babylonischen Turm, oder: Steine aus dem Glashaus. Amerikas Kampf um den Kanon und um die kulturelle Einheit; in: Bauer u.a.: 70-84

**Hippler, Jochen** (1995): Building an Enemy; in: KONKRET, H. 3/1995: 19-21

**Hirsch, Edward** (1996): Das Privileg, über Orte und Menschen zum ersten Mal zu schreiben. Derek Walcott im Gespräch mit Edward Hirsch; in: Bauer u.a.: 85-114

**Hirschfeld, Uwe/Rügemer, Werner** (Hg.): Utopie und Zivilgesellschaft. Rekonstruktionen, Thesen und Informationen zu Antonio Gramsci, Berlin 1990

**Hobsbawm, Eric J.** (1991): Nationen und Nationalismus. Mythos und Realität seit 1780, Frankfurt a.M. - New York

**Hoerder, Dirk** (1995): Ethnische Gruppen in multikulturellen Gesellschaften: Kulturverände-rung oder Kulturerhalt; in: Harzig u.a.: 61-70

**Hoffmann, Klaus** (1990): Leben in einem fremden Land. Wie türkische Jugendliche „so-ziale" und „persönliche" Identität ausbalancieren, Bielefeld

**Hoffmann, Lutz** (1986): Die politische Partizipation der türkischen Einwohner in der Bun-desrepublik Deutschland; in: Meys u.a.: 117-130

**Hoffmann, Lutz** (1991): Nationalstaat oder Republik? Von der Macht einer scheinbar zeit-losen Ideologie; in: Kiesel u.a.: 5-16

**Holz, Hans Heinz/Prestipino, Guiseppe** (Hg.): Antonio Gramsci heute. Aktuelle Perspekti-ven seiner Philosophie, Bonn 1992

**Hondrich, Karl Otto/Koch-Arzberger, Claudia** (1992): Solidarität in der modernen Gesell-schaft, Frankfurt a.M.

**hooks, bell** (1984): from margin to center. feminist theory, Boston

**hooks, bell** (1992): Representing Whiteness in the Black Imagination; in: Grossberg u.a.: 338-346

**hooks, bell** (1994a): Black looks: Popkultur – Medien – Rassismus, Berlin

**hooks, bell** (1994b): Outlaw Culture. Resisting Representations, New York – London

**Horkheimer, Max** (1993/1939): Die Juden in Europa, in: Ders.: Schriften 1936 – 1941. Gesammelte Schriften: Bd. 4, Frankfurt a.M.

**Hörning, Karl H./Winter Rainer** (Hg.): Widerspenstige Kulturen. Cultural Studies als He-rausforderung, Frankfurt a.M. 1999

**Huggan, Graham** (2001): The Postcolonial Exotic. Marketing the Margins, London

**Hund, Wulf** (1999): Rassismus. Die soziale Konstruktion natürlicher Ungleichheit, Münster

**Huntington, Samuel P.** (1996): Kampf der Kulturen. Die Neugestaltung der Weltpolitik im 21. Jahrhundert, Frankfurt a.M.

**Hutcheon, Linda** (1994): Die Politisierung der Präfixe: postmodern, postkolonial, postkultu-rell; in: Ostendorf: 155-166

**Hutnyk, John** (2000): Critique of Exotica: Music, Politics and the Culture Industry, London

**Ice-T** (1994): The Ice Opinion. Who gives a FUCK?, London - Sydney

**Ishiguro, Kazuo** (1992): Was vom Tage übrigblieb, Reinbek

**Iyer, Pico** (1996): The Empire Writes Back. Am Beginn einer neuen Weltliteratur?; in: Bauer u.a.: 9-19

**Jacob, Günther** (1995): Krauts with Attitude. Über die nationale und ethnische Segmentie-rung der Popmusik; in: KONKRET, H. 7/1995: 42-47

**Jacob, Günther** (1996): Differenz und Diskurs. Zum Umgang mit importiertem HipHop; in: Karrer u.a.: 169-179

**Jacobs, Paul/Landau, Saul/Pell, Eve** (1975): Brüder, sollen wir uns unterwerfen? Die ver-leugnete Geschichte Amerikas, München

**Jäger, Siegfried** (1992): BrandSätze. Rassismus im Alltag, Duisburg

**Jäger, Siegfried u.a.** (1998): Der Spuk ist nicht vorbei. Völkisch-nationalistische Ideologeme im öffentlichen Diskurs der Gegenwart, Duisburg

**Jamal, Mahmood** (1988): Dirty Linen; in: Mercer, Kobena/Stuart Hall (Hg.): Black Film. British Cinema, London: 21-22

**Jameson, Frederic** (1990): Third-World Literature in the Era of Multinational Capital; in: Social Text, Nr. 15: 65-88

**Jameson, Frederic** (1990): Modernism and Imperialism; in: Eagleton, Terry/Jameson, Frederic/Said, Edward W.: Nationalism, Colonialism, and Literature, Minneapolis: 43-66

**Jameson, Frederic** (1991): Postmodernism, Or The Cultural Logic of Late Capitalism, Durham

**JanMohamed, Abdul R.** (1985): The Economy of Manichean Allegory: The Function of Racial Difference in Colonialist Discourse; in: Gates: 78-106

**JanMohamed, Abdul R.** (1996): Die Ökonomie der manichäischen Allegorie; in: Bauer u.a.: 46-53

**Jordan, Glenn/Weedon, Chris** (1995): Cultural Politics. Class, Gender, Race and the Postmodern World, Oxford - Cambridge/MA

**Jontofsohn, Sabine** (1993): Amy Tan und ihre Romane vor dem psycho-sozialen Hintergrund der Chinesen in den USA und der sino-amerikanischen Literatur, unveröffentlichte Magisterarbeit am Institut für Sinologie, Freie Universität Berlin

**Julien, Isaac** (1992): Black Is, Black Ain't: Notes on De-Essentializing Black Identities; in: Dent u.a.: 255-263

**Julien, Isaac/Mercer, Kobena** (1996): De Margin and De Center; in: Baker u.a.: 194-209

**Kachru, Braj B.** (Hg.): The Other Tongue: English Across Cultures, Campaign 1992

**Kalnins, Artur** (1991): Kapverdeaner zwischen Hamburg und Kap Verde. Emigration, Heimaten, Identität und soziale Wirklichkeit, Frankfurt a.M.

**Kalpaka, Annita** (1992): Die Hälfte des geteilten Himmels; in: Schulz, Marion (Hg.): Fremde Frauen. Von der Gastarbeiterin zur Bürgerin, Frankfurt a.M.: 117-23

**Kalpaka, Annita/Räthzel, Nora** (1989): Die Schwierigkeit, nicht rassistisch zu sein; in: Autrata u.a.: 85-100

**Karrer, Wolfgang** (1992): Borderlands: Chicanos im Südwesten der USA und ihre Kultur; in: Vollmer: 149-165

**Karrer, Wolfgang/Kerkhoff, Ingrid** (Hg.): RAP. Im Fadenkreuz, Hamburg - Berlin 1996

**Karrer, Wolfgang** (1996): Rap als Jugendkultur zwischen Widerstand und Kommerzialisierung; in: Ders. u.a.: 21-44

**Kaschuba, Wolfgang** (Hg.): Kulturen – Identitäten – Diskurse. Perspektiven europäischer Ethnologie, Berlin 1995

**Kaschuba, Wolfgang** (1995): Kulturalismus: Vom Verschwinden des Sozialen im gesellschaftlichen Diskurs; in: Ders.: 11-30

**Kattmann, Ulrich** (1973): Rassen. Bilder vom Menschen, Wuppertal

**Kauderzanca**. Zeitschrift für Interkultur (1997): Jugend und Politik, H. Herbst 1997, Nr. 15

**Kaynar, Erdal/Suda, Kimiko** (2002): Aspekte migrantischer Selbstorganisation in Deutschland; in: Bratić: 167-185

**Keith, Michael/Cross, Malcolm** (Hg.): Racism, the City and the State, London - New York 1993

**Keith, Michael/Cross, Malcolm** (1993): Racism and the Postmodern City; in: Ders. u.a.: 1-30

**Kelley, Robin** (1996): Kickin' Reality, Kickin' Ballistics: "Gangsta Rap" and Postindustrial Los Angeles; in: Ders.: Race Rebels. Culture, Politics, and the Black Working Class, New York: 183-227

**Kerner, Ina** (1999): Feminismus, Entwicklungsarbeit und postkoloniale Kritik, Münster

**Kessler, Michael/Wertheimer, Jürgen** (Hg.): Multikulturalität: Tendenzen, Probleme, Perspektiven im europäischen und internationalen Horizont, Tübingen 1995

**Kienzl, Gabi** (1993): „Sich nicht runterdrücken lassen". Lebensgeschichtliches Interview mit Frau A. (46); in: Berliner Geschichtswerkstatt: 104-105

**Kiesel, Doron/Wolf-Almanasreh, Rosi** (Hg.): Die multikulturelle Versuchung. Ethnische Minderheiten in der deutschen Gesellschaft, Frankfurt a.m. 1991

**Kingston, Maxine Hong** (1976): The Woman Warrior: Memoirs of a Girlhood Among Ghosts, New York (dt.: Die Schwertkämpferin, Berlin - Frankfurt a.M. - Wien 1982)

**Kingston, Maxine Hong** (1983): From an Interview between Kingston and Arturo Islas; in: Yalom, M./Davis, M.: Women Writers of the West Coast, Santa Barbara: 11-19

**Kinzel, Matthias/Maier, Kirstin** (1993): Aufgewachsen in Berlin; in: Berliner Geschichtswerkstatt: 87-94

**Klein, Bernhard/Kramer, Jürgen** (Hg.): Common Ground. Crossovers between Cultural Studies and Postcolonial Studies, Trier 2001

**Klinkmann/Schneider** (1995): Mumbo Jumbo; in: KONKRET, H. 7/1995: 58-61

**Knörzer, Wolfgang** (1982): Probleme der Identitätsfindung und Identitätssicherung junger Türken in der Bundesrepublik; in: Coburn-Staege, U. u.a. (Hg.): Türkische Kinder in unseren Schulen – Eine pädagogische Herausforderung, Stuttgart: 47-62

**Koenen, Anne** (1995): "Tell us what moves at the margin" – Sprechen als Überwindung der Marginalisierung durch Rasse, Klasse und Geschlecht in der Literatur von Women of Color; in: Harzig u.a.: 111-131

**Kohl, Karl-Heinz** (1986): Entzauberter Blick. Das Bild vom Guten Wilden und die Erfahrung der Zivilisation, Frankfurt a.M.

**Kommission Zukunft Stadt 2000** (1993): Abschlußbericht; herausgegeben vom Bundesministerium für Raumordnung, Bauwesen und Städtebau, Bonn

**Konetzke, Richard** (1998/1965): Süd- und Lateinamerika I. Die Indianerkulturen Altamerikas und die spanisch-portugiesische Kolonialherrschaft, Augsburg

**Kramer, Jürgen** (1997): British Cultural Studies, München

**Krappmann, Lothar** (1969): Soziologische Dimensionen der Identität. Strukturelle Bedingungen für die Teilnahme an Interaktionsprozessen, Stuttgart

**Kraus, Brigitta** (1983): Generationskonflikte in türkischen Gastarbeiterfamilien und deren Hintergründe; in: Deutsch-Türkische Gesellschaft Bonn (Hg.): Mitteilungen, H. 106/1983

**Kremser, Manfred** (1993): "Shango is a powerful Fellow!". Repräsentation spiritueller Macht in afrokaribischen Kulturen; in: Fillitz u.a.: 205-217

**Kreye, Aldrian** (1995): Agitpop aus dem Ghetto; in: Der Spiegel, H. 17/1995: 132-134

**Kristeva, Julia** (1990): Fremde sind wir uns selbst, Frankfurt a.M.

**Kroker, Eduard/Dechamps, Bruno** (Hg.): Deutschland auf dem Weg zu einer multikulturellen Gesellschaft?, Frankfurt a.M. 1996

**Kröncke, Gerd** (1996): Das Imperium schlägt zurück – die englische Erfahrung; in: Bade: 108-124

**Krummacher, Michael/Waltz Viktoria** (1996): Einwanderer in der Kommune. Analysen, Aufgaben und Modelle für eine multikulturelle Stadtpolitik, Essen

**Kühl, Stefan** (1997): Die Internationale der Rassisten. Aufstieg und Niedergang der internationalen Bewegung für Eugenik und Rassenhygiene im 20. Jahrhundert, Frankfurt a.M.

**Kühler, Andreas** (1989): Chicanos und mexikanische Arbeitsmigranten. „Dritte Welt" in den USA, Münster

**Kureishi, Hanif** (1985): Bradford; in: Granta, Nr. 17/1985: 147-169

**Kureishi, Hanif** (1986): My Beautiful Launderette and The Rainbow Sign, London

**Kureishi, Hanif** (1990): The Buddha of Suburbia, London (dt.: Der Buddha aus der Vorstadt, München 1990)

**Kürsat-Ahlers, Elcin** (1991): Auszüge aus der Diskussion mit Barbara John; in: Reichardt, Hartmut/Habicht-Erenler, Susanne (Hg.): Multikulturell oder: Neue Migration – alte Konzepte. Ausländerpolitik vor neuen Herausforderungen, Rehburg-Loccum: 144-164

**Küster, Sybille** (1998): Wessen Postmoderne? Facetten postkolonialer Kritik; in: Gudrun-Alexi Knapp (Hg.): Kurskorrekturen. Feminismus zwischen Kritischer Theorie und Postmoderne, Frankfurt a. M.: 178-215

**Labek, Claudia** (1994): Unser Engagement für Ausländer – unter die Lupe genommen; in: Fuchs u.a.: 172-189

**Lackner, Michael/Werner, Michael** (1999): Der cultural turn in den Humanwissenschaften. Area Studies im Auf- oder Abwind des Kulturalismus?, Bad Homburg

**Laclau, Ernesto** (1990): New Reflections on the Revolution of our Time, London

**Ladwig, Perdita** (1993): Lebensmittelpunkt Lohnarbeit; in: Berliner Geschichtswerkstatt: 32-41

**Lauré al-Samarai, Nicola** (2001): Die Macht der Darstellung. Gender, sozialer Status, historiographische Re-Präsentation, Wiesbaden

**Lauré al-Samarai, Nicola** (2004a): Unwegsame Erinnerungen: Auto/biographische Zeugnisse von Schwarzen Deutschen aus der BRD und der DDR; in: Bechhaus-Gerst, Marianne/Klein-Arendt, Reinhard (Hg.): AfrikanerInnen in Deutschland und schwarze Deutsche – Geschichte und Gegenwart, Münster: 197-210

**Lauré al-Samarai, Nicola** (2004b): Neither Foreigners Nor Aliens. The Intermingling Stories of Sinti and Roma and Black Germans; in: Women in German Yearbook, 20 [im Druck]

**Lazarus, Neil** (1994): National Consciousness and the Specificity of (post)colonial Intellectualism; in: Barker u.a.: 197-220

**Lee, Jang-Seop** (1991): Koreanischer Alltag in Deutschland. Zur Akkulturation der koreanischen Familien, Münster

**Lefebvre, Henri** (1972): Das Alltagsproblem in der modernen Welt, Frankfurt a.M.

**Leggewie, Claus/Groffebert, H.** (1991): Ali im Wunderland; in: Die Zeit 1.11.1991

**Leggewie, Claus** (1993a): Vom Deutschen Reich zur Bundesrepublik – und nicht zurück. Zur politischen Gestalt einer multikulturellen Gesellschaft; in: Balke u.a.: 3-20

**Leggewie, Claus** (1993b): SOS France: Ein Einwanderungsland kommt in die Jahre; in: Robertson-Wensauer: 212-238

**Leggewie, Claus** (2000): Hybridkulturen; in: Merkur, H. 618: 879-889

**Lenz, Günter H.** (1994): American Culture Studies: Multikulturalismus und Postmoderne; in: Ostendorf: 167-187

**Lévinas, Emmanuel** (1983): Die Spur des Anderen: Untersuchungen zur Phänomenologie und Sozialphilosophie, Freiburg

**Lindner, Rolf** (1995): Kulturtransfer. Zum Verhältnis von Alltags-, Medien- und Wissenschaftskultur; in: Kaschuba: 31-44

**Lindner, Rolf** (2000): Die Stunde der Cultural Studies, Berlin

**Lipsitz, George** (1993): „Hier sieht man ihre Trümmer rauchen". Hat Los Angeles eine multikulturelle Zukunft?; in: Balke u.a.: 137-56

**Lischke, Ursula/Rögl, Heinz** (Hg.): Multikulturalität. Diskurs und Wirklichkeit, Wien 1993

**Lischke, Ursula** (1993): Ein Land und das Fremde. Zur Situation in der BRD; in: Dies. u.a.: 49-122

**Lloyd, Cathie** (1992): Race Relations in Großbritannien und in Frankreich; in: Rassismus und Migration: 469-482

**Löchel, Rolf** (1999): Wo Cultural Studies drauf steht, sind Unterschiede drin, in: Literaturkritik.de, H. 10, http://www.literaturkritik.de/txt/1999-10-06.html

**Loh, Hannes/Güngör, Murat** (2002): Fear of a Kanak Planet. HipHop zwischen Weltkultur und Nazi-Rap, Höfen

**Loza, Steven u.a.** (1994): Los Angeles Gangsta Rap and the Aesthetics of Violence; in: Selected Reports in Ethnomusicology, Vol. X: 149-161

**Lüddecke, Andreas** (2000): Rassen, Schädel und Gelehrte. Zur politischen Funktionalität der anthropologischen Forschung und Lehre in der Tradition Egon von Eickstedts, Frankfurt a.M.

**Lusane, Clarence** (1993): Rap, Race and Politics; in: Race & Class, 35, 1/1993: 41-56

**Lutz, Helma** (1991): Welten verbinden. Türkische Sozialarbeiterinnen in den Niederlanden und in der Bundesrepublik Deutschland, Frankfurt a.M.

**Lützeler, Paul Michael** (1995): Vom Ethnozentrismus zur Multikultur. Europäische Identität heute; in: Kessler u.a.: 91-105

**Lyotard, Jean-François** (1986): Das postmoderne Wissen. Ein Bericht, Wien

**Lyotard, Jean-François** (1987): Der Widerstreit, München

**Lyotard, Jean-François** (1988): Beantwortung der Frage: Was ist postmodern?; in: Welsch: 193-203

**Mackenthum, Gesa** (1996): E Pluribus Unum? Die Position der USA im postkolonialen Diskurs; in: DAS ARGUMENT, Nr. 215: 373-379

**Mama, Amina** (1992): Black Women and the British State: Race, Class and Gender Analysis for the 1990s; in: Braham, Peter/Rattansi, Ali/Skellington, Richard (Hg.): Race and Antiracism. Inequalities, Opportunities and Policies, London: 79-101

**Manns, Sönke** (1993): Organisierte Kriminalität; in: Kampmeyer, Eva/Neumeyer, Jürgen (Hg.): Innere Unsicherheit, München: 73-86

**Marable, Manning** (1992): Race, Identity, and Political Culture; in: Dent u.a.: 292-302

**Martens, Klaus** (1996): Zusammensprechende Literaturen: Wortreich in der Neuen Welt; in: Bauer u.a.: 26-35

**Marx, Karl/Engels, Friedrich** (1848): Manifest der Kommunistischen Partei; in: MEW; Bd. 4.: 453-493

**Masolo, Dismas A.** (1992): History and Modernization of African Philosophy. A Reading of Kwasi Wiredu; in: Nagl-Docekal u.a.: 65-100

**McCrum, Robert/Cran, William/MacNeil, Robert** (1986): The Story of English, London

**McRobbie, Angela** (1995): What is happening in cultural studies? Kulturanalyse im Postmarxismus; in: Kaschuba: 100-113

**Mead, George Herbert** (1968): Geist, Identität und Gesellschaft, Frankfurt a.M.

**Mecheril, Paul/Teo, Thomas** (Hg.): Andere Deutsche. Zur Lebenssituation von multiethnischer und multikultureller Herkunft, Berlin 1994

**Mecheril, Paul** (2003): Politik der Unreinheit, Wien

**Mehlem, Ulrich** (1994): Einleitung; in: Hall: 5-14

**Mehrländer, Ursula** (1986): Rückkehrabsichten der Türken im Verlauf des Migrationsprozesses 1961-85; in: Meys u.a.: 53-72

**Meier-Braun, Karl-Heinz** (1988): Integration und Rückkehr? Zur Ausländerpolitik des Bundes und der Länder insbesondere Baden-Württembergs, Mainz

**Melber, Henning** (1989): Rassismus und eurozentrisches Zivilisationsmodell. Zur Entwicklungsgeschichte des kolonialen Blicks; in: Autrata u.a.: 29-62

**Melber, Henning** (1990): Befreiungsbewegungen an der Macht. Staatlich-politische Herrschaft in der Dritten Welt; in: Hirschfeld, Uwe/Rügemer, Werner (Hg.): Utopie und Zivilgesellschaft. Rekonstruktionen, Thesen und Informationen zu Antonio Gramsci, Berlin: 179-188

**Melber, Henning** (1992): Am deutschen Wesen ... Kontinuitäten kolonialen Denkens am Beispiel des deutsch-afrikanischen Verhältnisses; in: Rassismus und Migration: 247-258

**Memrath, Stefanie** (2001): Represent What ... Performativität von Identitäten im HipHop, Hamburg

**Mercer, Kobena** (1988): Diaspora Culture and the Dialogic Imagination; in: Cham, Mbye/ Watkins, Claire-Andrade (Hg.): Blackframe: Critical Perspectives on Black Independent Cinema, London

**Mercer, Kobena** (1992): "1968": Periodizing Politics and Identity; in: Grossberg u.a.: 424-449

**Mercer, Kobena** (1996): Just Looking for Trouble: Robert Mapplethorpe and Fantasies of Race; in: Baker u.a.: 278-292

**Mergner, Gottfried** (1992): „Unser nationales Erbe" des deutschen Kolonialismus. Rassistische Bilder – Mitleid mit den Opfern – die Unschuld der Erben; in: Foitzik u.a.: 143-162

**Messerschmidt, Astrid** (2002): Hybride Einsprüche: Anfragen an Interkulturelle Erwachsenenbildung im Zeitalter der Globalisierung; in: Seiverth, Andreas (Hg.): Am Menschen orientiert, Revisionen evangelischer Erwachsenenbildung, Gütersloh: 545-560

**Messerschmidt, Astrid** (2003a): Bildung als Kritik der Erinnerung. Lernprozesse in Geschlechterdiskursen zum Holocaust-Gedächtnis, Frankfurt a.M.

**Messerschmidt, Astrid** (2003b): Postkoloniale Ansichten. Filme bewegen Bildungsprozesse; in: medien praktisch. Zeitschrift für Medienpädagogik, H. 105, 2/2003: 74-76

**Meulenbelt, Anja** (1988): Scheidelinien. Über Sexismus, Rassismus und Klassismus, Reinbek

**Meyer-Gosau, Frauke** (1993): Kopftuch und Pilotenschein. Aysel Koc in Berlin; in: Benz: 147-153

**Meys, Werner/Sen, Faruk** (Hg.): Zukunft in der Bundesrepublik oder Zukunft in der Türkei? Eine Bilanz der 25jährigen Migration der Türken, Frankfurt a.M. 1986

**Michel, Martina** (1993): Postcolonial Literatures: Use or Abuse of the Latest Post-Word; in: Glage u.a.: 6-23

**Miegel, Meinhard** (1996): Grenzenlos? Die europäischen Gesellschaften zwischen Identität und Fremdheit; in: Kroker u.a.: 133-144

**Miles, Robert** (1991): Rassismus. Einführung in die Geschichte und Theorie eines Begriffs, Hamburg

**Mo, Timothy** (1982): Sour Sweet, London

**Modood, Tariq** (1988): Black racial equality and Asian identity; in: New Community, Jg. 14, H. 3/1988: 397-404

**Morgan, Joan** (1995): Fly-Girls, Bitches and Hoes. Notes of a Hip-Hop Feminist; in: Social Text, 36, 4/1995: 151-157

**Morrison, Toni** (1989): Unspeakable Things Unspoken: The Afro-American Presence in American Literature; in: Michigan Quarterly Review, Jg. 28, H. 1/1989: 1-34

**Morrison, Toni** (1994): The Nobel Lecture in Literature 1993, New York

**Mukherjee, Arun P.** (1993): First World Readers, Third World Texts: Some Thoughts about Theory and Pedagogy; in: Glage u.a.: 24-36

**Mukherjee, Bharati** (1989): Jasmine, New York (dt.: Jasmine, München 1990)

**Müller, Jost** (1992): Rassismus und die Fallstricke des gewöhnlichen Rassismus; in: Redaktion diskus (Hg.): Die freundliche Zivilgesellschaft. Rassismus und Nationalismus in Deutschland, Berlin: 25-44

**Nagl-Docekal, Herta/Wimmer, Franz M.** (Hg.): Postkoloniales Philosophieren: Afrika, Wien - München

**Nancy, Jean-Luc** (1993): Lob der Vermischung; in: Lettre Internationale, H. 21/1993

**Negus, Keith** (1999): The Music Business and Rap: Between the Street and the Executive Suite; in: Cultural Studies, 13, 3/1999: 488-508

**Neumann, Ursula** (1980): Erziehung ausländischer Kinder – Erziehungsziele und Bildungsvorstellungen türkischer Arbeiterfamilien, Düsseldorf

**Ng, Fae Myenne** (1993): Bone. A Novel, New York (dt.: Der Tag der Diebe, München 1994)

**Ng, Roxana** (1992): Sexismus, Rassismus und kanadischer Nationalismus; in: Rassismus und Migration: 104-117

**Nicholson, Linda** (Hg.): Feminism and Postmodernism, New York 1989

**Nikolinakos, Marios** (1973): Politische Ökonomie der Gastarbeiterfrage. Migration und Kapitalismus, Reinbek

**Nirumand, Bahman** (1989): Leben mit den Deutschen, Reinbek

**Nirumand, Bahman** (Hg.): Deutsche Zustände. Dialog über ein gefährdetes Land, Hamburg 1993

**Nirumand, Bahman** (1993): Der Deutsche haßt die Fremden wie sich selbst; in: Ders.: 125-138

**Ogbar, Jeffrey** (1999): Sloughing toward Bork. The Culture Wars and Self-Criticism in Hip-Hop Music; in: Journal of Black Studies, 30, 2/1999: 164-183

**Oluwole, Sophie B.** (1992): The Africaness of a Philosophy; in: Nagl-Docekal u.a.: 101-124

**Ondaatje, Michael** (1993): Der englische Patient, München

**Orwell, George** (1976): 1984, Frankfurt a.M.

**Ostendorf, Bernd** (Hg.): Multikulturelle Gesellschaft. Modell Amerika?, München 1994

**Ostendorf, Bernd** (1994): Einwanderungspolitik der USA: Eine historische Skizze; in: Ders.: 15-31

**Özata, Mehmet** (1993): Die türkische Sprache in Berlin; in: Berliner Geschichtswerkstatt: 100-103

**Özcan, Ertekin** (1993): Selbstorganisation der türkischen Eiwandererminderheit; in: Berliner Geschichtswerkstatt: 66-74

**Pagenstecher, Cord** (1994): Ausländerpolitik und Immigrantenidentität. Zur Geschichte der „Gastarbeit" in der Bundesrepublik, Berlin

**Pagenstecher, Cord/Yolci, Tuygun** (1993a): Der Weg nach Berlin; in: Berliner Geschichtswerkstatt: 19-28

**Pagenstecher, Cord/Yolci, Tuygun** (1993b): Rückkehr – Vom Ziel zum Mythos; in: Berliner Geschichtswerkstatt: 106-115

**Pajaczkowska, Claire/Young, Lola** (1992): Racism, Representation, Psychoanalysis; in: Donald u.a.: 198-219

**Palmié, Stephan** (1994): Die sogenannte Hispanic Immigration? Diskursive Artefakte und soziale Wirklichkeiten; in: Ostendorf: 33-52

**Park, James** (1990): British Cinema: The Lights that Failed, London

**Park, Robert E.** (1950): Race and Culture. Essays in the Sociology of the Contemporary Man, Glencoe

**Parry, Benita** (1994): Resistance Theory / Theorising Resistance or Two Cheers for Nativism; in: Barker u.a.: 172-196

**Peitz, Christiane** (1994): Überall ist es besser, wo wir nicht sind. Vom Mainstream- bis zum Autorenkino erzählen in immer mehr Filmen Fremde von sich selbst; in: taz 13.5.1994: 15-16

**Pfleghar, Michael** (1993): Einleitung; in: Berliner Geschichtswerkstatt: 5-18

**Pfluger-Schindlbeck, Ingrid** (1993): Veränderung traditioneller Erziehungsformen bei türkischen Familien in Berlin (West); in: Wicker: 66-82

**Phoenix, Anne** (1995): The National Identities of Young Londoners; in: Harzig u.a.: 86-110

**Pilgram, Arno** (1993): Mobilität, Migration und Kriminalität – gegen die Vordergründigkeit kriminologischer Studien über Ausländer; Ders. (Hg.): Jahrbuch für Rechts- und Kriminalsoziologie 1993. Grenzöffnung, Migration, Kriminalität, Baden-Baden: 17-34

**Pinckney, Darryl** (1993): Malcolm X und mehr Schwärze; in: Balke u.a.: 157-76

**Pinn, Irmgard/Wehner, Marlies** (1992): Das Bild der islamischen Frau in westlichen Medien; in: Jäger, Siegfried/Januschek, Franz (Hg.): Der Diskurs des Rassismus, Oldenburg: 179-193

**Polat, Ülger** (1997a): Gastkommentar: Differenzierung statt Dramatisierung; in: taz 29.4.1997: 14

**Polat, Ülger** (1997b): Soziale und kulturelle Identität der türkischen Migranten der zweiten Generation in Deutschland, Hamburg

**Poschardt, Ulf** (1997): DJ-Culture. Diskjockeys und Popkultur, Reinbek

**Pratt, Mary Louise** (1985): Scratches on the Face of the Country; or, What Mr. Barrow Saw in the Land of the Bushmen; in: Gates: 138-162

**Pratt, Mary Louise** (1994): Transculturation and Autoethnography: Peru, 1615/1980; in: Barker u.a.: 24-46

**Puhle, Hans Jürgen** (1994): „Multikulturalismus" und der amerikanische consensus; in: Ostendorf: 77-93

**Puhle, Hans Jürgen** (1996): Vom Bürgerrecht zum Gruppenrecht? Multikulturelle Politik in den USA; in: Bade: 147-166

**Radtke, Frank-Olaf** (1991a): Pädagogisch induzierter Kulturalismus. Zum Zustand der Migrations- und Minderheitenforschung in der Bundesrepublik Deutschland am Ausgang der 80er Jahre; in: Haller u.a.: 24-51

**Radtke, Frank-Olaf** (1991b): Lob der Gleich-Gültigkeit. Zur Konstruktion des Fremden im Diskurs des Multikulturalismus; in: Bielefeld, Hamburg: 79-96

**Radtke, Frank-Olaf** (1993): Politischer und kultureller Pluralismus. Zur politischen Soziologie der „multikulturellen Gesellschaft"; in: Robertson-Wensauer: 79-95

**Radtke, Frank-Olaf** (1994): Multikulturalismus: Ein postmoderner Nachfahre des Nationalismus; in: Ostendorf: 229-235

**Radtke, Frank-Olaf** (1996): Fremde und Allzufremde. Zur Ausbreitung des ethnologischen Blicks in der Einwanderungsgesellschaft; in: Wicker u.a.: 333-352

**Ransby, Barbara/Matthews, Tracye** (1993): Black Popular Culture and the Transcendence of Patriarchal Illusions; in: Race & Class, 35, 1/1993: 58-68

**Rassismus und Migration in Europa**: Beiträge des Hamburger Kongresses „Migration und Rassismus in Europa" (25.-29. September 1990), Hrsg. vom Institut für Migrations- und Rassismusforschung (Hamburg) und Buntstift e.V. (Göttingen), Hamburg - Berlin 1992

**Rathjen, Friedhelm** (1996): Salman Rushdies Modell einer Literatur der Migration; in: DAS ARGUMENT, Nr. 215: 395-403

**Räthzel, Nora** (1994): Harmonische Heimat und abgründige Fremde; in: Fuchs u.a.: 57-75

**Reifer, Isabelle** (1991): Vom Patriarchat zum Sexismus. Die soziale Stellung der türkischen Frauen in der Migration; in: Gesellschaft für politische Aufklärung/Verein zur Betreuung und Beratung von AusländerInnen in Tirol (Hg.): AusländerInnen. Integration oder Assimilierung, Innsbruck: 89-102

**Reitz, Bernhard/Rieuwerts, Sigrid** (Hg.): Anglistentag 1999 Mainz, Trier

**Renner, Erich** (1975): Erziehungs- und Sozialisationsbedingungen türkischer Kinder, Rheinstetten

**Rex, John** (1996): Multikulturalismus in Europa und Nordamerika; in: Berliner Journal für Soziologie, H. 2/1996: 149-161

**Riedesser, Peter** (1984): Psychische Reaktion; in: Auernheimer, Georg (Hg.): Handwörterbuch Ausländerarbeit, Weinheim

**Riedel, Wolfgang** (2002): Hybride Identitäten; in: Wolf-Dietrich Bukow/Erol Yildiz (Hg.), Der Umgang mit der Stadtgesellschaft, Opladen: 241-250

**Robertson-Wensauer, Caroline Y.** (Hg.): Multikulturalität – Interkulturalität? Probleme und Perspektiven der multikulturellen Gesellschaft, Baden - Baden 1993

**Robertson-Wensauer, Caroline Y.** (1993): Grundsätzliches zur aktuellen Diskussion über die multikulturelle Gesellschaft; in: Dies.: 12-30

**Robertson, Caroline Y.** (2000): Globalisierungsdynamik am Beispiel der zweiten Zuwanderungsgeneration in Deutschland; in: Dies./Winter: 359-382

Ⅹ **Robertson, Caroline Y./Winter, Carsten** (Hg.): Kulturwandel und Globalisierung, Baden-Baden 2000

**Robins, Kevin** (1991): Tradition and Translation: National Culture in its Global Context; in: Corner, J./Harvey: (Hg.): Enterprise and Heritage: Crosscurrents of National Culture, London

**Rögl, Heinz** (1993): Multikulturalität – Entschleierung eines Konzepts; in: Lischke u.a.: 15-48

**Rommelspacher, Birgit** (1995): Dominanzkultur. Texte zu Fremdheit und Macht, Berlin

**Rommelspacher, Birgit** (1997): Bild der Radikalisierung. Der Kampf der Kulturen in der deutschen Jugendforschung; in: taz, 29.4.1997: 15

**Rose, Tricia** (1992): Black Texts/Black Contexts; in: Dent u.a.: 223-227

**Rowe, John Carlos** (1994): Die Zukunft der „Amerikastudien": Die Kulturen der USA im Vergleich; in: Ostendorf: 189-201

**Rushdie, Salman** (1985): Scham und Schande, München

**Rushdie, Salman** (1992): Heimatländer der Phantasie. Essays und Kritiken 1981-1991, München

**Said, Edward W.** (1978): Orientalism, London (dt.: Orientalismus, Frankfurt a.M. 1981)

**Said, Edward W.** (1983): Traveling Theory; in: Ders.: The World, the Text, and the Critic, Cambridge/MA: 226-247

**Said, Edward W.** (1994): Culture and Imperialism, London (dt.: Kultur und Imperialismus. Einbildungskraft und Politik im Zeitalter der Macht, Frankfurt a.M. 1994)

**Said, Edward W.** (1999): Die Konstruktion des Anderen; in: Christopher Burgmer (Hg.), Rassismus in der Diskussion, Berlin: 27-44

**Salaam, Mume** (1996a): Rap as Art: Some Thoughts on the Aesthetics of Rap; in: Karrer u.a.: 119-141

**Salaam, Kalamu ya** (1996b): Von der Rap Revolution profitieren; in: Karrer u.a.: 11-20

**Sareiha, Rüdiger/Kuruyazici, Nilüfer/Baydar, Oya/Canetti, Diana/Zaimoğlu, Feridun/ Gursel, Nedin/Sölcün, Sargut** (1996): Leben – einzeln und frei wie ein Baum und geschwisterlich wie ein Wald ist unsere Sehnsucht. Türkei, Deutschland, Europa. Impulse für die Gegenwartsliteratur. Das Eigene und das Fremde, Iserlohn

**Sartre, Jean Paul** (1981): Vorwort; in: Fanon: 7-27

**Scharenberg, Albert** (1997): Schwarzer Nationalismus in den USA. Das Malcolm X-Revival, Münster

**Schedlich, Bosijlka** (1987): Der Weg. Jugoslawische Frauen in Berlin-Wedding, Berlin

**Scheinhardt, Saliha** (1993): Türkinnen in Deutschland. Eine Innenperspektive; in: Balke u.a.: 68-77

**Scherpe, Klaus R.** (1996): Das Andere verstehen? Mimesis – ein Vermögen beim Umgang mit dem Fremden; in: Bauer u.a.: 36-45

**Schiffauer, Werner** (1992): Die Migranten aus Subay. Türken in Deutschland: Eine Ethnographie, Stuttgart

**Schmidt-Haberkamp, Barbara** (2000): Appropriation of the Third Space. Considerations upon the Mediating Function of Migrant Writers; in: Reitz/Rieuwerts: 301-311

**Schmitz, Markus** (2004a): Orientalismus, Gender und die binäre Matrix kultureller Repräsentationen; in: Karentzos, Alexandra (Hg.): Der Orient, die Fremde, Bielefeld [im Druck]

**Schmitz, Markus** (2004b): Die transkulturelle Wirkung Edward Saids. Potentiale und Ambivalenzen in der west-östlichen Rezeption eines postkolonialen Kritikers; in: Botros, Atef

(Hg.): Kulturelle und literarische Transnationalisierung im Nahen Osten, Leipzig [im Druck]

**Schneider, Irmela** (2000): Hybridisierung als Signatur der Zeit; in: Robertson/Winter: 175-187

**Schoen, Ulrich** (1999): Bi-Identität – Heimat in zwei Kulturen; in: Interkulturalität – Grundprobleme der Kulturbegegnung, Mainz: 213-225

**Schohat, Ella/Stam, Robert** (1994): Unthinking Eurocentrism. Multiculturalism and the Media, London – New York

**Schrader, Achim/Nikles, Bruno W./Griese, Hartmut M.** (1976): Die zweite Generation. Sozialisation und Akkulturation ausländischer Kinder in der Bundesrepublik, Königstein

**Schröder, Burkhard** (2000): Nazis sind Pop, Berlin

**Schwarz, Maria-Therese** (1999): „Je weniger Afrika, desto besser". Die deutsche Kolonialkritik am Ende des 19. Jahrhunderts, Frankfurt a.M.

**Seddighi, Sonia** (1993): In Deutschland spürt man ständig Grenzen; in: Nirumand: 103-117

**Seidel-Pielen, Eberhard** (1995): Unsere Türken. Annäherung an ein gespaltenes Verhältnis, Berlin

**Sen, Faruk** (1991): Türkei: Land und Leute, München

**Senocak, Zafer** (1993): Samuel – Emil – Nordpol – Otto – Cäsar – Anton    Kaufmann; in: Nirumand: 11-18

**Serres, Michel** (1991): Le Tiers-Instruit, Paris

**Shelton, Marla L.** (1997): Can't Touch This! Representations of the Urban American Female Body in Urban Rap Videos; in: Popular Music and Society, 21, 3/1997: 107-116

**Silko, Leslie M.** (1977): Ceremony, New York

**Sivanandan, A.** (1983): Challenging racism. Strategies for the '80s'; in: Race and Class, H. 2/1983: 1-12

**Sivanandan, A.** (1992): From Resistance To Rebellion; in: Bourne, Jenny/Ders./Fekete, Liz (Hg.): From Resistance To Rebellion. Texte zur Rassismus-Diskussion, Berlin: 11-76

**Slemon, Stephen** (1990): Modernism's Last Post; in: Adam u.a.: 1-11

**Sloterdijk, Peter** (1989): Eurotaoismus. Zur Kritik der politischen Kinetik, Frankfurt a.M.

**Smith, Anthony D.** (1981): The Ethnic Revival, Cambridge

**Soja, Edward W.** (1989): Postmodern Geographies. The Reassertion of Space in Critical Social Theory, London - New York

**Soja, Edward W.** (1996): Thirdspace. Journeys to Los Angeles an Other Real-And-Imagined Places, Cambridge - Oxford

**Sollors, Werner** (1994): „DE Pluribus Una/E Pluribus UNUS", Matthew Arnold, George Orwell, Holocaust und Assimilation. Bemerkungen zur amerikanischen Multikulturalismusdebatte; in: Ostendorf: 53-74

**SPIEGEL-Redaktion** (1997): Zeitbomben in den Vorstädten; in: DER SPIEGEL, H. 16/1997: 78-93

**Spillers, Hortense** (1989): Changing the Letters; in: McDowell, Deborah/Rampersad, Arnold (Hg.): Slavery and the Literary Imagination, Baltimore: 25-61

**Spivak, Gayatri Chakravorty** (1990): The Post-Colonial Critic. Interviews, Strategies, Dialogues, London

**Spivak, Gayatri Chakravorty** (1993): Outside in the Teaching Machine, New York

**Spurr, David** (1994): The Rhetoric of Empire. Colonial Discourse in Journalism, Travel Writing and Imperial Administration, London

**Stahr, Henrick** (1993): Wohnheim, Sanierungsviertel, Kiez; in: Berliner Geschichtswerkstatt: 50-61

**Steiner-Khamsi, Gita** (1996): Universalismus vor Partikularismus? Gleichheit vor Differenz?; in: Wicker u.a.: 353-372

**Steinmetz, Maria** (1987): Simsekler. Zur Entstehung und Entwicklung ausländischer Jugendbanden, Berlin

**Steyerl, Hito** (2000): Ethnokultur oder Kulturrassismus?; in: Haus der Kulturen der Welt
(Hg.): Heimat Kunst, Berlin: 15-17

**Steyerl, Hito** (2003a): Postkolonialismus und Biopolitik; in: Gutiérrez Rodriguez/Steyerl: 38-
55

**Steyerl, Hito** (2003b): Can the Subaltern Speak German?; in: Hase, Sigrid (Hg.): Musen und
Mythen X, Berlin: 121-129

**Steyerl, Hito** (2004a): Euroscapes; in: Meta Bauer, Ute (Hg.): Komplex Berlin. 3. Berlin
Biennale für zeitgenössische Kunst 2004, Köln: 190-204

**Steyerl, Hito** (2004b): Heimat Kunst: Marketing Multicultural Arts in Germany; in: New
German Critique, Special Edition "Multicultural Germany in Performance and the Arts"
[im Druck]

**Stolle, Christa** (1990): Hier ist ewig Ausland. Lebensbedingungen und Perspektiven koreanischer Frauen in der Bundesrepublik Deutschland, Berlin

**Stone, Norman** (1988): Through a Lens Darkly; in: Mercer, Kobena/Stuart Hall (Hg.): Black
Film. British Cinema, London: 22-24

**Stonequist, Everette V.** (1937): The Marginal Man. A Study in Personality and Culture Conflict, New York

**Sträter, Frank** (1994/5): Last Exit Los Angeles. Madonna und die Internationalisierung des
lokalen Raums; in: 17°C – Zeitschrift für den Rest, H. 9: 13-19

**Straube, Hanne** (1991): Türkisches Leben in der Bundesrepublik, Frankfurt a.M. - New York

**Streese, Konstanze** (1996): Rezension: Jordan Glenn und Chris Weedon: Cultural Politics;
in: DAS ARGUMENT, Nr. 215: 459-462

**Strevens, Peter D.** (1982): World English and the World's Englishes – or, Whose Language is
it Anyway?; in: Journal of the Royal Society of Arts, Jg. 120, H. 1982: 418-431

**Stüwe, Gerd** (1988): Sozialisation und Klischeevorstellungen; in: Informationsdienst zur
Ausländerarbeit, H. 1/1988: 82-85

**Taguieff, Pierre-André** (1991): Die ideologischen Metamorphosen des Rassismus und die
Krise des Antirassismus; in: Bielefeld: 221-268

**Tate, Greg** (1993a): Tagebuch einer Wanze; in: Diederichsen: 51-54

**Tate, Greg** (1993b): I'm White! What's Wrong with Michael Jackson; in: Diederichsen:
145-148

**Taylor, Charles** (Hg.): Multikulturalismus und die Politik der Anerkennung, Frankfurt a.M.

**Taylor, Charles** (1993): Die Politik der Anerkennung; in: Ders.: 13-78

**Terkessidis, Mark** (1997): Gutenberg Galaxis, in: SPEX, H. 12: 55

**Terkessidis, Mark** (1999): Globale Kultur in Deutschland oder: Wie unterdrückte Frauen und
Kriminelle die Hybridität retten; in: Hepp, Andreas/Winter, Rainer (Hg.): Kultur – Medien
– Macht. Cultural Studies und Medienanalyse, Opladen: 237-252

**Terkessidis, Mark** (2000): Migranten. Hamburg

**Tiffin, Helen** (1989): Post-colonial Literatures and Counter-discourse; in: Riemenschneider,
Dieter (Hg.): Critical Approaches to the New Literatures in English, Essen: 32-51

**Tiffin, Helen** (1990): Introduction; in: Adam u.a.: VII-XVI

**Tischleder, Bärbel** (1995): Hottentot Venus and Long Dong Silver: Black Bodies and the
Case of Anita Hill and Clarence Thomas; in: Harzig u.a.: 132-148

**Todorov, Tzvetan** (1993): „Rasse", Schreiben, Kultur; in: Diederichsen: 89-95

**Tönnies, Sibylle** (1996): Multikulturalität, Partikularismus und Universalismus; in: Kroker
u.a.: 77-88

**Toop, David** (1994): Rap Attack. African Jive bis Global HipHop, München

**Topac, Fadime** (1993): Der Nachzug der Frauen aus der Türkei; in: Berliner Geschichtswerkstatt: 80-86

**Torgovnick, Marianna** (1990): Gone Primitive: Savage Intellects, Modern Lives, Chicago

**Treibel, Annette** (1990): Migration in modernen Gesellschaften. Soziale Folgen von Einwanderung und Gastarbeit, Weinheim - München

**Trinh, Minh-ha T.** (1991): When the Moon Waxes Red: Representation, Gender and Cultural Politics, London - New York

**Trüper, Ursula** (1993): „Wenn wir nicht hier wären, dann wäre Berlin bestimmt nicht Berlin!". Lebensperspektiven von sechs Berliner türkischen Mädchen; in: Berliner Geschichtswerkstatt: 95-99

**Tuschick, Jamal** (1997): Das Stakkato der Straße. Feridun Zaimoğlu, Deutschländer mit Kultstatus; in: FR 11.10.1997: ZB6

**Van, Harutyum** (1993): Konfliktverarbeitungsstrategien bei türkischen Migranten aus psychiatrischer Sicht; in: Wicker: 135-149

**Vollmer, Helmut J.** (Hg.): Multikulturelle Gesellschaft und Minderheiten: Kanada und USA, Augsburg 1992

**Vollmer, Helmut J.** (1992): Einleitung; in: Ders.: 6-22

**Wägenbaur, Thomas** (1996): Postmoderne und Multikulturalität. Der feine Unterschied; in: Kessler u.a.: 128-145

**Wagner, Bernd** (2001): Kulturelle Globalisierung. Weltkultur, Globalität und Hybridisierung; in: Ders. (Hg.): Kulturelle Globalisierung. Zwischen Weltkultur und kultureller Fragmentierung, Essen: 9-38

**Walcott, Derek** (1990): Omeros, London - Boston

**Walker, Alice** (1982): The Color Purple, New York (dt.: Die Farbe Lila, Reinbek 1984)

**Wallace, Michele** (1979): Black Macho and the Myth of the Superwoman, New York

**Wallace, Michele** (1993): Black Macho. Wie ich es damals sah, wie ich es heute sehe; in: Diederichsen: 55-69

**Wallerstein, Immanuel** (1990): Ideologische Spannungsverhältnisse im Kapitalismus: Universalismus vs. Sexismus und Rassismus; in: Balibar u.a.: 39-48

**Wallraff, Günter** (1985): Ganz unten, Köln

**Watson, James L.** (1980): Arbeitsimmigranten in Großbritannien – neuere Entwicklungen; in: Blaschke u.a.: 38-52

**Weber, Annette** (1995): „Du kannst es dir nicht aussuchen". Not und Tugend: Der türkischsprachige Rap von Cartel sucht sich die Community außerhalb der „deutschen" Popkultur; in: taz 27.6.1995: 16

**Wehler, Hans Ulrich** (1985/1969): Bismarck und der Imperialismus, Frankfurt a.M.

**Weiße, Frieder** (1992): Kontinuität und Wandel. Aspekte türkischer Kultur, herausgegeben von „Die Ausländerbeauftragte", Miteinander Leben in Berlin, Berlin

**Welsch, Wolfgang** (1987): Unsere postmoderne Moderne, Weinheim

**Welsch, Wolfgang** (Hg.): Wege aus der Moderne. Schlüsseltexte der Postmoderne-Diskussion, Weinheim 1988

**Welsch, Wolfgang** (1988): Einleitung; in: Ders.: 1-46

**Werbner, Pnina** (1996): Essentialising Essentialism, Essentialising Silence. Ethnicity and Racism in Britain; in: Wicker u.a.: 309-331

**Werbner, Pnina/Modood, Tariq** (Hg.): Debating Cultural Hybridity. Multi-Cultural Identities and the Politics of Anti-Racism, London 1997

**West, Cornel** (1993): Das Dilemma der schwarzen Intellektuellen; in: Diederichsen: 23-37

**White, Jonathan** (Hg.): Recasting the World. Writing after Colonialism, Baltimore 1993

**Wicker, Hans-Rudolf** (Hg.): Türkei in der Schweiz? Beiträge zur Lebenssituation von türkischen und kurdischen Migranten und Flüchtlingen in der Fremde, Luzern 1993

**Wicker, Hans-Rudolf** (1993): Ursachen und Folgen der Migration; in: Ders.: 13-36
**Wicker, Hans-Rudolf/Alber, Jean-Luc/Bolzmann, Claudio/Fibbi, Rosita/Imhof, Kurt** (Hg.): Das Fremde in der Gesellschaft. Migration, Ethnizität und Staat, Zürich 1996
**Wicker, Hans-Rudolf** (1996): Von der komplexen Kultur zur kulturellen Komplexität; in: Ders. u.a.: 373-392
**Wicker, Hans-Rudolf** (2000): Globalisierung, Hybridisierung und die neue Authentizität; in: Rupert Moser (Hg.): Die Bedeutung des Ethnischen im Zeitalter der Globalisierung. Einbindung – Ausgrenzungen – Säuberungen, Bern: 201-217
**Wiene, Dieter** (1996): Nuthin' but a G-Thang. Aktuelle Tendenzen im HipHop; in: Karrer u.a.: 143-154
**Williams, Raymond** (1961): The Long Revolution, Harmondsworth
**Williams, Raymond** (1961): Culture and Society, Harmondsworth
**Williams, Raymond** (1977): Marxism and Literature, Oxford
**Williams, Sherley Anne** (1992): Two Words on Music: Black Community; in: Dent u.a.: 164-172
**Willis, Paul** (1979): Spaß am Widerstand. Gegenkultur in der Arbeiterschule, Frankfurt a.M.
**Winckler, Michael** (1995): Berlin als Paradigma einer multikulturellen Werkstatt; in: Kessler u.a.: 157-164
**Wingender, Christoph** (1995): Berlin als Paradigma einer multikulturellen Werkstatt. Dialog auf primärer Ebene. Sinan Cetins Kinofilm „Berlin in Berlin"; in: Kessler u.a.: 165-175
**Wolf, Susan** (1993): Kommentar; in: Taylor: 79-93
**Wölffel, Jan** (1996): Das (unrekonstruierte) Erbe der 60s. Zum Black Macho-Mythos in der schwarzamerikanischen Populärkultur; in: Karrer u.a.: 79-97
**Wollrad, Eske** (1999): Wildniserfahrung. Womanistische Herausforderung und eine Antwort aus Weißer feministischer Perspektive. Gütersloh
**Wollrad, Eske** (2002): Deutschland den Deutschen, Indien den Indianern! Zum Verhältnis von Kultur, Hybriditätsdiskursen und Rassismus; in: Beuth, Kirsten/Joswig, Benita/Matthiae, Gisela (Hg.): Der Sprung in der Schüssel, Herbolzheim: 7-25
**Yesildeniz, Mustafa** (1993): Erwartungen, Wünsche und Träume der türkisch-kurdischen Migranten und ihre Realität; in: Wicker: 83-94
**Yolci, Tuygun** (1993): „Nirgends konnten wir Oliven finden". Lebensgeschichtliches Interview mit Frau K. (46); in: Berliner Geschichtswerkstatt: 29-31
**Youkhana, Eva Shamiran** (1996): Subkultur und Jugendbanden. Überlebensstrategien ausländischer Jugendlicher in Deutschland, Bonn
**Young, Robert C.** (1995): Colonial Desire. Hybridity in Theory, Culture and Race, London
**Young, Robert C.** (2000): The Politics of Postcolonial Critique; in: Reitz/Rieuwerts: 231-243
**Yuval-Davis, Nira** (1992): Die ethnischen Prozesse, die Frauen und der Staat; in: Rassismus und Migration: 216-228
**Zaimoğlu, Feridun** (1995): Kanak Sprak. 24 Mißtöne vom Rande der Gesellschaft, Hamburg
**Zaimoğlu, Feridun** (1997): Abschaum. Die wahre Geschichte von Ertan Ongun, Hamburg
**Zaimoğlu, Feridun** (1998): Koppstoff. Kanaka Sprak vom Rande der Gesellschaft, Hamburg
**Zaimoğlu, Feridun** (2001): Kopf und Kragen. Kanak-Kultur-Kompendium, Frankfurt a.M.
**Ziegler, Jean** (1992): Der Sieg der Besiegten. Unterdrückung und kultureller Widerstand, Wuppertal
**Zips, Werner** (1993): We are at War. Schwarzer Nationalismus in den USA im 20. Jahrhundert; in: Fillitz u.a.: 135-160
**Zips, Werner** (1996): Cop Killer. Ein Trickster an den Crossroads von Fiktion und Realität; in: Karrer u.a.: 45-60

## Rezensionen zur 1. Auflage

„Besonders gelungen ist die Diskussion und praktische Verwertung postmoderner Erklärungsansätze, aber auch das bewußte Aufgreifen und Weiterdenken des postkolonialen Diskurses der angloamerikanischen ‚Cultural Studies'. Besondere Lebendigkeit erhält die Darstellung durch die kontinuierliche Rückkoppelung an die Praxis, etwa postkoloniale Musikansätze im Bereich des Rap oder literarische Verfahren zur Verarbeitung von Migrationserfahrungen. Jenseits akademische Abgehobenheit und dennoch fundiert und quellenreich legt Kien Nghi Ha ein beeindruckendes Plädoyer für eine Vielfalt vor, die einen vereinheitlichten, ethnisierenden Kulturbegriff überwindet und dem oftmals intellektuell abgehobenen Postmodernediskurs ganz praktische Seiten abgewinnt. Die Diskussion über Deutschland als Einwanderungsland kann von diesem Buch nur profitieren."
*Tobias J. Knoblich, Kulturpolitische Mitteilungen, Nr. 88, 1/2000*

„So unternimmt der Politikwissenschaftler Kien Nghi Ha in einem als ‚Einstieg' konzipierten Buch eine Reise in die Gedankenwelten postkolonialer Theoriebildung. Seine Diskussion dieses in den angelsächsischen Ländern im Bereich der Literaturwissenschaften entstandenen und in der Bundesrepublik bisher kaum rezipierten Ansatzes beschränkt sich nicht auf ein bloßes Replay theoretischer Kerngedanken, sondern fragt immer wieder nach dem Gebrauchswert des Postkolonialismus für hiesige Debatten ... Der so verstandenen postkolonialen Perspektive wünschte man sich künftig auch hierzulande mehr akademische Aufmerksamkeit."
*Albert Scharenberg, Berliner Debatte Initial, 3/2002, S. 124-5*

„Der Autor zeigt die Fallstricke dieser [essentialistischen] Identitätspolitik auf und diskutiert detailliert mögliche Widerstandsformen gegen herabwürdigende Bilder von Migranten. Sein Buch ist geeignet, mehr Tiefgang in die aktuelle Debatte um Einwanderung und Integration zu bringen."
*Anke Schwarzer: Anspruchsvoller Einstieg; in: der überblick, 4/2001*

„Der Beitrag ist mit Verve geschrieben und enthält eine Vielzahl von Einsprengseln, die Einblicke in kulturelle Eigenheiten vermitteln. Für eine weitere wissenschaftliche Nutzung bietet der Band Anregungen."
*Joachim Brüß, Journal für Konflikt- und Gewaltforschung, 2/2003, S. 161-2*

„Ha führt uns in die verschiedenen postkolonialen Kategorien wie Hybridität, Mimikry, Entortung, Grenzüberschreitung, ‚Borderlands' etc. ein und gibt eine gute Übersicht über die Werke von AutorInnen wie Stuart Hall, Homi Bhabha oder bell hooks, um nur einige zu nennen ... Studierende und an der Thematik anderweitig Interessierte werden so reichhaltig mit weiterführender Literatur versorgt."
*Dominik Bloedner: Postkolonialismus in Deutschland; in: iz3w, 1/2000, S. 49*

„Bei der Suche nach einem Ausweg aus dem neoliberal fungierten Diskurs-Dschungel läßt sich die vorliegende Kritik als eine Herausforderung für die Standortbestimmung der Civil Society wahrnehmen." (MK)
*Die Brücke. Forum für antirassistische Politik und Kultur, Nr. 111, 1/2000*

„Kien Nghi Has Lesefrüchte geben Überblick und sind Lektüreaneignungen entlang zweier noch weitgehend unverbundener Stränge, nämlich der westdeutschen ‚Gastarbeiter'-Geschichte sowie der elaborierten ‚Postcolonial Studies'."
*Jochen Becker: MigrantInnen Selbst; in: Kunstforum International. Bd. 150, April-Juni 2000, S. 500*